Das Recht

des

Bürgerlichen Gesetzbuchs

in

Einzeldarstellungen.

IX.

Spahn,
Verwandtschaft und Vormundschaft.

Berlin 1901.
J. Guttentag, Verlagsbuchhandlung,
G. m. b. H.

Verwandtschaft und Vormundschaft

nach dem

Bürgerlichen Gesetzbuche

für das Deutsche Reich.

Von

Dr. P. Spahn,
Reichsgerichtsrat.

Berlin 1901.
J. Guttentag, Verlagsbuchhandlung,
G. m. b. H.

Vorbemerkung.

Der zweite und der dritte Abschnitt des vierten Buches des Bürgerlichen Gesetzbuchs haben bereits so eingehende Bearbeitungen gefunden, daß die nachfolgende Darstellung der Verwandtschaft und Vormundschaft hätte ungedruckt bleiben können, wenn sie nicht eine Lücke in den von der Verlagshandlung herausgegebenen Einzeldarstellungen des Rechtes des BGB. auszufüllen bestimmt wäre. Diesem Zwecke sucht sie durch die möglichst knappe Darlegung der gesetzlichen Vorschriften und ihrer Folgerungen zu genügen. Die Drucklegung der Darstellung des Vormundschaftsrechts hat sich aus Gründen verzögert, welche nicht vorherzusehen waren.

Es bezeichnet eine Zahl ohne Zusatz den Paragraphen des BGB., der Zusatz Art. das Einführungsgesetz zum BGB., der Zusatz FG. das Reichsgesetz über die Angelegenheiten der freiwilligen Gerichtsbarkeit, der Zusatz CPO. oder KO. die Zivilprozeßordnung oder die Konkursordnung in geltender Fassung.

Berichtigungen.

S. 6 Zeile 4 von oben ist zu setzen nach sind „;“
S. 49 „ 2 „ „ „ „ „ statt die „der“;
S. 67 „ 11 „ „ „ „ „ „ 4166 „1166“;
S. 88 „ 1 „ unten „ „ „ „ Abs. 1 „Abs. 2“;
S. 89 „ 13 „ oben „ „ „ „ 1661 „1166“;
S. 89 „ 25 „ „ „ „ „ „ den „Der“;
S. 163 „ 5 „ unten „ „ „ „ 131 „1317“.

Inhaltsverzeichnis.

Verwandtschaft.

Vormundschaft.

Verwandtschaft.

§ 1.

Einleitung.

Wie das Familienrecht überhaupt, so beruht das die Rechtsverhältnisse der Familienangehörigen regelnde Verwandtschaftsrecht auf dem Geschlechtsleben der Menschen, auf der durch Abstammung vermittelten Verwandtschaft des Blutes und der durch Verwandtschaft und Ehe begründeten Schwägerschaft. Abstammung und Ehe sind zunächst natürlich-sittliche Verhältnisse; die Rechtsordnung hat aber die Verwandtschaft zum Rechtsverhältnis ausgestaltet, weil durch sie die Privatrechte nach verschiedenen Richtungen hin beeinflußt werden und sie die Grundlage besonderer Rechtsinstitute bildet; die Entstehungsgründe der Verwandtschaft sind dadurch juristische Thatsachen geworden.

Verwandtschaft und Schwägerschaft sind in ihren Entstehungsursachen und in ihren Wirkungen von einander verschieden, das BGB. hat sie demungeachtet dem natürlichen Sprachgebrauche folgend unter dem einheitlichen Begriffe der Verwandtschaft zusammengefaßt.

Da Abstammung und Ehe nur Entstehungsursachen der Verwandtschaft sind und nicht deren Wesen bilden, so ist die Gesetzgebung nicht gehindert, die Verwandtschaft künstlich auf Personen zu erstrecken, die nicht durch Abstammung, sondern durch einen Rechtsakt verbunden sind. Dieser Rechtsakt macht die durch ihn Verbundenen allerdings nicht blutsverwandt, giebt ihnen aber eine verwandtschaftliche Stellung. Das BGB. kennt als solchen Rechtsakt die Annahme an Kindesstatt.

Die Entstehungsgründe der Verwandtschaft bringen es mit sich, daß nur natürliche Personen in einem Verwandtschaftsverhältnisse stehen können.

Die Verwandtschaft kann nur unter Menschen bestehen, die gleichzeitig leben; doch überdauern die durch sie begründeten Rechtswirkungen ihren Tod.

Das Verwandtschaftsrecht regelt mithin die auf der Blutsverwandtschaft, der Schwägerschaft und der Annahme an Kindesstatt beruhenden Rechtsverhältnisse der Menschen zu einander.

Das Verwandtschaftsrecht des BGB. ist nicht eine bloße Zusammenstellung der im Deutschen Reiche geltenden Rechtssätze, eine Kompilation, sondern eine Neugestaltung des für das Deutsche Reich als Ganzes in Geltung tretenden Rechtes, eine Kodifikation. Daraus folgt, daß innerhalb des Rahmens, in welchem das BGB. die Verwandtschaft regelt, dessen Vorschriften die ausschließliche Quelle des Verwandtschaftsrechts sind; das BGB. ist nicht bloß subsidiäres Recht. Aber das BGB. schafft nicht Recht für einen Einheitsstaat, sondern für einen zusammengesetzten Staatskörper, einen Bundesstaat. Daraus ergab sich für seine Abfassung die Notwendigkeit, die dem öffentlichen Rechte angehörenden Vorschriften über die Verwandtschaft aus dem Rahmen des BGB. auszuscheiden und die privatrechtlichen Vorschriften desselben so zu fassen, daß neben dem BGB. die Gesetzgebungsgewalt der Einzelstaaten auf dem Gebiete des öffentlichen Rechtes und auch auf denjenigen privatrechtlichen Gebieten, welche das BGB. wegen ihres Zusammenhanges mit dem öffentlichen Rechte der Gesetzgebung der Einzelstaaten vorbehalten hat, ohne Reibung mit der Reichsgesetzgebung dauernd thätig sein konnte. Das Einführungsgesetz zum BGB. hat deshalb die Gesetzgebungsgebiete des Reichs und der Einzelstaaten klar von einander geschieden und außerdem ausgesprochen, daß die Vorschriften der Reichsgesetze über die Verwandtschaft und die Vorschriften der Landesgesetze auf den der Landesgesetzgebung vorbehaltenen Gebieten aufrecht erhalten bleiben. Nur die Ausnahme ist für die Reichsgesetze gemacht, daß, soweit in dem Gerichtsverfassungsgesetze, der Civilprozeßordnung, der Strafprozeßordnung, der Konkursordnung und dem Anfechtungsgesetze, wozu noch das Gesetz über die Angelegenheiten der freiwilligen Gerichtsbarkeit und die durch das EG. selbst abgeänderten Reichsgesetze treten, an die Verwandtschaft oder Schwägerschaft Rechtsfolgen geknüpft sind, die Vorschriften des BGB. über die Verwandtschaft oder Schwägerschaft Anwendung zu finden haben (Art. 4). Der Zusammenhang dieser Vorschriften ergiebt zugleich, daß das BGB. auf denjenigen Gebieten, welche von ihm geregelt sind, durch die Auslegung des Landesrechts nicht ergänzt werden kann. Die Versuchung der Ergänzung liegt deshalb nahe, weil das BGB. in sein Verwandtschaftsrecht die in den Partikulargesetzen ausgeprägten deutschen Rechtsanschauungen übernommen hat. Aber diese Anschauungen haben nunmehr ihre Geltung nicht kraft ihrer Herkunft aus dem Landesrechte, sondern kraft ihrer Aufnahme in das BGB., das ein in sich geschlossenes Ganzes bildet. Daraus ergiebt sich, daß auf den nicht dem Landesrechte vorbehaltenen Gebieten die Vorschriften der Landesgesetze keine Rechtsquelle für das Verwandtschaftsrecht sein können. Soweit sich der Inhalt des BGB. mit einem Landesrechte deckt, ist ein Zurückgehen auf dieses überflüssig, soweit er davon abweicht, ist ein solches ausgeschlossen, und soweit er unvollständig ist, ist eine Ergänzung nur aus dem BGB. im Rahmen der Auslegung und der Analogie zulässig. Ist ein Rechtsinstitut weder in das BGB. aufgenommen noch dem Landesrecht im EG. z. BGB. vorbehalten, so kann nicht das Landesrecht reden, dem Rechtsinstitut ist vielmehr wie beispielsweise der Pflegekindschaft und der Einkindschaft die Anerkennung versagt.

Mithin sind Rechtsquellen für das Verwandtschaftsrecht das BGB. und die neben ihm geltenden Reichsgesetze, für die dem Landesrechte vorbehaltenen Rechtsinstitute, wozu insbesondere Familienfideikommisse, Lehen und Stammgüter gehören, das Landesrecht. Enthält das Landesrecht für die ihm vorbehaltenen Materien keine Sondervorschriften über die Verwandtschaft oder Schwägerschaft, so gelten an Stelle der allgemeinen Vorschriften des Landesrechts für die vorbehaltenen Institute die Vorschriften des BGB. über sie. Der Vorbehalt für die Landesgesetzgebung reicht aber soweit, daß diese befugt bleibt, für die vorbehaltenen Institute jederzeit Sondervorschriften zu treffen (Art. 33). Die Entscheidung darüber, ob ein Landesgesetz fortbesteht oder ein neues Landesgesetz sich innerhalb der Zuständigkeit der Landesgesetzgebung bewegt, steht im Streitfalle dem erkennenden Gerichte zu.

Das Verwandtschaftsrecht des BGB. trat am 1. Januar 1900 für das ganze Gebiet des Deutschen Reichs in Kraft. Es regelt von da ab den Inhalt nicht nur der entstehenden, sondern auch der bereits bestehenden Verwandtschaftsverhältnisse, soweit nicht erbrechtliche Wirkungen derselben in Frage stehen. Für die Entstehungsgründe der bestehenden Verwandtschaften bleiben dagegen die bisherigen Gesetze maßgebend, unter deren Geltung sie eingetreten sind. Dementsprechend findet auf Eheschließungen und Abstammungen aus der Zeit vor dem 1. Januar 1900 sowie auf die rechtliche Stellung von Kindern aus vor dem 1. Januar 1900 geschlossenen nichtigen oder ungiltigen Ehen und auf die Frage, inwieweit der Vater und die Mutter die Pflichten und Rechte ehelicher Eltern haben, das bisherige Landesrecht Anwendung, mögen auch die Kinder erst nach dem 31. Dezember 1899 geboren sein (Art. 207). Haben die Kinder nach dem Landesrechte die Stellung ehelicher Kinder, so findet auf ihr Verhältnis zu ihren Eltern das BGB. Anwendung (Art. 203). Auch Recht und Pflicht der Eltern einer nach den bisherigen Gesetzen geschiedenen, von Tisch und Bett getrennten oder infolge Todeserklärung eines Gatten aufgelösten Ehe, für die Person der gemeinschaftlichen Kinder zu sorgen, bestimmen sich nach den bisherigen Gesetzen; jedoch greifen die Vorschriften des BGB. über das Erziehungsrecht und über den Verkehr des von der Erziehung ausgeschlossenen Elternteils mit dem Kinde für sie Platz (Art. 206). Für die rechtliche Stellung legitimierter oder an Kindesstatt angenommener Kinder und für das Verhältnis von Vater und Mutter zu ihnen sowie für den Begriff des unehelichen Kindes, die Zulässigkeit der Erforschung seines Vaters, sein Recht, den Familiennamen des Vaters zu führen, und für die Unterhaltspflicht des Vaters bleibt das bisherige Recht maßgebend. Der Vater kann daher den Unterhalt auf Grund der Einrede der mehreren Zuhälter auch für die Zukunft nicht ablehnen, wo, wie in Sachsen, das bisherige Recht diese Einrede nicht gestattet hat; wo er bisher befugt war, den Unterhalt dadurch zu gewähren, daß er selbst das Kind in Pflege nahm, bleibt er auch in Zukunft dazu berechtigt. Dagegen fällt der etwa bestandene Erbrechtsanspruch des Kindes gegen ihn für die Zukunft hinweg. Diese Bestimmungen gelten auch für die anerkannten Kinder des französischen und des badischen Rechtes, das seitherige Erziehungsrecht des Vaters über sie fällt weg. Für die außerehelichen Kinder, welchen aus einem besonderen Grunde, insbesondere wegen Erzeugung im Brautstande, die rechtliche Stellung eines ehelichen Kindes zukommt und für das Verhältnis der Eltern zu ihnen bleibt das bisherige Recht maßgebend, hier sogar selbst dann, wenn sie nach dem 1. Januar 1900 geboren sind, falls sie nur vor dem 1. Januar 1900 erzeugt waren. Der vom BGB. nicht an=

erkannte Deflorationsanspruch ist, wo er landesrechtlich besteht, nach dem Landesrechte zu beurteilen, wenn die Beiwohnung unter dessen Herrschaft stattgefunden hat. Denn für ein vor dem Inkrafttreten des BGB. entstandenes Schuldverhältnis bleiben die bisherigen Gesetze maßgebend (Art. 170). Das Gleiche gilt für die von einigen Gesetzen der geschwängerten Braut gewährten Rechte, wenn die Schwängerung unter dem alten Rechte stattfand. Dagegen ist für die Entschädigungsansprüche der außerehelichen Mutter aus der Entbindung nicht der Zeitpunkt der Empfängnis, sondern derjenige der Entbindung maßgebend. Denn wenn auch diese Ansprüche im Familienrechte behandelt sind, so gehören sie doch dem Rechte der Schuldverhältnisse an; sie sind daher nur bei der Geburt des Kindes vor dem 1. Januar 1900 nach dem Landesrechte begründet.

In Ansehung der Familienverhältnisse der Landesherren und der Mitglieder der landesherrlichen Familien sowie der Mitglieder der Fürstlichen Familie Hohenzollern, der Mitglieder des vormaligen Hannoverschen Königshauses, des vormaligen Kurhessischen und des vormaligen Herzoglich Nassauischen Fürstenhauses finden die Vorschriften des BGB. nur insoweit Anwendung, als nicht besondere Vorschriften der Hausverfassungen oder der Landesgesetze abweichende Bestimmungen enthalten. Als Landesgesetz gilt auch das gemeine deutsche Privatfürstenrecht (Art. 57). Ebenso bleiben in Ansehung der Familienverhältnisse und der Güter derjenigen Häuser, welche vormals reichsständisch gewesen und seit 1806 mittelbar geworden sind oder welche diesen Häusern bezüglich der Familienverhältnisse und der Güter durch Beschluß der vormaligen Deutschen Bundesversammlung oder vor dem Inkrafttreten des BGB. durch Landesgesetz gleichgestellt worden sind, die Landesgesetze und nach deren Maßgabe die Vorschriften der Hausverfassungen unberührt. Das Gleiche gilt für die Häuser des vormaligen Reichsadels und derjenigen Familien des landsässigen Adels, welche vor dem Inkrafttreten des BGB. dem vormaligen Reichsadel durch Landesgesetz gleichgestellt worden sind (Art. 58).

Die räumliche Herrschaft des BGB. über das ganze Gebiet des Deutschen Reichs bewirkt nicht, daß dessen Verwandtschaftsrecht auch die sich in Deutschland aufhaltenden Ausländer ergreift und auf sie anzuwenden ist. Aus den das internationale Geltungsgebiet des BGB. regelnden Vorschriften des EG. ergiebt sich, daß die Rechtsstellung einer Person sich nach dem Rechte des Staates richtet, dessen

Angehörige sie ist (Art. 7). Daraus folgt für die Familienverhältnisse, daß ihre Entstehung und ihre Wirkungen sowie die Wirkungen der familienrechtlichen Rechtsgeschäfte nach dem Rechte der Staatsangehörigkeit des Vaters zu beurteilen sind daß ferner die Geschäftsfähigkeit der Familienangehörigen von ihrer Staatsangehörigkeit abhängt, welche in der Regel diejenige des Vaters sein wird; daß endlich für die Form familienrechtlicher Geschäfte sowohl das Gesetz, welches für das den Gegenstand des Rechtsgeschäfts bildende Rechtsverhältnis maßgebend ist, wie das Gesetz des Ortes, an dem das Rechtsgeschäft vorgenommen wird, regelmäßig genügt.

§ 2.

Begriff und Umfang der Verwandtschaft und Schwägerschaft.

Das BGB. hat die Vorschriften über den Begriff der Verwandtschaft, welche in den Lehrbüchern regelmäßig im allgemeinen Teile behandelt werden, in das Familienrecht verstellt. Dies rechtfertigt sich durch die Bedeutung der Verwandtschaft für die Familie und durch die geringe Zahl der zur Begriffsbestimmung erforderlichen Vorschriften sowie durch die Beschränkung des ersten Titels im Allgemeinen Teile auf die Lehre von den Personen.

Verwandtschaft ist das Verhältnis zweier Personen, deren eine von der anderen abstammt, oder die, ohne von einander abzustammen, von derselben dritten Person abstammen (1589 Abs. 1). Personen, deren eine von der anderen abstammt, sind in gerader Linie verwandt, und zwar mit denjenigen, von welchen sie abstammen, in aufsteigender, mit denjenigen, welche von ihnen abstammen, in absteigender Linie (Verhältnis der Eltern, Großeltern, Urgroßeltern und weiteren Voreltern zu den Kindern und weiteren Abkömmlingen), Personen, welche nicht von einander, sondern von derselben dritten Person abstammen (Geschwister, Geschwisterkinder) sind mit der dritten Person in gerader, unter sich in der Seitenlinie verwandt. Unter den Seitenverwandten treten die Geschwister besonders hervor, die in vollbürtige und halbbürtige Geschwister geschieden werden, je nachdem sie von einem Elternpaar oder nur von einem gemeinsamen Vater oder einer gemeinsamen Mutter abstammen. Das BGB. behandelt die voll- und halbbürtigen Verwandten gleich und hat für dieselben keine besondere Bezeichnung. Erwähnt sind außer den Geschwistern

Verwandte des Vaters, Verwandte der Mutter, die väterliche, die mütterliche Linie. Die von einem gemeinsamen Elternpaar abstammenden Abkömmlinge (Geschwister, Geschwisterkinder, Geschwisterenkel) bilden mit ihren Stammhaltern einen Stamm.

Die Verwandtschaft zwischen zwei bestimmten Personen ist näher oder entfernter, je nachdem ihre Abstammung von einander durch eine größere oder geringere Zahl von Geburten vermittelt wird. Zur Bezeichnung der Nähe des Verwandtschaftsverhältnisses dient die Gradzählung, die durch die Anzahl der die Verwandtschaft vermittelnden Geburten bestimmt wird. Dabei ist die Gradzählung für die gerade wie für die Seitenlinie dieselbe; bei der Seitenlinie werden die Geburten nicht bloß bis hinauf zum gemeinsamen Stammvater, sondern auch von diesem abwärts bis zu der Person hinabgezählt, um deren Verwandtschaftsverhältnis es sich handelt: quod personae una dempta. Verwandtschaftsbezeichnung und Gradberechnung sind dem römischen Rechte entnommen, in welchem sie auf die Sitte zurückzuführen sind, die in der Halle des Hauses hängenden Ahnenbilder durch senkrecht und wagerecht gezogene Blumengewinde (στέμματα) zu verbinden und zugleich das Bild einer Treppe zu wahren, auf der die Abkömmlinge von ihren Ahnen auf die tiefer liegenden Stufen hinabsteigen. Demgemäß sind Eltern und Kinder im ersten, Enkel, Geschwister, Großeltern im zweiten, Onkel und Neffe, und zwar auch wenn der Onkel der Zwillingsbruder des Vaters ist, im dritten, Geschwisterkinder im vierten, Geschwisterenkel im sechsten Grade (Stufe) verwandt. Auf eine bestimmte Zahl von Graden ist die Verwandtschaft nicht beschränkt.

Für das Erbrecht ist die Gliederung der Verwandtschaft nach Ordnungen von Bedeutung, indem die Verwandten des Erblassers nach Ordnungen zur gesetzlichen Erbfolge berufen sind. Der mit seinen Abkömmlingen zur Erbfolge berufene Verwandte des Erblassers bildet mit jenen eine Ordnung.

Die Verwandtschaft zwischen bestimmten Personen ist in der geraden wie in der Seitenlinie eine mehrfache, wenn sie auf einer Mehrzahl von Entstehungsgründen beruht, was z. B. bei Kindern zutrifft, die aus der Ehe von zwei verwandten Personen abstammen. Daher ist das Kind von Geschwisterkindern mit den Urgroßeltern durch die väterliche wie durch die mütterliche Linie und sind die Kinder zweier Brüder, die zwei Schwestern geheiratet haben, sowohl nach der väterlichen als nach der mütterlichen Seite verwandt. Etwas Besonderes gilt für die mehrfache Verwandtschaft nicht, sie kommt jedoch für das Erbrecht in Betracht (1927).

Der Unterschied von Agnaten und Kognaten ist dem BGB. weder im römisch-rechtlichen noch im deutsch-rechtlichen Sinne bekannt. Die deutsche Agnation ist Blutsverwandtschaft, welche durch Männer vermittelt ist; sie behält ihre Bedeutung für die Succession in Familienfideikommisse, Lehen, Stammgüter und für das Privatfürstenrecht.

Ob die Verwandtschaft auf ehelicher oder unehelicher Abstammung beruht, ist für das natürliche Verwandtschaftsverhältnis ohne Bedeutung, das BGB. stellt aber nur bei der durch Frauen vermittelten Verwandtschaft eheliche und uneheliche Geburt gleich, während es die Verwandtschaft eines Abkömmlinges mit seinem Vater nur durch die eheliche Geburt begründet werden läßt. Ehelich ist ein Kind, dem die Mutter aus einer innerhalb der Empfängniszeit vollzogenen Beiwohnung ihres Mannes während der Ehe oder innerhalb 302 Tagen nach deren Auflösung das Leben gegeben hat. Den ehelichen Kindern stellt das BGB. in ihrer rechtlichen Stellung die Kinder aus nichtigen Ehen gleich, wenn diese im Falle der Giltigkeit der Ehe ehelich sein würden, sowie die durch die Eheschließung ihres Vaters mit ihrer Mutter legitimierten unehelichen Kinder. Die Legitimation ist derjenige Rechtsakt, durch welchen uneheliche Kinder zu ihrem Vater in das Verhältnis von ehelichen Kindern gebracht werden (1719). Sie kann außer durch Eheschließung auch ohne diese durch Ehelichkeitserklärung des unehelichen Kindes seitens der Staatsgewalt, dann aber mit der Wirkung der Verwandtschaftsbegründung nur mit dem Vater geschehen (1737 Abs. 1). Die rechtliche Stellung eines ehelichen Kindes im Verhältnisse zu dem Annehmenden verleiht das BGB. auch den an Kindesstatt angenommenen Kindern (1757). Die Annahme an Kindesstatt ist der für das Familienrecht zugelassene Vertrag, durch welchen das von Natur nicht vorhandene Eltern- und Kindesverhältnis zwischen zwei Personen hergestellt wird. Die Wirkungen der Ehelichkeitserklärung und der Annahme an Kindesstatt erstrecken sich nicht auf die Verwandten des Vaters oder des Annehmenden. Deren Frauen werden daher nicht mit dem Kinde, der Ehegatte des Kindes wird nicht mit dessen Vater oder dem Annehmenden verschwägert. Auch wird das Kind nicht Halbgeschwister der ehelichen Kinder seines Vaters, bezw. der etwa später geborenen Kinder des Annehmenden.

Die geistliche Verwandtschaft des kanon. Rechtes hat für das bürgerliche Recht keine Wirkung.

Die Schwägerschaft ist das Verwandtschaftsverhältnis der Verwandten eines Ehegatten zu dem anderen Ehegatten, nicht auch zu dessen Verwandten; sie wird durch die Ehe begründet und setzt Ehe und Blutsverwandtschaft zu ihrer Entstehung voraus. Ehegatten sind nicht mit einander verschwägert, weshalb auch die Frauen zweier Brüder nicht verschwägert werden. Die Schwägerschaft umfaßt in der geraden Linie den einen Ehegatten und die einseitigen Abkömmlinge des anderen Ehegatten (Stiefeltern und Stiefkinder) sowie den einen Ehegatten und die Eltern des anderen (Schwiegereltern und Schwiegerkinder), in der Seitenlinie den einen Ehegatten und die Seitenverwandten des anderen, die Verschwägerten (Schwager, Schwägerin). Die dem einen Ehegatten verschwägerten Personen stehen in keinem Schwägerschaftsverhältnisse zu dem anderen Ehegatten, auch nicht die von zwei Ehegatten zusammengebrachten Kinder. Die Schwägerschaft erstreckt sich nur auf diejenigen Personen, welche bereits zur Zeit des Bestandes der Ehe erzeugt waren. Der Grad der Schwägerschaft bestimmt sich nach der Linie und dem Grade der sie vermittelnden Verwandtschaft, so daß der Mann mit dem Großvater seiner Frau ebenso wie diese im zweiten Grade gerader Linie, mit ihrem Onkel im dritten Grade der Seitenlinie verschwägert ist. Die Schwägerschaft kann mit der Blutsverwandtschaft konkurrieren und selbst eine mehrfache sein. Sie setzt eine giltige Ehe voraus und wird nicht durch eine außereheliche Beiwohnung begründet. Schwägerschaft besteht daher zwischen einem unehelichen Kinde und dem Ehegatten seiner Mutter sowie zwischen einem Ehegatten und der unehelichen Mutter des anderen Ehegatten, nicht aber zwischen dem Kinde und der Frau seines Vaters sowie zwischen einer Frau und dem unehelichen Vater ihres Mannes. Doch wird die außereheliche Geschlechtsgemeinschaft als Ehehindernis berücksichtigt. Die Schwägerschaft ergreift nur diejenigen Verwandten des anderen Ehegatten, welche während der Ehe mindestens erzeugt waren, Zeugungen nach der Auflösung der Ehe begründen keine Schwägerschaft mehr. Die Schwägerschaft wird als nicht begründet behandelt, wenn eine nichtige oder anfechtbare und angefochtene Ehe für nichtig erklärt wird. Ob einer der Ehegatten in gutem Glauben war, ist hierbei gleichgiltig, weshalb das Kind, welches ein Ehegatte der nichtigen Ehe in diese brachte, zu dem anderen Ehegatten auch dann nicht in ein Schwägerschaftsverhältnis tritt, wenn beide Ehegatten gutgläubig waren; das Gleiche gilt von den Eltern des einen der in der Ehe lebenden Ehegatten im Verhältnisse zum anderen Ehegatten. Soweit dagegen die durch Abstammung aus einer nichtigen oder anfechtbaren Ehe verbundenen Personen als verwandt gelten, gilt jede derselben auch als mit dem Ehegatten des anderen verschwägert. Die Legitimation durch nachfolgende Ehe verschafft dem unehelichen Kinde auch hinsichtlich der Schwägerschaft die rechtliche Stellung eines ehelichen Kindes.

Entstehungsgründe der Verwandtschaft sind mithin nach dem BGB.: für die Blutsverwandtschaft

die eheliche Abstammung und die Abstammung aus einer nichtigen Ehe, wenn diese Ehe den Kindern die rechtliche Stellung ehelicher Kinder giebt; die Legitimation unehelicher Kinder durch Eheschließung und zwar für alle Verwandten; die Legitimation durch Ehelichkeitserklärung und die Annahme an Kindesstatt für das Kind mit seinen Verwandten und für den Vater; die uneheliche Geburt für die Mutter und das Kind und für die Verwandten beider;

für die Schwägerschaft die Ehe.

Die Rechtsfolgen der Verwandtschaft sind nicht für alle Verwandtschaftsverhältnisse gleich. Gemeinsam ist allen die Wirkung als Ehehindernis (1310, 1311, 1324), die Anfechtbarkeit der unter Verwandten abgeschlossenen Verträge (Konk.O. 31 Nr. 2 Anfechtungsges. 3 Nr. 2), der Ausschluß vom Amte des Richters, Schöffen, Geschworenen, Gerichtschreibers (CPO. 41 Nr. 3), die Berechtigung zur Zeugnisverweigerung, Beschwerdeerhebung in Vormundschaftssachen und zum Gehöre vor dem Vormundschaftsgerichte vor wichtigen Entscheidungen über Angelegenheiten des Mündels (1847, 1862), die Berücksichtigung bei der Wahl des Vormundes und der Mitglieder des Familienrats (1779, 1867). Auch können Verwandte und Verschwägerte des Erblassers bei Errichtung des Testaments oder Erbvertrags nicht als Urkundspersonen mitwirken (2234). Mit diesen Wirkungen sind die Rechtsfolgen der Schwägerschaft erschöpft. Die Verwandtschaft in der Seitenlinie begründet außerdem noch ein Erbrecht, aber ohne Pflichtteilsrecht. Umfassender sind die Rechtsfolgen zwischen Verwandten in auf- und absteigender Linie, unter welchen wiederum naturgemäß die auf dem Eltern- und Kindesverhältnisse beruhenden Rechte und Pflichten hervorragen.

Die Verwandten auf- und absteigender Linie sind unabhängig von dem Eltern- und Kindesverhältnisse zur lebenslänglichen Gewährung des Unterhalts und zur Beerdigung gegenseitig verpflichtet (1601, 1615 Abs. 2, 1708). Ihre Verwandtschaft begründet ferner gegenseitiges Erbrecht und für Abkömmlinge ein Pflichtteilsrecht (2303), sodann die Vermutung, daß, wenn Eltern oder Voreltern Abkömmlingen oder diese jenen Unterhalt gewähren, dies in der Absicht der Schenkung, also ohne Ersatzanspruch geschieht (685), für Großväter endlich das Recht auf Bestellung zum Vormund oder Pfleger der elternlosen Enkel (1776).

Auf dem Eltern- und Kindesverhältnisse beruht die Gewalt der Eltern über ihre minderjährigen ehelichen Kinder, das Einwilligungsrecht der Eltern in die Eheschließung der Tochter vor vollendetem 21. Lebensjahr (1305) und in die Annahme der Kinder an Kindesstatt, das Recht der Eltern zur Benennung eines Vormundes für ihre Kinder (1776) und zur Bestellung als Vormund über ihre volljährigen entmündigten Kinder (1899), die Pflicht der Eltern zur Ausstattung der heiratenden Tochter (1620), das gegenseitige Erb- und Pflichtteilsrecht zwischen Eltern und Kind (2203).

Das Bestehen eines Verwandtschaftsverhältnisses kann jederzeit auch ohne den Nachweis eines rechtlichen Interesses an der alsbaldigen richterlichen Entscheidung durch sog. Präjudizialklagen geltend gemacht werden und zwar durch Feststellung entweder des Bestehens oder des Nichtbestehens der verwandtschaftlichen Beziehungen. Die einzelnen Wirkungen der Verwandtschaft sind durch Leistungsklagen geltend zu machen.

Die Verwandtschaft wird durch den Tod oder die Todeserklärung des einen der Verwandten, die Annahme an Kindesstatt auch durch den Aufhebungsvertrag beendet. Die Auflösung einer Ehe läßt die durch die Ehe begründete Schwägerschaft unberührt, die rechtliche Wirkung der Schwägerschaft ist jedoch für diesen Fall nicht in allen Gesetzen gleich geregelt.

§ 3.

Eheliche Abstammung.

Ehelich sind an sich nur die Kinder, welche die Frau aus der ehelichen Beiwohnung des Mannes während der Ehe oder spätestens am 302. Tage nach ihrer Auflösung geboren hat. Diesen Kreis der ehelichen Kinder hat das BGB. erweitert, indem es das schon unmittelbar nach der Eingehung der Ehe geborene Kind ehelich sein läßt, wenn die Frau es aus einer vorehelichen Beiwohnung des Mannes empfangen hat, es sei denn, daß die Beiwohnung nicht in die Empfängniszeit des Kindes gefallen ist (1591 Abs. 1). Mithin ist beim Zutreffen dieser Schranke jedes in der Ehe oder innerhalb 302 Tagen nach der Auflösung der Ehe geborene Kind ein eheliches. Ein innerhalb der Empfängniszeit vor der Ehe empfangenes Kind ist daher nicht ein legitimiertes; es steht deshalb auch in Bezug auf Fideikommiß-, Lehen- und Stammguterbfolge den ehelichen Kindern gleich, sofern nicht durch Landesrecht oder durch eine von diesem zugelassene rechtsgeschäftliche Festsetzung die vorehelich empfangenen Kinder von der Erbfolge in diese Güter ausgeschlossen sind.

Würde sich das BGB. darauf beschränkt haben, für die Ehelichkeit des Kindes die Beiwohnung des Mannes während der Empfängniszeit des Kindes zu verlangen, so müßte zum Nachweise der Ehelichkeit eines Kindes in jedem Streitfalle der Nachweis der Beiwohnung erbracht werden. Während nun aber die Geburt des Kindes als ein sinnfälliger Akt durchweg beweisbar und der Beweis durch die Standesregister leicht zu führen ist, ist die Beiwohnung, zumal nach dem Tode der Ehegatten, häufig schwer zu beweisen und der Beweis der Empfängnis aus der Beiwohnung dann sogar undenkbar, wenn der Mutter während der Empfängniszeit mehrere Männer beigewohnt haben, so daß das Kind aus jeder Beiwohnung empfangen sein kann, während es doch nur aus einer derselben empfangen ist. Um diesen Schwierigkeiten der Beweiserhebung vorzubeugen und um zu verhindern, daß die Streitigkeiten über die Ehelichkeit der Kinder Alltagsgeschäfte der Gerichte werden, hat das BGB. neben der Rechtsvorschrift, daß das nach der Eheschließung geborene Kind ehelich ist, noch die Vermutung aufgestellt, daß der Mann innerhalb der Empfängniszeit seiner Frau beigewohnt habe (1591). Zugleich hat das BGB. die Empfängniszeit gesetzlich dahin bestimmt, daß als solche die Zeit vom 181. bis zum 302. Tage vor dem Tage der Geburt des Kindes, mit Einschluß sowohl des 181. als des 302. Tages gilt (1592 Abs. 1). Somit sind 181 Tage die kürzeste, 302 Tage die längste Dauer der Schwangerschaft und es müssen zwischen dem Tage der Beiwohnung und dem Tage der Geburt des Kindes 180 Tage liegen, damit das Kind ehelich, 302 Tage, damit es unehelich ist. Dabei ist Geburt gleich Vollendung der Geburt (1). Während nun die kürzeste Schwangerschaftsdauer unabänderlich auf 181 Tage bestimmt ist, ist zu gunsten der Ehelichkeit namentlich des nachgeborenen Kindes der Nachweis zugelassen, daß die Empfängnis auch aus einer Beiwohnung, die weiter als 302 Tage vor dem Tage der Geburt zurückliegt, herrührt. Für die den 302. Tag überschießende Zeit gilt aber die Beiwohnungsvermutung nicht. Ein nach der Eingehung der Ehe geborenes Kind ist mithin auch dann noch ehelich, wenn festgestellt wird, daß es vor dem 302. Tage vor der Geburt, also z. B. zwischen dem 320. und 303. Tage empfangen sein muß, gleichgiltig, ob die Empfängniszeit vor oder in die Ehe fällt. Es gilt dann der ganze Zeitraum zwischen der nachgewiesenen Beiwohnung und der nach der Eheeingehung erfolgten Geburt als Empfängniszeit (1592 Abs. 2). Hat die erste Beiwohnung des Mannes mit der Mutter erst nach dem 181. Tage vor der Geburt stattgefunden, so ist das Kind unehelich, der Gegenbeweis einer kürzeren Empfängniszeit ist ausgeschlossen, die Behauptung der Empfängnis aus einer Beiwohnung am 180. Tage vor der Geburt unbeachtlich.

Aus den angegebenen Nativitätsterminen mit ihrem Spielraume von 121 Tagen ergiebt sich, ob und welcher Teil der Empfängniszeit in oder vor der Ehe gelegen ist, was für die Beiwohnungsvermutung wichtig wird. Denn diese wirkt verschieden, je nachdem der mögliche Zeitpunkt der Empfängnis des Kindes vor oder in der Ehe liegt. Fällt die Empfängniszeit ganz in die Zeit der Ehe, so gilt die Vermutung der Beiwohnung des Mannes unbedingt; sie kann nur durch den Gegenbeweis entkräftet werden, daß die Beiwohnung ausgeschlossen gewesen ist. Dazu wird allerdings nicht der Beweis der Unmöglichkeit der Beiwohnung verlangt, aber die Einrede der mehreren Zuhälter und der Nachweis eines Ehebruchs der Frau oder der Trennung der Ehegatten während der Empfängniszeit ist selbst in Verbindung mit anderen Anzeichen, die auf die Vaterschaft eines Dritten führen, unerheblich. Für den Gegenbeweis gelten die gewöhnlichen Beweisregeln, auch hinsichtlich des Beweises durch Zeugnis und Geständnis der Mutter, des richterlichen Eides und der freien richterlichen Beweiswürdigung. Mißlingt dieser Gegenbeweis oder ist der Beweis der Beiwohnung geglückt, so kann die Ehelichkeitsvermutung noch durch den Beweis entkräftet werden, daß es den Umständen nach offenbar unmöglich ist, daß die Frau das Kind von dem Manne empfangen hat (1592 Abs. 1 Satz 2). Zur

Erbringung dieses Beweises darf jedoch der Richter nur solche Thatsachen als beweiskräftig zulassen, die nicht die Unwahrscheinlichkeit, sondern die Unmöglichkeit der Zeugung durch den Mann ergeben. Solche Thatsachen sind die Verschiedenheit der Rasse zwischen Mann und Kind, Zeugungsunfähigkeit und Abwesenheit des Mannes, Schwangerschaft der Frau vor der Beiwohnung des Mannes und auch der Reifegrad des Kindes. Ist die Unmöglichkeit der Zeugung durch den Mann zweifelsfrei festgestellt, so ist das Kind unehelich.

Fällt die Empfängniszeit ganz vor die Zeit der Eheschließung, so kann der Mann die Ehelichkeit des Kindes anfechten und mit der Anfechtung — nicht mit dem bloßen Bestreiten — zerfällt die Beiwohnungsvermutung. Diese gilt mithin in dem vorliegenden Falle nur, wenn der Mann gestorben ist, ohne die Ehelichkeit des Kindes angefochten zu haben oder wenn er die Anfechtungsfrist hat unbenutzt verstreichen lassen. Wer der Anfechtung ungeachtet die Ehelichkeit des Kindes behauptet, muß den Beweis der Beiwohnung erbringen. Bis zur Anfechtung ist das Kind ehelich.

Fällt die Empfängniszeit zum Teil vor, zum Teil in die Ehe, so gilt die Beiwohnungsvermutung für die in die Ehe fallende Zeit unbedingt, für die vor die Ehe fallende Zeit nur, wenn die Ehelichkeit des Kindes unangefochten bleibt. Ist die Möglichkeit der Empfängnis während der Ehe ausgeschlossen, so zerstört die Anfechtung der Ehelichkeit durch den Mann die Beiwohnungsvermutung; die Beiwohnung muß alsdann bewiesen werden. Ist der Mann verstorben, ohne die Ehelichkeit angefochten zu haben, so ist das Kind unanfechtbar ehelich, auch wenn der Mann bei seinen Lebzeiten zur Anfechtung nicht in der Lage gewesen war, weil er z. B. von der Geburt des Kindes oder der Schwangerschaft der Frau keine Kenntnis hatte. Es ist nunmehr auch die Feststellung der offenbaren Unmöglichkeit ausgeschlossen, die infolge der Anfechtung der Ehelichkeit des Kindes durch den Mann der erwiesenen Beiwohnung gegenüber ebenso zulässig gewesen wäre wie bei der ganz in die Ehe fallenden Empfängniszeit. Die Beiwohnungsvermutung gilt auch zu gunsten eines Kindes, dessen Empfängniszeit erst nach der rechtskräftig erfolgten Aufhebung der ehelichen Gemeinschaft beginnt; ein solches Kind ist der Gleichstellung der Aufhebung und der Scheidung ungeachtet ein eheliches Kind, weil die Aufhebung der Gemeinschaft nur als bedingte Scheidung gilt.

Ist eine Frau nach der Auflösung ihrer Ehe von einem Kinde entbunden worden und giebt sie vor dem Ablaufe der Empfängniszeit einem zweiten Kinde das Leben, so gehört die vor die Entbindung des nachher geborenen Kindes fallende Zeit nicht zu dessen Empfängniszeit. Wird mithin ein Kind bald nach der Auflösung der Ehe und ein zweites Kind vor dem 302. Tage seit ihrer Auflösung von der Witwe oder geschiedenen Frau geboren, so ist das zweite Kind kein eheliches Kind des früheren Mannes. Hat sich die Frau vor dem Ablaufe der Empfängniszeit ohne oder mit Einhaltung der Wartezeit (1313) wiederverheiratet und giebt sie in der neuen Ehe vor dem 302. Tage seit der Auflösung ihrer früheren Ehe einem Kinde das Leben, so daß das Kind ein eheliches Kind sowohl des ersten als des zweiten Mannes sein kann, so gilt das Kind, wenn es innerhalb 270 Tagen nach der Auflösung der früheren Ehe geboren wird, als Kind des ersten Mannes, wenn es nach Ablauf von 270 Tagen geboren wird, als Kind des zweiten Mannes (1600). Diese Rechtsvermutung gilt jedoch nur dann, wenn die Ehelichkeit des Kindes von keinem der beiden Ehemänner angefochten ist. Hat der eine oder der andere Mann die Ehelichkeit des Kindes angefochten, so ist das Kind eheliches Kind des anderen nicht anfechtenden Mannes. Haben beide Männer die Ehelichkeit mit Erfolg angefochten, so ist das Kind ein uneheliches.

Die Geburt eines Kindes ist nach dem Personenstandsges. vom 6. Februar 1875 innerhalb einer Woche von dem ehelichen Vater, der bei der Niederkunft zugegen gewesenen Hebamme, dem dabei zugegen gewesenen Arzt oder jeder anderen zugegen gewesenen Person, in letzter Linie auch von der Mutter, sobald sie dazu imstande ist, dem Standesbeamten des Bezirkes, in welchem die Niederkunft stattgefunden hat, anzuzeigen. Die Anzeigepflicht der in vorstehender Reihenfolge später genannten tritt nur dann ein, wenn ein früher genannter Verpflichteter nicht vorhanden oder an der Erstattung der Anzeige verhindert ist. Die Anzeige ist mündlich von dem Verpflichteten selbst oder durch eine andere aus eigener Wissenschaft unterrichtete Person zu erstatten. Die Anzeige muß enthalten: Vor- und Familiennamen, Stand oder Gewerbe und Wohnort des Anzeigenden; Ort, Tag und Stunde der Geburt; Geschlecht des Kindes; die Vornamen des Kindes (welche jedoch nachträglich noch zwei Monate lang angemeldet werden können); Vor- und Familiennamen, Religion,

Stand oder Gewerbe und Wohnort der Eltern. Bei Zwillings- oder Mehrgeburten ist die Anzeige für jedes Kind besonders und so genau zu bewirken, daß die Zeitfolge der verschiedenen Geburten ersichtlich ist. Wird die Anzeige des Geburtsfalls über 3 Monate verzögert, so erfolgt die dann von der Aufsichtsbehörde vorzunehmende Ermittelung des Sachverhalts auf Kosten des Anzeigepflichtigen.

Die Geburt in der Ehe giebt dem Kinde nicht nur dem Manne seiner Mutter, sondern Jedem gegenüber die rechtliche Stellung des ehelichen Kindes; seine Ehelichkeit kann nur von dem Manne angefochten werden.

Die Ehelichkeit eines Kindes kann nach zweifacher Richtung hin Gegenstand eines Rechtstreits werden, indem entweder das Bestehen eines ehelichen Kindschaftsverhältnisses überhaupt bestritten oder die Ehelichkeit vom Ehemann angefochten wird. Ist das Bestehen oder Nichtbestehen der ehelichen Kindschaft streitig, weil die Ehe nicht oder nicht giltig abgeschlossen, das Kind außer Zusammenhange mit der Empfängniszeit geboren oder der Mutter untergeschoben sei, so kann auf die Feststellung des Eltern- und Kindesverhältnisses geklagt werden. Der Rechtsstreit gestaltet sich verschieden, je nachdem Eltern und Kind oder andere Personen die Parteien sind.

Für einen Rechtsstreit, der die Feststellung des Bestehens oder Nichtbestehens eines Eltern- und Kindesverhältnisses zwischen den Parteien zum Gegenstande hat, ist bestimmt: Es besteht immer ein inländischer Gerichtsstand (CPO. 642), der Vertreter des Klägers bedarf besonderer Vollmacht (CPO. 613), die Staatsanwaltschaft ist zur Mitwirkung befugt (CPO. 607), das persönliche Erscheinen der Parteien kann in erweitertem Unfang angeordnet werden (CPO. 618, 619), gegen den Beklagten ist ein Versäumnisurteil unzulässig (CPO. 618 Abs. 5), die das Nichtbestehen der ehelichen Kindschaft feststellenden Urteile sind von amtswegen zuzustellen (CPO. 625), die Mutter kann sich dem Verfahren zwischen Vater und Kind als Nebenintervenientin anschließen, in der Berufungsinstanz ist die Zurückweisung nachträglich vom Beklagten vorgebrachter Beweismittel unzulässig (CPO. 626), mit der Feststellungsklage ist die Verbindung einer anderen Klage oder Widerklage als der auf das Bestehen der elterlichen Gewalt gerichteten ausgeschlossen (CPO. 649 Abs. 2), die Dispositionsmaxime ist in gewissem Umfang aufgegeben und durch das Prinzip der Wahrheitsermittelung ersetzt (CPO. 617 Abs. 1, 3, 622), stirbt eine Partei vor der Rechtskraft des Urteils, so ist der Rechtsstreit in der Hauptsache als erledigt anzusehen (CPO. 628), da nunmehr ohnehin die Unehelichkeit des Kindes von Jedem geltend gemacht werden kann; das Urteil wirkt, sofern es bei Lebzeiten der Parteien rechtskräftig wird, für und gegen alle (CPO. 643).

Betrifft der Feststellungsprozeß nicht das Bestehen des Kindschaftsverhältnisses unter den Parteien, so gelten die allgemeinen Prozeßvorschriften. Die Geltendmachung der Unehelichkeit steht jedem Interessenten zu und erfolgt durch Feststellungs- oder Widerklage oder gelegentlich eines von der Unehelichkeit des Kindes abhängenden Anspruchs als Präjudizialpunkt.

Soll die Ehelichkeit eines Kindes angefochten werden, das während der Ehe oder innerhalb 302 Tage — nicht später — nach der Auflösung der Ehe durch Scheidung, Tod oder Wiederverheiratung nach der Todeserklärung geboren ist, so muß die Anfechtung durch den Mann der Mutter erfolgen, und zwar bei Lebzeiten des Kindes durch Erhebung der Anfechtungsklage gegen das Kind (1596), nach dem Tode des Kindes durch Erklärung gegenüber dem Nachlaßgericht in öffentlich beglaubigter Form (1600). Mutter und Kind oder die Erben des Mannes haben kein eigenes Recht zur Anfechtung. Die Anfechtung ist ein einseitiges Rechtsgeschäft, das bei Verlust des Anfechtungsrechts binnen Jahresfrist von dem Tage der erlangten Kenntnis der Geburt an vorzunehmen ist. Doch ist bei Hemmung der Frist aus den Gründen der §§ 203, 206 ihre Verlängerung nachgelassen. Sie ist höchstpersönlicher Natur, aber der Mann ist bei beschränkter Geschäftsfähigkeit prozeßfähig bezw. erklärungsberechtigt und bedarf zur Anfechtung nicht der Zustimmung seines gesetzlichen Vertreters. Die Vertretung durch den Prozeßbevollmächtigten wird natürlich durch das Verbot der Vertretung im Willen nicht berührt. Für den geschäftsunfähigen Mann ist die Anfechtung durch den gesetzlichen Vertreter seiner Person mit Genehmigung des Vormundschaftsgerichts zugelassen. Für den Geschäftsunfähigen beginnt dann der Lauf der Anfechtungsfrist mit dem Zeitpunkt, in welchem der gesetzliche Vertreter die Geburt des Kindes erfährt, also frühestens mit dem Zeitpunkte seiner Bestellung, es sei denn, daß der Mann zur Zeit der Geburt des Kindes noch geschäftsfähig gewesen war und die Frist gegen ihn bereits zu laufen begonnen hatte, da in diesem Falle dem gesetzlichen Vertreter nur noch der Rest der Anfechtungsfrist zur Anfechtung verbleibt. Dessen

Anfechtung ist unwirksam, wenn die Genehmigung des Vormundschaftsgerichts fehlt. Fehlt ein gesetzlicher Vertreter oder verabsäumt der gesetzliche Vertreter die Anfechtung der Ehelichkeit, so kann der Mann beim Wegfalle seiner Geschäftsunfähigkeit noch während 6 Monaten von da ab die Ehelichkeit selbst anfechten (1595 Abs. 2 Satz 1). Diese Frist verbleibt ihm auch dann, wenn die Anfechtungsfrist vor dem Eintritte der Geschäftsunfähigkeit gegen ihn zu laufen begonnen hatte. Die gleichen Vorschriften gelten, wenn der Mann im Laufe des Anfechtungsprozesses geschäftsunfähig wird. Die Erben des Mannes oder Dritte, welche an der Unehelichkeit des Kindes ein Interesse haben, können diese nur geltend machen, wenn der Mann die Ehelichkeit angefochten hat oder, ohne das Anfechtungsrecht verloren zu haben, gestorben ist (1593). Stirbt der Mann nach Verlust seines Anfechtungsrechts, so kann die Unehelichkeit des Kindes überhaupt nicht mehr geltend gemacht werden. Stirbt der Mann im Zustande der Geschäftsunfähigkeit oder vor dem Ablaufe von 6 Monaten nach dem Wegfalle der Geschäftsunfähigkeit oder stirbt der anfechtungsfähige Mann während des Laufes der einjährigen Anfechtungsfrist, so kann die Unehelichkeit von Jedem geltend gemacht werden, doch ist während der Dauer eines eingeleiteten Anfechtungsprozesses die Geltendmachung der Unehelichkeit durch einen Dritten ausgeschlossen (1596 Abs. 3).

Die Anfechtungsklage ist gegen das Kind zu richten, dem während seiner Minderjährigkeit für den Prozeß ein Pfleger bestellt wird (1909), wenn nicht der Mutter die elterliche Gewalt zusteht, in welchem Falle sie das Kind vertritt. Die Bestellung des Pflegers ist vom Kläger beim Vormundschaftsgerichte zu beantragen. Bis zur Erledigung des Rechtsstreits gilt das Kind sowohl dem Manne wie Dritten gegenüber als ehelich. Daher gilt die Anfechtung als nicht erfolgt, wenn die Klage zurückgenommen wird, was ohne Einwilligung des Beklagten bis zum Beginne der mündlichen Verhandlung (CPO. 271 Abs. 1) zulässig ist. Mit der Zurücknahme erlischt jedoch das Anfechtungsrecht nicht. Wie durch Verlust der Anfechtungsfrist, so geht das Anfechtungsrecht auch verloren, wenn der Mann vor der Erledigung der Anfechtungsklage das Kind als das seinige *anerkennt*. Die Anerkennung ist ein einseitiges Rechtsgeschäft, das einer Form nicht bedarf und an einen Empfänger nicht gerichtet zu sein braucht, daher auch in einer Verfügung von

Todeswegen vorgenommen werden kann (1598 Abs. 1, 3), die selbstverständlich selbst wirksam werden muß, wenn die Anerkennung gelten soll. Die Anmeldung der Geburt des Kindes beim Standesamte, die Erziehung des Kindes, eine im Nachlasse vorgefundene Anerkennungserklärung können zur Anerkennung genügen. Die Anerkennung kann nicht unter einer Bedingung oder einer Zeitbestimmung, sie kann nicht durch einen Vertreter erfolgen. Ist der Mann in der Geschäftsfähigkeit beschränkt, so bedarf er zur Anerkennung nicht der Zustimmung seines gesetzlichen Vertreters. Ist der Mann geschäftsunfähig, so kann nicht der gesetzliche Vertreter die Anerkennungsverfügung für den Geschäftsunfähigen treffen, die Anerkennung ist vielmehr während der Dauer dieses Zustandes ausgeschlossen, der gesetzliche Vertreter kann aber durch Unterlassung der Anfechtung den Erfolg der Anerkennung herbeiführen. Die vor der Geburt erfolgte Anerkennung der Ehelichkeit schließt deren Anfechtung nicht aus, die nach der Geburt geschehene Anerkennung ist unwiderruflich. Aber wie jede Willenserklärung, kann die Anerkennung nichtig oder anfechtbar sein. Die nichtige Anerkennung gilt als nicht vorhanden (105, 116, 117, 118), die anfechtbare Anerkennung ist bis zur Anfechtung giltig, mit der rechtskräftig festgestellten Anfechtung aber von Anfang an nichtig. Darüber, ob die Anerkennung der Ehelichkeit anfechtbar ist, entscheiden die Vorschriften über die Anfechtung wegen Irrtums (119, 120), Täuschung und Drohung (123). Die Anfechtung der Anerkennung kann nicht durch Erklärung dem Kinde gegenüber, sondern nur in denselben Formen wie die Anfechtung der Ehelichkeit des Kindes, also bei dessen Lebzeiten durch Klage, nach seinem Tode durch Erklärung gegenüber dem Nachlaßgericht erfolgen, was sich damit rechtfertigt, daß die Anfechtung der Anerkennung im Grunde genommen die Anfechtung der Ehelichkeit ist. Die für diese getroffenen Sonderbestimmungen über die Vertretung gelten daher auch für die Anfechtung der Anerkennung. Diese ist ausgeschlossen, wenn der Mann die Anerkennung bestätigt und wenn die für die Geltendmachung der Anfechtung einer Willenserklärung in den §§ 121, 124 vorgeschriebenen Fristen abgelaufen sind. Hat die Anfechtbarkeit ihren Grund in arglistiger Täuschung oder Drohung, so finden auf den Lauf der einjährigen Anfechtungsfrist die Vorschriften über die Verhinderung der Rechtsverfolgung durch höhere Gewalt und wegen mangelnder Vertretung einer vertretungsbedürftigen Person sowie durch Stillstand der Rechtspflege Anwendung (1599). Ist der Mann binnen Jahresfrist nach der Geburt des als ehelich anerkannten Kindes verstorben, so bleibt die Anerkennung wirksam und die Erben können sie nicht anfechten, auch wenn das Recht auf ihre Anfechtung für den Mann nicht verloren war. Die Ehelichkeit des Kindes steht nunmehr Jedem gegenüber fest und zwar selbst dann, wenn die Anerkennung unrichtig und dem Manne bewußt war, daß das Kind nicht von ihm abstammt.

Für die Klage zwischen Mann und Kind auf Anfechtung der Ehelichkeit des Kindes sowie für die Klage des Mannes auf Anfechtung seiner Anerkennung der Ehelichkeit, welche Klage auch nach dem Tode des Kindes zulässig ist, gelten die für die Feststellung des Bestehens oder Nichtbestehens eines Eltern- und Kindesverhältnisses in der CPO getroffenen Sondervorschriften (vgl. S. 16, 17), jedoch mit der Abweichung, daß § 617 Abs. 1, 2 und nicht Abs. 3 und von § 622 nur Abs. 1 Anwendung findet. Die Verbindung einer anderen Klage mit der erhobenen Anfechtungsklage als der anderen Anfechtungsklage sowie die Erhebung einer Widerklage ist ausgeschlossen. War die Ehelichkeit angefochten, so ist bei Abweisung der Klage das Kind als eheliches Kind des Klägers zu behandeln, während bei erfolgreicher Anfechtung das Kind von seiner Geburt an als unehelich gilt, weshalb die Rechtsgeschäfte selbst gutgläubiger Dritter mit dem Kinde, deren Wirksamkeit durch die Ehelichkeit bedingt ist, rückwärts hinfällig werden. War die Anerkennung angefochten, so ist, wenn nicht beide Anfechtungsklagen verbunden waren, das Urteil für die Frage der Ehelichkeit nur insoweit von Bedeutung, als diese nunmehr von Jedem angefochten werden kann. Wird nach dem Tode des Kindes seine Ehelichkeit durch Erklärung des Mannes gegenüber dem Nachlaßgericht angefochten, was durch Einsendung der öffentlich beglaubigten Urkunde oder durch deren Ueberreichung, aber auch zu Protokoll des Nachlaßgerichts geschehen kann, so soll das Nachlaßgericht die Erklärung sowohl dem mitteilen, welcher im Falle der Ehelichkeit, als auch dem, welcher im Falle der Unehelichkeit Erbe des Kindes ist. Die Mitteilung kann durch mündliche Eröffnung erfolgen. Das Nachlaßgericht hat ferner die Einsicht der Erklärung Jedem zu gestatten, der ein rechtliches Interesse glaubhaft macht; es kann ihm auf seinen Antrag eine Abschrift der Erklärung erteilen, welche auf Verlangen zu beglaubigen ist (1597 Abs. 2, FG. § 34). Diese

Regelung rechtfertigt sich dadurch, daß die Anfechtung nach dem Tode des Kindes wesentlich Bedeutung für das Erbrecht der Erben des Kindes hat. Die Anfechtungserklärung beim Nachlaßgerichte kann als nichtig oder anfechtbar angefochten werden, worüber die für einseitige Willenserklärungen getroffenen Vorschriften entscheiden. Wird dieselbe zurückgenommen, so ist die Anfechtung als nicht erfolgt anzusehen. Gegen den anfechtenden Mann haben die Erben des Kindes eine Klage auf Feststellung der Ehelichkeit.

Die Vorschriften über die Anfechtung der Ehelichkeit des Kindes gelten nicht auch zu gunsten eines Kindes, das erst nach dem 302. Tage nach Auflösung der Ehe geboren ist. Ein solches Kind gilt als außerhalb der Empfängniszeit geboren, so daß seine Unehelichkeit zeitlich unbeschränkt und von Jedem im gewöhnlichen Prozesse geltend gemacht werden kann. Seine Anerkennung durch den Vater gilt lediglich als Beweismittel oder als Entstehungsgrund für die Vermutung der Beiwohnung (1718).

Das Recht der Stammguts-, Lehen- und Fideikommißanwärter zur Anfechtung der Anerkennung der Ehelichkeit eines Kindes, um es von der Nachfolge in die Stammgüter, Lehen oder Fideikommisse auszuschließen, unterliegt den vorstehend mitgeteilten Vorschriften, soweit nicht das Landesrecht Sonderbestimmungen enthält, die nach Art. 69 aufrecht erhalten sind. Für Preußen ist das selbstständige Recht der Lehen- und Fideikommißanwärter zur Anfechtung der Ehelichkeit aufrecht erhalten. Dasselbe erlischt in 3 Jahren vom Tode des Vaters. Die Einrede des Anerkenntnisses des Kindes seitens des Vaters kann den Anwärtern nicht entgegengesetzt werden.

Als eheliche Kinder gelten die Kinder aus solchen nichtigen Ehen, deren Eingehung der Nichtigkeit ungeachtet in das Heiratsregister eingetragen ist, wenn sie von der Frau während der Ehe oder innerhalb 302 Tage nach der rechtskräftigen Nichtigerklärung der Ehe infolge der innerhalb der Empfängniszeit stattgehabten Beiwohnung des Mannes geboren werden. Für die Empfängniszeit, die Beiwohnungsvermutung und die Ehelichkeit gelten die gleichen Vorschriften wie bei der ehelichen Abstammung. Die Stellung der ehelichen Kinder kommt den Kindern aus nichtigen Ehen ausnahmsweise nicht zu, dieselben sind vielmehr unehelich, wenn beiden Ehegatten die Nichtigkeit der Ehe bei der Eheschließung bekannt war, wobei dem Kennen nicht ein Kennenmüssen gleichsteht, auch vorübergehende

Zweifel unschädlich sind, so daß also der gute Glaube auch nur eines der Ehegatten dem Kinde die Stellung des ehelichen Kindes sichert (1699 Abs. 1). Einem solchen unehelichen Kinde hat der Vater, solange er lebt, den Unterhalt zu gewähren wie einem ehelichen Kinde, doch ist er nicht befugt, die Art und die Vorausleistung des Unterhalts abweichend vom Gesetze zu bestimmen (1703). Unehelich sind ausnahmsweise ferner die Kinder aus nichtigen Ehen, wenn die Nichtigkeit der Ehe auf dem Formmangel beruht, daß die Eheerklärung nicht von den Verlobten persönlich bei gleichzeitiger Anwesenheit vor dem zur Entgegennahme der Erklärung bereiten Standesbeamten abgegeben und die Ehe auch nicht in das Heiratsregister eingetragen worden ist. In diesem Falle sind die Kinder unehelich selbst dann, wenn die Nichtigkeit beiden Ehegatten unbekannt war (1699 Abs. 2). Endlich sind die Kinder aus anfechtbaren Ehen unehelich, wenn mit Wissen beider Ehegatten bei der Eheschließung die Anfechtbarkeit bestand und die Ehe infolge ihrer Anfechtung wegen des beiden Gatten bekannten Anfechtungsgrundes für nichtig erklärt worden ist, hier jedoch mit der Ausnahme zu gunsten der Ehelichkeit der Kinder, daß, wenn Drohung der Grund der Anfechtung und der Nichtigerklärung ist, der anfechtungsberechtigte Ehegatte einem Ehegatten gleichsteht, welcher die Nichtigkeit der Ehe bei der Eheschließung nicht gekannt hat (1704). Die Unehelichkeit der Kinder aus nichtigen Ehen kann stets erst nach der Nichtigerklärung der Ehe geltend gemacht werden. Ihre Geltendmachung erfolgt, wenn die Ehe in das Heiratsregister eingetragen ist, in der gleichen Weise wie bei der ehelichen Abstammung entweder durch die Feststellung des Nichtbestehens des Eltern- und Kindesverhältnisses oder durch die Anfechtung der Ehelichkeit mittelst Anfechtungsklage und nach dem Tode des Kindes mittelst Erklärung gegenüber dem Nachlaßgerichte. Ehen, die nicht in das Heiratsregister eingetragen sind, werden als nicht existierend behandelt.

Die Bestimmungen des BGB. über die eheliche Abstammung eines Kindes und die Ehelichkeit der Kinder aus nichtigen Ehen gelten nur für die nach seinem Inkrafttreten geborenen Kinder, dabei wird die Form einer Ehe, die im Inlande geschlossen ist, ausschließlich nach den deutschen Gesetzen geprüft, mögen die Eheschließenden Inländer oder Ausländer sein. Die Ehelichkeit wird ferner nach dem BGB. beurteilt, wenn der Ehemann der Mutter zur Zeit der Geburt des Kindes Deutscher ist oder, falls er vor der Geburt des Kindes gestorben ist, zuletzt Deutscher war (Art. 18); ist oder war der Mann Ausländer, so regelt sich die Frage der Ehelichkeit nach dem Rechte des Staates, dem der Mann angehört.

§ 4.

Legitimation.

Durch die der Geburt eines außerehelichen Kindes nachfolgende Eheschließung zwischen seinem Vater und seiner Mutter erlangt das Kind auf grund seines außerehelichen Kindschaftsverhältnisses kraft Gesetzes die rechtliche Stellung eines ehelichen Kindes. Diese Gleichstellung des legitimierten Kindes mit den ehelichen Kindern tritt ohne eine darauf gerichtete Willenserklärung der Eltern und des Kindes und ohne Anerkennung des Kindes als des seinigen durch den Vater ein, sie kann durch eine entgegenstehende Willenserklärung von Vater und Kind nicht verhindert werden. Da aber aus der Eheschließung eines Mannes mit der Mutter eines unehelichen Kindes nicht ohne weiteres die außereheliche Vaterschaft des Mannes zu folgern ist, so ist zum Beweise der Legitimation außer der Eheschließung noch der Nachweis notwendig, daß der Mann der Frau innerhalb der der Geburt des Kindes vorausgegangenen Empfängniszeit beigewohnt hat. Die Empfängniszeit ist hier unerstreckbar auf die Zeit vom 181. bis zum 302. Tage vor dem Tage der Geburt, mit Einschluß sowohl des 181. als des 302. Tages, festgesetzt. Wird die Beiwohnung während dieser Zeit bewiesen, so gilt der Rechtssatz, daß der Ehemann der Mutter der Vater des Kindes sei. Eine Beiwohnungsvermutung ist mithin mit der Vaterschaftsvermutung nicht verbunden. Der Beweis der Beiwohnung kann mit allen zulässigen Beweismitteln geführt werden. Dagegen läßt sich die Vaterschaft nur durch den Gegenbeweis des Mannes widerlegen, daß es den Umständen nach offenbar unmöglich ist, daß die Mutter das Kind aus dieser Beiwohnung empfangen hat. Die Beiwohnung bedarf keines Beweises, wird vielmehr vermutet, wenn der Mann nach der Geburt des Kindes bei dessen Leben oder nach dessen Tode seine Vaterschaft in einer öffentlichen Urkunde (CPO. 415, FG. 167 Abs. 2, 191) anerkannt hat (1720, Abs. 2). Die Anerkennung kann vor wie nach der Eheschließung und selbst nach der Auflösung der Ehe und dem Tode der Frau erfolgen; sie muß persönlich und kann nicht durch einen Vertreter geschehen, sie verträgt keine Bedingung oder Zeitbestimmung, und ist nach den für die einseitigen Rechtsgeschäfte geltenden allgemeinen Vorschriften wegen Willensmängel anfechtbar (119ff.), aber nicht widerruflich. Doch kann sie durch den Gegenbeweis entkräftet werden, daß die Beiwohnung der Anerkennung ungeachtet während der Empfängniszeit nicht stattgefunden habe. Mißlingt dieser Gegenbeweis oder wird die Beiwohnung bewiesen, so ist von dem Falle der offenbaren Unmöglichkeit abgesehen die Beiwohnung die Ursache der Empfängnis selbst dann, wenn der Mutter in der Empfängniszeit mehrere Männer beigewohnt haben. Die Einrede der mehreren Zuhälter ist ausgeschlossen, sie kann selbst dann nicht geltend gemacht werden, wenn sie in einer der Ehe vorausgegangenen Klage des Kindes gegen den Vater auf Unterhalt von diesem mit Erfolg geltend gemacht war oder wenn ein Dritter als Vertreter des Kindes zur Unterhaltsgewährung verurteilt worden ist.

Die Legitimation ist nicht deshalb unzuläßig, weil das Kind aus einer Beiwohnung empfangen ist, welche weiter als 302 Tage vor dem Tage der Geburt zurückliegt; es gilt nur der Rechtssatz nicht für diesen Fall; gelingt der Nachweis, daß das Kind einer dem 302. Tage vorausgegangenen Beiwohnung seiner Eltern entstammt, so ist es durch deren Ehe legitimiert.

Die Verheiratung der Mutter mit einem Manne, der ihr in der Empfängniszeit beigewohnt hat, legitimiert auch das Kind, dessen Vaterschaft ein anderer Mann anerkannt oder zu deren Anerkennung ein solcher rechtskräftig verurteilt worden ist, weil durch dieses Anerkenntnis oder Urteil die Möglichkeit der Vaterschaft des Ehemanns der Mutter nicht ausgeschlossen wird, da das Urteil, welches die uneheliche Vaterschaft feststellt, nur unter den Parteien wirkt (CPO. 644). Dagegen ist die Legitimation ausgeschlossen, tritt also durch die Eheschließung der Eltern nicht ein, wenn das Kind vor derselben als das eheliche Kind eines Dritten erklärt oder bereits durch eine frühere Ehe seiner Mutter mit einem der anderen Zuhälter in der Empfängniszeit legitimiert worden war.

Die Eheschließung legitimiert alle unehelichen Kinder, auf welche die Vermutung der unehelichen Vaterschaft zutrifft, auch die in Ehebruch und Blutschande erzeugten und diejenigen, welche schon vor der Verheiratung der Eltern auf Antrag des Vaters für ehelich erklärt oder von ihrem Vater oder einem Dritten an Kindesstatt angenommen worden waren. Doch wird das im Ehebruch erzeugte Kind durch die nachfolgende Ehe der Ehebrecher nicht als deren Kind legitimiert, wenn es als eheliches Kind der wegen Ehebruchs geschiedenen Ehe gilt. Eltern eines in Blutschande empfangenen Kindes können dieses durch nachfolgende Ehe nur dann legitimieren, wenn sie ihre nichtige Ehe in gutem Glauben geschlossen haben, da dann der Nichtigkeit ungeachtet die Ehe dem Kinde die rechtliche Stellung des ehelichen Kindes verleiht (1721).

Die Legitimation durch nachfolgende Eheschließung setzt voraus, daß die Ehe giltig sei. Doch wird das Kind auch durch eine nichtige oder anfechtbare und angefochtene Ehe legitimiert, wenn es, falls es in giltiger Ehe geboren wäre, die rechtliche Stellung eines ehelichen Kindes erlangt hätte, wenn also die eines Formmangels wegen nichtige Ehe in das Heiratsregister eingetragen oder wenn einem der Ehegatten die Nichtigkeit der registrierten Ehe bei der Eheschließung unbekannt war. Das Kind bleibt also unehelich, wenn die legitimierende Ehe wegen Formmangels nichtig und nicht in das Heiratsregister eingetragen ist oder wenn beide Eltern bösgläubig waren.

Die Legitimation macht das Kind mit dem Vater und seinen Verwandten verwandt und verschwägert den Ehegatten des Kindes mit dem Vater und die Frau einer zweiten Ehe des Vaters mit dem Kinde. Ihre Rechtswirkungen erstrecken sich auch auf die Abkömmlinge des legitimierten Kindes und zwar selbst dann, wenn das Kind vor der Eheschließung gestorben ist, so daß die Eheschließung für die das Kind überlebenden Abkömmlinge die Wirkungen der Legitimation hat. Als Abkömmlinge kommen die ehelichen und die durch nachfolgende Ehe legitimierten Abkömmlinge des Kindes sowie die unehelichen Kinder einer Tochter, nicht auch die unehelichen Kinder des legitimierten Sohnes in betracht, die letzteren selbst dann nicht, wenn der Sohn sie hat für ehelich erklären lassen oder sie an Kindesstatt angenommen hat oder wenn sie einer nichtigen Ehe desselben entstammen und nicht die Stellung ehelicher Kinder haben.

Die Rechtswirkungen treten erst von der Eheschließung der Eltern ab ein, nicht auch rückwärts von der Zeit der Geburt an. Die zwischen der Geburt und der Legitimation vorgenommenen Rechtshandlungen des Kindes bleiben daher giltig, wenn den für die Rechtshandlungen des unehelichen Kindes aufgestellten Voraussetzungen genügt ist. Die von der Tochter mit Einwilligung der Mutter abgeschlossene Ehe bleibt also giltig. War das uneheliche Kind von einem Dritten an Kindesstatt angenommen, so tritt es nicht in die elterliche Gewalt des Legitimierenden. Ist ein Rechtserwerb von dem Alter des ehelichen Kindes abhängig gemacht, so gilt das vor der Legitimation ehelich geborene Kind eines Elternteils als älter wie das legitimierte, wenngleich es im Lebensalter jünger ist, was für das Anerbenrecht praktisch werden kann. Die über den unehelichen Mündel bis zur Legitimation geführte Vormundschaft endigt mit Rücksicht darauf, daß der Mann seine Vaterschaft jederzeit bestreiten kann, erst dann, wenn die Vaterschaft des Ehemanns durch ein zwischen ihm und dem Mündel ergangenes Urteil rechtskräftig festgestellt ist oder die Aufhebung der Vormundschaft von dem Vormundschaftsgericht (zu recht oder unrecht) angeordnet wird. Die Aufhebung muß angeordnet werden, wenn das Vormundschaftsgericht die Voraussetzungen der Legitimation auf grund seiner Prüfung für vorhanden erachtet, den Vaterschaftsnachweis mithin für erbracht hält. Solange jedoch der Ehemann lebt, soll die Aufhebung nur angeordnet werden, wenn er die Vaterschaft anerkannt hat oder wenn er an der Abgabe einer Erklärung dauernd verhindert oder sein Aufenthalt dauernd unbekannt ist (1883). Die Anerkennung kann formlos erfolgen, wird sie angefochten, so lebt die Vormundschaft nicht wieder auf. Die Anfechtung der Anerkennung untersteht den allgemeinen Grundsätzen, nicht den Sondervorschriften über die Anfechtung der Ehelichkeit.

Im Rechtsstreit über die Frage, ob Jemand durch nachfolgende Ehe legitimiert sei oder nicht, hat der die Legitimation Behauptende den Beweis zu erbringen, daß die nunmehrigen Ehegatten die natürlichen Eltern des Legitimierten seien. Dieser Beweis ist durch die an die erwiesene oder zugestandene Beiwohnung geknüpfte Vermutung der Empfängnis und durch die an die Anerkennung der Vaterschaft geknüpfte Beiwohnungsvermutung und nur durch sie erleichtert. Der Beweispflichtige ist in den Beweismitteln nicht beschränkt; betrifft aber der Rechtsstreit das Eltern- und Kindesverhältnis unter den Parteien, so ist die Eideszuschiebung über die Beiwohnung an den Vater oder das Kind nicht gestattet (CPO. 640). Durch Ausstellung einer Anerkennungsurkunde kann der Vater sich den

Beweis der Beiwohnung erübrigen und dem Kinde oder dem sonstigen Gegner den Gegenbeweis aufbürden. Zum Bestreiten der Legitimation ist Jeder befugt, der ein Interesse an dem Nichtbestehen des Eltern- und Kindesverhältnisses hat.

Die Ehelichkeitserklärung eines unehelichen Kindes erfolgt ohne Eheschließung auf den Antrag seines Vaters — nicht der Mutter — durch eine Verfügung der Staatsgewalt im Verwaltungswege. Sie kommt vorzugsweise für solche Fälle in betracht, in denen die Eheschließung zwischen dem Vater und der Mutter des unehelichen Kindes (z. B. durch Tod, Verschollenheit oder Geisteskrankheit der Mutter) unmöglich geworden ist oder dem Vater den Umständen nach nicht zugemutet werden kann. Sie ist ein Gnadenakt, der versagt werden darf, obwohl ihm ein gesetzliches Hindernis nicht entgegensteht, und der nur erteilt werden kann, wenn die im BGB. aufgestellten Voraussetzungen zutreffen. Zuständig zur Erteilung ist der Bundesstaat, dem der Vater angehört und wenn der Vater ein Deutscher ist, der keinem Bundesstaat angehört, der Reichskanzler. Für die Staatsangehörigkeit ist das Gesetz vom 1. Juni 1870 über den Erwerb und Verlust der Staatsangehörigkeit maßgebend. Gehört der Vater mehreren Bundesstaaten an, so ist jeder der Bundesstaaten zuständig. Ueber die Behörde in dem einzelnen Bundesstaate, welcher die Erteilung der Ehelichkeitserklärung zusteht, entscheidet die Landesregierung (1723). Ist der Landesherr die zuständige Behörde, so wird dadurch der Charakter des Rechtsakts nicht geändert.

Die Ehelichkeitserklärung setzt das Vaterschaftsverhältnis des legitimierenden Vaters zu einem unehelichen Kinde voraus, das lebt; die den ehelichen gleichgestellten Kinder können nicht für ehelich erklärt werden. Dagegen steht die Annahme an Kindesstatt durch den Vater oder einen Dritten sowie die Feststellung der Vaterschaft eines Dritten durch Anerkenntnis oder Urteil der Ehelichkeitserklärung nicht entgegen. Unter den unehelichen Kindern sind von der Ehelichkeitserklärung diejenigen ausgeschlossen, bei welchen zur Zeit der Erzeugung des Kindes die Ehe zwischen dem die Ehelichkeitserklärung beantragenden Vater und der Mutter wegen ehelicher Verwandtschaft oder Schwägerschaft in gerader Linie oder wegen des Verhältnisses als vollbürtige oder halbbürtige Geschwister verboten war (1732). Die Ehelichkeitserklärung erfordert den Antrag des Vaters bei der zuständigen Behörde (1723 Abs. 1). Der Antrag muß die Erklärung des Vaters enthalten, daß er das Kind als das seinige anerkenne (1725). Sie erfordert ferner die Einwilligung des Kindes in die Ehelichkeitserklärung und, wenn das Kind nicht 21 Jahre alt ist, die Einwilligung seiner Mutter sowie, wenn der Vater verheiratet ist, die Einwilligung der Frau desselben (1726 Abs. 1). Die Einwilligungen können sowohl dem Vater wie der Behörde gegenüber erklärt werden, bei welcher der Antrag einzureichen ist. Sind sie dem Vater gegenüber erklärt, so hat dieser sie seinem Antrage beizufügen. Antrag und Einwilligungserklärungen bedürfen der gerichtlichen oder notariellen Beurkundung (1730), sie sind höchstpersönlicher Natur und können daher nicht durch einen Vertreter im Willen erfolgen (1728 Abs. 1). Doch steht die Beschränkung in der Geschäftsfähigkeit weder dem Antrage noch den Einwilligungen entgegen. Während aber für die Mutter des Kindes und die Frau des Vaters zur Erteilung ihrer Einwilligung die Zustimmung ihres gesetzlichen Vertreters nicht erforderlich ist, bedürfen der in der Geschäftsfähigkeit beschränkte Vater zu seinem Antrag und das in der Geschäftsfähigkeit beschränkte mindestens 14 Jahr alte Kind zur Erteilung seiner Einwilligung der Zustimmung ihres gesetzlichen Vertreters und der Genehmigung des Vormundschaftsgerichts (1729). Ist das Kind geschäftsunfähig oder hat es nicht das 14. Lebensjahr vollendet, so kann seine zur Ehelichkeitserklärung erforderliche Einwilligung mit Genehmigung des Vormundschaftsgerichts von seinem Vertreter erteilt werden (1728 Abs. 2). Dagegen ist die Ehelichkeitserklärung ausgeschlossen, wenn der Vater oder seine Frau oder die Mutter des Kindes geschäftsunfähig sind oder wenn die Frau des Vaters ihre Einwilligung verweigert. Verweigert die Mutter die Einwillung, so kann sie — nicht auch die Einwilligung der Frau des Vaters — auf den Antrag des Kindes oder seines gesetzlichen Vertreters, bezw. wenn die Mutter die Vertreterin ist, auf den Antrag des für das Kind hierzu bestellten Pflegers durch das Vormundschaftsgericht ersetzt werden, falls nach dessen Ansicht das Unterbleiben der Ehelichkeitserklärung dem Kinde zu unverhältnismäßigem Nachteile gereichen würde (1727). Auf den Antrag des Pflegers soll das Vormundschaftsgericht vor seiner Entscheidung Verwandte und Verschwägerte des Kindes hören (1847). Die Entscheidung des Vormundschaftsgerichts tritt mit ihrer Rechtskraft, bei Gefahr im Verzug auf Anordnung des Gerichts mit der Bekanntmachung an das Kind oder seinen Vertreter in Wirksamkeit. Da gegen sie sofortige Beschwerde zulässig ist, so kann sie bis zur Ehelichkeitserklärung geändert werden (FG. 53), nachher aber nicht mehr (FG. 55). Das Erfordernis der Einwilligung der Mutter des Kindes und der Frau des Mannes fällt weg, wenn die Mutter oder die Frau verstorben oder für tot erklärt oder zur Abgabe einer Erklärung dauernd außer stande oder wenn sie dauernd unbekannten Aufenthalts sind (1726 Abs. 3), was der Behörde nachzuweisen ist.

Während der gestellte Antrag zurückgenommen werden kann, ist die erteilte Einwilligung unwiderruflich (1726 Abs. 2); sie wird daher durch den Tod oder die Geschäftsunfähigkeit der Mutter oder der Frau oder durch die Geschäftsunfähigkeit des Kindes, wenn diese vor der Ehelichkeitserklärung eintreten, nicht mehr berührt.

Da Antrag und Einwilligung einseitige rechtsgeschäftliche Willenserklärungen sind, so sind sie von dem Antragsteller und dem Einwilligenden nach den allgemeinen Bestimmungen (119ff.) mit der Wirkung der Nichtigkeit (142) anfechtbar. Dritte haben kein Anfechtungsrecht. Die Anfechtung und Bestätigung der anfechtbaren Erklärung sind höchstpersönlicher Natur und können deshalb nicht durch einen Vertreter erfolgen, sofern es sich nicht um die von dem gesetzlichen Vertreter für das geschäftsunfähige oder noch nicht 14 Jahre alte Kind erteilte Einwilligungserklärung handelt, in welchem Falle der gesetzliche Vertreter mit Genehmigung des Vormundschaftsgerichts die erteilte Einwilligungserklärung anzufechten und die anfechtbare Einwilligungserklärung zu bestätigen hat. Mithin ist, wenn der Vater oder dessen Frau oder die Mutter des Kindes geschäftsunfähig oder verstorben sind, die Anfechtung des Antrags und der Einwilligungserklärung oder die Bestätigung einer derartigen anfechtbaren Erklärung ausgeschlossen. Ist das Kind älter als 14 Jahre, aber nicht volljährig, oder ist es aus einem anderen Grunde als wegen Minderjährigkeit in der Geschäftsfähigkeit beschränkt oder ist der Vater in der Geschäftsfähigkeit beschränkt, so kann von ihnen nur mit Zustimmung ihres gesetzlichen Vertreters und mit Genehmigung des Vormundschaftsgerichts die Einwilligungserklärung bezw. der Antrag auf Ehelichkeitserklärung angefochten oder bestätigt werden. Dagegen bedarf die in der Geschäftsfähigkeit beschränkte Frau des Vaters oder Mutter des Kindes zur Anfechtung ihrer Einwilligungserklärung und zu deren Bestätigung nicht der Zustimmung des gesetzlichen Vertreters. Anfechtungsgegner ist bei der Anfechtung des Antrags auf Ehelichkeitserklärung seitens des Vaters Jeder, der auf Grund der Ehelichkeitserklärung unmittelbar einen Vorteil erlangt hat, also nicht nur das Kind oder sein Erbe. Die Anfechtung erfolgt am sichersten durch Erklärung gegenüber der Behörde. Bei der Anfechtung einer Einwilligungserklärung seitens des Kindes, der Mutter oder der Frau ist der Vater der Anfechtungsgegner (143 Abs. 1, 3, 4); nach dessen Tode ist die Anfechtung der Behörde gegenüber zu erklären. Der Tod des Vaters oder des Kindes berauben die Frau und die Mutter nicht ihres Anfechtungrechts.

Die Ehelichkeitserklärung erfordert endlich eine sie aussprechende Verfügung der Staatsgewalt (1723 Abs. 1). In Preußen erläßt diese der Justizminister; handelt es sich um die Annahme eines adeligen Namens, so ist die Genehmigung des Königs einzuholen (Ges. vom 16. November 1899, Art. 13). Vor der Erklärung hat die Behörde den ihr überreichten Antrag, das Vaterschaftsbekenntnis und die Einwilligungserklärungen zu prüfen. Jedoch bleibt die Ehelichkeitserklärung wirksam, auch wenn der Antragsteller irrigerweise als der Vater des Kindes angenommen oder wenn zu unrecht von den Einwilligungserklärungen der Mutter und der Frau abgesehen oder wenn aus irrigen Erwägungen die Einwilligung der Mutter durch das Vormundschaftsgericht ersetzt worden ist (1735). Sie ist dagegen nichtig, wenn sie nach dem Tode des Kindes oder, ohne daß der Vater den Antrag bei der zuständigen Behörde eingereicht oder bei oder nach der gerichtlichen oder notariellen Beurkundung des Antrags das Gericht oder den Notar mit seiner Einreichung betraut hatte, nach dem Tode des Vaters oder dem Eintritte seiner Geschäftsunfähigkeit ergangen ist, ferner wenn sie unter einer Bedingung oder einer Zeitbestimmung erlassen ist, wenn das Vaterschaftsbekenntnis fehlt oder nicht von dem Vater erteilt worden ist, wenn die Einwilligung des Kindes oder seiner Mutter oder der Frau des Vaters oder des gegesetzlichen Vertreters des geschäftsunfähigen oder nicht 14 Jahre alten Kindes oder die Zustimmung des Vertreters des Vaters oder des Kindes und die erforderten Genehmigungen des Vormundschaftsgerichts fehlen, wenn weiter die Beurkundung der Einwilligungserklärungen und des Antrags unterblieben ist. Eine Nachholung dieser Akte mit heilender Wirkung ist nicht zugelassen. Nichtig ist die Verfügung auch, wenn der Antrag oder die Einwilligungserklärung einer der einwilligungsberechtigten Personen nach der Ehelichkeitserklärung mit Erfolg angefochten wird sowie wenn in irgend einem Zeitpunkte der Empfängniszeit die Ehe zwischen den Eltern wegen Verwandtschaft oder Schwägerschaft nach § 1310 Abs. 1 verboten war. Hat also Jemand am 1. Januar 1902 eine Witwe geheiratet und mit deren Tochter außerehelich ein Kind erzeugt, das am 1. Oktober 1902 geboren ist, so ist die Ehelichkeitserklärung dieses Kindes unzulässig. Doch ist der Nachweis gestattet, daß das Kind zwischen dem 3. und 31. Dezember 1901, also vor der Eheschließung mit seiner Großmutter, während noch die Ehe mit seiner Mutter möglich war, empfangen worden sei. Die Ehelichkeitserklärung ist daher zulässig, wenn zur Zeit der Erzeugung des Kindes die Ehe zwischen dessen Eltern wegen des Ehehindernisses der außerehelichen Schwägerschaft (1310 Abs. 2) oder des Ehebruchs verboten war oder wenn das die Ehe der Eltern nach § 1310 Abs. 1, 3 hindernde Schwägerschaftsverhältnis erst nach der Erzeugung des Kindes begründet worden ist.

Die Nichtigkeit der Ehelichkeitserklärung wegen des Mangels eines gesetzlichen Erfordernisses kann von Jedem geltend gemacht werden, der an ihr ein Interesse hat; für den Rechtsstreit gelten die allgemeinen Vorschriften. Wenn jedoch zwischen Vater und Kind die Giltigkeit der Ehelichkeitserklärung streitig wird, so liegt ein Rechtsstreit im Sinne des § 640 der CPO. vor, dessen Entscheidung, sofern sie bei Lebzeiten der Parteien rechtskräftig wird, für und gegen alle wirkt.

Die Ehelichkeitserklärung legitimiert mit dem Kinde auch die Abkömmlinge des Kindes, welche zu ihm die Stellung ehelicher Abkömmlinge haben, und zwar die zur Zeit der Ehelichkeitserklärung vorhandenen ohne ihre Zustimmung (vgl. S. 25); sie gewährt allen Legitimierten die rechtliche Stellung ehelicher Abkömmlinge des Vaters, allerdings nur im Verhältnisse zu ihm (1737 Abs. 1). Die uneheliche Verwandtschaft mit den ehelichen Kindern des Vaters bildet ein trennendes, die uneheliche Schwägerschaft zwischen dem Kinde und der Frau des Vaters sowie dem Gatten des Kindes und dem Vater ein aufschiebendes Ehehindernis; heiratet der für ehelich erklärte Sohn nach seines Vaters Tode dessen Frau, so ist deshalb die Ehe giltig, obgleich sie nicht hätte geschlossen werden sollen.

Die Rechtswirkungen der Legitimation treten erst von der Ehelichkeitserklärung an ein, diese wirkt mithin nicht zurück auf die Geburt des Kindes (vgl. S. 25, 26). Die über das Kind geführte Vormundschaft endet mit der Ehelichkeitserklärung. Die Rechte und Pflichten, welche sich aus dem Verwandtschaftsverhältnisse des legitimierten Kindes zu seiner Mutter und deren Verwandten ergeben, werden durch die Ehelichkeitserklärung nur insoweit berührt, als es das BGB. vorschreibt (1737 Abs. 2). Darnach verliert die Mutter mit der Ehelichkeitserklärung das Recht und die Pflicht für die Person des Kindes zu sorgen und es erleidet das Erbrecht der Mutter und der Verwandten mütterlicher Seite durch das dem Kinde gegenüber aus der Legitimation erwachsende Erb- und Pflichtteilsrecht Abbruch. Fürsorgerecht und Fürsorgepflicht der Mutter treten auch nach der Beendigung oder beim Ruhen der elterlichen Gewalt des Vaters nicht wieder ein. Nur wenn die Mutter dem Kinde Unterhalt zu gewähren hat, weil der Vater dazu nicht imstande ist, tritt die Personensorge der Mutter wieder ein (1738). Daß die Mutter dem Kinde den ganzen Unterhalt zu gewähren hat, ist dazu nicht erfordert.

Für den Rechtsstreit über das Bestehen oder Nichtbestehen der Ehelichkeitserklärung zwischen den Parteien gilt CPO. 640.

§ 5.

Annahme an Kindesstatt.

Die Annahme an Kindesstatt, welche Frauen in gleicher Weise wie Männern zusteht und welche von kinderlosen Personen, denen gleichgiltig aus welchen Gründen die Eingehung einer Ehe versagt ist, benutzt wird, um fremden Kindern die rechtliche Stellung ihres ehelichen Kindes zu verschaffen, setzt zu ihrer Entstehung einen Vertrag zwischen dem Annehmenden und dem an Kindesstatt Anzunehmenden als den Beteiligten voraus. Der Vertrag erfordert: in der Person des Annehmenden, daß er zur Zeit der Annahme keine ehelichen, den ehelichen gleichgestellte oder legitimierte Abkömmlinge hat (1741), wogegen das Vorhandensein eines angenommenen oder eines unehelichen Kindes der Annahme oder weiteren Annahme an Kindesstatt nicht entgegensteht (1743). Wenngleich das uneheliche Kind im Verhältnisse zu seiner Mutter die Stellung eines ehelichen Kindes hat, so kann diese dennoch sowohl ihr Kind als auch ein anderes Kind an Kindesstatt annehmen. Die Annahme eines Kindes an Enkelstatt ist unzulässig. Der Annehmende, welcher verheiratet oder unverheiratet sein kann, muß das 50. Lebensjahr vollendet haben und mindestens 18 Jahre älter sein als der Anzunehmende (1744). Von diesen Erfordernissen kann Befreiung gewährt werden, von dem 50. Lebensjahre jedoch nur bei Volljährigkeit des Annehmenden. Die Befreiung steht dem Bundesstaate zu, dem der Annehmende angehört, und wenn der Annehmende ein Deutscher ist, der keinem Bundesstaat angehört, dem Reichskanzler. Gehört der Annehmende mehreren Bundesstaaten an, so muß die Befreiung von jedem Staate bewilligt sein. Die zur Erteilung der Befreiung zuständige Behörde bestimmt die Landesregierung (1745); sie ist in Preußen der Justizminister. (Ges. vom 16. November 1899 Art. 15).

In der Person des Anzunehmenden wird für die Annahme erfordert, daß er lebt, nicht in einem Annahmeverhältnis und zum Annehmenden nicht in der Stellung eines ehelichen Abkömmlinges steht. Hiervon und von dem Altersunterschiede der 18 Jahre abgesehen, bestehen keine Beschränkungen der Annahmefähigkeit; es ist insbesondere gleichgiltig, ob der Anzunehmende unter elterlicher Gewalt oder Vormundschaft steht, ehelich oder unehelich geboren, unverheiratet oder verheiratet, In- oder Ausländer ist. Ein bereits in einem Annahmeverhältnisse stehendes Kind kann des Bestehens des Verhältnisses ungeachtet von dem Ehegatten des Annehmenden an Kindesstatt angenommen werden (1749 Abs. 2). Ein Ehepaar kann ein Kind als gemeinschaftliches Kind annehmen (1749 Abs. 1).

Der Annehmende und das Kind müssen die Fähigkeit zum persönlichen Abschlusse des Annahmevertrags haben, denn dieser ist höchstpersönlicher Natur und kann daher nicht durch einen Vertreter im Willen, insbesondere nicht durch den gesetzlichen Vertreter abgeschlossen werden. Die Beschränkung in der Geschäftsfähigkeit steht bei dem Annehmenden und dem Kinde dem Vertragsabschlusse nicht entgegen; beide bedürfen aber zu dem Vertrage der Zustimmung ihres gesetzlichen Vertreters und der Genehmigung des Vormundschaftsgerichts (1751). Für das nicht 14 Jahre alte Kind kann sein gesetzlicher Vertreter den Annahmevertrag mit Genehmigung des Vormundschaftsgerichts schließen (1750 Abs. 1). Diese Genehmigung ist auch erforderlich, wenn infolge der elterlichen Gewalt der Vater oder die Mutter gesetzliche Vertreter sind. Vor der Erteilung der Genehmigung soll das Vormundschaftsgericht auf den Antrag des Vertreters des Kindes Verwandte oder Verschwägerte desselben hören. Bei Geschäftsunfähigkeit des Annehmenden oder des über 14 Jahre alten Kindes ist die Annahme an Kindesstatt ausgeschlossen. Die nach dem Vertragsabschluß eintretende Geschäftsunfähigkeit der Parteien ist einflußlos.

Der Annahmevertrag muß bei gleichzeitiger Anwesenheit des Annehmenden und des Kindes oder, wenn das nicht 14jährige Kind geschäftsunfähig ist, seines gesetzlichen Vertreters vor Gericht oder vor einem Notar geschlossen werden (1750). Ist das anzunehmende Kind noch nicht 21 Jahre alt, so kann der Vertrag, wenn das Kind ehelich ist oder einem ehelichen Kinde gleichsteht, nur mit Einwilligung beider Eltern, wenn es unehelich ist, nur mit Einwilligung der Mutter geschlossen werden (1747 Satz 1). Volljährigkeitserklärung des Kindes beeinträchtigt das Einwilligungsrecht der Eltern nicht. Ist der Annehmende oder das Kind verheiratet, Mann oder Frau, so können sie nur mit Einwilligung ihres Ehegatten an Kindesstatt annehmen oder angenommen werden (1746 Abs. 1). Wird die Einwilligung verweigert, so ist die Annahme unmöglich, ihre Ersetzung durch das Vormundschaftsgericht ist nicht zugelassen. Die Einwilligung der Ehegatten oder der Eltern des Kindes ist höchstpersönlicher Natur, weshalb sie nicht durch einen Vertreter im Willen, insbesondere nicht durch einen gesetzlichen Vertreter des Ehegatten oder eines Elternteils erteilt werden kann. Bei deren Geschäftsunfähigkeit ist daher die Annahme an Kindesstatt ausgeschlossen. Beschränkung in der Geschäftsfähigkeit (106, 114) steht dagegen der Einwilligung nicht entgegen, der Einwilligende bedarf zu ihr nicht einmal der Zustimmung seines gesetzlichen Vertreters (1748 Abs. 2). Wird die Einwilligungserklärung nicht in den Annahmevertrag aufgenommen, so hat sie dem Annehmenden oder dem Kinde oder dem zur Bestätigung des Annahmevertrags zuständigen Amtsgerichte gegenüber in gerichtlicher oder notarieller Beurkundung zu erfolgen, was vor oder nach dem Vertragsabschlusse geschehen kann (1748 Abs. 3, 129).

Der Annahmevertrag und die Einwilligungen sind nach den für rechtsgeschäftliche Willenserklärungen geltenden Grundsätzen anfechtbar (119ff.). Die Anfechtung und die Bestätigung des Vertrags oder der anfechtbaren Einwilligungen sind höchstpersönlicher Natur und können daher nicht durch einen Vertreter erfolgen, sofern nicht der durch den gesetzlichen Vertreter für das nicht 14 Jahre alte Kind erfolgte Vertragsabschluß in Frage steht, in welchem Falle der gesetzliche Vertreter mit Genehmigung des Vormundschaftsgerichts bis zum vollendeten 14. Lebensjahre des Kindes anfechtungs- und bestätigungsberechtigt bleibt. Sind der Annehmende oder dessen Frau oder die Eltern des Kindes oder das über 14 Jahre alte Kind oder dessen Frau nach dem Vertragsabschlusse bezw. nach der Erklärung der Einwilligung geschäftsunfähig geworden, so sind Anfechtung und Bestätigung durch sie ausgeschlossen. Ist der Annehmende oder das anzunehmende Kind in der Geschäftsfähigkeit beschränkt, so ist zur Anfechtung wie zur Bestätigung des Annahmevertrags durch sie die Zustimmung ihres gesetzlichen Vertreters und die Genehmigung des Vormundschaftsgerichts erforderlich, dagegen können in der Geschäftsfähigkeit beschränkte Frauen und Eltern ihre Einwilligung anfechten und bestätigen, ohne der Zustimmung ihres gesetzlichen Vertreters zu bedürfen (1755). Anfechtungsgegner sind bei der Anfechtung des Annahmevertrags der andere Vertragschließende, bei der Anfechtung der Einwilligungserklärung sowohl der Annehmende wie das Kind und deren Erben.

Voraussetzung der Annahme an Kindesstatt ist endlich die Bestätigung des in gerichtlicher oder notarieller Form abgeschlossenen Annahmevertrags durch das zuständige Amtsgericht (1741 Satz 2, FG. 65). Die Bestätigung ist nicht ein Gnadenakt, sie darf nur versagt werden, wenn ein gesetzliches Erfordernis der Annahme fehlt (1754). Zuständig für die Bestätigung ist dasjenige Amtsgericht, in dessen Bezirke der Annehmende seinen Wohnsitz oder in Ermangelung eines solchen seinen Aufenthalt hat (FG. 66). Bei ihm ist unter Ueberreichung des Annahmevertrags und der Einwilligungserklärungen von dem Annehmenden oder dem Kinde oder deren Bevollmächtigten der Antrag auf Bestätigung zu stellen. Während der gestellte Antrag von beiden Vertragschließenden gemeinsam zurückgenommen werden kann, ist die erteilte Einwilligung der Ehegatten und Eltern unwiderruflich (1748 Abs. 1), weshalb sie durch den Tod oder die Geschäftsunfähigkeit der Ehegatten oder der Eltern nicht berührt wird. Das Erfordernis der Einwilligung fällt weg, wenn der Ehegatte oder die Eltern zur Abgabe einer Erklärung dauernd außer stande oder dauernd unbekannten Aufenthalts sind (1749 Abs. 2, 1747 Satz 2), bezüglich des Ehegatten auch, wenn die Ehe durch Scheidung oder Aufhebung der Gemeinschaft aufgelöst ist.

Vor der Bestätigung hat das Gericht den Annahmevertrag und die Einwilligungen inhaltlich zu prüfen (FG. 12). Wird die Bestätigung versagt, so hat jeder der Vertragschließenden, auch wenn nicht von ihm der Antrag auf Bestätigung gestellt war, gegen diesen Beschluß die sofortige Beschwerde (FG. 68). Wird die Versagung endgiltig, so verliert der Vertrag seine Kraft (1759 Abs. 2). Der Beschluß, durch den die Bestätigung erteilt wird, ist dem Annehmenden bekannt zu machen; mit dieser Bekanntmachung und erst mit ihr tritt er in Wirksamkeit. Ist der Annehmende vor der Bestätigung gestorben, die Bestätigung aber demungeachtet zulässig, was der Fall ist, wenn der Antrag auf Bestätigung dem Gerichte zu Lebzeiten des Annehmenden eingereicht oder wenn das Gericht oder der Notar bei oder nach der Beurkundung des Vertrags mit der Einreichung betraut war (1753), so tritt der Beschluß mit der Bekanntmachung an das Kind in Wirksamkeit. Die Bestätigung hat dann die gleiche Wirkung, wie wenn sie vor dem Tode des Annehmenden erfolgt wäre. Zu einer Aenderung seines Beschlusses ist das Gericht nicht befugt (FG. 67 Abs. 1, 3). Demungeachtet schafft er keine Rechtskraft.

Auf die Wirksamkeit des bestätigenden Beschlusses und der Annahme an Kindesstatt ist es ohne Einfluß, wenn bei der Bestätigung mit Unrecht angenommen worden ist, daß einer der Ehegatten oder der Elternteile zur Abgabe ihr Einwilligungserklärung dauernd außer stande oder ihr Aufenthalt dauernd unbekannt sei (1756). Dagegen ist der Bestätigung ungeachtet der Annahmevertrag nichtig, wenn die Bestätigung nach dem Tode des Kindes oder, ohne daß der Annehmende oder das Kind den Antrag auf Bestätigung in zulässiger Weise gestellt hatten, nach dem Tode des Annehmenden (1753 Abs. 2) oder unter einer Bedingung oder einer Zeitbestimmung erfolgt ist (1742), wenn der Annehmende ein eheliches Kind hat oder wenn ein für tot erklärtes eheliches Kind lebt, wenn das angenommene Kind bereits an Kindesstatt angenommen ist, wenn die Beurkundungen des Vertrags oder die Einwilligungserklärungen oder die erforderlichen Befreiungsbewilligungen oder die Zustimmungen des Vormundes mit den Genehmigungen des Vormundschaftsgerichts fehlen. Eine Nachholung dieser Akte ist nach der Bestätigung mit heilender Wirkung für diese nicht möglich. Nichtig ist die Annahme an Kindesstatt auch, wenn der Vertrag oder eine der Einwilligungen nach der Bestätigung mit Erfolg angefochten wird oder die Bestätigung durch ein sachlich unzuständiges Gericht erteilt ist. Die Nichtigkeit des Annahmevertrags wirkt ohne Rücksicht auf den guten Glauben Dritter auf den Abschluß zurück.

Die Nichtigkeit der Annahme an Kindesstatt kann von Jedem geltend gemacht werden, der an ihr ein Interesse hat; für den Rechtsstreit gelten die allgemeinen Vorschriften; wird die Giltigkeit der Annahme jedoch zwischen dem Annehmenden und dem Kinde streitig, so liegt ein Rechtsstreit im Sinne der CPO. 640 vor, dessen Entscheidung für und gegen alle wirkt, wenn sie bei Lebzeiten der Parteien rechtskräftig wird. Ist eine solche Entscheidung verneinend ergangen, so ist jede anderweite Geltendmachung der Nichtigkeit ausgeschlossen.

Will ein Vormund seinen Mündel oder ein zur Vermögensverwaltung bestellter Pfleger oder mütterlicher Beistand seinen Pflegling an Kindesstatt annehmen, so soll das Vormundschaftsgericht die Genehmigung nicht erteilen, solange der Vormund oder Pfleger oder Beistand im Amte ist. Will Jemand seinen früheren Mündel oder Pflegling an Kindesstatt annehmen, so soll die Genehmigung nicht erteilt werden, bevor über die Verwaltung Rechnung gelegt und das Vorhandensein des Mündel- oder Pfleglingsvermögens nachgewiesen ist (1752). Auf die Giltigkeit des Annahmevertrags ist es ohne Einfluß, wenn das Vormundschaftsgericht seine Genehmigung unter Verletzung dieser Ordnungsvorschrift erteilt hat.

Die Annahme an Kindesstatt bringt nicht nur das angenommene Kind, sondern auch seine nach dem Vertragsabschlusse geborenen ehelichen und den ehelichen gleichgestellten Abkömmlinge zu dem Annehmenden in die rechtliche Stellung eines ehelichen Kindes, selbstverständlich nur bezüglich der im BGB. geregelten Rechtsverhältnisse. Inwieweit die Kindesannahme dem ehelichen Kindesverhältnisse nach sonstigen reichsrechtlichen Bestimmungen gleichsteht, ist Frage der Auslegung dieser Bestimmungen. Ein Ehehindernis besteht nur zwischen dem Annehmenden und dem angenommenen Kinde oder dessen Abkömmlingen, mit den letzteren gleichgiltig, ob sich die Wirkungen der Annahme auf die Abkömmlinge erstrecken oder nicht (1311). Dieses Ehehindernis fällt jedoch mit der seiner ungeachtet erfolgten Eheschließung weg, indem mit ihr die Aufhebung des durch die Annahme zwischen den Eheschließenden begründeten Rechtsverhältnisses verbunden ist (1771). Auf die zur Zeit des Vertragsabschlusses schon vorhandenen Abkömmlinge und deren später geborenen Abkömmlinge erstreckt sich die Annahme an Kindesstatt nicht. Soll sich dieselbe auch auf diese Abkömmlinge erstrecken, so muß der Annahmevertrag mit den schon vorhandenen Abkömmlingen unter gleichzeitiger Anwesenheit derselben vor Gericht oder Notar geschlossen werden. Hat ein solcher Abkömmling das 14. Lebensjahr noch nicht vollendet und steht er unter der elterlichen Gewalt des Anzunehmenden, so kann dieser kraft seiner Vertretungsmacht den Vertrag mit Genehmigung des Vormundschaftsgerichts zugleich für den Abkömmling schließen (1762); steht er nicht unter der elterlichen Gewalt, so ist sein gesetzlicher Vertreter der Vertragschließende (1750 Abs. 1). Geisteskranke über 14 Jahre können in das Annahmeverhältnis nicht hineingezogen werden. Da der Vertrag ein einheitlicher für den Annehmenden, das Kind und seine Abkömmlinge ist, so ergreift ein nur für die Abkömmlinge vorliegender Nichtigkeits- oder Anfechtungsgrund den ganzen Vertrag. Wird von einem Ehepaare gemeinschaftlich ein Kind angenommen oder nimmt ein Ehegatte das nicht von ihm erzeugte Kind des anderen Ehegatten an, so erlangt das Kind in dem durch die Kindesannahme gesetzlich begründeten Umfange die rechtliche Stellung eines gemeinschaftlichen ehelichen Kindes der Ehegatten (1757).

Die Rechtswirkungen der Annahme an Kindesstatt treten erst von der Bestätigung des Annahmevertrags an ein und wirken nicht auf den Zeitpunkt seines Abschlusses zurück, obgleich die Vertragschließenden von da ab an den Vertrag gebunden sind (1754 Abs. 1). Vorverhandlungen über den Abschluß eines Annahmevertrags haben noch keine bindende Wirkung. Eine über das Kind geführte Vormundschaft endet mit der Bestätigung des Annahmevertrags. Die Rechte und Pflichten, welche sich aus dem Verwandtschaftsverhältnisse des angenommenen Kindes zu seinen leiblichen Verwandten ergeben, werden durch die Annahme an Kindes statt nur insoweit berührt, als das BGB. bestimmt (1764). Nach dessen Vorschriften verlieren mit der Annahme die leiblichen Eltern die elterliche Gewalt über das Kind, die uneheliche Mutter das Recht und die Pflicht, für die Person des Kindes zu sorgen. Doch behalten die Eltern die Befugnis zum persönlichen Verkehre mit dem Kinde. Ihre elterliche Gewalt sowie Recht und Pflicht der Sorge für die Person des Kindes treten auch nach der Beendigung des Annahmeverhältnisses durch einen Auflösungsgrund nicht wieder ein. Hat aber der leibliche Vater oder die leibliche Mutter dem Kinde den Unterhalt zu gewähren, weil der Annehmende dazu nicht imstande ist, so leben das Recht und die Pflicht, für die Person des Kindes zu sorgen, in der Person des die Fürsorge gewährenden Elternteils wieder auf, wenn die elterliche Gewalt des Annehmenden endigt oder wenn sie wegen Geschäftsunfähigkeit oder vormundschaftsgerichtlich festgestellter Behinderung des Annehmenden ruht. Das Recht zur Vertretung des Kindes tritt jedoch auch hier nicht wieder ein, weshalb dem Kinde ein Vormund zu bestellen ist (1765); wenn jedoch das Annahmeverhältnis zu Ehegatten begründet ist, so geht die elterliche Gewalt zunächst auf die Frau über. Die Fürsorgepflicht der Eltern für ihr Kind fällt wieder weg, wenn der Annehmende die elterliche Gewalt zurückerlangt oder deren Ruhen endigt. Mit der Annahme verlieren die Eltern ferner ihr Recht der Einwilligung zur Eingehung einer Ehe ihres nicht 21jährigen Kindes und sie erlangen dieses Recht auch dann nicht wieder, wenn das durch die Annahme an Kindesstatt begründete Rechtsverhältnis aufgehoben wird (1306). Als Vormund über das angenommene Kind ist berufen, wen der Annehmende als solchen benannt hat. Fehlt die Benennung, so wählt das Vormundschaftsgericht den Vormund aus. Denn ist das Kind von einem Anderen als dem Ehegatten seines Vaters oder seiner Mutter an Kindesstatt angenommen worden, so sind seine Eltern und Großväter nicht zur Vormundschaft berufen (1776 Abs. 2, 1899 Abs. 2), auch nicht zur Vormundschaft über die mitangenommenen Abkömmlinge des Annahmekindes; doch sind die Großväter berufen, wenn das Kind eines Ehegatten von dem anderen Ehegatten angenommen ist. Durch die Annahme werden die Ehehindernisse der Verwandtschaft und der Schwägerschaft sowie die allgemeinen Elternrechte und die Eltern- und Kindespflichten der §§ 1617 bis 1625 bei dem Zutreffen ihrer Voraussetzungen nicht berührt. Die Unterhaltspflicht der leiblichen Verwandten tritt erst nach dem Annehmenden ein, aber das Kind wird doppelt unterhaltspflichtig und die Unterhaltsansprüche der Verwandten aufsteigender Linie erleiden durch die Konkurrenz des Annehmenden Abbruch. Das angenommene Kind behält sein Erbrecht gegenüber den leiblichen Eltern und Verwandten, welche ihrerseits die Erben des Kindes sind. Die Beziehungen des Kindes zu seinen leiblichen Eltern können, soweit sie durch Vertrag überhaupt abänderbar sind, auch durch den Annahmevertrag abgeändert werden.

Das Annahmeverhältnis kann durch Vertrag zwischen den durch die Annahme betroffenen Personen wiederaufgehoben werden und wird kraft Gesetzes durch eine während des Bestehens des Annahmeverhältnisses zwischen dem Annehmenden und dem Angenommenen oder dessen Abkömmlingen eingegangene Ehe aufgelöst. Einseitiger Rücktritt vom Vertrag oder der Tod eines der Vertragschließenden hebt den Annahmevertrag nicht auf.

Der Aufhebungsvertrag muß von dem Annehmenden, dem Kinde und denjenigen Abkömmlingen des Kindes, auf welche sich die Wirkungen der Annahme erstrecken, abgeschlossen werden. Weigerung auch nur eines dieser Interessenten macht den Aufhebungsvertrag unmöglich. Hat ein Ehepaar gemeinschaftlich ein Kind angenommen oder hat ein Ehegatte das Kind des anderen Ehegatten angenommen, so müssen zur Aufhebung der Annahme durch Vertrag beide Ehegatten mitwirken (1768). Sind dem Angenommenen nach der Annahme Kinder geboren, so müssen auch diese den Vertrag abschließen.

Nach dem Tode des Annehmenden ist die Aufhebung des Annahmevertrags unmöglich. Daher kann bei der Annahme durch ein Ehepaar oder durch den andern Ehegatten im Falle des Todes eines Ehegatten zwischen dem überlebenden Ehegatten und dem angenommenen Kinde und dessen im Annahmeverhältnisse stehenden Abkömmlingen ein Aufhebungsvertrag nur bezüglich des zwischen ihnen bestehenden Rechtsverhältnisses geschlossen werden, während das Rechtsverhältnis zwischen dem verstorbenen Ehegatten und dem angenommenen Kinde mit seinen Abkömmlingen unverändert bleibt, was für das Erbrecht des Kindes wichtig ist. Auch bleibt in diesem Falle Recht und Pflicht des Kindes unberührt, den Familiennamen des verstorbenen Ehegatten zu führen (1772).

Nach dem Tode des Kindes ist die Aufhebung des Annahmeverhältnisses zwischen seinen Abkömmlingen und dem Annehmenden durch Vertrag zwischen diesen, nicht auch zwischen einzelnen Abkömmlingen und dem Annehmenden mit Wirkung nur für sie zulässig (1769); das Annahmeverhältnis des verstorbenen Kindes wird durch den Aufhebungsvertrag nicht berührt.

Der Aufhebungsvertrag muß bei gleichzeitiger Anwesenheit aller von den Wirkungen der Annahme betroffenen Personen vor Gericht oder Notar geschlossen werden; er bedarf zu seiner Giltigkeit der Bestätigung durch das zuständige Amtsgericht, welche nur versagt werden darf, wenn ein gesetzliches Erfordernis der Aufhebung fehlt (1770). Die Bestätigung ist unanfechtbar. Für den Vertragsabschluß, seine Anfechtung und Bestätigung sowie für die Gebundenheit der Vertragschließenden gelten die gleichen Vorschriften wie für den Annahmevertrag; der Einwilligungserklärung einer dritten Person, wie solche bei dem Annahmevertrag erfordert ist, bedarf es jedoch für den Aufhebungsvertrag nicht. Ist also nur ein Ehegatte der Annehmende oder ist das angenommene Kind verheiratet oder leben dessen Eltern noch, so ist die Einwilligung des Ehegatten des Annehmenden und des Angenommenen sowie der leiblichen Eltern des letzteren zur Aufhebung nicht erforderlich. Verweigert das Gericht die Bestätigung der Aufhebung, so steht den Beteiligten gegen den versagenden Beschluß die sofortige Beschwerde zu (FG. 68). Wirksam wird die Bestätigung mit der Bekanntmachung des Bestätigungsbeschlusses an den Annehmenden und, falls der Aufhebungsvertrag erst nach dem Tode des angenommenen Kindes zwischen dessen Abkömmlingen und dem vor der Bestätigung verstorbenen Annehmenden geschlossen wird, mit der Bekanntmachung an die übrigen Beteiligten. Der bestätigte Aufhebungsvertrag beseitigt die Wirkungen der Annahme für die Zukunft, bis zur Bestätigung bleiben dieselben unberührt; denn der Aufhebungsvertrag hat keine rückwirkende Kraft. Mit der Bestätigung fallen das Erbrecht des Kindes und seiner Abkömmlinge, die Unterhaltspflicht und das Eheverbot sowie der durch die Annahme erlangte Familienname weg, sofern letzterer dem Kinde nicht deshalb verbleibt, weil der Aufhebungsvertrag nach dem Tode des einen Ehegatten mit dem überlebenden geschlossen worden ist (1772). Ist das Kind minderjährig, so endigt auch die elterliche Gewalt und das Einwilligungsrecht in seine Eheschließung; es muß ihm ein Vormund bestellt werden.

Nach der Aufhebung des Annahmeverhältnisses kann dasselbe neu eingegangen werden.

Die Aufhebung des Annahmeverhältnisses durch Eheschließung setzt eine giltige Ehe voraus; sie tritt mit der Eheschließung ein, wirkt aber nur zwischen den Ehegatten. Heiratet eine Frau ihr angenommenes Kind, so erhält sie den von dem Kinde vor seiner Annahme geführten Familiennamen; erstreckt die Annahme ihre Wirkungen auf Abkömmlinge des Kindes, so behalten diese dessen Annahmenamen, weil die Ehe die Rechtswirkungen der Annahme auf sie nicht berührt. Ist die Ehe nichtig oder anfechtbar und angefochten, so dauert das Annahmeverhältnis fort, der Annehmende verwirkt aber die elterliche Gewalt, wenn sie ihm über den Angenommenen zusteht. Die Verwirkung tritt nicht ein, die elterliche Gewalt dauert vielmehr fort, wenn die Ehe wegen eines Formmangels nichtig und nicht in das Heiratsregister eingetragen ist.

Die Unwirksamkeit der Annahme an Kindesstatt kann bis zur Feststellung des Annahmeverhältnisses zwischen den Parteien durch Urteil (CPO. 640, 643) von Jedem, auch von dem Annehmenden und dem Angenommenen, Dritten gegenüber geltend gemacht werden.

Für die Legitimation und die Annahme an Kindesstatt kommen noch folgende gemeinsame Bestimmungen in Betracht:

Ueber den Stand, den Erwerb des Adels, das Erbrecht in Stammgüter, Lehen und Fideikommisse, über die religiöse Erziehung und die öffentlichen Rechte eines durch nachfolgende Ehe oder durch Ehelichkeitserklärung legitimierten und eines angenommenen Kindes entscheidet das Landesrecht (Art. 55, 59, 134). Erleiden durch die Legitimation oder durch die Annahme an Kindesstatt die Standesrechte eine Veränderung, so ist die Legitimation, sofern sie durch öffentliche Urkunden nachgewiesen ist, sowie die Kindesannahme auf Antrag eines Beteiligten am Rande der über die Geburt vorgenommenen Eintragung im Standesregister zu vermerken. Das Gleiche gilt von der Aufhebung der Annahme an Kindesstatt.

Die Legitimation und die Annahme bestimmen sich, wenn der Vater des Kindes oder der Annehmende zur Zeit der Annahme die Reichsangehörigkeit besitzt, nach den deutschen Gesetzen. Gehört der Vater oder der Annehmende einem fremden Staate an, während das Kind die Reichsangehörigkeit besitzt, so ist die Legitimation oder die Annahme unwirksam, wenn die nach den deutschen Gesetzen erforderliche Einwilligung des Kindes oder des Ehegatten oder der Eltern des Kindes nicht erfolgt ist (Art. 22). Sind Annehmender und Kind Ausländer, so entscheidet das Heimatsrecht des Vaters.

§ 6.

Uneheliche Abstammung.

Da ein Kind zur Mutter die Frau hat, welche es geboren, zum Vater aber nur den Mann hat, welcher zur Zeit der Geburt oder der Zeugung Ehemann der Mutter war, so folgt daraus, daß das Kind, dessen Abstammung nicht eine eheliche ist, immer eine Mutter, einen Vater aber nur dann hat, wenn ihm durch Legitimation oder Annahme an Kindesstatt die Stellung eines ehelichen Kindes gegeben wird. Daraus ergiebt sich die Verschiedenheit der rechtlichen Stellung der unehelichen Kinder zu ihrer Mutter und zu ihrem Vater. Das uneheliche Kind steht in einem Verwandtschaftsverhältnis im Rechtssinne nur zu seiner Mutter und seinen mütterlichen Verwandten. Ihnen gegenüber hat infolgedessen das uneheliche Kind die rechtliche Stellung eines ehelichen Kindes (1705). Mit seinem Vater gilt es nicht als verwandt (1589 Abs. 2), ihm fehlen daher auch die väterlichen Verwandten. Das uneheliche Kind zählt nicht zu den Angehörigen des Vaters, es hat den Vater seines Vaters nicht zu seinem Großvater; die außerehelichen Kinder desselben Vaters mit derselben Mutter werden nicht vollbürtige, diejenigen mit verschiedenen Müttern nicht halbbürtige Geschwister. Demungeachtet macht sich dem Vater gegenüber das natürliche Verwandtschaftsverhältnis in verschiedener Richtung geltend. Abgesehen von ihrer Bedeutung als Ehehindernis zwischen dem unehelichen Kinde und dessen Abkömmlingen einerseits und dem Vater und seinen Verwandten andererseits sowie als Grundlage der Legitimation begründet die uneheliche Zeugung gegen den Vater den Unterhaltsanspruch des Kindes und den Ersatzanspruch der Mutter. Der Unterhaltsanspruch des Kindes gegen seinen Vater beruht auf dem Verwandtschaftsverhältnis und nicht auf der Annahme, daß die uneheliche Zeugung eine unerlaubte Handlung sei. Wegen des Anspruchs kann das Kind unabhängig und getrennt von ihm die Klage auf Feststellung der unehelichen Vaterschaft erheben.

Als Vater des unehelichen Kindes gilt, wer der Mutter innerhalb der Empfängniszeit beigewohnt hat. Als Empfängniszeit gilt auch hier die Zeit von dem 181. bis zu dem 302. Tage vor dem Tage der Geburt des Kindes, mit Einschluß sowohl des 181. als des 302. Tages (1717). Die zu gunsten der Ehelichkeit des Kindes in § 1592 Abs. 2 nachgelassene Verlängerung der Empfängniszeit gilt hier nicht. Ist die Mutter während der Empfängniszeit von einem ehelichen oder unehelichen Kinde entbunden, so gehört die vor die Entbindung fallende Zeit selbstverständlich nicht zur Empfängniszeit des nachher geborenen Kindes. Eine in der Empfängniszeit gelegene Beiwohnung bleibt außer Betracht, begründet mithin die Vaterschaft nicht, wenn der Mutter auch ein Anderer innerhalb dieser Zeit beigewohnt hat (Einrede der mehreren Zuhälter) oder wenn es den Umständen nach offenbar unmöglich ist, daß die Mutter das Kind aus dieser Beiwohnung empfangen hat (1717 Abs. 1). Der Mann, welcher seine Vaterschaft nach der Geburt des Kindes in einer öffentlichen Urkunde (CPO. 415, FG. 167 Abs. 2, 191) anerkennt, kann sich nicht darauf berufen, daß ein Anderer der Mutter innerhalb der Empfängniszeit beigewohnt habe (1718), er verliert mithin mit dem Anerkenntnisse die Einrede der mehreren Zuhälter. Eine weitergehende Wirkung hat die Anerkennung der Vaterschaft nicht. Sie muß, um diese Wirkung zu haben, auf die Vaterschaft gerichtet sowie nach der Geburt des Kindes abgegeben sein. Sie kann durch einen Vertreter und unter einer Bedingung oder Zeitbestimmung erklärt werden. Das bloße Anerkenntnis der Beiwohnung genügt nicht. Soll die Anerkennung in das Geburtsregister eingetragen werden, so muß sie vor dem Standesbeamten oder in einer gerichtlich oder notariell aufgenommenen Urkunde erklärt sein (Personenstandsges. 25). Die Anerkennung ist unwiderruflich, kann aber nach den für einseitige Rechtsgeschäfte geltenden Grundsätzen wegen Willensmängel angefochten werden (119ff.). Der Beweis der Beiwohnung eines Anderen mit der Mutter läßt sich in jeder zulässigen Weise führen, die Benennung des Anderen ist nicht notwendig. Ist die Mutter Mitklägerin, so ist die Eideszuschiebung an sie über die Einrede zulässig. Schwangerschaft der Mutter vor der Beiwohnung des in Anspruch genommenen Vaters begründet sowohl die Einrede der mehreren Zuhälter wie die der Unmöglichkeit der Empfängnis aus der Beiwohnung. Der Beweis der Unmöglichkeit kann vom Kinde oder Vater zu seinen Gunsten verwertet werden, von dem Vater, um seine Unterhaltspflicht abzulehnen, von dem Kinde, um der erwiesenen Einrede zweier Zuhälter gegenüber darzuthun, daß seine Abstammung aus der Beiwohnung des anderen Zuhälters ausgeschlossen sei. Der Beweis der Unmöglichkeit steht dem Vater allgemein und nicht nur in Verbindung mit der Einrede der mehreren Zuhälter offen. Er kann von dem Nachweise der Schwangerschaft vor der Beiwohnung abgesehen durch dauernde Abwesenheit, Zeugungsunfähigkeit und aus dem Reifegrade des Kindes erbracht werden.

Klagen Vater und Kind auf Bestehen oder Nichtbestehen der unehelichen Vaterschaft, so gelten die allgemeinen Prozeßvorschriften, nicht diejenigen, welche für einen Rechtsstreit über die eheliche Abstammung getroffen sind (CPO. 644). Das Urteil wirkt nur zwischen beiden.

Die uneheliche Abstammung eines Kindes und das Rechtsverhältnis zwischen dem unehelichen Kinde und seiner Mutter wird nach den deutschen Gesetzen beurteilt, wenn die Mutter eine Deutsche ist oder bei der Geburt des Kindes eine Deutsche war und das Kind, obgleich die Reichsangehörigkeit der Mutter erloschen ist, die Reichsangehörigkeit behalten hat (Art. 20). Sind Mutter und Kind Ausländer, so entscheidet das Heimatsrecht der Mutter zur Zeit der Geburt. Auch die Unterhaltspflicht des Vaters gegenüber dem unehelichen Kinde wird nach den Gesetzen des Staates beurteilt, dem die Mutter zur Zeit der Geburt des Kindes angehört, doch können nicht weitergehende Ansprüche geltend gemacht werden, als nach den deutschen Gesetzen begründet sind (Art. 20).

§ 7.

Unterhaltspflicht.

Der Anspruch auf Unterhaltsgewährung ist nach dem BGB. für den Ehegatten gegen den Ehegatten (1360, 1361, 1578ff., 1345, 1351), für das uneheliche Kind gegen seinen Vater (1700, 1708), für die Mutter des zur Zeit des Erbfalls noch nicht geborenen Erben bezw. Nacherben gegen den Nachlaß (1963, 2141), für die uneheliche Mutter gegen ihren Schwängerer (1715), für die Familienangehörigen des Erblassers auf die Dauer des Dreißigsten gegen die Erben (1969) und endlich für die Verwandten auf- und absteigender Linie gegen einander (1601) begründet. Im Verwandtschaftsrechte kommt nur der zuletzt bezeichnete Unterhaltsanspruch in Betracht.

Verwandte der auf- und absteigenden Linie, deren Verwandtschaftsverhältnis das Gesetz anerkennt, nicht auch Geschwister und andere Seitenverwandte oder Verschwägerte, haben die Pflicht der gegenseitigen Unterhaltsgewährung. Diese Pflicht ist familienrechtlicher Natur, aber der auf ihr beruhende Anspruch des Berechtigten gegen den Verpflichteten unterliegt den allgemeinen Grundsätzen über Schuldverhältnisse, soweit nicht Abweichungen ausdrücklich angeordnet sind. Die privatrechtliche Unterhaltspflicht berührt nicht die öffentliche Pflicht der Orts- und Landarmenverbände zur Unterstützung hilfsbedürftiger Deutscher, welche nach dem Unterstützungswohnsitzgesetze vom 6. Juni 1870 zu gewähren ist, wenn dem Hilfsbedürftigen die ihm auf Grund des BGB. zu gewährende Unterstützung nicht oder nicht rechtzeitig gewährt wird. Umgekehrt bleiben aber auch die landesgesetzlichen Vorschriften unberührt, nach welchen der Staat sowie Verbände und Anstalten, die auf Grund des öffentlichen Rechtes zur Gewährung von Unterhalt verpflichtet sind, Ersatz der für den Unterhalt gemachten Aufwendungen von den Personen verlangen können, welche nach den Vorschriften des BGB. unterhaltspflichtig waren (Art. 103).

Die privatrechtliche Unterhaltspflicht ist nicht auf Eltern und Kinder beschränkt, sie ist nicht Ausfluß des Eltern- und Kindesverhältnisses, wenngleich sie in diesem Verhältnis ihr eigenes Gepräge trägt. Sie ist ferner nicht auf die durch eheliche Abstammung verbundenen Personen beschränkt. Legitimierte und an Kindesstatt angenommene Kinder sowie Kinder aus nichtigen Ehen sind denjenigen Eltern und Voreltern gegenüber, zu welchen sie auf Grund des Rechtsaktes oder der Eheschließung die Stellung als eheliche Kinder haben, gleich den ehelichen Kindern unterhaltsberechtigt und verpflichtet (1719, 1736, 1737, 1757, 1763). Ebenso besteht zwischen unehelichen Kindern und ihrer Mutter sowie den Eltern und Voreltern der Mutter die Unterhaltspflicht in der gleichen Weise wie zwischen den ehelichen Verwandten (1705). Dagegen besteht zwischen Stiefeltern und Stiefkindern keine Unterhaltspflicht.

Voraussetzung des Unterhaltsanspruchs ist außer dem Bestehen des zur Unterhaltsgewährung berechtigenden Verwandtschaftsverhältnisses Bedürftigkeit des Berechtigten und Leistungfähigkeit des Verpflichteten.

Nur wer außer stande ist, sich selbst zu unterhalten, ist unterhaltsberechtigt. Dabei fällt die Bedürftigkeit nicht dadurch weg, daß ein Armenverband vorläufig den Unterhalt gewährt. Sie setzt voraus, daß der Berechtigte kein eigenes zum Unterhalte verwendbares Vermögen hat und unfähig ist, sich seinen Unterhalt durch seine Arbeit zu verdienen. Die Unfähigkeit, sich selbst zu unterhalten, liegt nicht schon vor, wenn die Einkünfte aus dem Vermögen in Verbindung mit dem Erwerbe zum Unterhalte nicht ausreichen, sondern erst dann, wenn der Stamm des Vermögens verbraucht ist; bis zu dessen Aufzehrung kann von Bedürftigkeit nicht die Rede sein, es sei denn, daß das Stammvermögen oder Bestandteile desselben für den Unterhalt des Bedürftigen nicht verwertbar sind. Erwerbsunfähigkeit kann vorhandener Erwerbsmöglichkeit ungeachtet vorliegen, wenn die mögliche Erwerbsthätigkeit dem Bedürftigen nach seinen persönlichen Verhältnissen nicht zugemutet werden kann. Die Vermögenslosigkeit und die Erwerbsunfähigkeit sind daher relative Begriffe.

Im Verhältnisse minderjähriger unverheirateter Kinder zu ihren Eltern ist die Unterhaltspflicht der Eltern insofern gesteigert, als die Eltern den Kindern den Unterhalt zu gewähren haben, auch wenn diese Vermögen besitzen, so daß die Kinder nicht genötigt sind, den Stamm ihres Vermögens anzugreifen, wenn die Einkünfte dieses Vermögens und der Ertrag ihrer Arbeit zu ihrem Unterhalte nicht ausreichen (1602 Abs. 2). Diese erweiterte Unterhaltspflicht lastet auf den Eltern — nicht auf den Großeltern — ohne Rücksicht auf die elterliche Gewalt und auf die Nutznießung an dem Kindesvermögen sowie ohne Unterschied, ob der Vater oder die Mutter unterhaltspflichtig ist. Hat das Kind eigenes der Nutznießung der Eltern entzogenes Vermögen, so müssen dessen Einkünfte zunächst zu seinem Unterhalte verwendet werden und zwar auch vor den Einkünften aus demjenigen eigenen Vermögen des Kindes, welches der Nutznießung der Eltern unterworfen ist. Daneben ist das Kind verpflichtet, sich seinen Unterhalt mit zu verdienen, doch kann eine ihm angemessene Erwerbsthätigkeit nur dann gefordert werden, wenn sie seiner Berufsausbildung nicht hindernd im Wege steht. Die erweiterte Unterhaltspflicht der Eltern hört den unverheirateten Kindern gegenüber mit der Volljährigkeit oder Verheiratung auf; von da ab müssen die Kinder den Stamm ihres Vermögens aufzehren, bevor sie gegen ihre Eltern den Unterhaltsanspruch erheben können. Sie kommt auch der verwitweten minderjährigen Tochter nicht zu statten.

Der Unterhaltsberechtigte hat seine Bedürftigkeit zu beweisen, der Beweis wird durch die Darlegung der Vermögenslosigkeit und der Erwerbsunfähigkeit und seitens des unverheirateten minderjährigen Kindes seinen Eltern gegenüber durch die Darlegung geführt, daß die Einkünfte des Vermögens und der Arbeitsertrag zum ganzen oder teilweisen Unterhalt unzureichend sind. Beweismittel sind die Auskunft von Behörden und Bekannten (CPO. 286), auch der richterliche Eid (CPO. 475).

Unterhaltspflichtig ist seinen Verwandten auf- oder absteigender Linie gegenüber nur, wer bei Berücksichtigung seiner sonstigen Verpflichtungen im stande ist, ohne Gefährdung seines eigenen standesmäßigen Unterhalts den Unterhalt zu gewähren. Wie die Bedürftigkeit ist auch die Leistungsfähigkeit ein verhältnismäßiger Begriff. Nach demselben ruht auf dem Verpflichteten die Last, unter Anspannung aller Kräfte soviel zu erwerben, als zu seinem und des Berechtigten Unterhalt erforderlich ist. Die Leistungsfähigkeit ist deshalb nicht schon dann ausgeschlossen, wenn der Verpflichtete vermögenslos ist, sondern erst dann, wenn er bei Verwendung seiner Arbeitskraft in seiner Lebensstellung angemessenen Arbeiten außer stande bleibt, den Unterhalt zu gewähren. Hat er Vermögen, so muß zur Unterhaltsgewährung auch der Stamm des Vermögens angegriffen werden, doch fällt die Verpflichtung dazu insoweit — aber auch nur insoweit — weg, als durch die Aufzehrung des Vermögens der Verpflichtete genötigt werden könnte, sich zu seinem eigenen Unterhalt und zur Deckung seiner sonstigen Verpflichtungen einer seiner Lebensstellung nicht angemessenen Erwerbsthätigkeit zuzuwenden. Die Unterhaltspflicht fällt ferner weg, wenn andere Verbindlichkeiten ihre Erfüllung unmöglich machen; doch ist nicht gestattet, diese Verbindlichkeiten vom Vermögen abzuziehen, sie sind nur bei der Bemessung des Umfanges der Unterhaltsgewährung zu berücksichtigen. Verpflichtungen aus schenkweise erteilten Versprechen bleiben gänzlich außer betracht.

Seine Leistungsunfähigkeit hat der Verpflichtete einzuwenden und zu beweisen, er hat zum Zwecke des Nachweises auch seine sonstigen Verbindlichkeiten darzulegen. Die Einrede der Leistungsunfähigkeit darf nicht in die Zwangsvollstreckung verwiesen werden. Für die Dauer der Leistungsunfähigkeit entsteht die Unterhaltspflicht nicht, weshalb die infolge der Geltendmachung jener eingetretenen

Befreiung von der Unterhaltsgewährung zur Nachleistung nicht verpflichtet, wenn die Verpflichtete später zu Vermögen gelangt.

Für Eltern ist die Pflicht, ihre Kinder zu erhalten, keine geringere wie die Pflicht ihrer eigenen Erhaltung. Mit Rücksicht hierauf ist die Unterhaltspflicht der Eltern ihren minderjährigen unverheirateten Kindern gegenüber dahin gesteigert, daß sie bis zu deren Großjährigkeit oder früheren Verheiratung alle verfügbaren Mittel zu ihrem und der Kinder Unterhalt gleichmäßig zu verwenden und auf die Gefahr eigener Bedürftigkeit das Stammvermögen aufzubrauchen haben. Der Einwand der Eltern, daß ihnen ihr standesmäßiger Unterhalt nicht bleibe und daß sie ihren sonstigen Verpflichtungen nicht genügen könnten, ist ausgeschlossen; sie haben ihren Unterhalt einzuschränken und dürfen ihren Gläubigern nur die bereits fälligen Forderungen zahlen. Denn die Kinder haben den Anspruch, vor den Gläubigern nichtfälliger Forderungen ihren Unterhalt zu erlangen. Bei unzureichendem Einkommen oder Vermögen der Eltern müssen die Kinder sich einschränken wie jene. Die gesteigerte Unterhaltspflicht der Eltern tritt nicht ein, diese haften vielmehr nur in gewöhnlichem Umfange, wenn ein anderer unterhaltspflichtiger und für den gesteigerten Umfang unterhaltsfähiger Verwandter aufsteigender Linie vorhanden ist (Großeltern) oder wenn das Kind eigenes Vermögen besitzt, aus dessen Stamm sein Unterhalt bestritten werden kann (1603 Abs. 2 Satz 2). Im ersteren Falle ist der andere Verwandte für den Mehrbetrag oder unter Umständen allein in Anspruch zu nehmen. Die Beweislast des Vorhandenseins anderer Verwandten trifft die Eltern; wird jedoch von dem Kinde deren Leistungsunfähigkeit oder erschwerte Verfolgbarkeit (1607 Abs. 2) dargethan, so müssen die Eltern ihre verfügbaren Mittel mit den Kindern teilen.

Das eheliche Güterrecht, nach welchem Mann und Frau leben, ist auf die Unterhaltspflicht gegen ihre gemeinsamen Abkömmlinge einflußlos. Die Kosten dieses Unterhalts gehören zum ehelichen Aufwande, welchen der Mann zu bestreiten hat und zu dem bei dem Güterstande der Gütertrennung von der Frau ein angemessener Beitrag zu leisten ist.

Handelt es sich um den Unterhalt einseitiger Verwandten eines Ehegatten in auf- oder absteigender Linie, so lastet die Unterhaltspflicht nur auf demjenigen Ehegatten, welcher mit dem Unterhaltsberechtigten blutsverwandt ist.

Doch sind in bezug auf die Unterhaltspflicht der Ehegatten ihren Verwandten ab- oder aufsteigender Linie gegenüber Sonderbestimmungen getroffen, welche die Beurteilung der Leistungsfähigkeit von Mann oder Frau mit Rücksicht auf das eheliche Güterrecht regeln.

Sind Verwandte des Mannes unterhaltsberechtigt und leben die Ehegatten im gesetzlichen Güterstande, so ist das Nutznießungsrecht des Mannes an dem Vermögen der Frau bei der Bemessung seiner Leistungsfähigkeit mit in Betracht zu ziehen; lebt der Mann mit der Frau in allgemeiner Gütergemeinschaft, Errungenschaftsgemeinschaft oder Fahrnisgemeinschaft, so ist gegenüber allen gegen ihn begründeten Unterhaltsansprüchen seiner Verwandten seine Leistungsfähigkeit nach dem Umfange des Gesamtguts zu bemessen, wie wenn es ihm allein gehörte (1604 Abs. 2 Satz 1). Sind Verwandte der Frau unterhaltsberechtigt, wozu auch deren uneheliche Kinder gehören, so kann die Einrede der Leistungsunfähigkeit von der Frau bei dem gesetzlichen Güterstande nicht auf die dem Manne an dem eingebrachten Gute zustehende Verwaltung und Nutznießung, bei einem der vertragsmäßigen Güterstände nicht auf das dem Manne am Gesamtgute zustehende Recht gestützt werden, weshalb der Unterhalt für die schon vor der Eingehung der Gütergemeinschaft unterhaltsberechtigt gewesenen Verwandten der Frau nach dem Umfange des Gesamtguts zu bemessen ist, wie wenn dieses ihr allein gehörte. Die Kinder ihrer früheren Ehe haben also denselben Unterhaltsanspruch wie die Kinder ihrer jetzigen Ehe. Für die Unterhaltsleistungen haftet bei dem gesetzlichen Güterstande, soweit sie aus den Einkünften des eingebrachten Gutes bestritten werden können, der Mann persönlich neben der Frau als Gesamtschuldner (1386, 1388). Hat die Frau nur Vorbehaltsgut, so haftet die Frau allein; hat die Frau neben eingebrachtem Gute Vorbehaltsgut, so ist dieses für das Maß der Unterhaltsleistungen mit zu berücksichtigen, haftbar bleibt jedoch der Mann für die volle Unterhaltspflicht. Hat die Frau kein Vermögen, so ist sie nicht unterstützungspflichtig, weshalb auch der Mann ihren Verwandten keinen Unterhalt zu gewähren hat. Bei der allgemeinen Gütergemeinschaft (1459), der Errungenschaftsgemeinschaft (1534) und der Fahrnisgemeinschaft (1549) ist die Unterhaltspflicht Gesamtgutsverbindlichkeit, für welche der Mann persönlich haftet, vorausgesetzt daß dieselbe nicht ausschließlich durch das Vorbehaltsgut der Frau begründet ist. Richtet sich die Unterhaltspflicht der Frau bei der Fahrnisgemeinschaft lediglich nach ihrem eingebrachten oder nach dem eingebrachten und dem Vorbehaltsgute, so finden die Bestimmungen für den gesetzlichen Güterstand Anwendung. Die Unterhaltsleistungen sind hier wie bei diesem auf das Vorbehaltsgut zwar mitzuverteilen, die Verteilung berührt aber nur das innere Verhältnis der Ehegatten.

Sind bedürftige Verwandte beider Ehegatten vorhanden, so ist bei dem gesetzlichen Güterstande die Unterhaltspflicht Eheguts-, bei den vertragsmäßigen Güterständen Gesamtgutsverbindlichkeit. Bei letzteren ist der Umfang des Gesamtguts für die Bemessung der Unterhaltsleistungen eines jeden Ehegatten maßgebend und es ist der Unterhalt den Verwandten so zu gewähren, wie wenn dieselben zu den als eine Person gedachten beiden Ehegatten in demjenigen Verwandtschaftsverhältnisse ständen, auf dem die Unterhaltspflicht des verpflichteten Ehegatten beruht. Die Kinder der Ehegatten erhalten mithin denselben Unterhalt, gleichgiltig ob sie einseitige oder gemeinschaftliche Kinder derselben sind. Sie beschränken sich auch unterschiedslos, wenn das Gesamtgut zur vollen Gewährung des Unterhalts an sie alle nicht ausreicht.

Soweit die Unterhaltspflicht eines minderjährigen Kindes seinen Verwandten gegenüber davon abhängt, daß es zur Gewährung des Unterhalts im stande ist, kommt die elterliche Nutznießung an dem Vermögen des Kindes nicht in Betracht (1605). Die Einrede der Leistungsunfähigkeit fällt mithin weg, wenn das Kind leistungsfähig wäre, falls ihm selbst, nicht seinen Eltern, die Nutzung seines Vermögens zustände. Der Vater wird dadurch unterhaltsberechtigt, auch wenn der Mutter die Nutznießung zusteht und sein Unterhalt ist ihm aus dem Vermögen des Kindes zu gewähren (1659 Abs. 1).

Mehreren Unterhaltsberechtigten hat der Unterhaltspflichtige gleichzeitig den Unterhalt zu gewähren, wenn er für alle leistungsfähig ist. Sie können ihn gemeinsam verklagen (CPO. 60). Ist er nicht im stande, allen den Unterhalt zu gewähren, so tritt ihm gegenüber eine Beschränkung unter den gleichberechtigten Verwandten ein, indem diese die für sie zum Unterhalte verfügbaren Mittel unter sich verteilen. Stehen die mehreren Berechtigten zu dem Verpflichteten nicht in dem gleichen Verwandtschaftsverhältnisse, so erhalten sie von ihm den Unterhalt nur nach einer bestimmten Reihenfolge, die von dem

BGB. unabhängig von früheren Rechten neu angeordnet ist. Nach ihr sind zunächst berechtigt die minderjährigen unverheirateten Kinder, nach ihnen die anderen Abkömmlinge, unter welchen diejenigen, welche im Falle der gesetzlichen Erbfolge als Erben berufen sein würden, den übrigen Abkömmlingen vorgehen, so daß den minderjährigen unverheirateten Kindern die volljährigen und die verheirateten minderjährigen Kinder, die verwaisten und halbwaisen Enkel oder Urenkel nachstehen. Sofern die Eltern ohne Gefährdung ihres eigenen Unterhalts allen ihren in erster Linie erbberechtigten Abkömmlingen den Unterhalt gewähren können, teilen sich die minderjährigen unverheirateten Kinder und die anderen Abkömmlinge in die Mittel gleichmäßig. Den in erster Linie erbberechtigten Abkömmlingen folgen die anderen Abkömmlinge ohne Rücksicht auf die Gradesnähe nach. Erst nach den Abkömmlingen haben die Verwandten aufsteigender Linie Anspruch auf Berücksichtigung. Unter ihnen gehen die näheren den entfernteren ohne Rücksicht auf die väterliche oder die mütterliche Linie vor (1609 Abs. 1). Der Unterhaltsanspruch des Vaters steht dem der Mutter gleich. Erheben ersteheliche Kinder des einen Ehegatten und die Eltern des anderen Ehegatten gleichzeitig Unterhaltsansprüche, so gehen die Kinder den Eltern vor. Der Vater eines ehelich erklärten oder eines angenommenen Kindes hat dem Kinde gegenüber den gleichen Unterhaltsanspruch wie der eheliche Vater. Dieser und der Annehmende teilen sich in die zur Unterhaltsgewährung verfügbaren Mittel des Kindes. Gegen die an Kindesstatt mit angenommenen Abkömmlinge des angenommenen Kindes hat der Annehmende den Anspruch auf Unterhalt erst bei Leistungsunfähigkeit des angenommenen Kindes. Trifft mit bedürftigen Verwandten ein bedürftiger Ehegatte zusammen, so teilt derselbe mit den minderjährigen unverheirateten Kindern und dem anderen Ehegatten die verfügbaren Mittel, den volljährigen oder verheirateten Kindern und den übrigen Verwandten geht er vor (1609 Abs. 2 Satz 1). Mithin hat ein Ehegatte, der mit minderjährigen unverheirateten und mit volljährigen oder verheirateten Kindern und erbberechtigten Enkeln konkurriert, den Unterhalt in der Höhe zu fordern, der ihm neben den minderjährigen unverheirateten Kindern geleistet werden kann. Der geschiedene Ehegatte sowie der Ehegatte, welcher wegen der Auflösung seiner nach der Todeserklärung des früheren Gatten eingegangenen Ehe unterstützungsberechtigt ist, steht den minderjährigen unverheirateten Kindern nach, geht aber den anderen Abkömmlingen und den übrigen Verwandten vor (1609 Abs. 2 Satz 2). Im Verhältnisse zu dem Ehegatten des Verpflichteten hat der geschiedene Ehegatte Anspruch auf dasjenige, was mit Rücksicht auf die Bedürfnisse sowie auf die Vermögens- und Erwerbsverhältnisse aller Beteiligten der Billigkeit entspricht (1579 Abs. 1), während der gemäß § 1351 unterhaltsberechtigte Ehegatte dem zurückgekehrten Ehegatten vorgeht.

Die vorstehende Reihenfolge der Unterhaltsansprüche ist auch maßgebend, wenn die Leistungsunfähigkeit nicht schon zur Zeit des Bedürfnisfalls vorhanden war, sondern durch eine erst später eingetretene Unterhaltspflicht entstanden ist, z. B. weil der Sohn des seine Eltern unterhaltenden Sohnes gegen seinen Vater unterhaltsberechtigt wird und nunmehr seinen Großeltern vorgeht oder weil infolge des Todes des nichtunterstützten Sohnes die in seine Stelle eingerückten Enkel unterstützungsbedürftig sind.

Wie für den Unterhaltsanspruch besteht eine gewisse Reihenfolge auch für die Unterhaltspflicht; denn die unterhaltspflichtigen Verwandten haften nicht wie die Gesamtschuldner gleichzeitig und auf die ganze Leistung. Unterhaltspflichtig sind zunächst die Kinder und die mit ihnen in erster Linie erbberechtigten Abkömmlinge des Bedürftigen (1606 Abs. 1); die Kinder haften nach gleichen Teilen, die weiteren Abkömmlinge sowohl neben den Kindern als auch unter sich nach ihren Stammanteilen (1606 Abs. 1 Satz 2). Neben zwei Enkeln ist deshalb ein Kind zur Hälfte, jeder Enkel zu ein Viertel unterhaltspflichtig. Nach den Kindern und den neben ihnen verpflichteten Abkömmlingen haften die entfernteren Abkömmlinge subsidiär nicht als Erben, sondern als Abkömmlinge nach Maßgabe der gesetzlichen Erbfolgeordnung und nach dem Verhältnis ihrer Erbteile. Es liegt somit Devolution, nicht Vererbung der Unterhaltspflicht vor.

Sind keine Abkömmlinge da, so richtet sich der Unterhaltsanspruch gegen denjenigen Elternteil, dem die Nutznießung am Kindesvermögen zusteht. Ob die Nutznießung einen Ertrag abwirft, ist ohne Belang. Auch die elterliche Gewalt und das eheliche Güterrecht sind für die Unterhaltspflicht gleichgiltig. Hat das unterhaltsberechtigte Kind kein Vermögen oder steht die Nutznießung an seinem Vermögen den Eltern nicht zu, so haftet der Vater vor der Mutter, und zwar auch nach der Auflösung der Ehe. Will eine Mutter, welcher die

Nutznießung an dem Kindesvermögen zusteht und welche deshalb vor dem Vater haftet, sich von der Haftung vor dem Vater befreien, so muß sie auf die Nutznießung verzichten (1662). Dem Vater verbleibt jedoch gegen die Mutter der Anspruch auf einen angemessenen Beitrag zu den Unterhaltskosten, soweit diese nicht durch die Nutznießung an dem Kindesvermögen gedeckt werden. Diesen Beitrag kann eine Mutter, welcher die Sorge für die Person des Kindes nicht entzogen ist, zur eigenen Verwendung für den Unterhalt der Kinder zurückbehalten, wenn eine erhebliche Gefährdung dieses Unterhalts zu besorgen ist (1585). Insoweit der Vater den Unterhalt nicht zu gewähren vermag, richtet sich der Anspruch auf ihn gegen die Mutter und bei deren Leistungsunfähigkeit gegen die weiteren Verwandten der aufsteigenden Linie nach der Gradesnähe und ohne Unterschied zwischen der väterlichen und der mütterlichen Linie. Demgemäß haften für den Unterhalt der Enkel Vater und Mutter gleich. Gleichnahe Verwandten haften zu gleichen Teilen. Für alle zugleich Verpflichteten ist ein gemeinsamer Gerichtsstand begründet (CPO. 36 Nr. 3).

Angenommenen Kindern haftet vor allen Blutsverwandten der Annehmende, nach ihm der leibliche Vater und nach diesem die natürliche Mutter. Dem Abkömmling, auf welchen sich die Wirkungen der Annahme erstrecken, haften zunächst seine Abkömmlinge, dann seine Eltern und nach diesen erst der Annehmende.

Ist der Unterstützungsbedürftige verheiratet, so richtet sich sein Unterhaltsanspruch sowohl gegen seine Verwandten wie gegen seinen Ehegatten. Es haftet aber sein Ehegatte vor allen Verwandten, so daß selbst der Ehegatte zweiter Ehe vor den Abkömmlingen der ersten Ehe unterstützungspflichtig ist. Auch bei Scheidung der Ehe und bei Aufhebung der ehelichen Gemeinschaft sowie bei Auflösung der infolge Todeserklärung des früheren Ehegatten geschlossenen Ehe haftet der geschiedene sowie der anfechtende unterhaltspflichtige Ehegatte vor den Verwandten. Der Ehegatte ist aber nur soweit unterstützungspflichtig, als er bei Berücksichtigung seiner sonstigen Verpflichtungen im stande ist, ohne Gefährdung seines eigenen standesmäßigen Unterhalts dem bedürftigen Ehegatten den Unterhalt zu gewähren. Für ein dieses Maß seiner Leistungsfähigkeit übersteigendes Bedürfnis seines Ehegatten haften vor ihm die Verwandten des Bedürftigen, und zwar zuerst die Abkömmlinge, dann die Eltern (1608).

Ist oder wird ein unterstützungspflichtiger Verwandter ganz oder teilweise leistungsunfähig, so ist er, soweit seine Leistungsunfähigkeit reicht, nicht unterhaltspflichtig; er scheidet aus der Reihe der verpflichteten Verwandten aus; an seiner Stelle hat der nach ihm haftende Verwandte den Unterhalt zu gewähren (1607 Abs. 1). Dieser gewährt den Unterhalt auf Grund seiner eigenen Unterstützungspflicht; er erfüllt nicht diejenige seines Vormanns, weshalb er gegen diesen keinen Erstattungsanspruch erwirbt (1607 Abs. 1). Da das Unterhaltsbedürfnis seine rechtzeitige Befriedigung erheischt, so ist dem leistungsunfähigen Verwandten der Verwandte und Ehegatte gleichgestellt, gegen welchen die Rechtsverfolgung im Inland ausgeschlossen oder erheblich erschwert ist, was zutrifft, wenn ein inländischer Gerichtsstand fehlt oder der Verpflichtete nach Eintritt des Bedürfnisfalls den Wohnsitz, die gewerbliche Niederlassung oder den Aufenthaltsort geändert, sich der Flucht verdächtig gemacht hat (CPO. 917). In diesem Falle geht jedoch der Anspruch gegen den schwer verfolgbaren Verwandten oder Ehegatten, soweit ein anderer Verwandter den Unterhalt gewährt hat, auf diesen kraft Gesetzes über, so daß derselbe, gleichgiltig, ob er unterstützungspflichtig war oder nicht, gegen jenen einen Erstattungsanspruch hat, doch darf er den Anspruch nicht zum Nachteile des Unterhaltsberechtigten geltend machen (1607 Abs. 2), was der Fall wäre, wenn der Vormann durch die Ersatzleistung für die Gewährung der künftigen Unterhaltsleistungen leistungsunfähig werden würde. Ist der Rückgriff noch durch ein anderes Rechtsverhältnis als das verwandtschaftliche begründet, so kann er auf jenes gestützt werden. Hat ein Seitenverwandter den Unterhalt gewährt, so kann er die Erstattung wegen der Geschäftsführung ohne Auftrag von jedem unterstützungspflichtigen Verwandten oder von dem Ehegatten verlangen. Gewährt ein Fremder den Unterhalt, so steht ihm der Ersatzanspruch ohne Rücksicht auf die zukünftige Befriedigung des Unterhaltsbedürfnisses des Berechtigten nach den Grundsätzen der Geschäftsführung ohne Auftrag zu.

Nachstehende Verwandte sind nicht die in gleichem Range mit dem Vormanne haftenden Verwandten, sondern die entfernteren Verwandten, welche haften würden, wenn der Leistungsunfähige zur Zeit des Bedürfnisfalls nicht mehr lebte. Die in gleichem Range mit dem Leistungsunfähigen stehenden Unterhaltspflichtigen können daher erst nach dessen Nachmann als Nachmänner dieses über den

Umfang des ihnen obliegenden Anteils an den Unterstützungsleistungen hinaus in Anspruch genommen werden.

Die Leistungsunfähigkeit des wegen ihr nicht unterhaltspflichtigen Verwandten sowie der Ausschluß oder die Erschwerung der Rechtsverfolgung gegen einen leistungsfähigen Unterhaltspflichtigen ist von dem Berechtigten dem nachhaftenden Verwandten zu beweisen. Dieser ist nur für die von dem Eintritte der Leistungsunfähigkeit seines Vormanns oder der Erschwerung seiner Rechtsverfolgung an geschuldeten Unterhaltsleistungen und nicht auch für die rückständigen haftbar.

Der Unterhaltsanspruch geht regelmäßig auf die Gewährung des dem Bedürftigen nach seiner Lebensstellung gebührenden gesamten Lebensbedarfs (standesmäßiger Unterhalt), wozu bei einer der Erziehung bedürftigen Person auch die Kosten der Taufe, der Erziehung und der Vorbildung zu einem Beruf, einschließlich des Universitätsstudiums bei dem gelehrten Berufe, gehören (1610). Der Begriff des standesmäßigen Unterhalts ist ein relativer, auf seinen Umfang wirken sowohl die Lebensstellung des Berechtigten als die Vermögensverhältnisse des Verpflichteten ein, die letzteren insofern, als sie wegen der zwischen dem Verpflichteten und dem Berechtigten bestehenden persönlichen Beziehungen die Lebensstellung des Berechtigten beeinflussen.

Zur Unterhaltspflicht gehört nicht die Verpflichtung, Schulden des Berechtigten sowie dessen Prozeß- und Verteidigungskosten zu zahlen; doch können dieselben als Lasten der Nutznießung am Kindesvermögen vom Nutzungsberechtigten zu tragen sein (1654).

Der Umfang des zu gewährenden Unterhalts wird ausschließlich durch das Bedürfnis des Berechtigten bestimmt. Dieser kann Unterhalt immer nur für sich, nicht auch für seinen Ehegatten oder seine Kinder beanspruchen, und zwar selbst dann nicht, wenn diese durch ihr persönliches Verhältnis zu ihm unterstützungsbedürftig geworden sind. Diese haben den ihnen zustehenden Unterhaltsanspruch gegen ihren ihnen gegenüber unterhaltspflichtigen Verwandten selbständig geltend zu machen. Wird von Eltern oder Voreltern ihren Abkömmlingen oder umgekehrt jenen von diesen über den Umfang der Unterhaltspflicht hinaus Unterhalt gewährt, so ist zu vermuten, daß die Absicht fehlt, von dem Berechtigten Ersatz zu verlangen, wenn er leistungsfähig werden sollte (685 Abs. 2). Aufwendungen, welche von Eltern in den Grenzen der Unterstützungspflicht auf die Berufsbildung ihrer Abkömmlinge gemacht werden, sind bei ihrem Todesfall insoweit zur Ausgleichung zu bringen, als sie das den Vermögensverhältnissen des Erblassers entsprechende Maß übersteigen (2050).

Ausnahmsweise ist der Unterhaltsanspruch auf die Gewährung dessen beschränkt, was der Mensch zu seiner Lebensnotdurft bedarf (notdürftiger Unterhalt), wozu außer Nahrung, Kleidung und Wohnung auch die Krankheitskosten und Schul- und Lehrgeld gehören. Die Ausnahme tritt ein:

wenn der Berechtigte, als welcher auch der geschiedene und der nach § 1351 unterhaltsberechtigte Ehegatte, nicht aber auch der jetzige Ehegatte anzusehen ist, durch sein sittliches Verschulden (Trägheit, Trunkenheit, Ausschweifung u. s. w.) die Bedürftigkeit verursacht hat;

wenn unterhaltsberechtigte Abkömmlinge, Eltern und Ehegatten sich einer Verfehlung schuldig machen, die gemäß § 2333 den Unterhaltspflichtigen berechtigt, ihnen den Pflichtteil zu entziehen, sowie wenn unterhaltsberechtigte Großeltern, weitere Voreltern oder die ein Kind an Kindesstatt Annehmenden sich der Lebensnachstellung gegen den Unterhaltspflichtigen, seinen Ehegatten oder seine Abkömmlinge, eines Verbrechens oder eines schweren vorsätzlichen Vergehens gegen den Verpflichteten oder seinen Ehegatten, oder der böswilligen Verletzung der ihnen früher dem Verpflichteten gegenüber gesetzlich obliegenden Unterhaltspflicht schuldig machen.

Die Beschränkungsbefugnis ist ein höchstpersönliches Recht, das nur demjenigen Verpflichteten zusteht, welcher durch die Verfehlung des Berechtigten verletzt worden ist; im Falle seines Todes oder des Eintritts seiner Leistungsunfähigkeit hat der an seine Stelle tretende Unterhaltspflichtige den standesgemäßen Unterhalt zu gewähren. Die Befugnis wirkt auch nur zu Gunsten des Verletzten, so daß, wenn beim Vorhandensein mehrerer Verpflichteter sich die Verfehlung nur gegen einen von ihnen richtet, nur dieser den auf ihn entfallenden Anteil zu den Unterstützungen auf den Notbedarf beschränken kann, während die Mit- oder Nachverpflichteten die auf sie entfallenden Anteile des standesgemäßen Unterhalts des Berechtigten voll zu tragen haben. Andererseits darf aus der Ausübung des Beschränkungsrechts den Mit- oder Nachverpflichteten kein Nachteil entstehen, der Bedürftige kann deshalb wegen einer infolge seines sittlichen Verschuldens oder seiner Verfehlung eintretenden Beschränkung seines Anspruchs nicht andere Unterhaltspflichtige über ihre Pflicht hinaus in Anspruch nehmen (1611 Abs. 3).

Kraft seines Erziehungsrechts kann der Vater das Kind auf den notdürftigen Unterhalt beschränken, um es zu züchtigen (1631 Abs. 2). Gegen diese Maßregel hat das in der Geschäftsfähigkeit beschränkte 14 Jahre alte Kind die Beschwerde an das Vormundschaftsgericht; dem geschäftsunfähigen und dem nicht 14 Jahre alten Kinde ist zur Einlegung der Beschwerde ein Vertreter zu bestellen.

Veränderung der Umstände kann eine Aenderung des Umfanges und die Aufhebung der Unterhaltspflicht herbeiführen. Einerseits mindert die Abnahme der Leistungsfähigkeit des Verpflichteten den Anspruch des Berechtigten. Andererseits kann der Berechtigte in seiner Vermögenslage oder seinen Erwerbsverhältnissen gebessert oder verschlechtert werden oder es kann an Stelle des Unterhaltspflichtigen ein näher Verpflichteter treten oder es kann der Berechtigte durch eine sittliche Verschuldung oder eine Verfehlung gegen den Verpflichteten den Anspruch auf angemessenen Unterhalt verwirken oder es kann durch Verzeihung der Verfehlung der Anspruch auf notdürftigen Unterhalt in den auf angemessenen Unterhalt erhöht werden. Diese Aenderung kann, wenn die Unterhaltspflicht durch rechtskräftiges Urteil festgestellt ist, im Klageweg und nur für die Zeit nach der Klagerhebung erfolgen (CPO. 323 Abs. 1, 3); solange kein Urteil vorliegt, tritt sie mit dem Zeitpunkte der Aenderung der Umstände ein.

Die Gewährung des Unterhalts hat durch Entrichtung einer Geldrente zu geschehen, die für drei Monate im voraus zu zahlen ist. Hiervon giebt es zwei Ausnahmen:

der Verpflichtete auf- oder absteigender Linie — nicht auch der Berechtigte — kann verlangen, daß ihm die Gewährung des Unterhalts in anderer Art (Naturalleistung, Kapitalablösung) gestattet wird, in welchem Falle sich der Zeitabschnitt, für den die Rente im voraus zu entrichten ist, nach der Beschaffenheit der Rente bestimmt; das Verlangen des Pflichtigen muß durch besondere

Gründe wie Krankheit, Trunk, Verschwendung, Müßiggang des Berechtigten gerechtfertigt sein; über die Berechtigung entscheidet im Streitfalle das Gericht (1612 Abs. 2);

haben Eltern einem unverheirateten Kinde Unterhalt zu gewähren, so können sie bestimmen, in welcher Art und nicht nur bei der Natural-, sondern auch bei der Geldrente, für welche Zeit im voraus der Unterhalt gewährt werden soll. Eine Abänderung der Bestimmung der Eltern kann das Kind bei dem Vormundschaftsgerichte beantragen, welches dem Antrag aus besonderen Gründen stattzugeben hat (1612 Abs. 2); bei Zurückweisung des Antrags hat das Kind das Beschwerderecht (FG. 20, 59).

Dem Berechtigten, welcher den Zeitabschnitt erlebt hat, für den die Rente im voraus zu entrichten ist, gebührt der volle auf den Zeitabschnitt entfallende Betrag der Rente. Herrscht über die Rente Streit, so kann auch wegen der erst nach Erlassung des Urteils fällig werdenden Rente Klage auf künftige Entrichtung erhoben werden (CPO. 258).

Der Unterhalt wird für die Zukunft gewährt; für die Vergangenheit kann der Berechtigte in der Regel Erfüllung nicht nachfordern, selbst nicht, wenn er genötigt war, zu seinem Unterhalte Schulden zu machen. Doch ist ausnahmsweise für die Vergangenheit der Anspruch auf Erfüllung oder Schadensersatz wegen Nichterfüllung begründet, wenn der Verpflichtete durch sein Verschulden in Verzug gekommen ist, und zwar von der Zeit des Verzugs an, sowie auch ohne Verzug, wenn der Unterhaltsanspruch rechtshängig geworden ist, und zwar von der Rechtshängigkeit an (1613). In diesen beiden Fällen ist der Anspruch auch dann begründet, wenn der Berechtigte keinerlei Aufwendungen gemacht, sondern seine Bedürfnisse eingeschränkt hatte oder durch die Wohlthätigkeit dritter Personen oder von öffentlichen Anstalten unterhalten worden war. Er kann aber nur geltend gemacht werden, wenn der Verpflichtete zur Zeit der Fälligkeit des Anspruchs leistungsfähig war, nicht auch, wenn er es erst später geworden ist. Eine Nachforderung des Unterhalts wegen verbesserter Vermögensverhältnisse des Verpflichteten ist ebensowenig zugelassen wie die Rückzahlung des gewährten Unterhalts bei verbesserten Vermögensverhältnissen des Berechtigten. Hat ein Dritter als Geschäftsführer ohne Auftrag oder als Nachverpflichteter den

Unterhalt gewährt, so ist sein Erstattungsanspruch gegen den Verpflichteten nur unter denselben Voraussetzungen begründet, unter welchen der Berechtigte selbst den Ersatz für die Vergangenheit nachfordern kann; er muß daher den Verpflichteten durch Mahnung in Verzug setzen (284), was bei dessen Abwesenheit häufig nur durch öffentliche Zustellung möglich sein wird.

Der Unterhaltsanspruch als solcher ist unvererblich, unveräußerlich, der Pfändung nicht unterworfen (CPO. 850 Abs. 1 Nr. 2) und vom Konkurs über das Vermögen des Berechtigten und des Verpflichteten ausgeschlossen (KO. 1, 3 Abs. 2), auch findet eine Aufrechnung gegen ihn nicht statt (394). Seine Erfüllung ist nach verschiedenen Richtungen begünstigt: dem Schenker ist die Verweigerung der Erfüllung des Schenkungsversprechens (519 Abs. 1) sowie die Rückforderung des Geschenkes (528 Abs. 1 Satz 1, 529 Abs. 2) gestattet, wenn er durch das Geschenk außer stande gesetzt ist, den Unterhaltsanspruch zu befriedigen; die Pflicht zum Ersatz eines ohne Verschulden verursachten Schadens fällt weg, wenn durch die Schadloshaltung die Mittel zur Erfüllung der gesetzlichen Unterhaltspflicht entzogen werden (829); Urteile über Unterhaltsansprüche sind ohne Antrag für vorläufig vollstreckbar zu erklären; das Beschlagnahmegesetz vom 21. Juni 1869 findet auf sie keine Anwendung; die auf das Krankenversicherungsgesetz v. 10. April 1892 gestützten Forderungen können für die Ansprüche der Frau und der ehelichen Kinder (§ 56 Abs. 2) und die durch CPO. 850 Abs. 1 Nr. 3, 7, 8 begünstigten Forderungen für alle Unterhaltsansprüche gepfändet werden (CPO. 850 Abs. 4 Satz 1). Zu Gunsten der Unterhaltsleistungen ist ferner die Pfändung der Nutznießung des Mannes und der Eltern sowie der Nutzungen der Erbschaft beschränkt (CPO. 861 bis 863). Wegen der Verletzung der Unterhaltspflicht und wegen ihrer Gefährdung kann bei dem gesetzlichen Güterstande (1418 Abs. 1 Nr. 2 Satz 1), der allgemeinen Gütergemeinschaft (1468 Nr. 3), der Errungenschaftsgemeinschaft (1542 Abs. 1) und der Fahrnisgemeinschaft (1519) dem Manne sowie bei der fortgesetzten Gütergemeinschaft (1495 Nr. 3) und der elterlichen Gewalt jedem der Ehegatten (1666 Abs. 2) die Verwaltung und Nutznießung entzogen werden. Im Gegensatze zu dem Unterhaltsanspruch als solchem können die einzelnen fälligen Unterhaltsleistungen aktiv und passiv vererbt, veräußert, gepfändet, aufgerechnet und abgetreten sowie im Konkurse des

Verpflichteten als nicht bevorrechtete Forderungen geltend gemacht werden.

Die Unterhaltspflicht erlischt durch den Wegfall ihrer Voraussetzungen, insbesondere durch ausreichenden Vermögenserwerb seitens des Berechtigten. Doch gelten für das Erlöschen folgende Sondervorschriften:

Die Verjährung ist ausgeschlossen, soweit zukünftige Leistungen in Frage stehen (194).

Der Verzicht auf den Unterhalt für die Zukunft ist nichtig (1614 Abs. 1); unter den Verzicht fällt auch der Vergleich und die schiedsrichterliche Entscheidung, soweit sie einen Verzicht enthalten; der Verzicht auf die fälligen Leistungen ist zulässig (CPO. 1025).

Die Vorausleistung für einen gewissen Zeitraum befreit bei innerhalb dieses Zeitraums eintretender erneuter Bedürftigkeit des Berechtigten den Verpflichteten nur für die Dauer von drei Monaten oder wenn er selbst den Zeitraum zu bestimmen hatte, für einen den Umständen nach angemessenen Zeitabschnitt. Vereinbarungen können daran nichts ändern. Ueber die Angemessenheit des Zeitabschnitts entscheidet das Prozeßgericht. Hat jedoch das Vormundschaftsgericht den Zeitabschnitt festgesetzt, so ist dessen Angemessenheit der Nachprüfung entzogen (1614 Abs. 2).

Der Konkurs des Verpflichteten hindert nicht die Geltendmachung der zukünftigen oder später fälligen Leistungen gegen den Gemeinschuldner persönlich und nach der Beendigung des Konkurses. Im Konkurse des Erben des Verpflichteten können wie die Ansprüche für die Vergangenheit so auch die für die Zukunft geltend gemacht werden, soweit für sie der Erbe als solcher haftet.

Der Unterhaltsanspruch geht mit dem Tode des Berechtigten unter, mit dem Tode des Verpflichteten auf dessen Nachmann in der Unterhaltspflicht über. Doch giebt es davon zwei Ausnahmen: mit dem Tode erlischt weder der Anspruch auf Erfüllung oder Schadensersatz wegen Nichterfüllung für die Vergangenheit noch der Anspruch auf solche im voraus zu bewirkende Leistungen, die zur Zeit des Todes des Berechtigten oder des Verpflichteten fällig sind (760 Abs. 3).

Mit der Aufhebung der Annahme an Kindesstatt erlischt die auf dieser ruhende Unterhaltspflicht.

Für das Erlöschen der fälligen Leistungen sind die Erlöschungsgründe der Schuldverhältnisse maßgebend: Erfüllung, Vergleich, Verzicht, schiedsrichterliche Entscheidung, Geltendmachung im Konkurse, Verjährung. Die Rückstände verjähren in vier Jahren (197), für solche zwischen Eltern und Kindern ist aber der Lauf der Verjährung während der Minderjährigkeit der Kinder gehemmt.

Die Unterhaltspflicht schließt die Verpflichtung in sich, im Falle des Todes des Berechtigten die Kosten seiner Beerdigung zu tragen, soweit nicht der Beschenkte (528) oder der Vater des unehelichen Kindes sie zu tragen hat und ihre Bezahlung nicht gemäß § 1968 von dem Erben des Berechtigten zu erlangen ist (1615 Abs. 1). Im Falle der Tötung des Berechtigten hat der Ersatzpflichtige dem Unterhaltspflichtigen nach § 844 Abs. 1 die Kosten der Beerdigung zu ersetzen. Im Falle des Nachlaßkonkurses gelten die Kosten der Beerdigung des Erblassers als Masseschulden. (K.O. 224 Nr. 2.)

Auf die Unterhaltspflicht der Verwandten findet seit dem 1. Januar 1900 das BGB. Anwendung. Die vorher erfolgte rechtskräftige Feststellung von Unterhaltsansprüchen kann in bezug auf die Höhe der Leistungen und die Dauer ihrer Entrichtung nach dem neuen Rechte abgeändert oder aufgehoben werden. CPO. 323 findet auch auf sie Anwendung.

§ 8.

Das Rechtsverhältnis zwischen Eltern und Kindern.

Das Verhältnis zwischen Eltern und Kindern beruht auf dem natürlich-sittlichen Fundamente der Eltern- und Kindesliebe und ist deshalb zunächst nicht rechtlicher Natur. Zu einem Rechtsverhältnisse ist das natürliche Verhältnis erst durch die rechtliche Regelung geworden. Diese hat die Rechte und Pflichten aus dem natürlichen Verhältnisse entsprechend der Stellung, welche die nationale und kulturhistorische Entwickelung der Familie in der Organisation des gesamten Gemeindelebens und wiederum den einzelnen Familiengliedern in der Familie angewiesen hat, verschieden gestaltet. Das BGB. hat sein Eltern- und Kindesrecht auf deutsch-rechtlicher Grundlage aufgebaut. Daher ist sein Unterschied vom römischen Rechte tiefgreifend und umfassend. Seine Regelung betrifft das Eltern- und Kindesverhältnis im allgemeinen und die elterliche Gewalt insbesondere.

Begründungsthatsachen der Eltern- und Kindesrechte sind die eheliche Abstammung, die Geburt in einer nichtigen Ehe, deren Nichtigkeit einem der Ehegatten unbekannt war oder die beim Formmangel in das Heiratsregister eingetragen ist, die Legitimation durch nachfolgende Ehe und durch Ehelichkeitserklärung sowie die Annahme an Kindesstatt durch beide Ehegatten oder durch den Ehegatten dessen, der das Kind angenommen hat. Die uneheliche Geburt giebt dem Kinde seiner Mutter gegenüber und die Annahme an Kindesstatt in den nichtbezeichneten Fällen dem Annehmenden gegenüber die rechtliche Stellung eines ehelichen Kindes.

Das Eltern- und Kindesverhältnis wird für die Lebenszeit begründet und ist von der Minderjährigkeit oder Volljährigkeit des Kindes unabhängig. Ihr Unterschied bleibt aber für die rechtliche Stellung des Kindes erheblich, weil die elterliche Gewalt die Minderjährigkeit des Kindes nicht überdauert. Die Rechtsfolgen des Eltern- und Kindesverhältnisses sind nicht ausschließlich im BGB. geregelt, sie beschränken sich auch nicht alle auf die Familie, einzelne erstrecken sich auf Dritte und auf das Gebiet des öffentlichen Rechtes.

So sind von der Erleichterung der Zeugnispflicht abgesehen, Diebstahl und Unterschlagung zwischen Eltern und Kind straffrei oder doch nur auf Antrag verfolgbar (StGB. 247), so bildet bei Totschlag und Körperverletzung die Kindeseigenschaft einen Straffschärfungsgrund (StGB. 215, 223 Abs. 2) und kann für das minderjährige oder geschäftsunfähige Kind sein gesetzlicher Vertreter den Strafantrag stellen (Art. 34 III). Diese Rechtsfolgen wurzeln in der nicht rein sittlichen, sondern auch rechtlichen Verpflichtung der Kinder zur Ehrfurcht gegen ihre Eltern. Unter diesen Gesichtspunkt fallen auch ferner die Vorschriften der Gewerbeordnung über die Aushändigung des Arbeitsbuchs und des Arbeitszeugnisses sowie des Lohnes minderjähriger Arbeiter an den gesetzlichen Vertreter (GewO. 107, 113, 119a Abs. 2 Nr. 2). Wirkung gegen Dritte haben Recht und Pflicht des Kindes auf den Familiennamen, den Wohnsitz und die Staats- bezw. Reichsangehörigkeit des Vaters.

Den Familiennamen des Vaters erhält das eheliche und das ihm gleichgestellte in nichtiger Ehe geborene Kind mit der Geburt, das legitimierte Kind mit der nachfolgenden Ehe oder der Ehelichkeitserklärung, das an Kindesstatt angenommene Kind und dessen Abkömmlinge, auf welche sich die Annahme erstreckt, mit der Annahme durch einen Mann (1616, 1758). Wird das Kind von einer Frau angenommen, die infolge ihrer Verheiratung einen anderen Namen führt als vorher, so erhält es den Familiennamen, den die Frau vor der Verheiratung geführt hat. Wird von einem Ehepaare gemeinschaftlich ein Kind angenommen oder nimmt ein Ehegatte ein Kind des andern Ehegatten an, so erhält das Kind den Familiennamen des Mannes mit der Annahme. Das angenommene Kind darf dem neuen Namen seinen Familiennamen an zweiter Stelle hinzufügen, sofern nicht in dem Annahmevertrag ein Anderes bestimmt ist. Hat das Annahmekind Abkömmlinge, auf die sich die Annahme nicht erstreckt, so behalten diese ihren bisherigen Familiennamen. War der Vater zur Zeit der Geburt des Kindes an Kindesstatt angenommen, so erhält das Kind den Annahmenamen des Vaters statt des Familiennamens desselben (1758). Mit der Aufhebung der Annahme an Kindesstatt verliert das Kind mit seinen Abkömmlingen, auf die sich die Annahme erstreckt, das Recht, den Familiennamen des Annehmenden zu führen, ausgenommen wenn die Aufhebung der gemeinschaftlichen Annahme durch ein Ehepaar nach dem Tode eines der Ehegatten erfolgt. Das Kind erhält dann den Namen wieder, den es vor der Annahme geführt hat ohne Rücksicht auf eine etwaige Namensänderung seiner leiblichen Eltern. Der Familienname genießt den Rechtsschutz aus § 12 sowie den Schutz des § 360 Nr. 8 des StGB. Die Aenderung des Familiennamens untersteht den Vorschriften des öffentlichen Rechtes. Das Kind muß sich die auf den Antrag der Eltern obrigkeitlich bewilligte Namensänderung gefallen lassen. Die Eltern haben dem Kinde einen Vornamen zu geben, im Streitfall unter ihnen geht die Meinung des Vaters vor.

Ueber den Stand des Kindes enthält das BGB. keine Vorschrift; soweit es sich um den Stand nicht in sozialem, sondern in öffentlichrechtlichem Sinne handelt, wozu der Adelsstand gehört, entscheidet über ihn das Landesrecht. Wo jedoch der Adelsstand aufgehoben und die Adelsbezeichnung Bestandteil des Familiennamens geworden ist, untersteht der adelige Name den Vorschriften des BGB.

Den Wohnsitz des Vaters teilt das eheliche und das ihm gleichgestellte Kind aus einer nichtigen Ehe sowie das während seiner Minderjährigkeit legitimierte und von einem Manne angenommene Kind; ist das Kind von einer Frau angenommen, so teilt es den Wohnsitz der Annehmenden. Ist der Vater vor der Geburt des

Kindes verstorben, so teilt das Kind nicht den Wohnsitz der Mutter, es muß vielmehr sein gesetzlicher Vertreter für dasselbe einen Wohnsitz begründen. Letzteres hat auch für Findelkinder zu geschehen. Eine erst nach dem Eintritte der Volljährigkeit des Kindes erfolgende Legitimation oder Annahme an Kindesstatt hat auf den bereits begründeten Wohnsitz des Kindes keinen Einfluß (12). Die Wohnsitzbegründung für das Kind ist davon unabhängig, ob das Kind von dem Vater kraft der elterlichen Gewalt vertreten wird.

Die Staatsangehörigkeit des Vaters erwirbt das Kind durch Abstammung und Legitimation, nicht auch durch Annahme an Kindesstatt. Die Verleihung der Staatsangehörigkeit an den Vater durch Aufnahme oder Naturalisation erstreckt sich regelmäßig auf diejenigen minderjährigen Kinder, deren gesetzliche Vertretung dem Aufgenommenen oder Naturalisierten kraft elterlicher Gewalt zusteht. Die Entlassung des Vaters oder der Mutter aus dem Staatsverbande sowie der Verlust der Staatsangehörigkeit durch zehnjährigen Aufenthalt im Ausland ergreift regelmäßig das Kind, das in elterlicher Gewalt steht. Töchter, die verheiratet sind oder gewesen sind, bleiben von dem Erwerbe wie von dem Verluste der Staatsangehörigkeit ihrer Eltern unberührt (Art. 41).

Das Eltern- und Kindesverhältnis erfaßt die in ihm stehenden Personen nicht ohne Rücksicht auf ihr Alter, ihr Geschlecht und ihre Lebensstellung; es sind nur einzelne Pflichten, welche unabhängig hiervon alle Eltern und alle Kinder gleichmäßig und auf die ganze Lebensdauer umfassen; zu ihnen gehört die Unterhaltspflicht. Dagegen ist die den Mittelpunkt der Eltern- und Kindesrechte bildende Erziehungs- und elterliche Gewalt ein zeitlich beschränktes Recht. Neben den regelmäßig gegenseitigen Rechten und Pflichten des Eltern- und Kindesverhältnisses hat das BGB. einzelne besondere Rechtsfolgen desselben ausgestaltet, welche einseitige Verpflichtungen des Kindes oder einseitige Rechte oder Pflichten der Eltern begründen. Den Verpflichtungen des Kindes ist dann gemeinsam, daß sie auf die Zeit der Zugehörigkeit des Kindes zum elterlichen Hausstande beschränkt sind.

Das BGB. legt, ohne es auszusprechen, seinen Vorschriften die Verpflichtung des Kindes zum kindlichen Gehorsam gegen die Eltern zu grunde und läßt diese Pflicht dauern, solange das Kind unter der Erziehungsgewalt der Eltern steht oder von diesen in ihrem Hausstand unterhalten wird.

Die allgemeinste der von dem BGB. ausgesprochenen Sonderfolgen des Eltern- und Kindesverhältnisses ist die **Dienstleistungspflicht** des Kindes. Solange ein Kind dem elterlichen Hausstand angehört und von den Eltern erzogen oder unterhalten wird, ist es ohne Rücksicht auf Alter und Geschlecht und elterliche Gewalt verpflichtet, in einer seinen Kräften und seiner Lebensstellung entsprechenden Weise den Eltern in ihrem Hauswesen und Geschäfte Dienste zu leisten (1617). Diese Pflicht liegt gleichmäßig dem Sohne wie der Tochter und auch dem angenommenen Kinde ob. Ob ein Kind dem elterlichen Hausstand angehört, hängt davon ab, ob es dauernd ein Mitglied des Haushalts ist, den ein Elternteil leitet. Für die Bejahung der Frage wird die dauernde Wohnung und Beköstigung im Haushalt in Betracht zu ziehen sein, ohne daß jedoch beides zusammen oder das eine oder das andere ausschließlich maßgebend ist. Denn das von den Eltern beköstigte Kind kann von ihnen getrennt leben wie der Lehrling, und das bei den Eltern wohnende Kind kann sich selbst unterhalten wie die Fabrikarbeiterin. Selbst beim Fehlen der Wohnung und der Beköstigung kann die Zugehörigkeit zum elterlichen Hausstande begründet sein wie bei dem Kinde in Pension und dem Studenten. Die Dienste, welche das Kind zu leisten hat, können nur Arbeiten körperlicher oder geistiger Art, nicht auch Geldunterstützungen sein. Die Dienstleistungspflicht dauert unter der Voraussetzung der thatsächlichen Zugehörigkeit zum Hausstande fort, solange das Kind entweder von den Eltern erzogen oder von ihnen unterhalten wird. Nun endigt die Erziehungsgewalt der Eltern mit der Volljährigkeit des Kindes, so daß die auf ihr beruhende Dienstleistungspflicht des Kindes mit der Volljährigkeit erlischt, wenngleich die Zugehörigkeit zum Hausstande fortdauert. Und steht weder dem Vater noch der Mutter das Erziehungsrecht zu, so tritt die Dienstleistungspflicht gar nicht ein, wenn sie nicht zugleich dadurch begründet ist, daß das Kind während seiner Minderjährigkeit oder Volljährigkeit von jenen unterhalten wird. In diesem Falle wird das Kind dann frei, wenn die Einkünfte seines eigenen Vermögens zu seinem Unterhalte zureichen. Beruht die Dienstleistungspflicht auf der Unterhaltsgewährung, so besteht sie ohne Unterschied, ob die Eltern das Kind auf Grund gesetzlicher Verpflichtung oder freiwillig unterhalten. Die Dienste sind den Eltern nur in ihrem Hauswesen und Geschäfte (Gewerbe) zu leisten; was das Kind durch dieselben erwirbt, wird

Eigentum desjenigen Elternteils, dem die Erziehungsgewalt zusteht oder der das Kind unterhält. Für seine Dienste hat das Kind keine Vergütung von den Eltern zu beanspruchen. Wird aber zwischen Eltern und Kind eine Vergütung für die Dienste vereinbart, so hat das Kind einen klagbaren Anspruch auf dieselbe. Zwingen die Eltern kraft ihrer elterlichen Gewalt das Kind, dritten Personen außerhalb des Hauses Dienste zu leisten, so wird der Erwerb dieser Dienste Eigentum des Kindes, er kommt jedoch in die Verwaltung der Eltern. Mißbrauchen die Eltern die Dienstleistungspflicht des Kindes, so kann das minderjährige Kind in elterlicher Gewalt den Schutz des Vormundschaftsgerichts anrufen (4666 Abs. 1), während für das bevormundete Kind der Vormund einzutreten hat und großjährige Kinder eine Vergütung vereinbaren oder den elterlichen Hausstand verlassen können. Im Falle der Tötung, der Verletzung des Körpers oder der Gesundheit des Kindes oder seiner Freiheitsentziehung durch einen Dritten hat dieser den Eltern für die entgehenden Dienste durch Entrichtung einer Geldrente Ersatz zu leisten (845). Der Anspruch der Eltern auf die Dienste des Kindes ist unverjährbar (194 Abs. 2).

Ferner stellt das BGB. für ein beschränkteres Gebiet eine Auslegungsregel und eine Dispositivvorschrift auf:

Macht ein volljähriges Kind, das geschäftsfähig ist und dem elterlichen Hausstand angehört, zur Bestreitung der Kosten des Haushalts — nicht des Geschäftsbetriebs oder zu einem anderen Zwecke — aus seinem Vermögen eine Aufwendung oder überläßt es zu diesem Zwecke etwas aus seinem Vermögen (Kapital, Einkünfte) an die Eltern, so gilt hierfür die Auslegungsregel, daß die Absicht fehlt, Ersatz zu verlangen (1618).

Ueberläßt ein volljähriges Kind, das dem elterlichen Hausstand angehört, sein Vermögen ganz oder teilweise der Verwaltung des Vaters oder der Mutter, was diese zu beweisen haben, so können der Vater und die Mutter die Einkünfte, die aus dem Vermögen während der Verwaltung bezogen werden, nach ihrem freien Ermessen verwenden, soweit nicht ihre Verwendung zur Bestreitung der Kosten der ordnungsmäßigen Verwaltung und zur Erfüllung solcher Verpflichtungen des Kindes erforderlich ist, die bei ordnungsmäßiger Verwaltung aus den Einkünften des Vermögens bestritten werden (z. B. Zinsen, Unterhaltspflicht), was zu beweisen hat, wer die andere Verwendung der Einkünfte durch den Vater oder die Mutter angreifen will. Das Kind kann jederzeit eine abweichende Bestimmung treffen (1619). Den Eltern steht daher die Nutznießung an dem Vermögen des großjährigen Kindes nicht gegen dessen Willen zu, sie können aber das Kind bei seinem Widerspruche von ihrem Hausstand ausschließen. Die Eltern haften für die Verwaltung nach allgemeinen Grundsätzen. Ihre Verwaltung endigt mit dem Ausscheiden des Kindes aus dem Haushalt und mit dem Widerrufe seitens des Kindes. Bei der Beendigung ist weder Rechnung über die Einkünfte zu legen noch sind die noch vorhandenen und schon bezogenen Einkünfte herauszugeben. Für die Verwaltung und die Herausgabe des Stammes des Vermögens gelten die Grundsätze über den Auftrag.

Elternpflicht ist die Aussteuer ihrer Töchter, nicht auch der Söhne. Der Vater ist verpflichtet, einer Tochter, auch der großjährigen, im Falle ihrer Verheiratung zur Einrichtung des Haushalts — nicht zu weiteren Zwecken — eine angemessene Aussteuer in Geld oder Hausrat zu gewähren. Die Tochter hat jedoch den Aussteueranspruch nur, soweit sie nicht selbst ein zur Beschaffung der Aussteuer ausreichendes Vermögen besitzt und soweit der Vater bei Berücksichtigung seiner sonstigen Verpflichtungen ohne Gefährdung seines standesmäßigen Unterhalts zur Aussteuer im stande ist. Wenn der Vater zur Gewährung der Aussteuer außer stande oder wenn er gestorben oder wenn die Verfolgung des Anspruchs gegen ihn im Inland ausgeschlossen oder erheblich erschwert ist, so hat die Tochter den Anspruch gegen die Mutter, welcher in gleicher Weise wie dem Vater die Einrede des Notbedarfs und des mangelnden Bedürfnisses der Tochter zur Seite steht (1620 Abs. 1). Großeltern und entferntere Voreltern sind nicht aussteuerpflichtig. Die angenommene Tochter hat den Anspruch sowohl gegen den Annehmenden wie gegen ihre Eltern, kann ihn aber nicht mehr geltend machen, wenn sie einmal ausgesteuert worden ist. Mehrere Töchter stehen sich in ihren Ansprüchen gegen denselben Elternteil gleich, so daß sie sich bei nur teilweiser Leistungsfähigkeit des Verpflichteten gegenseitig beschränken. Ob die Eltern zur Gewährung der Aussteuer im stande sind, bestimmt sich wie bei der Unterhaltspflicht nach dem ehelichen Güterrechte. Bei dem gesetzlichen Güterstande kommt für die Leistungsfähigkeit des Vaters dessen Nutznießung an dem eingebrachten Vermögen der Frau und dem Vermögen seiner Kinder in Betracht, so daß sie sich dadurch erhöht, während für die Leistungsfähigkeit der Mutter die dem

Manne an dem eingebrachten Gute zustehende Verwaltung und Nutznießung außer Betracht zu lassen ist, so daß sie dadurch nicht gemindert wird. Bei allgemeiner Gütergemeinschaft, Errungenschaftsgemeinschaft oder Fahrnisgemeinschaft wird der Feststellung der Leistungsfähigkeit des Vaters oder der Mutter das Gesamtgut, und nicht bloß ihr Anteil an demselben, sowie das Sondervermögen des Verpflichteten zu grunde gelegt. Haben daher der Vater oder die Mutter aussteuerpflichtige Töchter aus verschiedenen Ehen, so ist bei allgemeiner oder beschränkter Gütergemeinschaft die Aussteuer aus dem Gesamtgute so zu gewähren, wie wenn jeder Elternteil der alleinige Eigentümer des Gesamtguts sei und sämtliche Töchter gemeinschaftliche Töchter wären. Die Aussteuer wird auch endgiltig von dem Gesamtgute getragen, ohne Unterschied, ob sie einem gemeinschaftlichen oder einem nicht gemeinschaftlichen Kinde gewährt ist.

Der Aussteueranspruch entsteht mit der Eheschließung der Tochter. Dieser Zeitpunkt entscheidet auch über die Angemessenheit der Aussteuer, die Leistungsfähigkeit der Eltern und die Vermögenslosigkeit der Tochter. Nachträgliche Veränderungen bleiben außer Betracht, doch ist bei der Bemessung eine zukünftige Gefährdung des standesmäßigen Unterhalts der Eltern und ihrer sonstigen Kinder zu berücksichtigen. Für die Bemessung des Umfanges der Aussteuer kommen neben den Vermögensverhältnissen der Eltern die Zahl der Töchter, die Größe der zukünftigen Erbteile aller Kinder und die Lebensstellung des Bräutigams in Betracht. Ein wegen der zur Zeit der Eheschließung verschlechterten Vermögensverhältnisse der Eltern verringerter Anspruch erhöht sich nicht deshalb, weil eine früher verheiratete Tochter eine größere Aussteuer erhalten hat.

Der Anspruch geht auf eine Aussteuer in zur Einrichtung des Haushalts passenden Sachen oder in Geld nach Wahl der Eltern. Werden Sachen geleistet, so beschränkt sich mit ihrer Konkretisierung das Schuldverhältnis auf die bestimmten Sachen (243 Abs. 2), für deren Mängel im Rechte die Eltern nach den Vorschriften über den Kauf einzustehen haben. Sind die Sachen mangelhaft, so kann die Lieferung mangelfreier Sachen und bei arglistiger Verschweigung des Fehlers Schadensersatz wegen Nichterfüllung verlangt werden.

Das uneheliche Kind hat den Aussteueranspruch gegen die Mutter, nicht auch gegen den Vater, auf den Anspruch gegen seine nachträglich verheiratete Mutter findet der § 1604 Anwendung.

Die Aussteuergewährung kann von dem Vater und der Mutter sowie von dem Annehmenden verweigert werden:

wenn die Tochter sich ohne die erforderliche elterliche Einwilligung vor dem vollendeten 21. Lebensjahr und im Falle ihrer Volljährigkeitserklärung ohne die vormundschaftsgerichtliche Ersetzung der Einwilligung verheiratet (1621 Abs. 1), gleichgiltig, ob die Einwilligung mit oder ohne Grund versagt worden war, ob das Einwilligungsrecht dem aussteuerpflichtigen oder dem anderen Elternteile zustand;

wenn die Tochter sich vor oder nach der Eheschließung einer Verfehlung schuldig gemacht hat, die den Verpflichteten berechtigt, ihr den Pflichtteil zu entziehen (1621 Abs. 2, 2333);

wenn die Tochter für eine frühere Ehe von dem Vater oder der Mutter oder dem Annehmenden eine Aussteuer erhalten hat (1622); hatte die Tochter die Aussteuer von einem Dritten, z. B. ihrem Großvater, erhalten, so ist bei ihrer neuen Ehe die Verweigerung nicht begründet.

Der minderjährigen Tochter steht in Bezug auf die elterliche Einwilligung die entmündigte sowie die unter vorläufige Vormundschaft gestellte Tochter gleich (114).

Der einmal begründete Einwand entfällt nicht durch die nachträgliche Genehmigung der Eheschließung oder die Verzeihung der Verfehlung. Schließt aber eine Tochter, welche wegen dieser Einwände eine Aussteuer nicht erhalten hatte, eine neue Ehe und steht dieser ein Einwand nicht entgegen, weil nunmehr die elterliche Einwilligung nicht mehr erforderlich oder die Verfehlung verziehen ist, so ist die Aussteuer zu gewähren.

Die gewährte Aussteuer kann nicht zurück verlangt werden, ausgenommen, wenn die Ehe der Tochter nichtig oder anfechtbar und angefochten ist oder wenn die Ehe nicht zu stande kommt. Der Verlöbnisbruch berechtigt die Eltern dem Bräutigam gegenüber, obgleich er die Aussteuer nicht erhalten hat, zum Ersatze des Schadens, der ihnen durch deren Anschaffung entstanden ist (1298, 1299).

Hat die Mutter die Aussteuer gewährt, weil die Rechtsverfolgung gegen den Vater im Inland ausgeschlossen oder erheblich erschwert ist (vgl. S. 55), so geht der Aussteueranspruch der Tochter gegen ihren Vater auf sie über; doch kann die Mutter ihren Ersatzanspruch nicht zum Nachteile der Tochter geltend machen, was der Fall wäre, wenn der Vater durch die Befriedigung der Mutter verhindert würde, der nach der Verheiratung unterhaltsbedürftig gewordenen Tochter den Unterhalt zu gewähren.

Das Recht auf die Gewährung einer Aussteuer ist nicht übertragbar und nicht pfändbar und fällt deshalb nicht in die Konkursmasse der Tochter oder ihres Mannes. Eine Aufrechnung ist der Aussteuer gegenüber ausgeschlossen, sie kann auch nicht Gegenstand des Pfandrechts sein. Der durch die Eheschließung der Tochter erworbene Aussteueranspruch erlischt nicht durch den Tod der Tochter oder den Tod der Eltern und des Annehmenden; er ist aktiv und passiv vererblich. Dagegen erlischt der Anspruch durch den Tod der Eltern und des Annehmenden vor der Eheschließung. Er erlischt ferner durch den Verzicht der Tochter gegenüber dem Vater oder nach dessen Tode gegenüber der Mutter, durch Vergleich oder schiedsrichterliche Entscheidung zwischen Eltern und Tochter, durch die Geltendmachung im Konkurse des Verpflichteten. Der Anspruch verjährt in einem Jahre von der Eingehung der Ehe der Tochter an (1623 Satz 2), ohne Rücksicht auf die Minderjährigkeit der Tochter; ist der Anspruch rechtskräftig festgestellt, so beträgt die Verjährungfrist 30 Jahre. Für den Lauf der Verjährung und ihre Hemmung gelten von § 204 abgesehen die allgemeinen Vorschriften.

Die von anderen Personen als den Eltern oder den Annehmenden versprochene oder gewährte Aussteuer ist Schenkung und unterliegt den Schenkungsvorschriften.

Die Ausstattung der Kinder durch Zuwendung von Vermögen mit Rücksicht auf ihre Verheiratung oder auf die Erlangung einer selbständigen Lebensstellung ist nicht Elternpflicht. Die Kinder haben daher keinen Anspruch auf Ausstattung gegen ihre Eltern. Demungeachtet nimmt das BGB. auf die sittliche Verpflichtung der Eltern zur standesgemäßen Versorgung ihrer leiblichen und angenommenen Kinder mittelst der Bestimmung Rücksicht, daß das, was einem Kinde (Sohn oder Tochter) mit Rücksicht auf seine Verheiratung oder auf die Erlangung einer selbständigen Lebensstellung zur Begründung oder zur Erhaltung der Wirtschaft oder der Lebensstellung von dem Vater oder der Mutter an Kapitalien, Grundstücken oder Einkünften gewährt oder versprochen wird, obgleich abweichend von der Aussteuer eine Verpflichtung zur Zuwendung nicht besteht, nur insoweit als Schenkung gelten soll, als die Ausstattung das den Umständen, insbesondere den Vermögensverhältnissen des Vaters oder der Mutter entsprechende Maß übersteigt (1624 Abs. 1). **Infolge dessen haben die Eltern gegen die Kinder keinen Anspruch auf Erstattung und kein Recht der Rückforderung oder des Widerrufs einer den Umständen** nach angemessenen Ausstattung. Diese sittliche Pflicht zur Ausstattung hat auch die Mutter ihrem unehelichen Kinde gegenüber. Ob das auszustattende Kind volljährig oder minderjährig, verheiratet oder unverheiratet, selbständig oder unselbständig und letzterenfalls unter elterlicher Gewalt und Vormundschaft steht, macht keinen Unterschied. Die Angemessenheit der Ausstattung bestimmt sich außer nach den Vermögensverhältnissen der Eltern nach ihrem Zwecke und der Lebensstellung des Kindes; für ihre Beurteilung ist der Zeitpunkt ihrer Gewährung maßgebend. Wer eine Überschreitung des angemessenen Maßes behauptet, hat sie zu beweisen.

Das Versprechen der Ausstattung seitens des Vaters oder der Mutter oder des Annehmenden ist an eine besondere Form nicht gebunden; ist eine übermäßige Ausstattung zugesichert, so gilt das Versprechen, soweit die Angemessenheit reicht. Der das angemessene Maß übersteigende Betrag der Ausstattung kann nach den Schenkungsvorschriften in den §§ 518, 528, 531, 1446, 1487 Abs. 1 angefochten und widerrufen werden. Da die Ausstattung wegen ihrer Beziehung zur Verheiratung oder Gründung einer Lebensstellung nicht als eine unentgeltliche Verfügung anzusehen ist, so sind auch die für die Anfechtung unentgeltlicher Verfügungen in KO. 32 Nr. 1 und Anfechtungsges. 3 Nr. 3 getroffenen Vorschriften unanwendbar [1]).

Demungeachtet bestimmt sich die Verpflichtung des Ausstattenden zur Gewährleistung wegen eines Mangels im Rechte oder wegen eines Fehlers der Ausstattungssache auch soweit die Ausstattung nicht als Schenkung gilt, nach den für die Gewährleistungspflicht des Schenkers in den §§ 523, 524, 526 getroffenen Vorschriften (1624 Abs. 2). Der Ausstattende hat somit nur Arglist und beim Versprechen einer erst zu beschaffenden Sache auch grobe Fahrlässigkeit zu vertreten. Er hat keine Verzugszinsen zu entrichten. Sind die gewährten Sachen mangelhaft, so ist er zur Lieferung mangelfreier Sachen und bei arglistiger Verschweigung des Fehlers zum Ersatze des daraus entstehenden Schadens verpflichtet. Ist die Verheiratung oder die Gründung der Lebensstellung ohne Kenntnis des Mangels oder des Fehlers der Ausstattungssache erfolgt, so kann das Kind

[1]) A. M. Neumann S. 905.

von dem Ausstattenden Ersatz der Aufwendungen insoweit verlangen, als sie infolge des Fehlers den Wert der Ausstattung übersteigen.

Gewährt der Vater oder die Mutter oder ein Annehmender einem Kinde, dessen Vermögen kraft Gesetzes ihrer elterlichen oder vormundschaftlichen Verwaltung unterliegt, eine Aussteuer oder eine Ausstattung, so gilt die Auslegungsregel, daß die Aussteuer oder die Ausstattung aus dem Vermögen des Kindes und nicht aus dem elterlichen Vermögen gewährt sei (1625). Diese Auslegung trifft nicht zu, wenn den Eltern die Verwaltung des Kindesvermögens aus einem anderen Grunde zusteht, z. B. weil das dem elterlichen Hausstand angehörende volljährige Kind sein Vermögen der elterlichen Verwaltung überlassen hat, oder wenn ein Elternteil Schuldner des Kindes ist; in diesen Fällen hat der Elternteil, welcher die Ausstattung oder Aussteuer dem Kindesvermögen anrechnen will, die Vermutung der Schenkung aus dem elterlichen Vermögen zu widerlegen.

Aussteuer und Ausstattung werden Eigentum des Kindes; welche Rechte seinem Ehegatten an der zugesicherten oder gewährten Aussteuer oder Ausstattung zustehen, bestimmt sich nach dem ehelichen Güterrecht, unter welchem das Kind lebt; beide werden eingebrachtes Gut, soweit nicht Sachen in Frage stehen, die zum persönlichen Gebrauche der Frau bestimmt sind. Der Mann kann daher die Aussteuer der Frau und die ihr zugesicherte Ausstattung selbständig einklagen.

Die Angemessenheit der Ausstattung bestimmt sich verschieden bei der Ausstattung des Kindes durch den Mann oder durch die Frau sowie bei der Ausstattung eines gemeinschaftlichen oder eines nicht gemeinschaftlichen Kindes beider Ehegatten. Stattet der Mann ein gemeinschaftliches Kind aus, so kommt für die Frage der Angemessenheit sowohl das Gesamtgut als das etwaige Sonder- und Vorbehaltsgut des Mannes in Betracht. Soweit die Ausstattung den Verhältnissen dieser Gütermassen zusammen entspricht, ist sie nicht Schenkung und dem gemeinschaftlichen Kinde aus dem Gesamtgute zu gewähren. Im Verhältnisse der Ehegatten zu einander ist bei der Gütergemeinschaft und der Errungenschaftsgemeinschaft die aus dem Gesamtgute bestrittene Ausstattung von dem Manne nur insoweit zu tragen, als sie dem Verhältnisse des Gesamtguts entspricht. Der durch die Mitberücksichtigung des Sonder- und Vorbehaltsguts erwachsene Teil der Ausstattung sowie der als Schenkung zu behandelnde Teil derselben fällt jedoch dem Manne allein zur Last. Hat der Mann die

Ausstattung seinem Vorbehaltsgut entnommen, so hat er in Höhe des dem Gesamtgut entsprechenden Maßes einen Ersatzanspruch gegen das Gesamtgut. Die Ausstattung des Kindes durch die Frau aus ihrem Vorbehaltsgut ist Sache der Frau (1465 Abs. 1, 1538).

Ueber den Umfang der für die Ausstattung der Kinder durch die Eltern aufgestellten Auslegungsregel hinaus ist auch für die Ausstattung eines nicht gemeinschaftlichen Kindes durch einen der Ehegatten bestimmt, daß dieselbe innerhalb der angemessenen Grenzen nicht Schenkung und daß sie aus dem Gesamtgute zu gewähren ist. Die Ausstattung gilt jedoch als von dem Ehegatten herrührend, dessen leibliches Kind das ausgestattete Kind ist. Demgemäß ist im Verhältnisse der Ehegatten zu einander bei der Gütergemeinschaft und der Errungenschaftsgemeinschaft die Ausstattung von diesem Elternteile zu tragen. Verspricht oder gewährt der Mann einem nicht gemeinschaftlichen Kinde aus dem Gesamtgut eine Ausstattung, so fällt sie dem Elternteile zur Last, dessen früheren Ehe das Kind entstammt, der Mutter jedoch nur insoweit, als sie zustimmt oder die Ausstattung nicht das dem Gesamtgut entsprechende Maß übersteigt (1465 Abs. 2, 1538), da die Mutter nur in dieser Begrenzung durch die Verfügung des Mannes verpflichtet wird. Verspricht oder gewährt der Mann einem einseitigen Kinde der Frau eine angemessene Ausstattung aus seinem Vorbehaltsgute, so kann er in derselben Begrenzung Erstattung zu seinem Vorbehaltsgute verlangen.

Ferner kann für bevormundete Elternteile deren Vormund aus ihrem Vermögen dem Kinde eine Ausstattung versprechen oder gewähren, aber nur mit Genehmigung des Vormundschaftsgerichts, die mit Rückwirkung auf den Zeitpunkt des Versprechens oder der Gewährung nachträglich erteilt werden darf. Da der Vormund in Vertretung des Mündels Schenkungen nicht machen soll, so ist die das angemessene Maß übersteigende Ausstattung in Höhe der Ueberschreitung nichtig.

Die gewährten Ausstattungen sind unter Abkömmlingen, die als gesetzliche Erben zur Erbfolge gelangen, bei der Erbauseinandersetzung zur Ausgleichung zu bringen, soweit nicht bei der Ausstattung ein Anderes angeordnet ist (2050 Abs. 1).

Elternpflicht ist endlich die S i c h e r u n g d e s V e r m ö g e n s der Kinder ihrer früheren Ehe im Falle der Eingehung einer neuen Ehe. Will ein mit seinen Abkömmlingen in fortgesetzter Gütergemeinschaft lebender Ehegatte, dessen Abkömmlinge minderjährig oder bevormundet sind, oder wollen der Vater oder die Mutter eines ehelichen oder dem ehelichen gleichgestellten, eines legitimierten oder angenommenen Kindes, das unter ihrer elterlichen Gewalt steht oder zu dessen Vormund sie ausnahmsweise bestellt sind, eine neue Ehe eingehen, so ist die Absicht der Wiederverheiratung dem Vormundschaftsgericht anzuzeigen, ein Verzeichnis des der elterlichen oder vormundschaftlichen Verwaltung unterliegenden freien und nichtfreien Vermögens des Kindes einzureichen und, soweit in Ansehung dieses Vermögens eine Gemeinschaft zwischen Eltern und Kinde besteht, z. B. bei Erbengemeinschaft hinsichtlich des mütterlichen Nachlasses, die Auseinandersetzung herbeizuführen. Das Vormundschaftsgericht kann dann nach den besonderen Umständen des Falles, zu denen auch das Interesse der Erhaltung der bisherigen Wirtschaft oder des bisherigen Erwerbes gehört, gestatten, daß die Auseinandersetzung erst nach der Eheschließung erfolgt, und bei der fortgesetzten Gütergemeinschaft, daß deren Aufhebung bis zur Eheschließung unterbleibt (1494, 1669, 1845, 1897). Mit dieser endigt dann die fortgesetzte Gütergemeinschaft kraft Gesetzes, jedoch kann durch einen Ehevertrag zwischen dem überlebenden und dem neuen Ehegatten und den Abkömmlingen ein der fortgesetzten Gütergemeinschaft ähnlicher Rechtszustand herbeigeführt werden. Die Befolgung der für die fortgesetzte Gütergemeinschaft getroffenen Vorschrift wird dadurch erzwungen, daß der überlebende Ehegatte die neue Ehe erst eingehen darf, nachdem ihm das Vormundschaftsgericht ein Zeugnis darüber erteilt hat, daß er die ihm nach dieser Vorschrift obliegenden Verpflichtungen erfüllt hat oder daß sie ihm nicht obliegen, weil das Vormundschaftsgericht von ihnen entbunden hat (1314 Abs. 2). Die Befolgung der für die elterliche Gewalt und die Vormundschaft getroffenen Vorschrift wird nicht allein durch das Erfordernis dieses Zeugnisses, sondern weiter durch die vormundschaftsgerichtliche Entziehung der Vermögensverwaltung wegen verbotswidriger Verheiratung erzwungen (1670). Die Kosten des Vermögensverzeichnisses haben die Eltern zu tragen. Das Verzeichnis ist auf Verlangen des Vormundschaftsgerichts mit der Versicherung der Richtigkeit und Vollständigkeit zu versehen. Ist der Mutter ein Beistand bestellt, so ist derselbe bei der Aufnahme des Verzeichnisses zuzuziehen und hat auch er das Verzeichnis als richtig und vollständig zu versichern (1692). Hat der Beistand die gesamte Vermögensverwaltung, so liegt ihm und nicht der Mutter die Inventarisationspflicht ob. Hat der Vater bereits ein Vermögensverzeichnis nach § 1640 eingereicht, so beschränkt sich seine Inventarisationspflicht auf die Ergänzung dieses Verzeichnisses. Für die Auseinandersetzung, welche sich auf dasjenige Vermögen beschränkt, bezüglich dessen sich der Elternteil mit dem Kinde in einer Gemeinschaft befindet, ist dem Kinde ein Pfleger zu bestellen (1630 Abs. 2, 1909).

Durch die Wiederverheiratung des Vaters wird dessen elterliche Gewalt nicht berührt, die Wiederverheiratung der Mutter endigt deren elterliche Gewalt einschließlich der Nutznießung an dem Vermögen des Kindes; ihrem minderjährigen Kinde ist deshalb ein Vormund zu bestellen, dem die Mutter das Kindesvermögen auszuhändigen und Rechnung zu legen hat (1773). Die Sorge für die Person des Kindes verbleibt der Mutter (1697). Der Verlust der elterlichen Gewalt der Mutter ist endgiltig, dieselbe lebt daher nicht wieder auf, wenn die spätere Ehe aufgelöst wird.

Elternrecht ist das Recht der Einwilligung zur Eheschließung des Kindes und zu dessen Annahme an Kindesstatt. Das letztere Recht ist auf S. 34 erwähnt. Zur Eingehung einer Ehe bedürfen unabhängig von der elterlichen Gewalt eheliche sowie den ehelichen gleichgestellte und legitimierte Kinder bis zur Vollendung des 21. Lebensjahrs der Einwilligung des Vaters als des Oberhaupts der Familie, ein an Kindesstatt angenommenes Kind der Einwilligung desjenigen, welcher das Kind angenommen hat, des Mannes oder der Frau. An die Stelle des Vaters tritt bei ehelichen und ihnen gleichgestellten sowie bei den durch nachfolgende Ehe legitimierten Kindern die Mutter, wenn der Vater gestorben ist oder wenn ihm wegen Nichtigkeit der Ehe die sich aus der Vaterschaft ergebenden Rechte nicht zustehen (1701) oder wenn er zur Abgabe einer Erklärung dauernd außer stande oder sein Aufenthalt dauernd unbekannt ist; das Gleiche gilt, wenn ein Ehepaar ein Kind gemeinschaftlich oder ein Ehegatte das Kind des anderen Ehegatten angenommen hat.

Das uneheliche Kind und das Kind aus einer nichtigen Ehe, deren Nichtigkeit dem Vater bekannt war, bedürfen zur Eheschließung der Einwilligung der Mutter, ihr für ehelich erklärtes Kind bedarf ihrer Einwilligung nicht. Das Recht der leiblichen Eltern zur Einwilligung lebt dem an Kindesstatt angenommenen Kinde gegenüber nicht wieder auf, wenn die Annahme an Kindesstatt aufgehoben wird. Die Einwilligung der Mutter ist allen Kindern gegenüber nicht erforderlich, wenn sie für tot erklärt, zur Abgabe einer Erklärung dauernd außer stande oder dauernd unbekannten Aufenthalts ist (1305, 1306). Die uneheliche Mutter verliert außerdem ihr Einwilligungsrecht, wenn ihr Kind für ehelich erklärt oder an Kindesstatt angenommen wird. Die Einwilligung, welche widerruflich ist und formlos sowie unter einer Bedingung oder einer Zeitbestimmung erteilt werden kann, muß zur Zeit der Eheschließung unbedingt und unbefristet dem Standesbeamten vorliegen. Sie ist auch bei der wiederholten Verheiratung des Kindes erforderlich.

Als höchstpersönliches Recht der Eltern kann die Einwilligung nicht durch einen Vertreter im Willen erteilt werden, insbesondere auch nicht durch den gesetzlichen Vertreter. Ist der Vater oder die Mutter oder der Annehmende in der Geschäftsfähigkeit beschränkt, so ist die Zustimmung ihres gesetzlichen Vertreters nicht erforderlich (1307); sind sie geschäftsunfähig, ohne ausnahmsweise dauernd zur Abgabe einer Erklärung außer stande zu sein, so muß die Eheschließung bis zur Vollendung des 21. Lebensjahrs unterbleiben. Wird einem volljährig erklärten Kinde vor der Vollendung seines 21. Lebensjahrs die elterliche Einwilligung seitens der Eltern oder des Annehmenden verweigert, so kann sie auf den Antrag des Kindes durch das Vormundschaftsgericht ersetzt werden. Das Vormundschaftsgericht hat die Einwilligung zu ersetzen, wenn sie ohne einen vom Standpunkte der Eltern aus wichtigen Grund verweigert wird. Vor der Entscheidung soll das Vormundschaftsgericht Verwandte oder Verschwägerte des Kindes auf dessen Kosten hören (1308). Gegen die ablehnende Verfügung hat das Kind das Beschwerderecht (FG. 59). Die Einwilligungsverweigerung bildet nur ein aufschiebendes Ehehindernis. Die ohne die elterliche Einwilligung erfolgte Eheeingehung ist daher nicht ungiltig, sie hat nur für die Tochter insofern vermögensrechtliche Nachteile, als das Nutznießungsrecht der Eltern an ihrem Vermögen bis zu ihrer Volljährigkeit fortdauert und als ihr Aussteueranspruch wegfällt. Von dem elterlichen Einwilligungsrechte zu unterscheiden ist das Einwilligungsrecht des gesetzlichen Vertreters in die Eheschließung eines in der Geschäftsfähigkeit beschränkten Kindes (1304). Der Mangel dieser Einwilligung macht die Ehe anfechtbar. Steht die gesetzliche Vertretung einem Elternteile zu, so wird in diesem Falle die Einwilligungsverweigerung zu einem trennenden Ehehindernisse. Ist der Vater der gesetzliche Vertreter der ohne seine Einwilligung heiratenden Tochter, so bleibt außerdem das Vermögen der Tochter, statt in die Verwaltung des Mannes zu fallen, bis zur Beendigung der elterlichen Gewalt der väterlichen Verwaltung unterworfen. Auf das Pflichtteilsrecht und den Unterhaltsanspruch der Tochter ist der Mangel der Einwilligung einflußlos. Auf das Einwilligungsrecht können die Eltern nicht verzichten.

Das Eltern- und Kindesverhältnis endigt durch den Tod oder die Todeserklärung des Kindes oder der Eltern bezw. des Annehmenden bei der Annahme an Kindesstatt; der Tod eines Elternteils endigt das Kindschaftsverhältnis nur zu ihm. Für Kinder aus wegen Formmangels nichtigen Ehen, die nicht in das Heiratsregister eingetragen sind, endigt das Kindschaftsverhältnis zum Vater mit der Nichtigerklärung der Ehe. Wird das Nichtbestehen eines Eltern- und Kindesverhältnisses zwischen den Parteien durch Urteil rechtskräftig festgestellt, so erlöschen mit dem Kindschaftsverhältnis auch alle Beziehungen aus demselben zwischen dem Kinde und den als Eltern auftretenden Personen.

Das Rechtsverhältnis zwischen den Eltern und den ehelichen, den ehelichen gleichgestellten, den legitimierten und angenommenen Kindern wird nach den deutschen Gesetzen beurteilt, wenn der Vater und, falls der Vater gestorben ist, die Mutter die Reichsangehörigkeit besitzt, gleichgiltig ob sich dieselben im Inland oder Ausland aufhalten. Sind die Eltern und das Kind Nichtdeutsche, so entscheidet das Heimatsrecht des Vaters bezw. nach dessen Tode dasjenige der Mutter. Sind Eltern oder Kind von verschiedener Staatsangehörigkeit, so ist, wenn die Reichsangehörigkeit der Eltern erloschen, die Reichsangehörigkeit des Kindes aber bestehen geblieben ist, das Eltern- und Kindesverhältnis nach den deutschen Gesetzen zu beurteilen, wenn der Vater oder nach dessen Tode die Mutter Reichsangehörige gewesen waren, als das Kind geboren wurde; es ist nach dem Heimatsrechte des Vaters bezw. der Mutter zu beurteilen, wenn beide die Reichsangehörigkeit damals nicht besessen hatten. Doch findet das deutsche Recht niemals auf Gegenstände Anwendung, die sich nicht in dem Gebiete des Reichs befinden und die nach den Gesetzen des Staates, in dessen Gebiete sie sich befinden, besonderen Vorschriften unterliegen.

§ 9.
Die elterliche Gewalt.

Die elterliche Gewalt des BGB. ist ihrer Natur nach den anderen Rechtsverhältnissen zwischen Eltern und Kindern gleich, unterscheidet sich aber von ihnen durch ihren umfassenden Inhalt und durch ihre zeitliche Beschränkung auf die Minderjährigkeit des Kindes. Im Interesse der minderjährigen Kinder den Eltern verliehen, bildet sie das bedeutsamste und hervorragendste familienrechtliche Schutzverhältnis.

Die elterliche Gewalt hat einen vormundschaftlichen Karakter, weshalb die Eltern in ihrer Ausübung der Einwirkung des Vormundschaftsgerichts unterstehen. Sie verleiht wie die Vormundschaft dem Vormunde so dem Gewalthaber Pflicht und Recht der Sorge für die Person und das Vermögen des minderjährigen Kindes sowie die gesetzliche Vertretung dieses Kindes in persönlichen und Vermögensangelegenheiten. Im Vergleiche zum Vormund ist jedoch der Gewalthaber in der Sorge für das Kind und in dessen Vertretung freier gestellt; er unterliegt nicht der ständigen Aufsicht des Vormundschaftsgerichts und des Gemeindewaisenrats, ihm wird kein Gegenvormund bestellt und seine Vertretungsmacht ist weniger beschränkt. Im Unterschiede von der Vormundschaft verleiht die elterliche Gewalt dem Gewalthaber die Nutznießung an dem nichtfreien Vermögen des Kindes.

Die elterliche Gewalt steht grundsätzlich beiden Eltern zu, das Uebergewicht des Mannes über die Frau in dem ehelichen Verhältnisse macht sich jedoch auch in dem Rechtsverhältnisse der Eltern zu den Kindern geltend. Die Gewalt wird daher, solange der Vater lebt, in der Regel von dem Vater vor der Mutter und nur ausnahmsweise von der Mutter ausgeübt.

Bei Lebzeiten des Vaters ist in der Regel die Mutter auf die Sorge für die Person des Kindes beschränkt, ohne daß ihr dessen persönliche Vertretung zusteht. Auch ist der Inhalt der elterlichen Gewalt der Mutter, wenn diese die Gewalt hat, dem Inhalte der Gewalt des Vaters nicht völlig gleich, indem der Mutter unter Umständen für die Ausübung der elterlichen Gewalt ein Beistand zu bestellen ist. Die Großeltern haben niemals die elterliche Gewalt. Da in dieser dem Rechte die Pflicht der Sorge entspricht, so kann auf die elterliche Gewalt nicht verzichtet werden.

Der elterlichen Gewalt unterstehen alle Kinder, welche minderjährig sind (1626), mit Ausnahme der unehelichen Kinder und der Kinder aus nichtigen Ehen, welche nicht den ehelichen Kindern gleich stehen. Die letzteren werden den Kindern aus einer geschiedenen Ehe gleichgestellt. Die unehelichen Kinder werden statt der elterlichen Gewalt der Mutter zu unterstehen bevormundet; die Mutter kann jedoch zur Vormünderin bestellt werden. Für die elterliche Gewalt ist gleichgiltig, ob die Kinder verheiratet oder ledig, hausangehörig oder selbständig sind, sie dauert auch über die verheirateten oder selbständig gewordenen Kinder bis zu ihrer Volljährigkeit fort. Ihre Dauer entspricht der Dauer der Vormundschaft.

Die elterliche Gewalt entsteht bei ehelichen und diesen gleichgestellten Kindern mit ihrer Geburt, bei den durch nachfolgende Ehe legitimirten minderjährigen Kindern mit der Eheschließung, bei den durch Ehelichkeitserklärung legitimierten minderjährigen Kindern mit der Ehelichkeitserklärung und bei den an Kindesstatt angenommenen minderjährigen Kindern mit der Annahme an Kindesstatt. Die in der Gewalt liegende Schutzpflicht umfaßt vorausgreifend die Fürsorge für eine Leibesfrucht, wenn das Kind, falls es bereits geboren wäre, unter elterlicher Gewalt stehen würde (1912). Die Dauer der elterlichen Gewalt kann über die Minderjährigkeit hinaus nicht erstreckt werden; sie gewährt aber dem Gewalthaber für den Fall des Bedürfnisses der Vormundschaft oder der Pflegschaft über das volljährige Kind den Anspruch auf seine Berufung als Vormund oder Pfleger.

Inhaber der elterlichen Gewalt ist zunächst der Vater; von ihm geht die Gewalt auf die Mutter über, wenn die Ehe mit ihm durch seinen Tod oder seine Todeserklärung aufgelöst ist oder wenn er die elterliche Gewalt verwirkt hat und die Ehe vor oder nach der Verwirkung aufgelöst ist (1680, 1684). Solange die Ehe besteht, geht die Gewalt nicht auf die Mutter über. Daher ist bei bestehender Ehe, wenn dem Vater die elterliche Gewalt entzogen wird, was ganz oder beschränkt geschehen kann, oder wenn er seine Gewalt verwirkt, dem Kinde ein Vormund oder Pfleger zu bestellen. Von dem Uebergange der Gewalt auf die Mutter ist der Uebergang der bloßen Ausübung der Gewalt auf sie zu unterscheiden. Dieser tritt bei thatsächlicher Verhinderung des Vaters an seiner Ausübung der Gewalt oder bei dem Ruhen der Gewalt während der Ehe kraft Gesetzes ein und kann nach Auflösung der Ehe auf den Antrag der Mutter durch das Vormundschaftsgericht angeordnet werden. Der ehelichen Mutter steht die Mutter eines Kindes aus nichtiger Ehe gleich, wenn bei der Eheschließung beide Ehegatten oder die Mutter die Nichtigkeit nicht gekannt haben. War dem Vater die Nichtigkeit der Ehe bei der Eheschließung bekannt, so steht die Gewalt allein der Mutter zu, der Vater hat nicht einmal das Recht des Zutritts zu dem Kinde. War der Mutter die Nichtigkeit bekannt, so ist sie von der Gewalt ausgeschlossen (1700, 1701). Ist eine Ehe wegen Drohung angefochten, so erlangt der anfechtungsberechtigte Ehegatte die Gewalt (1704). Die Rechtsstellung der ehelichen Mutter haben ferner die Mutter des durch nachfolgende Ehe legitimierten Kindes von der Eheschließung ab und die ein Kind an Kindesstatt annehmende Frau, auch wenn das angenommene Kind ihr eigenes uneheliches Kind ist, von der Annahme ab. Ist das Kind nicht von beiden Ehegatten gemeinsam angenommen, so wird die annehmende Frau in ihrem Gewaltverhältnisse zum Kinde so behandelt, als wäre ihr Mann gestorben. Ist das Kind von einem Ehepaare gemeinsam angenommen oder nimmt ein Ehegatte das Kind des anderen an, so ist die Mutter dem angenommenen Kinde gegenüber in der gleichen Rechtslage wie ihrem ehelichen Kinde gegenüber. Dem durch Ehelichkeitserklärung legitimierten Kinde gegenüber ist die Mutter von der elterlichen Gewalt ausgeschlossen, da die Ehelichkeitserklärung das Rechtsverhältnis zwischen Mutter und Kind nicht berührt.

Die elterliche Gewalt ruht, wenn der Gewalthaber zeitlich in deren Ausübung beschränkt ist. Der Gewalthaber bleibt während des Ruhens Träger der Gewalt, ihre Ausübung ist ihm aber verwehrt, so lange das Ruhen dauert. Das Ruhen tritt kraft Gesetzes ein, wenn der Gewalthaber wegen dauernder Geisteskrankheit oder infolge Entmündigung wegen Geisteskrankheit geschäftsunfähig oder infolge Entmündigung wegen Geistesschwäche, Verschwendung oder Trunksucht oder infolge vorläufiger Vormundschaft (1906), bei der Mutter auch infolge ihrer Minderjährigkeit, in der Geschäftsfähigkeit beschränkt ist oder wenn der Gewalthaber infolge körperlicher Gebrechen einen Pfleger für seine Person und sein Vermögen, nicht bloß für das eine oder das andere, erhalten hat (1676). Das Ruhen tritt ferner, aber nur auf Grund der Feststellung des Vormundschaftsgerichts ein, wenn der Gewalthaber auf längere Zeit an der Ausübung der elterlichen Gewalt thatsächlich verhindert ist (1677); diese Feststellung tritt bei dem Ruhen der Gewalt des Vaters mit ihrer Bekanntmachung an die Mutter und beim Ruhen der Gewalt der Mutter oder wenn diese die Gewalt nicht ausüben kann, mit der Bestellung des Vormundes (1773) in Wirksamkeit (FG. 51). Gegen die Feststellung steht die Beschwerde dem Gewalthaber und dem Kinde zu.

Die Wirkungen des Ruhens sind nach den Ursachen und, je nachdem die Gewalt des Vaters oder der Mutter ruht, sowie während und nach der Auflösung der Ehe verschieden. Wenn die Gewalt nicht wegen Geschäftsunfähigkeit oder vormundschaftsgerichtlich festgestellter Verhinderung des Gewalthabers ruht, so behält der Gewalthaber außer der ihm in allen Fällen des Ruhens verbleibenden Nutznießung am Kindesvermögen neben dem gesetzlichen Vertreter des Kindes die Sorge für dessen Person; zur Vertretung des Kindes ist er nicht berechtigt (1616 Abs. 2). Ruht die elterliche Gewalt des Vaters wegen seiner Geschäftsunfähigkeit oder seiner durch das Vormundschaftsgericht festgestellten Verhinderung, so übt während der Ehe die Mutter kraft Gesetzes die elterliche Gewalt bis auf die Nutznießung aus; sie ist die gesetzliche Vertreterin des Kindes, aber sie hat die Nutznießungsüberschüsse dem gesetzlichen Vertreter des Vaters herauszugeben. Nach Auflösung der Ehe durch Scheidung oder Aufhebung der Gemeinschaft oder Wiederverheiratung im Falle der Todeserklärung erlangt die Mutter die Ausübung der Gewalt nicht ohne weiteres, sondern erst wenn sie ihr durch das Vormundschaftsgericht übertragen wird, was auf ihren Antrag zu geschehen hat, wenn keine Aussicht besteht, daß der Grund des Ruhens (Geisteskrankheit, Verschollenheit, lebenslängliche Zuchthausstrafe) wegfallen werde.

Mit dieser vormundschaftsgerichtlichen Uebertragung erhält die Mutter zugleich die Nutznießung am Kindesvermögen (1685), soweit diese dem Vater zusteht. Unterläßt die Mutter den Antrag auf Uebertragung der Gewalt, so ist dem Kinde ein Vormund zu bestellen. Ebenso ist, wenn die Mutter die elterliche Gewalt nicht ausüben kann, weil sie noch minderjährig ist, dem Kinde ein Vormund zu bestellen, dem die Sorge für das Vermögen des Kindes sowie dessen Vertretung obliegt (1773). Ruht die Gewalt des Vaters wegen seiner Beschränkung in der Geschäftsfähigkeit oder weil ihm ein Pfleger bestellt ist, so übt die Mutter mit der gleichen Unterscheidung wie bei der Geschäftsunfähigkeit des Vaters kraft Gesetzes oder vormundschaftsgerichtlicher Anordnung die elterliche Gewalt aus. Es geht jedoch bei einer Meinungsverschiedenheit der Eltern über die Handhabung der in diesem Falle dem Vater zustehenden Sorge für die Person des Kindes die Meinung der Mutter vor. Letzteres gilt auch, wenn die Gewaltausübung in Behinderung der Mutter auf einen Vormund des Kindes übertragen worden ist. Ruht die elterliche Gewalt der Mutter, so geht ihre Ausübung mit Ausnahme der Nutznießung während und nach der Auflösung der Ehe auf den Vormund über, welcher dem minderjährigen Kinde zu bestellen ist, womit zugleich das Amt des der Mutter etwa bestellten Beistandes endet. Ist die Minderjährigkeit der Mutter der Grund des Ruhens ihrer Gewalt, so behält die Mutter die Sorge für die Person des Kindes ausschließlich, doch ist sie zur Vertretung des Kindes nicht berechtigt. Der dem Kinde für die Vertretung bestellte Vormund hat bezüglich der Personensorge die rechtliche Stellung eines Beistandes (1696), so daß der Wille der Mutter entscheidet.

Ruht die elterliche Gewalt des Annehmenden wegen seiner Geschäftsunfähigkeit oder wegen seiner vormundschaftsgerichtlich festgestellten Verhinderung, so erlangen die leiblichen Eltern, wenn und so lange sie dem Kinde Unterhalt zu gewähren haben, die Sorge für die Person des Kindes zurück, jedoch ohne das Recht zur Vertretung des Kindes. Ist das Kind von einem Ehepaar angenommen, so fällt die Personensorge seinen leiblichen Eltern erst wieder zu, wenn die Gründe des Ruhens der Gewalt auch in der Person der annehmenden Frau eingetreten sind (1765).

Endigt das Ruhen der Gewalt durch den Wegfall des Anlasses, so kehrt die Befugnis zur Ausübung der Gewalt zu dem Gewalthaber zurück, beim Wegfalle der Geschäftsunfähigkeit oder der Beschränkung der Geschäftsfähigkeit oder der Pflegschaft ohne weiteres, bei der vormundschaftsgerichtlich festgestellten Verhinderung durch die vormundschaftsgerichtliche Bekanntmachung an den Gewalthaber, daß der Grund des Ruhens nicht mehr besteht (1677 Abs. 2). Endigt das Ruhen der Gewalt des Annehmenden, so verlieren die leiblichen Eltern des angenommenen Kindes ihr Fürsorgerecht für dessen Person.

Bei nur vorübergehender thatsächlicher Behinderung des Vaters an der Ausübung der elterlichen Gewalt übt die Mutter, auch ohne daß die Gewalt des Vaters ruht, während der Ehe die elterliche Gewalt mit Ausnahme der Nutznießung aus; nach Auflösung der Ehe fällt diese Befugnis der Mutter hinweg. Mit der Behebung der Behinderung kehrt die Gewaltausübung ohne weiteres zum Vater zurück. Ist die Mutter verstorben oder die Ehe aufgelöst, so hat bei einer vorübergehenden Behinderung des Vaters das Vormundschaftsgericht die im Interesse des Kindes erforderlichen Maßregeln zu treffen (1665, FG. 43). Das Gleiche gilt, wenn der Mutter die Gewalt zusteht und diese verhindert ist, sie auszuüben.

§ 10.

Beschränkung der elterlichen Gewalt.

Die Rechts- und Geschäftsfähigkeit des Kindes wird durch die elterliche Gewalt an sich nicht berührt. Das gewaltunterworfene Kind ist in vollem Umfange rechts- und vermögensfähig, wegen seiner Minderjährigkeit ist aber seine Geschäfts-, Testaments- und Deliktsfähigkeit sowie seine Prozeßfähigkeit ebenso wie bei den wegen ihrer Minderjährigkeit bevormundeten Kindern beschränkt. Auch die Haftung der Eltern aus Rechtshandlungen des Kindes auf Grund ihrer Ermächtigung, ihrer Vollmacht oder ihres Auftrags oder aus seiner Geschäftsführung ohne Auftrag unterscheidet sich nicht von der Haftung, welche durch die gleichen Schuldverhältnisse gewaltfreier Minderjährigen begründet wird. Die Verpflichtung des Gewalthabers durch das Kind und die Verpflichtung des Kindes regeln sich mithin nach den allgemeinen Vorschriften. Dies gilt selbst für die auftragslose Unterhaltsgewährung an das Kind, aus welcher der Vater insoweit haftet, als er durch sie von seiner eigenen Verpflichtung befreit worden ist. Für die Willenserklärung der gewaltunterworfenen Minderjährigen, für ihre eigenen Verträge und ihre einseitigen Rechtsgeschäfte, für ihren selbständigen Betrieb eines Erwerbsgeschäfts sowie für ihre Eingehung und Aufhebung von Dienst- und Arbeitsverhältnissen gelten die §§ 104 bis 113.

Die elterliche Gewalt schließt nicht die Sorge für solche Angelegenheiten des Kindes in sich, für die ein Pfleger bestellt ist (1628), was in den Fällen der Behinderung des Gewalthabers zu geschehen hat. Von dieser Behinderung hat deshalb der Gewalthaber dem Vormundschaftsgerichte zum Zwecke der Bestellung des Pflegers Anzeige zu machen. Die Behinderung kann rechtlicher oder thatsächlicher Natur sein. Die Fälle der rechtlichen Behinderung sind entgegenstehende Interessen zwischen Gewalthaber und Kind, Ausschluß der elterlichen Vermögensverwaltung bei Zuwendungen Dritter an das Kind, Konkurs des Gewalthabers, Entziehung der Verwaltung des Kindesvermögens durch das Vormundschaftsgericht und das Ruhen der elterlichen Gewalt. Die regelmäßigen Fälle der thatsächlichen Behinderung werden Krankheit, Abwesenheit, Freiheitsstrafe des Gewalthabers sein. Ist ein Pfleger für die Person oder für das Vermögen des Kindes bestellt und steht dann die Vornahme einer sowohl die Person als das Vermögen des Kindes betreffenden Handlung in Frage, ohne daß sich deren Einwirkung auf das Vermögen als die gesetzliche Folge der Erledigung der persönlichen Angelegenheit ergiebt, so daß also sowohl der Vater wie der Pfleger zur Handlung befugt sein kann, so erfordert deren Vornahme die Mitwirkung des Gewalthabers und des Pflegers; bei einer Meinungsverschiedenheit zwischen beiden entscheidet das Vormundschaftsgericht, welches sich der Meinung eines der beiden anzuschließen hat, sofern es nicht auf Grund seines Aufsichtsrechts eine neue selbständige Maßregel anordnen kann (1629). Zuständig zur vormundschaftsgerichtlichen Entscheidung ist das Amtsgericht, bei dem die Pflegschaft anhängig ist; gegen seine Entscheidung steht dem Elternteile, dem Pfleger und in persönlichen Angelegenheiten (Berufswahl) dem vierzehn Jahre alten, nicht geschäftsunfähigen Kinde das Beschwerderecht zu (FG. 59). Bei Ausübung der elterlichen Gewalt haftet der Gewalthaber dem Kinde sowohl in dessen persönlichen als in dessen Vermögensangelegenheiten nur für diejenige Sorgfalt, welche er in eigenen Angelegenheiten anzuwenden pflegt (1664), also nur für Vorsatz und grobe Fahrlässigkeit (277) und nicht für jede Außerachtlassung der im Verkehr erforderlichen Sorgfalt.

Macht der Gewalthaber in Angelegenheiten des Kindes Aufwendungen, so kann er sie von dem Kinde ersetzt verlangen, wenn er sie den Umständen nach für erforderlich halten darf und wenn sie ihm nicht selbst zur Last fallen (1648). Grundsätzlich fallen diese Aufwendungen dem Kindesvermögen zur Last. Der aufgewendete oder der als Wert der Aufwendung zu zahlende Betrag ist von der Zeit der Aufwendung an zu verzinsen, soweit nicht der Gewalthaber die Nutzungen oder die Früchte des Gegenstandes bezieht, auf welchen die Aufwendungen gemacht sind (256). Der Ersatzanspruch kann sofort geltend gemacht werden, doch empfiehlt sich die Hinausschiebung der Geltendmachung bis zur Beendigung der elterlichen Gewalt. Aufwendungen im Rahmen der verwandtschaftlichen Unterstützungspflicht sind von dem Kinde nicht zu erstatten. Auch hat der Gewalthaber die Lasten des seiner Nutznießung unterliegenden Kindesvermögens zu tragen.

Die elterliche Gewalt ist durch eine Reihe gesetzlicher Vorschriften und innerhalb der gesetzlich umschriebenen Rechte und Pflichten des Gewalthabers außerdem durch das Eingreifen des staatlichen Vormundschaftsgerichts eingeschränkt. Die Pflicht zum Eingreifen liegt dem Vormundschaftsgerichte dem Kinde gegenüber ob. Zuständig zu den Eingriffen in die Gewaltausübung ist dasjenige Amtsgericht, in dessen Bezirk das Kind zu der Zeit, zu welcher das Gericht mit seiner Angelegenheit befaßt wird, seinen Wohnsitz oder seinen Aufenthalt hat (FG. 43, 36 Abs. 1, 2, 194). Die Aufsicht des Vormundschaftsgerichts ist nicht als eine fortlaufende geregelt, sie tritt nur bei besonderen Veranlassungen ein. Deshalb hat der Gemeindewaisenrat die Pflicht, dem Vormundschaftsgericht Anzeige zu machen, wenn ein Fall zu seiner Kenntnis gelangt, durch welchen Anlaß zum Einschreiten gegeben ist (1675). Eine Aufsichtspflicht ist jedoch dem Gemeindewaisenrat nicht auferlegt. Ist der anzuzeigende Fall derart, daß ein Pfleger zu bestellen ist, so ist mit der Anzeige der Vorschlag der Person zu verbinden, die sich zum Pfleger eignet (FG. 49). Gegen das Einschreiten des Vormundschaftsgerichts sowie gegen die Ablehnung des Einschreitens ist den Beteiligten die Beschwerde gegeben. Wird derselben ungeachtet das Kind durch das Eingreifen des Vormundschaftsgerichts oder durch das Unterlassen der Anordnung geschädigt und liegt in der Thätigkeit oder Unthätigkeit eine vorsätzliche oder fahrlässige Verletzung der dem Vormundschaftsrichter dem Kinde gegenüber obliegenden Pflichten, so ist jener diesem zum

Ersatze des Schadens verpflichtet (1674). Doch kann bei bloßer Fahrlässigkeit der Schadensanspruch gegen ihn erst geltend gemacht werden, wenn das Kind nicht von dem Gewalthaber oder einem Dritten Ersatz zu erlangen vermag (839). Ist dem Kinde gegen die Pflichtwidrigkeit des Vormundschaftsrichters ein Rechtsmittel nicht gegeben oder hat es ohne Verschulden von dem gegebenen Beschwerderechte keinen Gebrauch gemacht, so haftet der Richter unbedingt. Im Verhältnisse des Richters und des Gewalthabers zu einander ist jedoch dieser allein verpflichtet (841). Hat der Richter durch die im Zustande der Bewußtlosigkeit oder in einem die freie Willensbestimmung ausschließenden Zustande krankhafte Störung der Geistesthätigkeit begangene Pflichtwidrigkeit dem Kinde Schaden zugefügt, so hat er den Schaden insoweit zu ersetzen, als die Billigkeit nach den Umständen eine Schadloshaltung erfordert und ihm nicht die Mittel entzogen werden, deren er zum standesmäßigen Unterhalte sowie zur Erfüllung seiner gesetzlichen Unterhaltspflichten bedarf (829). Die landesgesetzlichen Vorschriften über die Haftung des Staates oder der Gemeinden für den von ihren Vormundschaftsrichtern zugefügten Schaden sowie die landesgesetzlichen Vorschriften, welche das Recht des Beschädigten, von dem Beamten den Ersatz eines solchen Schadens zu verlangen, insoweit ausschließen, als der Staat oder die Gemeinde haftet, sind unberührt geblieben (Art. 77). In Bayern ist demgemäß bestimmt, daß an Stelle des Vormundschaftsrichters der Staat dem Kinde für den Schadensersatz haftet und zwar im Umfange der §§ 839, 829; ihm hat dann der Beamte die Auslagen zu ersetzen (Bayr. A. Art. 60, 61).

§ 11.

Sorge für die Person des Kindes.

Die einzelnen in der elterlichen Gewalt enthaltenen Rechte und Pflichten sind nicht in untrennbarer Weise unter sich und mit der elterlichen Gewalt verbunden. Infolgedessen kann die elterliche Gewalt fortbestehen, obwohl dem Gewalthaber einzelne Ausflüsse derselben oder ganze Gruppen von Elternrechten entzogen und anderen Personen übertragen sind. Nur die Ausübung der Nutznießung kann nicht von der Vermögensverwaltung getrennt und dem Gewalthaber belassen werden, wenn ihm die Vermögensverwaltung entzogen ist (1656).

Aus der elterlichen Gewalt folgen Recht und Pflicht des Gewalthabers, für die Person des Kindes durch Erziehung, Beaufsichtigung und Aufenthaltsbestimmung zu sorgen und das Kind in den seine Person betreffenden Angelegenheiten zu vertreten. Die Sorge für die Person des Kindes ist davon unabhängig, ob das Kind von dem Gewalthaber seinen Unterhalt empfängt, sie bleibt begründet, auch wenn ein anderer Unterhaltspflichtiger wie die Eltern dem Kinde den Unterhalt gewährt. Sie steht bei Lebzeiten beider Eltern der Mutter mit Ausnahme der Vertretungsmacht in gleichem Umfange wie dem Vater zu und berechtigt die Mutter zu Anträgen bei dem Vormundschaftsgerichte selbst gegen den Vater. Bei Meinungsverschiedenheiten zwischen den Eltern entscheidet die Meinung des Vaters (1634). Die Personensorge umfaßt die Fürsorge für das leibliche Wohl, die allgemeine Erziehung und die Berufsausbildung des Kindes, das der ständigen Leitung der Eltern unterliegt.

Das Erziehungsrecht wird von den Motiven IV S. 750 dahin umschrieben, daß es das Recht und die Pflicht enthalte, in einer dem Interesse, den Fähigkeiten und Anlagen sowie den sonstigen Verhältnissen des Kindes entsprechenden Weise für die körperliche, geistige und insbesondere auch sittliche Ausbildung des Kindes zu sorgen, dasselbe zu einem bestimmten Lebensberufe fähig zu machen und zur Erreichung dieses Zieles die Handlungen des Kindes zu leiten.

Als Familiengewalt schließt die elterliche Gewalt das Recht zum Selbstvollzuge der getroffenen Anordnungen durch angemessene Zuchtmittel gegen das Kind, die Zuchtgewalt, in sich (1631 Abs. 2 Satz 1). Gegen den Mißbrauch des Züchtigungsrechts, das den Eltern nur im Interesse des Kindes gewährt ist, schützt dieses neben dem Strafgesetzbuche das Vormundschaftsgericht (1666). Versagt die Zuchtgewalt der Eltern, so hat das Vormundschaftsgericht diese auf ihren Antrag durch Anwendung geeigneter Zuchtmittel wie Verweis, Anordnung einer Züchtigung zu unterstützen; auch kann die Unterbringung des Kindes in eine Familie, eine Erziehungs- oder Besserungsanstalt verfügt werden, allerdings nur auf so lange, als der Elternteil damit einverstanden ist (1631 Abs. 1 Satz 2).

Ueber den Schulbesuch und die religiöse Erziehung der Kinder entscheiden die Landesgesetze (Art. 134). Das Erziehungsrecht ermächtigt und verpflichtet die Eltern, den zukünftigen Beruf des Kindes zu bestimmen. Stellt sich die Berufswahl der Eltern als ein Mißbrauch des Erziehungsrechts dar, so steht dem vierzehnjährigen Kinde selbständig die Beschwerde beim Vormundschaftsgerichte zu (FG. 59). Die Beschwerde ist dem Kinde auch dann gegeben, wenn ihm die Eltern die sachlich gerechtfertigte Wahl eines Berufs durch Versagung der Vorbildung versagen. Kraft des Erziehungsrechts kann der Gewalthaber das Kind in fremde Dienste oder in fremde Arbeit geben und Lehrverträge für dasselbe abschließen.

Das Erziehungsrecht der Eltern endigt mit der elterlichen Gewalt; unter den Voraussetzungen des § 1661 Abs. 1 kann es vom Vormundschaftsgerichte den Eltern entzogen werden. Der Tochter gegenüber erlischt es durch deren Verheiratung. Ein Verzicht auf dasselbe ist unzulässig und unwirksam.

Als Folge der elterlichen Gewalt stellt sich die Pflicht der Kinder zur Hausgemeinschaft mit den Eltern dar; diese sind demgemäß berechtigt, den Aufenthalt der Kinder zu bestimmen. Diese Kindesfolge kann durch die Zurückführung des Kindes mittelst polizeilicher Hilfe, wo die Landesgesetze solche gestatten, gegen das Kind und durch die Klage auf Herausgabe des Kindes gegen jeden Dritten, der den Eltern das Kind widerrechtlich vorenthält, geltend gemacht werden (1632). Auch hat aus ihr das Kind den Anspruch auf die Aufnahme in das Elternhaus. Den Anspruch auf Herausgabe des Kindes ist nicht ein Ausfluß seiner gesetzlichen Vertretung; die Klage steht deshalb jedem Elternteile zu und kann von ihnen erhoben werden, auch wenn ihnen die Vertretung des Kindes entzogen ist. Zur Begründung der Klage gehört der Nachweis des Rechtes zur Personensorge und die widerrechtliche Vorenthaltung des Kindes, dessen Herausgabe beantragt ist. Beklagter ist jeder Nichtinhaber der elterlichen Gewalt; aber auch ein Elternteil kann Beklagter sein, und zwar während bestehender Ehe, wenn das Vormundschaftsgericht dem Kinde seinen Aufenthalt bei dem anderen Ehegatten angewiesen hat, nach Auflösung der Ehe durch Scheidung oder Aufhebung der Gemeinschaft, wenn das Kind sich bei dem für allein schuldig erklärten Ehegatten aufhält. Bei nichtiger Ehe hat der bösgläubige Vater keinerlei Rechte an dem Kinde, die bösgläubige Mutter, solange der Vater lebt und seine Gewalt nicht ruht und nicht beendigt ist, nur das Recht des Zutritts zu ihm, das vormundschaftsgerichtlich geregelt und bis zur Sorge für die Person des Kindes ausgedehnt werden kann. Ein Verzicht auf den Herausgabeanspruch ist unzulässig; derselbe wird deshalb auch durch einen Vertrag über die Ueberlassung des Kindes an den Beklagten nicht ausgeschlossen; doch kann der andere Vertragschließende eine Anordnung des Vormundschaftsgerichts herbeiführen, daß das Kind wegen der Gefährdung seiner Interessen durch die Herausgabe bei ihm zu belassen sei (1666). Von einer solchen Anordnung abgesehen muß der Beklagte das Kind, wenn es bei ihm ist, dem Kläger übergeben; verbringt er es im Laufe des Prozesses an einen Dritten, so hat er, wenn er nicht die Herausgabe von dem Dritten erwirkt, die Kosten der Herausgabeklage gegen den Dritten zu tragen. Beklagter kann seine Berechtigung zum Behalten des Kindes einwenden, z. B. auf Grund eines Dienst- oder Lehrvertrags (Gew.O. 126b, 127d). Er kann auch die Aktivlegitimation des Klägers durch Leugnen des Eltern- und Kindesverhältnisses sowie der elterlichen Gewalt bestreiten; im ersteren Falle löst sich der Streit über die Herausgabe des Kindes in einen Streit über dessen eheliche Abstammung auf, im zweiten Falle hat der Beklagte den Untergang der elterlichen Gewalt zu beweisen. Wegen der Erstattung von Auslagen für den Unterhalt des Kindes ist dessen Zurückbehaltung nicht gestattet. Gegen die Klage der Mutter kann der Beklagte einwenden, daß ihm der die Gewalt ausübende Vater das Kind überlassen habe.

Verweigert das Kind die Kindesfolge, weil es das Bestehen des Eltern- und Kindesverhältnisses oder das Bestehen der elterlichen Gewalt des Zurückführenden bestreitet, so hat dasselbe auf die Feststellung des Nichtbestehens dieses Verhältnisses nach Maßgabe der §§ 640 bis 642 der CPO. zu klagen.

Aus der Pflicht zur Beaufsichtigung des Kindes ergiebt sich die Verpflichtung beider Eltern zum Ersatze des Schadens, welchen das Kind einem Dritten widerrechtlich zugefügt hat, sofern nicht nachgewiesen wird, daß der Aufsichtspflicht genügt ist oder daß der Schaden auch bei gehöriger Aufsichtsführung entstanden sein würde (832). Die Eltern haften als Gesamtschuldner, jeder Elternteil kann seine Haftung durch den Nachweis seiner Thätigkeit abwenden. Die Haftung wird durch jede vorsätzliche und fahrlässige Verletzung der

Aufsichtspflicht begründet (276); sie besteht neben der Haftung des über 7 Jahre alten Kindes nach § 828 als Gesamtschuld.

Die Heirat der Tochter hebt die elterliche Gewalt nicht auf. Dieselbe beschränkt sich aber bei verheirateten minderjährigen Töchtern auf die Vertretung in den die Person betreffenden Angelegenheiten, so daß die thatsächliche Sorge dem Manne der Tochter zusteht (1633). Und auch diese Vertretung in den persönlichen Angelegenheiten greift nicht Platz, soweit die Tochter ohne den gesetzlichen Vertreter handeln kann, obwohl sie in der Geschäftsfähigkeit beschränkt ist. Fälle dieser Art sind die Anfechtung ihrer Ehe (1336 Abs. 1), Rechtsstreitigkeiten über die Giltigkeit ihrer Ehe, über die Herstellung des ehelichen Lebens (CPO. 612) und Beschwerden gegen gerichtliche Verfügungen in den ihre Person betreffenden Angelegenheiten (FG. 57, 59).

Der Mutter steht die Sorge für die Person des Kindes zu, auch wenn sie die elterliche Gewalt wegen Minderjährigkeit nicht ausüben kann oder wenn sie infolge Eingehung einer neuen Ehe die elterliche Gewalt verliert (1696, 1697). Ist die Ehe der Mutter wegen ihrer Bösgläubigkeit nichtig, so erlangt sie über das Kind der nichtigen Ehe die Personensorge wie eine uneheliche Mutter, wenn der gutgläubige Vater stirbt oder seine Gewalt aus einem anderen Grunde endigt oder wenn seine Gewalt wegen Geschäftsunfähigkeit oder vormundschaftsgerichtlich festgestellter Ausübungsverhinderung ruht.

Die Auflösung der Ehe durch Scheidung oder Aufhebung der ehelichen Gemeinschaft berührt nur die Sorge des Vaters für die Person des Kindes. Wird die Ehe wegen Verschuldens geschieden, was beim Vorhandensein eines minderjährigen Kindes beider Ehegatten das Prozeßgericht dem Vormundschaftsgerichte mitzuteilen hat (CPO. 630), so steht, solange die geschiedenen Ehegatten leben, die Sorge für die Person des Kindes, wenn ein Ehegatte allein für schuldig erklärt ist, dem nichtschuldigen Ehegatten, und wenn beide Ehegatten für schuldig erklärt sind, für einen Sohn unter sechs Jahren und für die Töchter der Mutter, für einen Sohn, der über sechs Jahre alt ist, dem Vater zu, soweit nicht das Vormundschaftsgericht (nicht das Prozeßgericht) eine andere Anordnung trifft, was zu geschehen hat, wenn eine solche aus besonderen Gründen im Interesse des Kindes geboten ist. Die Anordnung kann aufgehoben werden, wenn sie nicht mehr erforderlich erscheint (1635 Abs. 1). Bevor das Vormundschaftsgericht eine Anordnung trifft, soll es dem Elternteile, dem die Sorge für die Person zu entziehen ist, sowie Verwandte oder Verschwägerte des Kindes hören. Mit dem Tode eines der Gatten geht die Personensorge auf den überlebenden über. Bei Scheidung wegen Geisteskrankheit sowie bei Auflösung der Ehe durch den Tod oder die Todeserklärung des Mannes geht die ganze Gewalt auf die Mutter über. Von diesen Bestimmungen abweichende Vereinbarungen der Ehegatten sind nichtig, doch kann die Ausübung der Sorge wie einem Dritten so auch dem anderen Ehegatten thatsächlich überlassen werden. Der Ehegatte, dem die Sorge für die Person des Kindes nicht zusteht, behält die Befugnis, mit dem Kinde nach erforderlichenfalls näherer Regelung durch das Vormundschaftsgericht persönlich zu verkehren (1636). Ganz untersagt darf dieser Verkehr nicht werden.

Ist die Ehe durch Schließung einer neuen Ehe nach erfolgter Todeserklärung des früheren Ehegatten aufgelöst, so gilt in Ansehung der Sorge für die Person des Kindes das gleiche, wie wenn die Ehe geschieden ist und beide Ehegatten für schuldig erklärt sind (1637). Die Mutter verliert daher mit ihrer Wiederverheiratung die elterliche Gewalt über die aus der früheren Ehe stammenden Kinder, behält jedoch die Sorge für die Person ohne die gesetzliche Vertretung. Kehrt der für tot erklärte Vater zurück, so erlangt er die elterliche Gewalt dadurch wieder, daß er dem Vormundschaftsgericht seinen hierauf gerichteten Willen erklärt (1679). Der Vater verliert durch seine Wiederverheiratung nicht die elterliche Gewalt über die Kinder aus der Ehe mit der tot erklärten Mutter. Kehrt die Mutter zurück, so erlangt sie durch Erklärung gegenüber dem Vormundschaftsgerichte die Sorge für die Person des Kindes wieder. Bei der Rückkehr erlangt der Vater die Sorge nur für die Söhne über sechs Jahren und die Mutter nur über die Töchter und über die Söhne unter sechs Jahren. Ist auf Grund der bisherigen Gesetze eine Ehe geschieden, oder durch Todeserklärung aufgelöst, so gebührt seit dem 1. Januar 1900 die Vertretung des Kindes dem Vater, während die Sorge für die Person sich nach dem bisherigen Rechte regelt. (Art. 206).

Die Sorge für die Person endigt mit der elterlichen Gewalt und der Fortdauer der elterlichen Gewalt ungeachtet beim Ruhen der elterlichen Gewalt (1676 bis 1678) sowie wenn dem Gewalthaber die Sorge für die Person allein durch das

Vormundschaftsgericht entzogen wird (1666 Abs. 1), bei der Tochter auch mit Ausnahme der gesetzlichen Vertretung durch deren Verheiratung.

§ 12.
Sorge für das Vermögen des Kindes.

Kraft der elterlichen Gewalt hat der Gewalthaber das Recht und die Pflicht, für das Vermögen des Kindes zu sorgen (1627). Da das Kind vermögensfähig ist, so wird sein selbständiger Erwerb sein eigenes Vermögen. Aber sein Vermögen steht unter der Verwaltung seines Gewalthabers. Inhalt dieser Verwaltung ist die Erhaltung und Vermehrung des Kindesvermögens. Die Verwaltung hat nach den Regeln einer ordentlichen Wirtschaft zu erfolgen, woraus sich ergiebt, daß die wirtschaftliche Bestimmung des Vermögens aufrechtzuerhalten und der wirtschaftliche Bestand der einzelnen Vermögensstücke zu erhalten ist. Jedoch ist innerhalb dieses Rahmens die Verwaltung keineswegs dem freien Ermessen des Gewalthabers überlassen, derselbe ist vielmehr durch gesetzliche Bestimmungen eingeschränkt und kann durch Anordnungen Dritter sowie des Vormundschaftsgerichts über die gesetzlichen Schranken hinaus eingeschränkt werden. Mehr noch wie bei der Personenfürsorge tritt bei der Vermögensverwaltung der vormundschaftliche Karakter der elterlichen Gewalt hervor, wenngleich der Gewalthaber durch den Wegfall der Rechnungslegung und des Gegenvormundes freier gestellt bleibt wie der Vormund.

Bei der Vermögensverwaltung ist die Rechtsstellung des Vaters vor derjenigen der Mutter mehr bevorzugt wie bei der Sorge für die Person, die Mutter ist nicht neben dem Vater zur Vermögensverwaltung berufen, so daß bei Lebzeiten beider Eltern während Bestehens der Ehe Gewalthaber in diesem Sinne nur der Vater ist. Die Vermögensverwaltung des Gewalthabers erstreckt sich nicht notwendig auf das gesamte Kindesvermögen. Vermögen, welches das Kind von Todeswegen erwirbt oder welches ihm unter Lebenden von einem Dritten unentgeltlich zugewendet wird, ist, wenn der Erblasser durch Verfügung von Todeswegen, der Dritte in unmittelbarem Zusammenhange mit der Zuwendung bestimmt hat, daß der Erwerb der Verwaltung des Gewalthabers entzogen sein soll, Sondervermögen des Kindes, auf das sich die Verwaltung des Gewalthabers nicht erstreckt, für das vielmehr ein Pfleger zu bestellen ist, weshalb dem Gewalthaber die Pflicht obliegt, den Anfall dem Vormundschaftsgericht anzuzeigen. Auch was das Kind auf Grund eines zu diesem Vermögen gehörenden Rechtes oder als Ersatz für die Zerstörung, Beschädigung oder Entziehung eines zu diesem Vermögen gehörenden Gegenstandes oder durch ein Rechtsgeschäft erwirbt, das sich auf dieses Vermögen bezieht, ist der Verwaltung des Gewalthabers entzogen (1638). Dieser Erwerb wächst mithin dem Sondervermögen des Kindes zu. Ausgeschlossen von der Verwaltung des Gewalthabers ist endlich das dem Kinde zum Betrieb eines Erwerbsgeschäfts überlassene Vermögen.

An dem seiner Verwaltung unterstellten Vermögen kann der Gewalthaber Besitz ergreifen. Ein Vermögensverzeichnis aufzunehmen, ist der Vater nicht verpflichtet, die Aufnahme wird jedoch regelmäßig in seinem Interesse liegen, weil er bei der Herausgabe des Vermögens an das Kind nach der Beendigung seiner Verwaltung über diese Rechenschaft abzulegen hat. Die Mutter hat, wenn die Gewalt auf sie allein übergeht, immer ein Inventar zu errichten. Zwischen dem Gewalthaber und dem Kinde sind nach dem Wegfalle der römischrechtlichen Auffassung der Personeneinheit beider Rechtsgeschäfte in Bezug auf das Kindesvermögen zulässig; dem Kinde ist aber, so weit es durch das Geschäft nicht lediglich einen rechtlichen Vorteil erlangt, ein Pfleger zu seiner Vertretung zu bestellen, weshalb der Gewalthaber dem Vormundschaftsgericht Anzeige zu machen hat.

Die Verwaltung des Gewalthabers schließt nicht jede Vermögensverwaltung des Kindes aus. Soweit es geschäftsfähig ist, steht ihm die Verwaltung seines Sondervermögens zu. Es kann ferner zur Vornahme einzelner Rechtsgeschäfte berechtigt sein, wenn es die Mittel zu deren Erfüllung von dem Gewalthaber oder einem Dritten erhalten hat (110), wenn es von dem Gewalthaber mit Genehmigung des Vormundschaftsgerichts zum selbständigen Betrieb eines Erwerbsgeschäfts ermächtigt ist (112) sowie wenn der Gewalthaber es ermächtigt hat in Dienst oder in Arbeit zu treten und die Erfüllung der aus dem Dienst- oder Arbeitsverhältnisse sich ergebenden Verpflichtungen in Frage steht (113). Für diese Vermögensverwaltungshandlungen ist das Kind zugleich prozeßfähig (CPO. 52).

Was nun die Rechtshandlungen des Gewalthabers betrifft, so sind seine Rechtsgeschäfte für das Kind, welche er mit sich selbst im eigenen Namen oder als Vertreter eines Dritten vornimmt, nichtig. Ferner sind nichtig Schenkungen und Schenkungsversprechen für das Kind, soweit nicht durch sie einer sittlichen Pflicht oder einer auf den Anstand zu nehmenden Rücksicht entsprochen wird (1641). Daher wird durch das Schenkungsversprechen das Kind nicht verpflichtet, durch die Schenkung die Bereicherungsklage gegen den Beschenkten begründet (812 Abs. 1). Daran ändert selbst die etwaige Genehmigung des Vormundschaftsgerichts nichts. Nichtig sind auch die Geschäfte des Gewalthabers, welche als höchstpersönliche nur von dem Kinde selbst vorgenommen werden dürfen. Demgemäß kann der Gewalthaber keinen Ehevertrag für seine Tochter schließen (1437 Abs. 1) und nicht namens seiner verheirateten Tochter seine Zustimmung zu den von ihrem Mann getroffenen Verfügungen der §§ 1511 bis 1515 erteilen (1516 Abs. 2), er kann nicht für sein Kind ein Testament machen oder widerrufen, einen Erbvertrag oder Erbverzichtsvertrag schließen, anfechten oder aufheben.

Erwirbt der Gewalthaber mit Mitteln des Kindes bewegliche Sachen, so geht mit dem Erwerbe das Eigentum auf das Kind über, es sei denn, daß er nicht für Rechnung des Kindes erwerben wollte (dingliche Surrogation). Dies gilt insbesondere auch von Inhaberpapieren und von Orderpapieren, die mit Blankoindossament versehen sind (1646 Abs. 1). Diese Vorschrift dient der Sicherung des Kindes. Den Erwerb mit seinen Mitteln hat daher das Kind zu beweisen, dagegen hat es nicht zu beweisen, daß der Gewalthaber für seine Rechnung erwerben wollte; der Gegner hat darzuthun, daß derselbe seinen Willen, nicht für Rechnung seines Kindes erwerben zu wollen, beim Erwerb erkennbar gemacht hat. Eine nachträgliche Willenserklärung des Gewalthabers kann dem Kinde das einmal erworbene Eigentum nicht mehr entziehen. Die Surrogation findet auch Anwendung beim Erwerbe von Rechten, zu deren Uebertragung der Abtretungsvertrag genügt, also bei der Abtretung von Forderungen an den Gewalthaber, sowie beim Erwerbe von dinglichen Rechten an beweglichen Sachen, Inhaber- oder Blankopapieren (1646 Abs. 2), sie fällt dagegen weg bei dem Erwerbe von Grundstücken und gebuchten Rechten, bei Wechseln, Namenpapieren und Orderpapieren ohne Blankoindossament und bei der Begründung persönlicher Forderungen, da in diesen Fällen der Erwerber von vorn herein festgestellt wird. Was der Gewalthaber mit Mitteln des Kindes absichtlich nicht für das Kind, sondern für sich erwirbt, wird sein Eigentum, das Kind erwirbt diese Sachen und Rechte erst durch die Uebertragung seitens des Gewalthabers. Unterbleibt diese, so hat das Kind nur einen Ersatzanspruch, der nach Maßgabe des § 61, Nr. 5 der KO. bevorzugt ist. Seiner Verwaltung unterliegendes Geld des Kindes hat der Gewalthaber mündelsicher (1807, 1808) verzinslich anzulegen, es sei denn, daß ihm der Nießbrauch an dem Gelde zusteht oder daß er es zur Bestreitung von Auslagen — laufenden oder außergewöhnlichen — bereit zu halten hat oder daß vom Vormundschaftsgericht aus besonderen Gründen eine andere Anlegung gestattet ist (1642). Ist der Gewalthaber Nießbraucher des Geldes, so beschränkt sich die Anlagepflicht nur auf das Kapital, die Zinsen gehören ihm und auch das Kapital darf er mit Genehmigung des Vormundschaftsgerichts unter dem Vorbehalte des Ersatzes nach beendetem Nießbrauche für sich verwenden. Im Uebrigen ist der Gewalthaber zu Verfügungen über die Vermögensgegenstände, insbesondere über Hypotheken, Grund- und Rentenschulden, sowie über bewegliche Sachen für das Kind befugt, soweit nicht Rechtsgeschäfte in Frage stehen, zu deren Vornahme die Genehmigung des Vormundschaftsgerichts erforderlich ist. Er kann deshalb auch Sachen an Dritte herausgeben, denen gegenüber das Kind zur Herausgabe verpflichtet sein würde, sowie den Gläubigern des Kindes gegenüber die Aufrechnung aller ihm zustehenden Gegenforderungen gestatten. Seine Beschränkung auf die Grenzen ordnungsmäßiger Verwaltung macht ihn nur dem Kinde gegenüber haftbar, gutgläubigen Dritten gegenüber findet auch bei unbefugten Verfügungen desselben über bewegliche Sachen der Satz „Hand muß Hand wahren" Anwendung. Hat der Gewalthaber die Nutznießung, so kann er verbrauchbare Sachen (92) außer Geld sogar für seine eigenen Zwecke veräußern oder verbrauchen, allerdings gegen Ersatz ihres Wertes zur Zeit des Verbrauchs, der regelmäßig nach Beendigung der Nutznießung zu leisten ist (1653). Dabei gelten als verbrauchbar auch diejenigen beweglichen Sachen und Sachinbegriffe, deren bestimmungsmäßiger Gebrauch in der Veräußerung besteht, also außer Geld, Banknoten und anderen nicht zu dauernder Kapitalsanlage bestimmten Wertpapieren die Warenbestände eines Erwerbsgeschäfts, das von dem Gewalthaber auf Grund seines Nutznießungsrechts im Namen des Kindes betrieben wird. Gehört ein Grundstück samt Inventar zum Kindesvermögen, so kann er als Nießbraucher innerhalb der Grenzen ordnungsmäßiger Verwaltung über die einzelnen Inventarstücke verfügen; für die in dieser Weise ausgeschiedenen Stücke, sowie für den gewöhnlichen Abgang hat er Ersatz zu beschaffen; die Ersatzstücke werden mit der Einverleibung in das Inventar Kindesvermögen (1048). Die Versicherung gegen Feuersgefahr wird regelmäßig ein Gebot der ordnungsmäßigen Wirtschaft sein. Nach dem Tode der Mutter hat der Vater das von ihm verwaltete beim Tode der Mutter vorhandene sowie das dem Kinde später zufallende Vermögen bei Vermeidung der Entziehung der Vermögensverwaltung (1670) zu verzeichnen und das Verzeichnis mit der Versicherung der Richtigkeit und Vollständigkeit dem Vormundschaftsgericht einzureichen (1640). Bei Haushaltsgegenständen genügt die Angabe des Gesamtwerts und bei Vermögenslosigkeit des Kindes ist eine Vakatanzeige ausreichend. Das Vormundschaftsgericht hat das eingereichte Privatinventar zu prüfen; ist es ungenügend, so kann es die Inventarisierung durch eine zuständige Behörde oder durch einen zuständigen Beamten oder Notar anordnen. Die Anordnung ist unzulässig, wenn die Mutter die öffentliche Inventarisierung für das dem Kinde infolge ihres Todes zufallende Vermögen ausgeschlossen hat (1640 Abs. 2).

Was das Kind von Todeswegen erwirbt oder was ihm unter Lebenden von einem Dritten unentgeltlich zugewendet wird, hat der Gewalthaber nach den Anordnungen des Erblassers oder des Dritten zu verwalten, wenn die Anordnungen von dem Erblasser durch Verfügung von Todeswegen, von dem Dritten im Zusammenhange mit der Zuwendung getroffen worden sind.

Abweichungen von diesen Anordnungen sind nur mit Genehmigung des Vormundschaftsgerichts und nur zulässig, wenn die Befolgung der Anordnungen das Interesse des Mündels gefährden würde. Solange der Zuwender lebt, ist seine Zustimmung zur Abweichung erforderlich und genügend. Ist derselbe zur Erklärung oder Verweigerung seiner Zustimmung dauernd außer stande oder ist sein Aufenthalt unbekannt, so kann seine Zustimmung durch das Vormundschaftsgericht ersetzt werden. Dieses hat die Beachtung der Anordnungen durch den Gewalthaber zu überwachen und bei der Nichtbeachtung auch ohne eine Gefährdung des Kindesvermögens die zu ihrer Durchführung erforderlichen Maßregeln zu treffen (1639). Die ohne Genehmigung vorgenommene Abweichung von den Anordnungen macht den Gewalthaber dem Kinde schadensersatzpflichtig.

Die gesetzliche Beschränkung der Vermögensverwaltung des Gewalthabers betrifft nur Rechtsgeschäfte, welche namens des Kindes aus dessen Vermögen vorgenommen werden; die kraft der Nutznießung an dem Kindesvermögen von dem Gewalthaber in eigenem Namen vorgenommenen Rechtsgeschäfte unterliegen der Beschränkung nicht. Da die Beschränkung Schädigungen des Kindes durch Verwaltungshandlungen des Gewalthabers verhindern soll, so sind nur einzelne wichtige, außerhalb der regelmäßigen Vermögensverwaltung liegende Rechtsgeschäfte von der Genehmigung des Vormundschaftsgerichts abhängig gemacht. Diese Genehmigung ist dem Gewalthaber gegenüber und regelmäßig für den einzelnen Fall zu erteilen; sie ist insoweit unabänderlich, als sie einem Dritten gegenüber wirksam geworden ist (FG. 55 Abs. 1).

Der Gewalthaber bedarf nun der Genehmigung des Vormundschaftsgerichts (1643):

1. zur Verfügung über ein Grundstück oder über ein Recht an einem Grundstücke (wie Vorkaufsrechte, Reallasten, Grunddienstbarkeiten), ausgenommen Hypotheken, Grundschulden und Rentenschulden, soweit nicht die Hinterlegung ihrer Briefe angeordnet ist;

2. zur Verfügung über eine Forderung, die auf Uebertragung des Eigentums an einem Grundstück oder auf Begründung oder Uebertragung eines Rechtes an einem Grundstück oder auf Befreiung von einem solchen Rechte gerichtet ist (auch durch Verjährenlassen des Anspruchs), wiederum Hypotheken, Grundschulden und Rentenschulden ausgenommen;

3. zur Eingehung der Verpflichtung zu einer der vorbezeichneten Verfügungen, während zur Entgegennahme einer geschuldeten Leistung (auch durch Hinterlegung und Aufrechnung) die Genehmigung nicht erfordert ist;

4. zu einem Rechtsgeschäfte, durch welches das Kind zu einer Verfügung über sein gegenwärtiges Vermögen im ganzen oder über eine ihm angefallene Erbschaft oder über seinen künftigen gesetzlichen Erbteil oder seinen künftigen Pflichtteil verpflichtet wird, sowie zu einer Verfügung über den Anteil des Kindes an einer Erbschaft, wozu insbesondere Erbschaftskauf und Erbverzicht, nicht aber der Erbteilungsvertrag gehören;

5. zur Ausschlagung einer Erbschaft oder eines Vermächtnisses und zum Verzicht auf einen Pflichtteil, wobei der Ausschlagung die Anfechtung der Annahme gleichsteht. Tritt der Anfall an das Kind

erst infolge der Ausschlagung des Gewalthabers ein, so ist die Genehmigung nur erforderlich, wenn der Gewalthaber neben dem Kinde berufen war, während der Gewalthaber selbständig für das Kind ausschlagen kann, wenn er allein als Erbe oder Vermächtnisnehmer berufen ist;

6. zu einem Vertrage, der auf den entgeltlichen Erwerb oder die Veräußerung eines Erwerbsgeschäfts gerichtet ist, sowie zu einem Gesellschaftsvertrage, der zum Betrieb eines Erwerbsgeschäfts eingegangen wird;

7. zu einem Miet- oder Pachtvertrag oder einem anderen Vertrage, durch den das Kind zu wiederkehrenden Leistungen verpflichtet wird (Versicherungsvertrag, Altenteilsvertrag), wenn das Vertragsverhältnis länger als ein Jahr nach der Vollendung des 21. Lebensjahrs des Kindes (nicht der Volljährigkeitserklärung) fortdauern soll;

8. zur Aufnahme von Geld auf den Kredit des Kindes, mithin auch für ein Kreditkonto des Gewalthabers auf Rechnung des Kindes bei dessen Bankgeschäft;

9. zur Ausstellung einer Schuldverschreibung auf den Inhaber oder zur Eingehung einer Verbindlichkeit aus einem Wechsel oder einem anderen Papiere, das durch Indossament übertragen werden kann, z. B. an Order gestellte kaufmännische Verpflichtungsscheine;

10. zur Uebernahme einer fremden Verbindlichkeit, insbesondere zur Eingehung einer Bürgschaft, auch einer Handelsbürgschaft;

11. zur Erteilung einer Prokura;

12. zur vertragsmäßigen Aufhebung eines Erbvertrags des minderjährigen Kindes, wenn der Vertrag nicht unter Ehegatten oder unter Verlobten geschlossen wird (2290 Abs. 3);

13. zur Ablehnung und zur Aufhebung der fortgesetzten Gütergemeinschaft seitens der überlebenden minderjährigen Witwe sowie zum Verzicht eines Kindes auf seinen Anteil an dem Gesamtgute (1484, 1491, 1492).

Dabei ist unter Verfügung die Uebertragung, die Belastung, die Aenderung und die Aufhebung von Rechten zu verstehen, die in Angelegenheiten des Kindes vorgenommen wird. Zur Aufnahme von Geld auf den Kredit des Kindes, zur Ausstellung von Schuldscheinen auf den Inhaber, von Wechseln und anderen indossabelen Papieren sowie zur Uebernahme fremder Verbindlichkeiten kann dem Gewalthaber die Ermächtigung allgemein erteilt werden, wenn es zum Zwecke der

Vermögensverwaltung erforderlich ist. Da die Genehmigung Zustimmung ist, so kann sie vor und nach der Vornahme des Rechtsgeschäfts erteilt werden. Ob das Vormundschaftsgericht die Genehmigung erteilen will, ist Sache seines Ermessens, das auf Grund der von ihm vorgenommenen Prüfung der Angemessenheit zu üben ist. Gegen die Verweigerung der Genehmigung hat der Gewalthaber das Beschwerderecht (FG. 20 Abs. 2). Bezüglich der Wirksamkeit nicht genehmigter Rechtsgeschäfte des Gewalthabers ist zwischen Verträgen und einseitigen Rechtsgeschäften zu unterscheiden. Verträge erlangen durch die nachträgliche Genehmigung des Vormundschaftsgerichts Giltigkeit. Daher bleibt der Vertragsgegner gebunden, bis das Vormundschaftsgericht sich über die Genehmigung des Vertrags oder ihre Verweigerung erklärt hat. Beides wird dem Gegner gegenüber erst wirksam, wenn ihm die Entschließung durch den Gewalthaber mitgeteilt ist. Hat aber der Gegner selbst eine Mitteilung über die Erteilung der Genehmigung vom Gewalthaber erfordert, so gilt diese als verweigert, wenn die Antwort über zwei Wochen ausbleibt, womit der Vertrag unwirksam geworden ist. Wird weder von dem Gewalthaber eine Mitteilung gemacht noch von dem Gegner eine solche gefordert, so wird der Vertrag mit der Volljährigkeit des Kindes und im Falle Nr. 7 mit dessen vollendetem 21. Lebensjahre durch die Genehmigung des Kindes giltig. Solange der Vertrag in der Schwebe ist, kann der Gegner denselben widerrufen, wenn der Gewalthaber bei seinem Abschluß ihm gegenüber der Wahrheit zuwider die Genehmigung des Vormundschaftsgerichts behauptet hat, es sei denn, daß jenem das Fehlen der Genehmigung bekannt war. Mit dem Widerrufe wird der Vertrag unwirksam. Einseitige Rechtsgeschäfte sind ohne die erforderliche Genehmigung des Vormundschaftsgerichts unwirksam; empfangsbedürftige einseitige Rechtsgeschäfte (z. B. Kündigungen) sind selbst bei erteilter Genehmigung unwirksam, wenn der Gewalthaber die Genehmigung nicht in schriftlicher Form vorlegt und der Gegner das Rechtsgeschäft wegen dieses Mangels unverzüglich zurückweist (1829—1831). Die nachher erfolgte Zustimmung des Vormundschaftsgerichts oder des Kindes ist gleichgiltig (1643 Abs. 3).

Um zu verhindern, daß durch die Ueberlassung von Mitteln an den Minderjährigen die zu deren Veräußerung erforderliche Genehmigung des Vormundschaftsgerichts umgangen werde, ist dem Gewalthaber verboten, Gegenstände, zu deren Veräußerung die

Genehmigung des Vormundschaftsgerichts erforderlich ist, dem Kinde ohne diese Genehmigung zur Erfüllung eines von dem Kinde geschlossenen Vertrags oder zu freier Verfügung zu überlassen (1644). Handelt der Vater dieser Vorschrift zuwider, so wird der Vertrag durch die Erfüllung nicht nach § 110 von Anfang an wirksam, denn diese ist nichtig; die Wirksamkeit hängt vielmehr nach §108 von der Genehmigung des Vormundschaftsgerichts ab, bis zu deren Erteilung der Gegner zum Widerrufe des Vertrags nach § 109 berechtigt bleibt (1829).

Der Gewalthaber soll ein neues Erwerbsgeschäft im Namen des Kindes nicht ohne vormundschaftsgerichtliche Genehmigung beginnen; doch wird nach dieser Ordnungsvorschrift die Rechtsbeständigkeit der Geschäftsbegründung durch den Mangel der Genehmigung nicht berührt, das Vormundschaftsgericht kann aber im Falle der Gefährdung des Vermögens des Kindes aus § 1667 Maßregeln treffen. Fällt dem Kinde ein bereits bestehendes Erwerbsgeschäft unentgeltlich zu, so kann der Gewalthaber dasselbe ohne Genehmigung unter der bisherigen Firma oder unter dem Namen des Kindes fortsetzen, ändern oder auflösen.

Der Gewalthaber darf seine Vermögensverwaltung als solche nicht auf einen Dritten übertragen; doch kann er zu einzelnen Rechtsgeschäften und zur Führung einzelner Verwaltungszweige sich eines Vertreters bedienen, für den er verantwortlich bleibt.

Verheiratet sich eine minderjährige Tochter mit Einwilligung ihres Gewalthabers, so wird dessen Vermögensverwaltung durch das eheliche Güterrecht beeinflußt. Seine Verwaltung dauert über das Vorbehaltsgut der Tochter und bei der Gütertrennung über deren gesamtes Vermögen fort.

§ 13.

Vertretung des Kindes.

Die Sorge für die Person und das Vermögen umfaßt die Vertretung des Kindes in seinen persönlichen und Vermögensangelegenheiten. Demgemäß ist der Gewalthaber zur gerichtlichen und außergerichtlichen Abgabe und Entgegennahme von Willenserklärungen für das Kind berechtigt und verpflichtet. Der Umfang der Vertretungsmacht ist grundsätzlich unbeschränkt, doch sind für die Ausübung der rechtsgeschäftlichen Vertretung Ausnahmen gemacht, welche den vormundschaftlichen Karakter der elterlichen Gewalt auch in der Vertretungsmacht hervortreten lassen. Dem Gewalthaber steht nämlich die gesetzliche Vertretung des Kindes insoweit nicht zu, als ein Vormund kraft Gesetzes von der Vertretung seines Mündels ausgeschlossen ist. Auch kann das Vormundschaftsgericht dem Gewalthaber die Vertretung für einzelne Angelegenheiten oder für einen bestimmten Kreis von Angelegenheiten entziehen, wenn das Interesse des Kindes zu dem Interesse des Gewalthabers oder eines von diesem vertretenen Dritten oder seiner Frau oder eines geradlinigen Verwandten des Gewalthabers in erheblichem Gegensatze steht (1630). Daraus ergibt sich die Notwendigkeit der Beaufsichtigung des Gewalthabers durch das Vormundschaftsgericht.

Als gesetzlicher Vertreter des Kindes ist der Gewalthaber berechtigt, sowohl Rechtsgeschäfte für das Kind abzuschließen als auch die für von dem Kinde abgeschlossenen Rechtsgeschäfte erforderte Zustimmung zu erteilen oder zu verweigern. Die Wirkungen seiner Vertretung sind durch die allgemeinen Vorschriften geregelt (164 ff., 108 ff.) Die Vertretungsmacht ist durch das Schenkungsverbot (S. 95), das Erfordernis der Genehmigung des Vormundschaftsgerichts zu einzelnen Rechtsgeschäften (S. 98) und durch die höchstpersönliche Natur einzelner Rechtsgeschäfte, welche eine Vertretung nicht zulassen (S. 98), eingeschränkt. Außerdem ist die Vertretungsmacht ausgeschlossen, so daß der Gewalthaber das Kind nicht vertreten kann:

1. bei einem Rechtsgeschäfte zwischen seiner Frau oder einem seiner Verwandten in gerader Linie einerseits und dem Kinde andererseits, insbesondere also bei Rechtsgeschäften der gemeinschaftlichen Kinder der Ehegatten untereinander und bei Erbauseinandersetzungen;

2. bei einem Rechtsgeschäfte, das die Uebertragung oder Belastung einer durch Pfandrecht, Hypothek oder Bürgschaft gesicherten Forderung des Kindes gegen den Gewalthaber oder die Aufhebung oder Minderung dieser Sicherheit zum Gegenstande hat oder die Verpflichtung des Kindes zu einer solchen Uebertragung, Belastung, Aufhebung oder Minderung begründet, namentlich infolge der Auseinandersetzung bei der Wiederverheiratung des Gewalthabers;

3. bei einem Rechtsstreite zwischen den in Nr. 1 bezeichneten Personen sowie bei einem Rechtsstreit über eine Angelegenheit der in Nr. 2 bezeichneten Art;

4. für Angelegenheiten des Kindes, für die ein Pfleger bestellt ist (S. 85), von der Bestellung an.

Geschäfte, welche der Gewalthaber des Ausschlusses seiner Vertretungsmacht ungeachtet vornimmt, stehen, auch wenn sie ausschließlich Erfüllungsgeschäfte sind, in Bezug auf ihre Rechtswirksamkeit dem Geschäfte eines Vertreters ohne Vertretungsmacht gleich (S. 100). Selbstverständlich entbehrt in den Fällen, in denen der Gewalthaber von der Vertretung des Kindes ausgeschlossen ist, dieser auch des Rechtes, die Zustimmung zu den vom Kinde vorgenommenen Geschäften zu erteilen. Für die Vertretung ohne Vertretungsmacht in Rechtsstreitigkeiten enthält die CPO. in den §§ 56, 89, 579 Nr. 4 ergänzende Bestimmungen. Da die dem Gewalthaber nicht zustehende Vertretungsmacht an Stelle des Kindes von einem Pfleger ausgeübt werden muß, so hat der Gewalthaber von seiner Behinderung dem Vormundschaftsgerichte Mitteilung zu machen. Untreue des Gewalthabers gegen das Kind beim Abschluß eines Vertrags sowie sein Verschulden bei der Erfüllung von Verbindlichkeiten des Kindes berechtigen zwar den anderen Vertragschließenden gegen das Kind, begründen aber diesem gegenüber die Schadensersatzpflicht des Gewalthabers. Umgekehrt wird durch dessen unerlaubte Handlungen bei der Ausübung seiner Vertretungsmacht das Kind nicht verpflichtet. Mit sich im eigenen Namen oder als Vertreter eines Dritten kann ein Gewalthaber im Namen des Kindes nur die Rechtsgeschäfte vornehmen, welche ausschließlich in der Erfüllung einer Verbindlichkeit bestehen (189). Einen Rechtsstreit des Kindes kann der Gewalthaber nicht mit sich selbst im eigenen Namen oder als Vertreter eines Dritten führen. Willenserklärungen, welche der Gewalthaber im Zustande der Bewußtlosigkeit oder vorübergehender Störung der Geistesthätigkeit abgegeben hat, sind auch dem Kinde gegenüber nichtig (105).

Die Rechtshandlungen, auf welche sich die Vertretungsmacht des Gewalthabers nicht erstreckt, für die vielmehr ein persönlicher Entschluß oder ein persönliches Handeln des Kindes gefordert wird, sind die Einwilligung des Kindes in die Volljährigkeitserklärung (4), seine Eheschließung (131 Abs. 1), die Anfechtung seiner Ehe, sofern nicht der Mangel der Einwilligung des Gewalthabers oder Geschäftsunfähigkeit des Kindes den Anfechtungsgrund bildet (1336 Abs. 1), die Bestätigung einer wegen Irrtums oder Täuschung anfechtbaren Ehe (1337 Abs. 2), die Einwilligung des vierzehnjährigen Kindes in seine Ehelichkeitserklärung, die Anfechtung dieser Einwilligung und ihre Bestätigung (1728, 1731), der Antrag des minderjährigen Sohnes auf Ehelichkeitserklärung seines unehelichen Kindes (1729), der Abschluß und die Aufhebung des Vertrags über die Annahme an Kindesstatt sowie die Anfechtung und die Bestätigung dieses Vertrags (1750, 1755, 1770) und die Fälle auf S. 95. Unter diesen Fällen ist aber bei der Volljährigkeitserklärung (4), der Eheschließung des in der Geschäftsfähigkeit beschränkten Kindes (1304), bei dem Antrag auf sowie zu der Einwilligung in die Ehelichkeitserklärung (1729) und bei der Inanspruchnahme der Reichsangehörigkeitsbefugnisse (Niederlassungsrecht, Erwerb von Grundeigentum, Gewerbebetrieb im Umherziehen) die Zustimmung des Gewalthabers zu der von dem Kinde abzugebenden Willenserklärung als selbständige Voraussetzung ihrer Wirksamkeit aufgestellt. Der Annahmevertrag eines nicht 21 Jahre alten Kindes erfordert zu seiner Giltigkeit ohne Rücksicht auf das Gewaltverhältnis die Einwilligung beider Eltern.

In Ehesachen ist der unter elterlicher Gewalt stehende Ehegatte prozeßfähig; im übrigen richtet sich die Prozeßfähigkeit des unter elterlicher Gewalt stehenden Kindes nach seiner Vertragsfähigkeit (CPO. 51). In der freiwilligen Gerichtsbarkeit ist das über 14 Jahre alte nicht geschäftsfähige Kind in seinen persönlichen Angelegenheiten selbständig beschwerdefähig (FG. 59).

Als persönliche Angelegenheiten des Kindes, auf die sich die Vertretungsmacht erstreckt, kommen insbesondere in Betracht: die Beilegung eines Vornamens und die Taufe des Kindes, der Antrag auf Verleihung der Staatsangehörigkeit und auf Entlassung aus derselben für das Kind (Ges. v. 1. Juni 1870 §§ 11, 14a, 19, 21 Abs. 2), der Antrag auf Entmündigung des Kindes und auf Wiederaufhebung der Entmündigung sowie die Anfechtungs- und die Aufhebungsklage (CPO. 646, 664, 666, 675, 680, 685, 686), der Antrag auf Todeserklärung des Kindes (CPO. 962), die auf das Arbeitsbuch, das Abgangszeugnis, den Wechsel des Gewerbes und des Berufs bezüglichen Erklärungen für den gewerblichen oder kaufmännischen Lehrling (Gew.-O. 107, 108, 110, 113, 126b, 127c, 134 Abs. 3, HGB. 78 Abs. 1), die Stellung eines Strafantrags und des Antrags auf Buße für das Kind, die Erhebung einer Privatklage und der Anschluß an die öffentliche Klage als Nebenkläger, das Auftreten als Beistand des Kindes, die Wahl eines Verteidigers und die Einlegung von Rechtsmitteln für das Kind im Strafverfahren. Weigert sich der Gewalthaber, einen Strafantrag wegen des gegen das Kind begangenen Vergehens zu stellen, so kann das Vormundschaftsgericht einen Pfleger mit dessen Stellung betrauen.

Beim Abschlusse von Rechtsgeschäften zwischen Eltern und Kind sowie bei Rechtsstreitigkeiten zwischen ihnen ist zum Schutze des Kindes diesem ein Pfleger zu bestellen. Da die Auflösung der Ehe der Eltern durch Scheidung oder Aufhebung der Gemeinschaft nur die Sorge für die Person, nicht auch die Vertretung des Kindes der geschiedenen Ehe in seinen persönlichen Angelegenheiten berührt, so können die Personensorge und die Vertretung der Person in verschiedene Hände gelangen. Das Recht zur Einwilligung in die Volljährigkeitserklärung des Kindes verbleibt alsdann dem Vater, solange ihm irgendwelche Vertretung des Kindes verbleibt (1635 Abs. 2); es geht auf die Mutter nur über, wenn der Vater außer der Sorge für die Person auch die Sorge für das Vermögen des Kindes verloren hat. Die Beschränkung des Vaters in seiner Geschäftsfähigkeit sowie die Bestellung eines Pflegers für seine Person und sein Vermögen entziehen ihm mit der Vertretung des Kindes auch das Einwilligungsrecht in dessen Volljährigkeitserklärung.

Die elterliche Gewalt berechtigt den Gewalthaber in letztwilliger Verfügung über sein Leben hinaus Anordnungen über die Bevormundung des minderjährigen Kindes zu treffen (1777). Er kann einen Vormund benennen, jemand von der Bestellung zum Vormund ausschließen (1882), die Entscheidung von Meinungsverschiedenheiten zwischen den von ihnen benannten Mitvormündern regeln und die Verteilung der Geschäfte unter diesen Mitvormündern ordnen, die Bestellung eines Gegenvormundes untersagen, den benannten Vormund von der vom BGB. vorgeschriebenen Genehmigung des Gegenvormundes und des Vormundschaftsgerichts zu gewissen Rechtsgeschäften und von der Hinterlegung von Inhaber- und Orderpapieren sowie von der Rechnungslegung entbinden, die Einsetzung oder Nichteinsetzung und Aufhebung des Familienrats anordnen, für diesen Mitglieder und Ersatzmitglieder benennen. Diese Befugnis fällt für den Gewalthaber fort, wenn vor seinem Tode seine elterliche Gewalt oder sein gesamtes Vertretungsrecht aufhört; sie geht beim Wegfallen der Gewalt des Vaters mit der elterlichen Gewalt auf die Mutter, nicht aber auf den für das Kind bestellten Vormund über.

Wird durch einen Mißbrauch der Sorge für die Person des Kindes, der in dessen Mißhandlung, Verleitung zum Bösen, Ausnützung zu häuslichen Diensten gefunden werden kann, durch verschuldete Vernachlässigung des Kindes in dessen Ernährung, Bekleidung, Erziehung oder Ausbildung sowie durch ein ehrloses oder unsittliches Verhalten des Gewalthabers gegen das Kind oder Dritte das geistige oder leibliche Wohl des Kindes gefährdet, so hat das Vormundschaftsgericht (FG. 43) von amtswegen die zur Abwendung der Gefahr geeigneten und erforderlichen Maßregeln zu treffen. Dabei ist eine Gefährdung nicht schon in einer gelegentlichen Ueberschreitung des Züchtigungsrechts oder in einzelnen Schulversäumnissen zu finden. Das Vormundschaftsgericht kann insbesondere, wenn die Ermahnungen des Gewalthabers fruchtlos oder aussichtslos sind, auch gegen dessen Willen, aber nach seiner Anhörung anordnen, daß das Kind bis zur Volljährigkeit zum Zwecke der Erziehung in einer geeigneten Familie oder in einer Erziehungsanstalt oder einer Besserungsanstalt untergebracht wird (1666). Diese Anordnung enthält bereits eine erhebliche Einschränkung der Personensorge des Gewalthabers. Erweist sich jedoch auch sie noch als unzureichend, so kann dem Gewalthaber die gesamte Sorge einschließlich der Vertretung der Person des Kindes entzogen und der Mutter als Gewalthaberin außerdem ein Beistand bestellt werden, wenn das Vormundschaftsgericht die Bestellung im Interesse des Kindes für nötig erachtet (1687 Nr. 3). Gegen die Verfügung hat nicht nur der Gewalthaber, sondern auch das 14 Jahre alte Kind das Beschwerderecht (FG. 59). Während grundsätzlich die Zwangserziehung ein Verschulden des Gewalthabers gegen das Kind voraussetzt, kann ihre Anordnung von der Landesgesetzgebung dem Vormundschaftsgericht auch ohne Verschulden des Gewalthabers gestattet werden, wenn sie zur Verhütung des völligen sittlichen Verderbens des Kindes notwendig ist (Art. 135). Von der Begehung einer Strafthat ist die Anordnung der Zwangserziehung unabhängig; liegt eine solche bei einem Kinde unter zwölf Jahren vor, so können die zur Besserung und Beaufsichtigung geeigneten Maßregeln nach Maßgabe des Landesrechts getroffen werden, und wird ein Kind zwischen zwölf und achtzehn Jahren wegen mangelnder Einsicht in die Strafbarkeit seiner Strafthat freigesprochen, so kann das Strafgericht bestimmen, daß das Kind in eine Erziehungs- oder Besserungsanstalt gebracht werde (StGB. 55, 56).

Die Zwangserziehung läßt das Recht zur Vertretung des Kindes und zur Verwaltung seines Vermögens sowie die elterliche Nutznießung an diesem unberührt. Hat jedoch der Vater das Recht des Kindes auf Gewährung des Unterhalts verschuldet oder unverschuldet verletzt und ist nach bereits stattgehabter Verletzung für die Zukunft eine erhebliche Gefährdung des Unterhalts zu besorgen, so kann aus diesem Grunde und nur aus ihm dem Vater auch die Vermögensverwaltung oder die Nutznießung oder beides entzogen werden (1666 Abs. 2). Die Entziehung der Nutznießung verpflichtet den Gewalthaber zur sofortigen Erfüllung seiner Verbindlichkeiten gegen das Kind (1657). Bei der Entziehung der Sorge für die Person oder der Sorge für das Vermögen hat das Vormundschaftsgericht, mag der Vater oder die Mutter die elterliche Gewalt ausüben, für das Kind einen Vormund oder Pfleger zu bestellen: einen Vormund, wenn die Sorge für Person und Vermögen, einen Pfleger, wenn nur die Sorge für die Person oder nur die Sorge für das Vermögen entzogen worden ist. Der Pfleger hat im ersten Falle die Erziehung zu leiten. Ist neben der Mutter bereits ein Beistand bestellt, so bedarf es nicht noch der Bestellung eines Pflegers, zu der auch bei der bloßen Entziehung der Nutznießung kein Anlaß vorliegt. Ob bei einer teilweisen Entziehung der Sorge für die Person oder für das Vermögen ein Pfleger zu bestellen ist, untersteht dem Ermessen des Vormundschaftsgerichts. Neben dem an Stelle des Vaters bestellten Pfleger oder Vormund hat die Mutter die Sorge für die Person des Kindes ohne Vertretungsbefugnis und mit Vorrecht des Vertreters bei Meinungsverschiedenheit (1698). Die angeordneten Maßregeln kann das Vormundschaftsgericht jederzeit aufheben oder ändern. Gegen die Ablehnung oder die Aufhebung der in § 1666 vorgesehenen Maßregeln steht den Verwandten und Verschwägerten des Kindes die Beschwerde zu (FG. 57 Nr. 8). Für die Rechtsstellung des neben dem Gewalthaber bestellten Pflegers gelten die Vorschriften des Vormundschaftsrechts und nicht diejenigen für die elterliche Gewalt. Durch die Maßregeln des Vormundschaftsgerichts wird die Unterhaltspflicht der Eltern gegen das Kind nicht berührt.

§ 14.

Die Nutznießung.

Die elterliche Gewalt gewährt dem Gewalthaber die Nutznießung an dem Vermögen des Kindes (1649), die von ihm kraft eigenen Rechtes und nicht als Vertreter des Kindes ausgeübt wird. Der Nutznießung unterliegt das Kindesvermögen ohne Rücksicht darauf, ob es der Vermögensverwaltung des Gewalthabers untersteht oder nicht. Doch erstreckt sich die Nutznießung nicht auf das gesamte Kindesvermögen; dieses zerfällt vielmehr in zwei Massen, von denen die eine der Nutznießung unterliegt, während die andere von der Nutznießung ausgeschlossen, freies Kindesvermögen ist. Diese Scheidung deckt sich nicht mit derjenigen, welche die elterliche Vermögensverwaltung und ihr Ausschluß in dem Kindesvermögen bewirkt. Denn während das Kind regelmäßig kein der Verwaltung des Vaters entzogenes Sondervermögen hat, da dieser auch das freie Kindesvermögen unterstellt ist, hat es immer der elterlichen Nutznießung entzogenes Vermögen. Freies Vermögen des Kindes sind nämlich die ausschließlich zum persönlichen Gebrauche des Kindes bestimmten Sachen, insbesondere Kleider, Schmucksachen und Arbeitsgeräte, auch wenn das Kind sie vom Vater erhalten hat (1650); ferner alles, was das Kind durch seine nicht in Dienstleistungen im elterlichen Hause und Gewerbe bestehende Arbeit oder durch den ihm nach § 112 gestatteten selbständigen Betrieb eines Erwerbsgeschäfts erwirbt (1651 Nr. 1); sowie endlich der Erwerb von Todeswegen und unter Lebenden durch unentgeltliche Zuwendung Dritter, wenn der Erblasser durch letztwillige Verfügung oder der Dritte im Zusammenhange mit der Zuwendung die Nutznießung des Vaters ausgeschlossen hat (1651 Nr. 2). Auch die Surrogate des freien Vermögens wachsen dem freien Vermögen zu, die Surrogate der zum persönlichen Gebrauche bestimmten Sachen allerdings nur, wenn auch sie wiederum dem persönlichen Gebrauche zu dienen bestimmt sind (1651, 1012). Freies Kindesvermögen wird auch das Kindesvermögen, auf dessen Nutznießung der Gewalthaber Verzicht geleistet, sowie dasjenige, dessen Nutznießung das Vormundschaftsgericht dem Gewalthaber entzogen hat, und endlich der Ausgleich, der aus dem unfreien in das freie Kindesvermögen geflossen ist. Der Erwerb aus unerlaubten Handlungen des Kindes sowie der Ersatz für eine dem Kinde zugefügte Körperverletzung oder sonstige unerlaubte Handlung gehören nicht zum freien Kindesvermögen. Wer Kindesvermögen als freies Vermögen in Anspruch nimmt, hat diese Eigenschaft zu beweisen.

Die elterliche Nutznießung berechtigt den Gewalthaber, die Früchte der zum Vermögen des Kindes gehörenden, seiner Nutznießung unterliegenden Sachen und Rechte sowie die Vorteile, welche der Gebrauch der Sachen und Rechte gewährt, sich anzueignen und die gezogenen Nutzungen frei zu verwenden. Er erwirbt die Nutzungen in derselben Weise und in dem gleichen Umfange wie ein Nießbraucher (1652). Der Erwerb der Erzeugnisse und sonstigen Bestandteile erfolgt demgemäß mit ihrer Trennung von den Sachen (954, 1073) und zwar auch dann, wenn sie den Regeln einer ordnungsmäßigen Wirtschaft zuwider oder infolge besonderer Ereignisse im Uebermaße gewonnen sind (1039). Andere als Naturalfrüchte gehören dem Gewalthaber nach der Dauer der Nutznießung oder nach ihrer Fälligkeit (101). Das Inventar im ganzen ist zu erhalten, die einzelnen Inventarstücke können veräußert werden. Wenn die Versicherung der Sachen gegen Brandschaden und sonstige Unfälle einer ordnungsmäßigen Wirtschaft entspricht, was die Regel sein wird, so hat sie der Gewalthaber nach den §§ 1045, 1046 auf seine Kosten zu bewirken. Die wirtschaftliche Bestimmung der Sache ist aufrechtzuerhalten, sofern dadurch das Kind nicht geschädigt wird. Verbrauchbare Sachen, die zu dem der Nutznießung unterliegenden Vermögen gehören, darf der Gewalthaber für sich veräußern oder verbrauchen, Geld jedoch nur mit Genehmigung des Vormundschaftsgerichts. Macht er von dieser Befugnis Gebrauch, so hat er den Wert der Sachen nach der Beendigung der Nutznießung zu ersetzen; der Ersatz ist schon vorher zu leisten, wenn die ordnungsmäßige Verwaltung des Vermögens es erfordert (1653). Die Genehmigung des Vormundschaftsgerichts zum Verbrauche des Geldes kann unter Einschränkungen, also auch gegen Sicherheitsleistung erteilt werden. Der Gewalthaber hat unter Alleinhaftung die laufenden Unterhaltungskosten für das seiner Nutznießung unterliegende Kindesvermögen ohne Rücksicht auf deren Verhältnis zur Größe seiner Nutzungsrente zu bestreiten. Für außerordentliche Aufwendungen, die er den Umständen nach für erforderlich halten durfte, kann er von dem Kinde Ersatz verlangen (1654,

1648). Für die Dauer der Verwaltung und Nutznießung hat er die dem Kinde obliegenden öffentlichen und privatrechtlichen Lasten, wie Kapital-, Renten-, Gewerbesteuern, Einquartierungen, Versicherungsbeiträge und die Prämien für die Versicherung von Kindesvermögen, Grundschuldzinsen, Renten und die Zinsen solcher Schulden zu tragen, für welche das Kindesvermögen haftet, wie Hypothekenzinsen, er hat ferner die von dem Kinde auf Grund gesetzlicher Unterhaltspflicht aufzubringenden sowie alle ihm obliegenden wiederkehrenden Leistungen, die bei ordnungsmäßiger Verwaltung aus den Einkünften des Vermögens bestritten werden, wie Lebensversicherungsprämien, zu bestreiten. Endlich hat er die Kosten eines Rechtsstreits, der für das Kind geführt wird, sofern sie nicht dem freien Vermögen zur Last fallen, sowie die Kosten der Verteidigung des Kindes — nicht auch die Gerichtskosten — in einem gegen das Kind gerichteten Strafverfahren, vorbehaltlich der Ersatzpflicht des Kindes im Falle seiner Verurteilung, zu tragen (1654). Dagegen ist der Gewalthaber nicht verpflichtet, auf den Stammwert des Kindesvermögens gelegte außerordentliche Lasten, wie Bauveränderungen, Kanalanschlüsse, Bürgersteiganlagen, Straßenpflasterung, oder auf dem freien Kindesvermögen ruhende Leistungen auf seine Rechnung zu nehmen. Soweit der Gewalthaber die Verbindlichkeiten des Kindes zu tragen hat, haftet er den Gläubigern neben dem Kinde als Gesamtschuldner. Seiner Haftung kann er sich durch den Verzicht auf die Nutznießung entschlagen. Soweit der Gewalthaber die Früchte des Kindesvermögens zur Erfüllung seiner Verbindlichkeiten nötig hat, sind sie der Pfändung nicht unterworfen (CPO. 862 Abs. 2). Gehört zu dem der Nutznießung unterliegenden Vermögen ein Erwerbsgeschäft, das von dem Gewalthaber im Namen des Kindes als Prinzipals betrieben wird, so gebührt dem Gewalthaber nur der sich aus dem Betrieb ergebende jährliche Reingewinn. Der Anspruch auf diesen ist nach der Fälligkeit übertragbar. Ergiebt sich in einem Jahre ein Verlust, so verbleibt der Gewinn späterer Jahre bis zur Ausgleichung des Verlustes dem Kinde; der Gewinn früherer Jahre verbleibt dem Gewalthaber (1655). Diese Vorschrift gilt sowohl für die Fortführung wie für die Begründung eines Erwerbsgeschäfts, sie findet aber keine Anwendung auf das von dem Kinde mit Ermächtigung des Gewalthabers selbständig betriebene Erwerbsgeschäft.

Dem Gewalthaber kann die Nutznießung an dem Kindesvermögen zustehen, die Ausübung der Nutznießung aber entzogen sein. Ist ihm nämlich die Verwaltung des Kindesvermögens entzogen, so kann er vom gesetzlichen Vertreter des Kindes nur die Herausgabe der Nutzungen nach Abzug der Verwaltungskosten und der Lasten der Nutznießung verlangen. Aus den Nutzungen sind außerdem die Kosten des Unterhalts, soweit sie dem Gewalthaber zur Last fallen (1602, 1603, 1610), vorweg zu entnehmen, wenn die elterliche Gewalt ruht oder dem Gewalthaber die Sorge für die Person und das Vermögen des Kindes durch das Vormundschaftsgericht entzogen ist (1656). Der Verlust der Vermögensverwaltung ändert mithin nichts an der dinglichen Berechtigung des Gewalthabers zur Nutznießung. Die Voraussetzung, daß dem Gewalthaber die Nutznießung ohne die Vermögensverwaltung zusteht, liegt außer dem Falle des Ruhens der elterlichen Gewalt des Vaters (1678) vor, wenn die Verwaltung durch Bestimmung des Zuwenders des Vermögens dem Gewalthaber unter Belassung der Nutznießung entzogen ist (1638), wenn der Konkurs über das Vermögen des Gewalthabers eröffnet wird (1647), wenn das Vormundschaftsgericht dem Gewalthaber die Verwaltung allein entzogen hat (1666 Abs. 2), wenn wegen Verhinderung des Gewalthabers ein Pfleger zur Verwaltung bestellt ist (1909 Abs. 1 Satz 1) oder die Gewalt von der Mutter ausgeübt wird (1685 Abs. 1), wozu für die Mutter als Gewalthaberin neben diesen Fällen noch der Fall der Uebertragung der Vermögensverwaltung auf einen Beistand tritt. Der Vertreter hat dem Gewalthaber Rechnung zu legen. Der Anspruch des Gewalthabers auf Herausgabe des Reinertrags wird mit der Fälligkeit übertragbar (1658). Ist der Gewalthaber aus einem anderen Grunde wie wegen Ruhens der elterlichen Gewalt von der Ausübung der Nutznießung ausgeschlossen, so hat er dem Kinde den Wert der von ihm veräußerten und verbrauchten Sachen und der im Uebermaß bezogenen Früchte, der sonst erst nach der Beendigung der Nutznießung zu ersetzen sein würde, sofort zu ersetzen (1657) sowie ferner das zum Schätzungswert übernommene Grundstücksinventar zurückzugewähren. Das elterliche Nutznießungsrecht ist höchstpersönlich und deshalb nicht übertragbar (1658), nicht pfändbar (CPO. 862) und nicht der Nießbrauchsbestellung unterworfen. Für die Schulden des Gewalthabers ist das Kindesvermögen nicht haftbar. Eine Zwangsverwaltung desselben findet daher ihretwegen nicht statt; nur die Ueberschüsse der Früchte — nicht aller Nutzungen — und die Ansprüche auf den fälligen Reingewinn eines Erwerbsgeschäfts sowie auf die Herausgabe von Nutzungen seitens des gesetzlichen Vertreters können gepfändet werden. Werden durch die Pfändung Verwaltungs- und Unterhaltspflichten verletzt, so ist neben dem Vater auch das Kind zum Widerspruche befugt (CPO. 862). Das elterliche Nutznießungsrecht und die noch nicht fälligen Ansprüche aus demselben fallen nicht in die Konkursmasse des Gewalthabers, auch nicht die nach der Konkurseröffnung erworbenen Früchte (KO. 1).

Die Gläubiger des Kindes können ohne Rücksicht auf das Recht des Gewalthabers an dem Kindesvermögen aus diesem ihre Befriedigung verlangen; ihnen haftet mithin sowohl das der elterlichen Nutznießung unterstehende wie das freie Kindesvermögen, das erstere aber nur mit den vom Gewalthaber noch nicht erworbenen Nutzungen (1659 Abs. 1). Das Kindesvermögen haftet demnach schlechthin für die Schulden des Kindes aus einem von ihm betriebenen Erwerbsgeschäfte, für alle Verbindlichkeiten aus Erbschaften, Vermächtnissen oder Schenkungen an das Kind, für Vertragsschulden des Gewalthabers für das Kind oder des Kindes aus seinen Dienst- und Arbeitsverhältnissen und für die Verbindlichkeiten des Kindes aus Geschäftsführung ohne Auftrag, aus Unterhaltsansprüchen gegen das Kind sowie aus unerlaubten Handlungen. Das freie Vermögen haftet auch für die Kosten eines Rechtsstreits, der seinetwegen geführt wird. Den Gläubigern des Kindes haftet der Gewalthaber entweder allein, soweit Ersatzansprüche des Kindes gegen ihn wegen verbrauchbarer Sachen oder im Uebermaße bezogener Früchte bestehen, die dann den Gläubigern gegenüber sofort fällig werden (1659 Abs. 2), oder als Gesamtschuldner neben dem Kinde für die mit der Verwaltung des Kindesvermögens zusammenhängenden und auf diesem lastenden Verbindlichkeiten. Im Konkurs über das Vermögen des Kindes steht das elterliche Nutznießungsrecht dem Rechte der Gläubiger nach, soweit nicht die Unterhaltspflicht des Kindes beeinträchtigt wird. Zur Zwangsvollstreckung gegen das Kindesvermögen genügt ein gegen das Kind ergangenes Urteil (CPO. 746).

Im Verhältnisse des Gewalthabers und des Kindes zu einander besteht die Pflicht zur Ausgleichung von Verbindlichkeiten des Kindes, die, obgleich sie auf dem freien Vermögen beruhen, vom

Gewalthaber aus dem nicht freien Vermögen berichtigt worden sind (1660). Dem freien Vermögen fallen zur Last:

die Verbindlichkeiten des Kindes aus einer unerlaubten Handlung während der Zeit der elterlichen Nutznießung sowie aus dem wegen einer solchen Handlung gegen es gerichteten Strafverfahren;

die Verbindlichkeiten des Kindes aus einem sich auf das freie Vermögen beziehenden Rechtsverhältnis, auch wenn sie vor dem Eintritte der elterlichen Nutznießung oder vor der Zeit entstanden sind, zu der das Gut freies Vermögen geworden ist, wozu insbesondere die Verbindlichkeiten aus einem Erwerbsgeschäft und aus den Dienst- und Arbeitsverhältnissen des Kindes sowie dessen Unterhaltspflicht aus Verwandtschaft und die Nachlaßverbindlichkeiten aus einer dem Kinde als freies Vermögen zugewendeten Erbschaft gehören;

die Kosten eines Rechtsstreits um eine der vorbezeichneten Verbindlichkeiten sowie eines Rechtsstreits zwischen Gewalthaber und Kind, soweit die letzteren nicht der Gewalthaber zu tragen hat.

Alle übrigen Kindesverbindlichkeiten fallen dem unfreien Kindesvermögen zur Last.

Das Vermögen der Eltern und das Vermögen des Kindes stehen selbständig neben einander. Demgemäß hat eine Ausgleichung der aus dem einen Vermögen für das andere gemachten Aufwendungen zu geschehen. Diese erfolgt durch den Ersatz der Auslagen aus dem freien Vermögen in das nichtfreie und kann daher auch nur geschehen, soweit das freie Vermögen reicht. Eine persönliche Ersatzverbindlichkeit zwischen Gewalthaber und Kind besteht nicht. Wird eine Verbindlichkeit des Kindes, die im Verhältnisse von Gewalthaber und Kind zu einander nicht dem freien Vermögen zur Last fällt, aus dem freien Vermögen berichtigt, so hat der Gewalthaber aus dem nichtfreien Vermögen, soweit dieses reicht, zu dem freien Ersatz zu leisten. Aus seinem eigenen Vermögen hat der Gewalthaber die Ausgleichung nicht zu bewirken, soweit ihn nicht ein Verschulden trifft oder die Ausgleichungspflicht nicht nach allgemeinen Grundsätzen, insbesondere wegen ungerechtfertigter Bereicherung, begründet ist. Im Konkurs über das Kindesvermögen haftet für die Ausgleichung nicht nur der Bestand der beiden Vermögen bei der Konkurs-Eröffnung, sondern auch deren späterer Bestand.

Die gerichtliche Vertretung des Kindesvermögens steht dem Gewalthaber zu, und zwar nicht bloß soweit es sich um sein Interesse, also um seine Berechtigung zu Besitz, Verwaltung und Nutznießung des freien und nichtfreien Vermögens handelt, sondern ganz allgemein, so daß er nicht bloß auf Herausgabe von verbrauchbaren Sachen oder von Inventarienstücken eines Grundstücks im Kindesvermögen, sondern auch auf Erfüllung der von ihm für das Kind abgeschlossenen Rechtsgeschäfte klagen kann.

Bei der Annahme an Kindesstatt, die an sich ein Recht des Annehmenden auf die Nutznießung des Kindesvermögens gewährt, kann durch den Annahmevertrag das Nutznießungsrecht ausgeschlossen werden. Die Vermögensverwaltung geht dann aber demungeachtet in die Hand des Annehmenden über.

Das Kind hat noch während des Bestehens der elterlichen Verwaltung oder Nutznießung bei Gefährdung seines Vermögens oder seiner Ersatzansprüche durch das Verhalten des Gewalthabers ein Recht auf Sicherung durch Maßregeln des Vormundschaftsgerichts. Wird nämlich durch verschuldete oder unverschuldete Verletzung der mit der Vermögensverwaltung oder der mit der Nutznießung verbundenen Pflichten das Kindesvermögen gefährdet oder gerät der Gewalthaber in Vermögensverfall oder läßt er die Anordnungen Dritter über die Vermögensverwaltung unbeachtet, so hat das Vormundschaftsgericht die zur Abwendung der Gefahr erforderlichen Maßregeln nach seinem Ermessen auf Kosten des Gewalthabers zu treffen (1667). Es kann insbesondere bei der Fortdauer der elterlichen Vermögensverwaltung ein Inventar und Rechnungslegung über die Verwaltung fordern, bei Inhaber- und Blankopapieren mit Ausnahme von Banknoten und der Zins-, Renten- oder Gewinnanteilscheine sowie bei Kostbarkeiten die Hinterlegung bei einer Hinterlegungsstelle oder der Reichsbank, bei Buchforderungen gegen das Reich oder gegen einen Bundesstaat den Vermerk in dem Schuldbuch anordnen, daß der Gewalthaber über die Forderung nur mit Genehmigung des Vormundschaftsgerichts verfügen kann. Inhaberpapiere kann dann der Gewalthaber statt sie zu hinterlegen auf den Namen des Kindes mit der Bestimmung umschreiben lassen, daß er über sie nur mit Genehmigung des Vormundschaftsgerichts verfügen darf, oder er kann sie, wenn sie vom Reiche oder einem Bundesstaat ausgestellt sind, in Buchforderungen mit dem gleichen Vermerk umwandeln lassen (1814 bis 1816, 1818 bis 1820). Das Vormundschaftsgericht kann die Hinterlegung mit der vorbezeichneten Verfügungsbeschränkung auch auf andere

Wertpapiere des Kindes ausdehnen, wie Zinsscheine, Namenpapiere, Hypotheken-, Grundschuld- und Rentenbriefe. Erweisen sich diese Maßregeln als unzureichend, so kann dem Gewalthaber Sicherheitsleistung (232) auferlegt und, wenn diese nicht freiwillig geleistet wird, die Vermögensverwaltung entzogen werden (1668, 1670). Die getroffene Anordnung kann während der Dauer der elterlichen Gewalt jederzeit abgeändert, insbesondere die geleistete Sicherheit erhöht, gemindert oder aufgehoben werden (1671). Bei der Bestellung, Aenderung und Aufhebung der Sicherheit wird die Mitwirkung des Kindes durch die Anordnung des Vormundschaftsgerichts ersetzt, weshalb es der Bestellung eines Pflegers nicht bedarf. Die Kosten der Bestellung und Aufhebung fallen dem Gewalthaber zur Last (1672). Vor der Entziehung oder Beschränkung der Verwaltung oder der Nutznießung oder beider soll das Vormundschaftsgericht den Vater und wenn thunlich auch Verwandte, insbesondere die Mutter oder Verschwägerte des Kindes, gegen Ersatz ihrer Auslagen aus dem Kindesvermögen hören (1673). Gegen die Aufhebung haben die Verwandten und Verschwägerten des Kindes ein selbständiges Beschwerderecht. Durch die Entziehung oder Beschränkung der Verwaltung allein wird nur die Ausübung der Nutznießung durch den Vater, nicht das Nutznießungsrecht selbst berührt.

Von der Hinterlegungsanordnung bleiben Geld, Schuldscheine, Wechsel, die zum Umsatze bestimmt sind oder zum Betriebsfonds gehören, und die sonstigen nicht voraufgeführten Urkunden ausgeschlossen. Solange Wertpapiere oder Kostbarkeiten hinterlegt oder Inhaberpapiere auf den Namen des Kindes umgeschrieben oder in Buchforderungen umgewandelt sind, darf der Gewalthaber über sie nur mit Genehmigung des Vormundschaftsgerichts verfügen. Ist er wieder in den Besitz der hinterlegten Wertpapiere oder Kostbarkeiten gelangt, so ist seine Verfügung des Mangels der vormundschaftsgerichtlichen Genehmigung ungeachtet gutgläubigen Dritten gegenüber wirksam.

Die elterliche Verwaltung und Nutznießung des Kindesvermögens endigen mit der elterlichen Gewalt als solcher, sie können aber auch endigen, während die elterliche Gewalt noch fortbesteht. In diesem Falle sind die Beendigungsgründe für Verwaltung und Nutznießung teilweise gemeinsam, teilweise verschieden.

Gemeinsame Beendigungsgründe für Verwaltung und Nutznießung sind deren Entziehung durch das Vormundschaftsgericht bei Fortbestehen der elterlichen Gewalt, die mit elterlicher Einwilligung erfolgte Verheiratung der minderjährigen Tochter (1365, 1375, 1661), die Endigung und die Verwirkung der elterlichen Gewalt durch beide Eltern oder durch den Vater während der Dauer der Ehe, für die Mutter auch ihre Wiederverheiratung (1697). Beendigungsgründe der Verwaltung bei Fortbestehen der elterlichen Gewalt und des elterlichen Nießbrauchs sind das Ruhen der elterlichen Gewalt (1676), die Konkurs-Eröffnung über das Vermögen des Gewalthabers (1647), die Entziehung nur der Verwaltung durch das Vormundschaftsgericht (1666 Abs. 2), bei der elterlichen Gewalt der Mutter auch die Uebertragung der Verwaltung auf den Beistand (1693). Der Verzicht auf die Vermögensverwaltung ist kein Beendigungsgrund, der Gewalthaber kann aber das Kindesvermögen ganz oder teilweise durch Herausgabe an das Kind zum Betrieb eines selbständigen Erwerbsgeschäfts seiner Verwaltung entziehen. Beendigungsgründe der Nutznießung bei Fortbestehen der elterlichen Gewalt sind der dem Vormundschaftsgerichte gegenüber in öffentlich beglaubigter Form erklärte elterliche Verzicht (1662), die Entziehung der Nutznießung durch das Vormundschaftsgericht wegen Verletzung der Unterhaltspflicht (1666) oder Außerachtlassung der Anordnungen des Vermögenszuwenders (1639 Abs. 1), bei der elterlichen Gewalt des Vaters deren Ruhen nach Auflösung der Ehe durch Scheidung oder Aufhebung der ehelichen Gemeinschaft, da dann auf den Antrag der Mutter dieser mit der elterlichen Gewalt auch die Nutznießung zu übertragen ist (1685 Abs. 2).

Die Beendigung der Vermögensverwaltung durch die Eröffnung des Konkurses über das Vermögen des Gewalthabers tritt mit der Rechtskraft des Eröffnungsbeschlusses ein (1647 Abs. 1). Zur Konkursmasse gehören nur die bis dahin erworbenen Nutzungen und die fälligen Ansprüche (CPO. 862). Für die Vermögensverwaltung ist ein Pfleger zu bestellen, weshalb der Gewalthaber sowie das Konkursgericht dem Vormundschaftsgerichte von der Konkurseröffnung Anzeige zu machen haben. Beim Konkurse der Mutter hat die Bestellung des Pflegers auch zu erfolgen, wenn die Vermögensverwaltung einem Beistand übertragen war. Nach der Aufhebung oder der Einstellung des Konkurses kann das Vormundschaftsgericht die Verwaltung dem Gewalthaber wieder übertragen (1647 Abs. 2). Diese

Bestimmungen finden auch Anwendung, wenn der Gemeinschuldner während des Konkurses die elterliche Gewalt erlangt.

Die Entziehung der Vermögensverwaltung kann von dem Vormundschaftsgericht angeordnet werden, wenn der Gewalthaber der Inventarisationspflicht nicht genügt, den zur Abwendung der Gefährdung des Kindesvermögens vom Vormundschaftsgerichte getroffenen Anordnungen nicht nachkommt oder die ihm auferlegte Sicherheitsleistung nicht leistet, sowie dem Vater gegenüber, wenn er bei der Eingehung einer neuen Ehe unterläßt, ein Inventar einzureichen und die Vermögensauseinandersetzung mit dem Kinde herbeizuführen (1670). Für die Verwaltung ist alsdann ein Pfleger zu bestellen. Die Entziehung läßt das Recht und die Pflicht des Gewalthabers unberührt, für die Person des Kindes zu sorgen.

Wird der Mutter ein Beistand bestellt, so behält dieselbe demungeachtet die Vermögensverwaltung. Auf ihren Antrag kann aber das Vormundschaftsgericht dem Beistande die Verwaltung ganz oder teilweise übertragen, wodurch er die Rechte und Pflichten eines Pflegers erhält. Mit Zustimmung der Mutter kann die Uebertragung wieder aufgehoben und ihr die Verwaltung zurückgegeben werden (1693).

Hört die Vermögensverwaltung wegen Beendigung oder Ruhens der elterlichen Gewalt oder aus einem der anderen Gründe auf, so hat der Gewalthaber dem Kinde oder seinem gesetzlichen Vertreter das Vermögen herauszugeben und über seine Verwaltung Rechenschaft abzulegen (1681). Was er ohne vormundschaftsgerichtliche Genehmigung, wo sie erforderlich war, veräußert oder was er von verbrauchbaren Sachen für sich verwendet hat, ist dem Kinde alsbald zu ersetzen (1657), nicht minder was in nicht ordnungsmäßiger Verwaltung abhanden gekommen oder verschlechtert worden ist, falls nicht bei der Verwaltung die gleiche Sorgfalt wie in eigenen Angelegenheiten angewendet worden war. Nach demselben Maßstab ist für jede verschuldete Schädigung des Kindes Ersatz zu leisten (1664), gleichgiltig ob der beschädigte Gegenstand in seine Verfügungsgewalt gelangt ist oder nicht. Hat der Gewalthaber bei der Sorge für die Person oder das Vermögen des Kindes Aufwendungen gemacht, so sind sie vom Kinde nunmehr zu ersetzen, sofern sie ihm nicht wegen der Nutznießung selbst zur Last fielen (1648). Die bis zur Beendigung der Verwaltung erwachsenen Nutzungen verbleiben dem Gewalthaber. Gehört zu dem Kindesvermögen ein Landgut, so sind die für die unmittelbare Fortsetzung der Wirtschaft notwendigen Erzeugnisse nebst Dünger zurückzulassen; bei ländlichen Grundstücken verbleibt dem Gewalthaber ein verhältnismäßiger Ersatz für die Bestellungskosten. Die Ausgleichung zwischen dem freien und nichtfreien Kindesvermögen ist vorzunehmen. Das Kind kann die Belege der Rechnung und den Offenbarungseid verlangen und hat Quittung zu erteilen. Eine Mitwirkung des Vormundschaftsgerichts findet nicht statt. Auch nach der Beendigung der Verwaltung ist der Gewalthaber zur Fortführung der mit der Vermögensverwaltung verbundenen Geschäfte berechtigt, bis er von der Beendigung Kenntnis erlangt oder sie kennen muß (1682). Doch kann sich ein Dritter auf diese Berechtigung nur berufen, wenn er sich ebenfalls bei der Vornahme des Rechtsgeschäfts in unverschuldeter Unkenntnis von der Beendigung befunden hat. Für die Vornahme auch dieser Geschäfte haftet der Gewalthaber gleichfalls nur wie in eigenen Angelegenheiten. Rechtshandlungen auf Grund des Nießbrauchs werden von dem Gewalthaber auch nach der Beendigung des Nießbrauchs solange wirksam vorgenommen, bis er von der Beendigung Kenntnis erlangt hat oder sie kennen muß. Das Gleiche gilt von dem mit ihm verhandelnden Dritten. Hat der Gewalthaber kraft seines Nießbrauchs ein zum Vermögen des Kindes gehörendes Grundstück über die Dauer des Nießbrauchs ohne vormundschaftsgerichtliche Genehmigung vermietet oder verpachtet, so ist der Mieter an den Vertrag gebunden, das Kind aber oder sein gesetzlicher Vertreter ist berechtigt, den Vertrag unter Einhaltung der gesetzlichen Kündigungsfrist jederzeit zu kündigen. Der Mieter ist jedoch berechtigt, das Kind unter Bestimmung einer angemessenen Frist zur Erklärung darüber aufzufordern, ob es von dem Kündigungsrechte Gebrauch machen werde. Kündigt das Kind bis zum Ablaufe der ihm gesetzten Frist nicht, so geht es des Kündigungsrechts verlustig und muß das Vertragsverhältnis auf die vereinbarte Dauer fortsetzen. Bei ländlichen Grundstücken hat der Pächter im Falle vorzeitiger Endigung der Pacht einen Anspruch auf Entschädigung für Bestellung der Aecker, für Aussaat sowie für die zurückgelassenen landwirtschaftlichen Vorräte (592, 593).

§ 15.

Beendigung der elterlichen Gewalt.

Die elterliche Gewalt endigt, wenn alle in ihr enthaltenen Befugnisse erloschen und die Möglichkeit ihres Wiederauflebens in der Person des Gewalthabers ausgeschlossen ist. Deshalb ist die Entziehung der einzelnen Bestandteile der elterlichen Gewalt durch das Vormundschaftsgericht kein Beendigungsgrund, selbst wenn die Entziehung aller Bestandteile derselben angeordnet sein sollte. Unter den Beendigungsgründen sind diejenigen, welche die Gewalt selbst beendigen, von denjenigen zu trennen, welche die Gewalt des Vaters beendigen.

Die Beendigungsgründe der elterlichen Gewalt als solcher sind der Tod und die Todeserklärung, die Volljährigkeit und die Volljährigkeitserklärung des Kindes, der Tod und die Todeserklärung beider Eltern, die Verwirkung der elterlichen Gewalt durch beide Eltern und die Wiederverheiratung der Mutter, wenn ihr die Gewalt zusteht. Die Todeserklärung des Kindes kann thatsächlich ein Beendigungsgrund der Gewalt nur bei der Kriegs-, See- und Gefahrverschollenheit werden. Kehrt das tot erklärte Kind zurück, so besteht die Gewalt fort und wird als ununterbrochen behandelt. Volljährigkeits- und Todeserklärung treten erst mit der Rechtskraft des Beschlusses in Wirksamkeit.

Von den in der Person des Vaters eintretenden Beendigungsgründen hat nur die Verwirkung der Gewalt bei bestehender Ehe deren Untergang zur Folge, während bei Lebzeiten der Mutter der Tod und die Todeserklärung des Vaters sowie die Verwirkung der elterlichen Gewalt des Vaters nach Auflösung der Ehe den Uebergang der Gewalt auf die Mutter bewirken. Geht die Gewalt auf die Mutter über, so wird dem Kinde kein Vormund bestellt; geht die Gewalt des Vaters während der Ehe durch Verwirkung unter, so wird ein Vormund bestellt. Stirbt der Vater oder wird er für tot erklärt, so dehnt sich die der Mutter zustehende Gewalt ohne weiteres auf die Sorge für das Vermögen des Kindes, die Nutznießung und die volle Vertretungsmacht aus und zwar bei der Todeserklärung von dem Zeitpunkt an, der als Zeitpunkt des Todes des Vaters gilt.

Ist jedoch die Mutter tot oder unfähig zur elterlichen Gewalt, so ist eine Vormundschaft einzuleiten. Kehrt der für tot erklärte Vater zurück, so erlangt er die elterliche Gewalt wieder, aber nicht ohne weiteres, sondern nur durch seinen dem Vormundschaftsgerichte gegenüber erklärten Willen (1679). Mutter oder Vormund haben ihm das Kindesvermögen herauszugeben, ein Vermögensverzeichnis aufzustellen und ihm Rechnung zu legen. Im Falle der Wiedererlangung der elterlichen Gewalt durch den Vater wird freies Vermögen des Kindes, was ohne die Todeserklärung freies Vermögen geblieben oder geworden sein würde.

Verwirkt der Vater die Gewalt und ist oder wird die Ehe durch Scheidung oder Aufhebung der Gemeinschaft aufgelöst, so geht die elterliche Gewalt mit der Eheauflösung auch bei Lebzeiten des Vaters unter Beendigung der etwa eingeleiteten Vormundschaft auf die Mutter über (1684). Der Vater verwirkt aber die elterliche Gewalt durch Verurteilung zu einer mindestens sechsmonatigen Freiheitsstrafe wegen eines an dem Kinde — nicht notwendig an seiner Person — verübten Verbrechens oder vorsätzlichen Vergehens, wobei beim Zusammentreffen mehrerer strafbarer Handlungen nicht die Gesamtstrafe, sondern die Einzelstrafe maßgebend ist. Die Verwirkung tritt mit der Rechtskraft des Urteils ohne weiteres ein (1680), beim Vorhandensein mehrerer Kinder jedoch nicht allen unter elterlicher Gewalt stehenden Kindern gegenüber, sondern nur dem Kinde gegenüber, an dem sich der Vater verfehlt hat. Von der Verurteilung ist demjenigen Vormundschaftsgerichte Mitteilung zu machen (FG. 50), welches die Vormundschaft einzuleiten hat. Die Begnadigung des Vaters stellt die elterliche Gewalt nicht wieder her, wohl aber die Freisprechung im Wiederaufnahmeverfahren. Bei der Verwirkung der Gewalt durch die Mutter kann das Kind auf Aufhebung der fortgesetzten Gütergemeinschaft klagen.

Annahme eines Kindes an Kindesstatt bewirkt den Verlust der elterlichen Gewalt der leiblichen Eltern, das Kind tritt in die elterliche Gewalt des Annehmenden (1765), ausgenommen wenn die Stiefmutter das Kind ihres Mannes an Kindesstatt annimmt, da in diesem Falle die Gewalt dem Vater verbleibt (1757). Die elterliche Gewalt des Annehmenden endigt mit der Aufhebung des Annahmeverhältnisses durch Vertrag oder Schließung einer giltigen Ehe zwischen den durch die Annahme verbundenen Personen. Auch wenn die Ehe zwischen ihnen nichtig oder anfechtbar und angefochten ist, wird die elterliche Gewalt des Annehmenden mit der Eheschließung verwirkt, ausgenommen wenn die Nichtigkeit auf einem Formmangel beruht und die Ehe nicht in das Heiratsregister eingetragen worden ist (1771). Mit der Nichtigerklärung der Ehe ist dem Kinde ein Vormund zu bestellen. Endigt die elterliche Gewalt des Annehmenden, so kehren Recht und Pflicht, für die Person des Kindes zu sorgen, ohne weiteres auf die leiblichen Eltern zurück, wenn diese dem Kinde Unterhalt zu gewähren haben und solange dies der Fall ist. Das Recht zur Vertretung des Kindes und das Ehekonsensrecht tritt aber nicht wieder ein und die Personensorge fällt weg, wenn der Annehmende die elterliche Gewalt wiedererlangt, was bei ihrer Beendigung wegen Todeserklärung des Annehmenden möglich ist.

Selbstverständlich kann ein Elternteil die elterliche Gewalt nicht erlangen, wenn zur Zeit ihres Eintritts die Gründe vorliegen, aus denen er sie, wenn sie ihm zugestanden hätte, verloren haben würde, also der tot erklärte Vater lebt, die Mutter eine neue Ehe geschlossen hat oder die Verurteilung, welche die Verwirkung zur Folge hätte, bereits rechtskräftig erfolgt war.

Die Mutter, nicht auch der Vater, verliert die elterliche Gewalt durch Eingehung einer neuen giltigen Ehe und erlangt sie durch die Auflösung dieser Ehe nicht wieder. Vor dem Abschlusse der Ehe hat die Mutter ihre Absicht dem Vormundschaftsgericht anzuzeigen, das Vermögen des Kindes zu inventarisieren und die Auseinandersetzung herbeizuführen (1669). Das Vormundschaftsgericht hat ihr ein Zeugnis über die Erfüllung dieser Verpflichtung zu erteilen (1314). Von der erfolgten Eheschließung hat das Standesamt das Vormundschaftsgericht zu benachrichtigen. In der neuen Ehe behält die Mutter die Sorge für die Person des Kindes, aber ohne Vertretungsbefugnis. Für die Vertretung der Person sowie für die Verwaltung und Vertretung des Vermögens des Kindes ist diesem ein Vormund zu bestellen, welcher der Mutter in der Personensorge als Beistand zur Seite steht (1696). Als Vormund kann auch mit Einwilligung ihres Mannes die Mutter bestellt werden. Endigt die elterliche Gewalt der Mutter durch deren Tod oder ihre Todeserklärung oder durch Verwirkung, so muß, weil nun das Kind nicht mehr unter elterlicher Gewalt steht, die vormundschaftliche Fürsorge für das Kind in das Leben treten (1773).

Endigt die elterliche Gewalt durch den Tod oder die Todeserklärung des Kindes, so hat der Gewalthaber diejenigen Geschäfte, mit deren Aufschub Gefahr verbunden ist, zu besorgen, bis der Erbe anderweit Fürsorge treffen kann. Dem Erben ist das Vermögen des Kindes herauszugeben und Rechenschaft über die Verwaltung abzulegen (1683).

§ 16.

Der Beistand der Mutter.

Während in der Person der Mutter als Gewalthaberin die elterliche Gewalt im allgemeinen den gleichen Inhalt wie in der Person des Vaters hat, weicht die Gewalt der Mutter von der des Vaters in der Zulassung ihrer Beschränkung durch die Bestellung eines Beistandes ab (1687). Diese Bestellung kann in zwei Formen vorkommen: als beaufsichtigender und als verwaltender Beistand. In beiden Formen wird der Beistand der Mutter durch das Vormundschaftsgericht bestellt. Der beaufsichtigende Beistand hat die Stellung des Gegenvormundes neben der Mutter, der verwaltende Beistand hat die Vermögensverwaltung in dem ihm übertragenen Umfange mit den Rechten und Pflichten des Pflegers, ist also Vertreter des Kindes.

Als Ausnahmemaßregel hat die Bestellung eines Beistandes nur zu erfolgen: wenn der Vater kraft seiner vollen elterlichen Gewalt bis zu seinem Tode (1777) durch letztwillige Verfügung sie angeordnet hat; wenn die Mutter sie beantragt; wenn das Vormundschaftsgericht aus besonderen Gründen, insbesondere wegen des Umfanges oder der Schwierigkeiten der Vermögensverwaltung oder wegen Gefährdung der Person oder des Vermögens des Kindes durch Pflichtverletzungen der Mutter sie im Kindesinteresse für nötig erachtet (1687). An dieser letzteren von amtswegen eintretenden Bestellung kann das Gericht weder durch den Widerspruch der Mutter noch durch ein entgegenstehendes Verbot des Vaters gehindert werden. Doch ist die Bestellung nur zulässig, wenn der Mutter die elterliche Gewalt oder deren Ausübung, nicht, auch wenn ihr allein die Sorge für die Person des Kindes zusteht. Ein verwaltender Beistand kann überhaupt nur auf den Antrag der Mutter bestellt werden. Dem Vater steht das Anordnungsrecht nicht zu, wenn ihm zur Zeit des Todes infolge Verwirkung oder Todeserklärung die elterliche Gewalt nicht zusteht sowie wenn er in den die Person oder in den das Vermögen betreffenden Angelegenheiten wegen Konkurses oder vormundschaftsgerichtlicher Entziehung nicht zur Vertretung des Kindes berechtigt ist. Lehnt ein in seiner Anordnung Benannter die Bestellung ab, so ist Auslegungsfrage, ob ein anderer als Beistand zu bestellen ist. Statt der Anordnung der Bestellung eines Beistandes kann der Vater auch für das von ihm dem Kinde von Todeswegen zufallende Vermögen durch letztwillige Verfügung bestimmen, daß das Vermögen der Verwaltung der Mutter entzogen sein soll; für die Verwaltung dieses Vermögens ist dann dem Kinde ein Pfleger zu bestellen. Hat der Vater vor dem 1. Januar 1900 auf Grund der bisherigen Gesetze die Mutter von der Vormundschaft über das Kind ausgeschlossen oder der Mutter einen Beistand zugeordnet, so gilt die Anordnung des Vaters als Anordnung der Bestellung eines Beistandes für die Mutter. Für die Anordnung der Vormundschaft können die Gründe sowohl auf der Vermögensverwaltung wie auf der Befähigung der Mutter zu ihr beruhen. Vor der Anordnung soll das Vormundschaftsgericht die Mutter und Verwandte des Kindes hören, sofern die Anhörung nicht unthunlich ist (1673). Der Gemeindewaisenrat ist zur Anzeige verpflichtet, wenn ihm Fälle bekannt werden, welche das Eingreifen des Vormundschaftsgerichts geboten erscheinen lassen (1675).

Für die Berufung und Bestellung des Beistandes gelten die für die Bestellung des Gegenvormundes getroffenen Bestimmungen (1694 Abs. 1). Danach ist in erster Linie der vom Vater Benannte, in zweiter Linie der von der Mutter Benannte zum Beistande zu bestellen; ihnen folgen der Großvater des Kindes von väterlicher Seite und dann der Großvater des Kindes von mütterlicher Seite (1776). Uebergehung des zunächst Berufenen giebt diesem die sofortige Beschwerde (FG. 60 Nr. 1). Wird die Bestellung abgelehnt, so steht dem Kinde, der Mutter, dem Ehegatten und den Verwandten des Kindes und im Falle des Antrags der Mutter dieser und nur ihr die Beschwerde zu (FG. 57 Abs. 1, Nr. 5, 20 Abs. 2).

Ueber den sachlichen und zeitlichen Wirkungskreis des beaufsichtigenden Beistandes entscheidet seine Bestellung. Er kann für alle Angelegenheiten, für gewisse Arten von Angelegenheiten oder für einzelne Angelegenheiten bestellt werden. Ist der Umfang nicht bestimmt, so fallen alle Angelegenheiten in seinen Wirkungskreis (1688). Hat der Vater die Bestellung angeordnet, so soll das Vormundschaftsgericht die Bestimmungen, welche er über den Wirkungskreis des Beistandes getroffen hat, bei der Bestellung befolgen. Zur Ausschließung der elterlichen Gewalt der Mutter ist jedoch der Vater nicht befugt. Außerhalb seines Wirkungskreises steht der Beistand wie jeder Dritte zur Mutter. Die Rechte und Pflichten des Beistandes bestehen in der Unterstützung und Ueberwachung der Mutter bei der Ausübung der elterlichen Gewalt innerhalb seines Wirkungskreises; die Mutter bleibt die Gewalthaberin und die Vertreterin des Kindes, doch ist ihre Vertretungsmacht dahin eingeschränkt, daß innerhalb des Wirkungskreises des Beistandes seine Genehmigung zu jedem Rechtsgeschäfte der Mutter erforderlich ist, zu dem ein Vormund der Genehmigung des Vormundschaftsgerichts oder des Gegenvormundes bedarf. Wer mit der Mutter rechtsgeschäftlich verhandelt, hat sich daher darüber zu vergewissern, ob ihr ein Beistand bestellt ist.

Die Genehmigung des Beistandes, welche der Mutter gegenüber zu erklären ist, genügt nicht und ist deshalb auch nicht erfordert für Rechtsgeschäfte, welche die Mutter als Gewalthaberin nicht ohne die Genehmigung des Vormundschaftsgerichts vornehmen kann (1643). Seine Genehmigung kann überdies durchweg durch die Genehmigung des Vormundschaftsgerichts ersetzt werden. Der Mutter ist dadurch überlassen, zu wählen, wessen Genehmigung sie bei den der Genehmigung des Beistandes bedürftigen Rechtsgeschäften einholen will, diejenige des Beistandes oder diejenige des Vormundschaftsgerichts. Doch wird sie sich regelmäßig an das Vormundschaftsgericht nur wenden, wenn der Beistand seine Genehmigung verweigert oder wenn die Genehmigung von ihm wegen Unfähigkeit zur Erklärungsabgabe oder wegen dauernder Abwesenheit an unbekanntem Aufenthaltsorte nicht zu erlangen ist. Die Bedeutung des Genehmigungserfordernisses des Beistandes besteht demnach wesentlich darin, daß das Vormundschaftsgericht in allen Fällen, in denen das Rechtsgeschäft zu dem Wirkungskreise des Beistandes gehört, den Beistand hören soll, sofern ein solcher vorhanden, z. B. nicht durch Tod weggefallen, und die Anhörung thunlich ist (1690). Die Anhörung hat mithin nicht bloß bei den der Genehmigung des Beistandes bedürftigen, sondern auch bei den ausschließlich von der Genehmigung des Vormundschaftsgerichts abhängigen Rechtsgeschäften zu geschehen. Die

Erklärung der Genehmigung des Beistandes und ihr Mangel sind nach den §§ 1828 bis 1831 zu behandeln (S. 100). Der Genehmigung des Beistandes bedürfen nun die auf den entgeltlichen Erwerb eines Grundstücks oder eines Rechtes an einem Grundstücke gerichteten Verträge, Hypotheken, Grund- und Rentenschulden ausgenommen, ferner Erbteilungsverträge, Pachtverträge über ein ganzes Landgut oder einen gewerblichen Betrieb ohne Rücksicht auf die Dauer (andere Pacht- oder Mietverträge, welche nicht über das 22. Lebensjahr des Kindes hinaus dauern sollen, bedürfen keiner Genehmigung), Lehr-, Dienst- und Arbeitsverträge für das Kind von längerer als einjähriger Dauer, Vergleiche und Schiedsverträge über Gegenstände von unschätzbarem oder den Betrag von 300 M. übersteigendem Werte, Rechtsgeschäfte, durch welche die für eine Forderung des Kindes bestehende Sicherheit aufgehoben oder gemindert oder die Verpflichtung dazu begründet wird, Abweichungen von Anordnungen Dritter über die Vermögensverwaltung (1639), die Auflösung eines Erwerbsgeschäfts des Kindes, dingliche oder obligatorische Verfügungen über eine Forderung oder ein anderes Recht, kraft dessen das Kind eine Leistung verlangen kann, sowie über ein Wertpapier des Kindes, die Ueberlassung von Kindesvermögen an das Kind behufs Erfüllung eines von diesem geschlossenen Vertrags oder zu dessen freier Verfügung, wenn es sich um Gegenstände handelt, zu deren Veräußerung der Vormund der Genehmigung des Gegenvormundes oder des Vormundschaftsgerichts bedarf (1821, 1822 Nr. 1 bis 3, 1812), der Antrag der Mutter auf ihre und des Kindes Entlassung aus dem Staatsverbande. Enthält der Vergleich eine Veräußerung von Gegenständen der in § 1821 Nr. 1 bis 3, § 1822 Nr. 1, 3 bezeichneten Art, oder überläßt die Mutter dem Kinde Gegenstände, zu deren Veräußerung durch den Gewalthaber die Genehmigung des Vormundschaftsgerichts erforderlich ist, oder beschränkt sich der Antrag auf Entlassung aus dem Staatsverbande nur auf das Kind, so bedarf es der Genehmigung des Vormundschaftsgerichts. Zu Verfügungen über das zum Kindesvermögen gehörende Geld ist die Mutter in gleicher Weise wie der Vater berechtigt (1653); Geldanlagen können, wenn sie in den Wirkungskreis des Beistandes fallen, so daß die Mutter sie nicht allein bewirken darf, von der Mutter und dem Beistande nur in der Weise wie vom Vormund und Gegenvormunde (1809, 1810) geschehen, also von der Mutter nur mit der Genehmigung des Beistandes und bei dessen Weigerung oder Wegfall durch Tod mit der Genehmigung des Vormundschaftsgerichts (1691). Das bei einer Sparkasse, Bank oder Hinterlegungsstelle anzulegende Geld ist immer mit der Bestimmung anzulegen, daß zur Erhebung des Geldes die Genehmigung des Beistandes oder des Vormundschaftsgerichts erforderlich ist. Handelt die Mutter dementgegen, so macht sie sich dem Kinde schadensersatzpflichtig und ermöglicht das Einschreiten des Vormundschaftsgerichts. Wird eine so weitgehende Beschränkung für unangemessen erachtet, so ist die Geldanlage nicht in den Wirkungskreis des Beistandes aufzunehmen. Ein Verzeichnis über das Vermögen des Kindes ist von der Mutter beim Tode des Vaters auf Anordnung des Vormundschaftsgerichts, im Falle der Wiederverheiratung und bei der Annahme eines Kindes dem Vormundschaftsgericht einzureichen. Der Beistand, dessen Wirkungskreis nicht auf einzelne bestimmte Handlungen beschränkt ist, ist von der Mutter bei der Aufnahme des Verzeichnisses zuzuziehen; das Verzeichnis ist von ihm mit der Versicherung der Richtigkeit und Vollständigkeit zu versehen. Ungenügende Inventarisierung berechtigt das Vormundschaftsgericht, das Verzeichnis durch eine zuständige Behörde oder einen zuständigen Beamten oder Notar aufnehmen zu lassen (1692).

Ist dem Beistand auf den Antrag der Mutter die Vermögensverwaltung ganz oder teilweise übertragen, so hat er für die Dauer der elterlichen Gewalt unter Ausschluß der Mutter die gesetzliche Vertretung des Kindes in Vermögensangelegenheiten neben seinem sonstigen Wirkungskreise. Seine Stellung ist der des Vormundes ohne Gegenvormund ähnlich, er bedarf wie dieser der Genehmigung des Vormundschaftsgerichts und haftet wie dieser. Die Sorge für die Person des Kindes kann dem Beistande nicht übertragen werden. Wird diese der Mutter durch das Vormundschaftsgericht entzogen, während der Beistand die ganze Vermögensverwaltung hat, so ist ein Vormund zu bestellen, womit die Beistandschaft endigt (1693), es sei denn, daß das Vormundschaftsgericht die Uebertragung der Vermögensverwaltung aufhebt und einen Pfleger für die Person des Kindes bestellt.

Ruht die elterliche Gewalt der Mutter wegen ihrer Minderjährigkeit, so hat der dem Kinde bestellte Vormund in Bezug auf die Personensorge neben der Mutter die rechtliche Stellung eines Beistandes, während er in Bezug auf die Vermögensverwaltung und die Vertretung des Kindes in persönlichen und Vermögensangelegenheiten von der Mutter unabhängig ist. Der Mutter verbleibt daher die Erziehung, Beaufsichtigung und Aufenthaltsbestimmung des Kindes sowie der Anspruch auf dessen Herausgabe. Der Vormund hat aber die Mutter in Ausübung der Sorge für die Person des Kindes zu unterstützen und zu beaufsichtigen, ohne daß seine Meinung derjenigen der Mutter vorgeht. Dieselbe Stellung hat der Vormund neben der Mutter, welche sich wieder verheiratet.

Alle Fälle, in denen das Vormundschaftsgericht zum Einschreiten berufen ist, hat der Beistand ohne schuldhaftes Zögern dem Vormundschaftsgericht anzuzeigen (1689); bleibt eine Anzeige über pflichtwidriges Verhalten unberücksichtigt, so hat er die Beschwerde (FG. 57 Nr. 679).

Für die Beaufsichtigung des Beistandes durch das Vormundschaftsgericht (1837), für seine Haftung (1833) und Sicherheitsleistung (1844), für seine Ansprüche aus Aufwendungen (1835), für die ihm zu bewilligende Vergütung (1836) und für die Beendigung seines Amtes (1895) gelten die gleichen Vorschriften wie bei dem Gegenvormunde (1694 Abs. 1). Gegen die Festsetzung der Vergütung steht der Mutter das Beschwerderecht zu (FG. 20).

Die Beistandschaft endigt mit der Entmündigung, Todeserklärung, Entlassung des Beistandes. Die Entlassung kann wegen Pflichtwidrigkeit oder wegen Eintritts eines Untauglichkeitsgrundes, auf Antrag des Beistandes auch wegen sonstiger wichtiger Gründe oder, wenn der Beistand ein Beamter oder Religionsdiener ist, auf Grund dienstlicher Verhältnisse, oder, wenn er eine Frau ist, wegen ihrer Verheiratung oder der Versagung oder des Widerrufs der Zustimmung des Mannes angeordnet werden.

Die Beistandschaft endigt ferner mit der Beendigung und mit dem Ruhen der elterlichen Gewalt der Mutter (1694 Abs. 2) oder mit der Entziehung derjenigen Befugnisse der elterlichen Gewalt, mit welchen sich der Wirkungskreis des Beistandes deckt, und zwar in diesen Fällen ohne weiteres; sie endigt endlich mit der Aufhebung der Bestellung des Beistandes, wenn diese auf den Antrag der Mutter oder von amtswegen erfolgt war. Die Uebertragung der Vermögensverwaltung auf den Beistand kann jederzeit aufgehoben werden, aber sowohl die Aufhebung der von der Mutter beantragten Bestellung des Beistandes als die der Uebertragung der Vermögensverwaltung auf den Beistand sollen nur mit der Zustimmung der Mutter erfolgen (1695). Gegen die Aufhebung der Uebertragung der Vermögensverwaltung ist sowohl der Mutter als dem Kinde ein Beschwerderecht gegeben (FG. 20 Abs. 1), gegen die Aufhebung der auf Anordnung des Vaters oder von amtswegen eingeleiteten Beistandschaft haben der Beistand, das Kind, die Mutter, der Ehemann und die Verwandten des Kindes, gegen die Aufhebung der auf Antrag der Mutter eingeleiteten Beistandschaft Mutter und Kind ein Beschwerderecht (FG. 57 Abs. 1 Nr. 5, 20 Abs. 1).

Nach der Beendigung der Beistandschaft bleibt der Beistand zur Fortführung der Beistandschaft und zur Fürsorge für das Kind berechtigt, bis er von der Beendigung Kenntnis erlangt. Seine Bestellung hat er nach der Beendigung seines Amtes dem Vormundschaftsgerichte zurückzugeben. Der Tod des Beistandes ist von der Mutter oder von den Erben des Beistandes dem Vormundschaftsgericht anzuzeigen.

§ 17.

Uneheliche Kinder.

Als uneheliche (außereheliche) Kinder sind diejenigen anzusehen, welche nicht in einer giltigen oder als giltig zu behandelnden Ehe geboren oder empfangen und nicht legitimiert oder an Kindesstatt angenommen sind, sowie diejenigen, bezüglich denen die Ehelichkeit rechtswirksam angefochten ist. Das BGB. ist bestrebt, die Rechtsstellung der unehelichen Kinder dem früheren Rechte gegenüber zu verbessern. Dem Vater gegenüber wird allerdings durch die uneheliche Geburt das Eltern- und Kindesverhältnis nicht begründet; die rechtlichen Beziehungen des Kindes und der Mutter des Kindes zum Vater beruhen deshalb nicht auf familienrechtlicher Grundlage, sie begründen nur Schuldverhältnisse. Dagegen besteht der Mutter gegenüber eine grundsätzliche Ausnahme von der Ungleichheit zwischen den ehelichen und den unehelichen Kindern; das uneheliche Kind hat im Verhältnisse zu der Mutter und zu den Verwandten der Mutter die rechtliche Stellung eines ehelichen Kindes (1705). Nach außen tritt diese Gleichstellung darin hervor, daß das Kind den Familiennamen der Mutter erhält. Führt die Mutter infolge ihrer Verheiratung einen anderen Namen, so erhält das Kind den Familiennamen, welchen die Mutter vor der Verheiratung geführt hat. Auch in Bezug auf die Staatsangehörigkeit, den Wohnsitz und den Gerichtsstand folgt das uneheliche Kind seiner Mutter. In privatrechtlicher Beziehung ergiebt sich aus der Gleichstellung Recht und Pflicht der Mutter zur Erziehung, Beaufsichtigung und Aufenthaltsbestimmung des Kindes, die gegenseitige Unterhaltspflicht zwischen Mutter und Kind und den mütterlichen Aszendenten, das Recht der Mutter auf die häuslichen Dienste des Kindes und die Pflicht der Mutter, die Tochter auszusteuern (1617 bis 1625), das gegenseitige Erbrecht und das Pflichtteilsrecht (1924ff., 2303ff.), die Berufung des mütterlichen Großvaters zur Vormundschaft über das Kind, das Einwilligungsrecht der Mutter in die Verheiratung des Kindes, in seine Ehelichkeitserklärung und seine Annahme an Kindesstatt. Will ein späterer Mann der Mutter dem Kinde mit dessen und seines Vormundes Einwilligung seinen Namen erteilen, was durch Erklärung der zuständigen Behörde gegenüber geschehen kann, so muß die Mutter der Namensänderung zustimmen. Der Vater hat kein Einspruchsrecht. Die Erklärung des Mannes sowie die Einwilligungserklärungen des Kindes und der Mutter sind in öffentlich beglaubigter Form abzugeben (1706). Zuständige Behörde ist in Preußen der Standesbeamte. Die Namenserteilung giebt dem Kinde keine weiteren Rechte, insbesondere nicht den Adel.

Von der Stellung eines ehelichen Kindes ist die des unehelichen auch der Mutter gegenüber wesentlich dadurch verschieden, daß das uneheliche Kind nicht unter der elterlichen Gewalt der Mutter, sondern unter Vormundschaft steht. Den Vormund hat das Vormundschaftsgericht zu bestellen, wobei die Mutter vor dem Großvater bestellt werden kann. Der Mutter steht jedoch die Sorge für die Person ihres Kindes zu und zwar bei Meinungsverschiedenheit zwischen der Mutter und dem Vormunde mit ihrem Entscheidungsrechte, da der Vormund soweit der Mutter die Sorge zusteht, nur die Stellung eines Beistandes hat. Die Vertretung des Kindes steht der Mutter nicht zu, auch nicht in persönlichen Angelegenheiten (1707). Die Personensorge der Mutter fällt mit der Ehelichkeitserklärung oder der Annahme des Kindes an Kindesstatt durch einen Dritten weg, tritt aber wieder ein, wenn die elterliche Gewalt des Legitimierenden oder Annehmenden endigt oder wegen Geschäftsunfähigkeit oder festgestellter thatsächlicher Verhinderung ruht und die Mutter unterhaltspflichtig ist.

(1738, 1765). Will die Mutter die elterliche Gewalt über das Kind haben, so muß sie es an Kindesstatt annehmen. Zwischen Mutter und Kind läuft keine Klageverjährung (204). Das Zutrittsrecht zum Kinde kann der Mutter nicht voll entzogen werden, ihre Verheiratung mit einem Anderen als dem Vater des Kindes verändert nicht ihre Stellung zum Kinde und verpflichtet sie nicht zur Inventarerrichtung und zur Heiratsanzeige, auch nicht, wenn sie Vormünderin ist. Wegen der Versagung der elterlichen Gewalt ist die uneheliche Mutter nicht berechtigt, dem Kinde letztwillig den Vormund zu benennen, bestimmte Personen von der Vormundschaft auszuschließen und eine befreite Vormundschaft anzuordnen, die Einsetzung eines Familienrats anzuordnen oder zu untersagen und seine Mitglieder zu benennen; auch hat sie als Vormünderin ihres Kindes keine freiere Stellung.

Für die Rechtsstellung des unehelichen Kindes ist die Feststellung seiner Abkunft entscheidend. Dieselbe erfolgt der Mutter gegenüber in der Regel durch das Geburtsregister; im Falle des Rechtsstreits über das Bestehen oder Nichtbestehen der außerehelichen Kindschaft zwischen Mutter und Kind gelten CPO. 640 bis 643; das Urteil wirkt für und gegen alle. Eine gegen Dritte wirkende Feststellung der unehelichen Vaterschaft ist unmöglich, sie erfolgt weder durch die Verurteilung des Vaters noch durch dessen Anerkennung seiner Vaterschaft. Urteil und Anerkenntnis bilden aber den Verpflichtungsgrund für die Ansprüche sowohl des Kindes auf Gewährung des Unterhalts als der Mutter auf Ersatz der Entbindungskosten.

Das **Kind** hat einen Unterhaltsanspruch nicht nur gegen seine Mutter und ihre Verwandten aufsteigender Linie, sondern in erster Linie, wenn auch in zeitlicher Beschränkung, gegen seinen außerehelichen Vater. Dieser ist verpflichtet, dem Kinde bis zu dessen vollendetem sechzehnten Lebensjahre den standesgemäßen Lebensunterhalt zu gewähren (1708). Bei der Berechnung des Lebensalters wird der Tag der Geburt mitgezählt (187 Abs. 2). Der Unterhaltsanspruch gegen den Vater steht nur dem Kinde und nicht auch der Mutter zu, er ist deshalb von dem Vormunde des Kindes geltend zu machen, von der Mutter, wenn sie Vormünderin ist. Doch kann auf den Antrag der Mutter schon vor der Geburt des Kindes durch einstweilige Verfügung angeordnet werden, daß der Vater den für die ersten drei Monate dem Kinde zu gewährenden Unterhalt alsbald nach der Geburt an die Mutter oder an den Vormund zu zahlen und den erforderlichen Betrag angemessene Zeit vor der Geburt zu hinterlegen hat (1716 Abs. 1). Die Anordnung der einstweiligen Verfügung unterliegt den Vorschriften der CPO. 936ff., sie setzt die Glaubhaftmachung der Schwangerschaft und der Beiwohnung seitens des in Anspruch Genommenen innerhalb der Empfängniszeit voraus, während eine Gefährdung des Unterhaltsanspruchs nicht vorzuliegen braucht (1716 Abs. 2).

Der Unterhalt umfaßt den gesamten Lebensbedarf des Kindes, sowie die Kosten seiner Erziehung und seiner Vorbildung zu einem Berufe. Seine Gewährung ist von der Bedürftigkeit des Kindes und der Leistungsfähigkeit des Vaters unabhängig.

Ist das Kind zur Zeit der Vollendung des sechzehnten Lebensjahrs infolge körperlicher oder geistiger Gebrechen außer stande, sich selbst zu unterhalten, so hat ihm der Vater auch über diese Zeit hinaus den ganzen oder teilweisen Unterhalt zu gewähren; doch fällt in diesem Falle die Unterhaltspflicht des Vaters weg, wenn er bei Berücksichtigung seiner sonstigen Verpflichtungen außer stande ist, ohne Gefährdung seines standesmäßigen Unterhalts dem Kinde den Unterhalt zu gewähren (1708 Abs. 2). Auch erlischt dieser Anspruch mit dem Wegfalle der Bedürftigkeit. Deshalb ist das Kind für die Voraussetzungen des Unterhaltsanspruchs nach der Vollendung des sechzehnten Lebensjahrs und für die Fortdauer des Bedürfnisses beweispflichtig. Die zur Zeit der Vollendung des sechzehnten Lebensjahrs nicht vorhandene, sondern erst später eingetretene Bedürftigkeit begründet den Anspruch nicht.

Für die Bemessung des Unterhalts ist die Lebensstellung der Mutter maßgebend. Die für den außerordentlichen Unterhaltsanspruch geforderte Bedürftigkeit des Kindes ist von dessen Vermögen und Erwerbsfähigkeit abhängig, das Kind muß deshalb jede ihm mögliche Erwerbsthätigkeit ergreifen, nicht nur eine standesgemäße.

Ist der Unterhalt vom Vater nicht zu erlangen, so devolviert die Verpflichtung auf die Mutter. Bei Leistungsunfähigkeit der Mutter treten deren Aszendenten und die öffentliche Armenpflege ein. Soweit die Mutter oder ein unterhaltspflichtiger mütterlicher Verwandter dem Kinde den Unterhalt gewährt, geht kraft Gesetzes der Unterhaltsanspruch des Kindes gegen den Vater auf die Mutter oder den Verwandten über. Der Uebergang kann jedoch nicht zum Nachteile des Kindes geltend gemacht werden (1709 Abs. 2); die darauf gestützte Einwendung kann der Vater gegen die Zwangsvollstreckung im Wege der Klage geltend machen (CPO. 767).

Der Unterhalt ist durch Entrichtung einer Geldrente zu gewähren und kann nur durch eine solche gewährt werden; die Rente ist für drei Monate vorauszuzahlen, beginnend mit dem Tage der Geburt. Durch eine Vorausleistung für eine spätere Zeit wie drei Monate wird der Vater nicht befreit, so daß er im Bedürfnisfalle für die drei Monate überschießende Zeit die Rente doppelt zu zahlen hat. Erlebt das Kind den Beginn des Vierteljahrs, so gebührt ihm der volle auf das Vierteljahr entfallende Betrag, auch wenn es vor dessen Ablauf verstirbt (1710). Abweichend von dem auf der Verwandtschaft beruhenden Unterhalt kann der Unterhalt des unehelichen Kindes von dessen Vater auch für die Vergangenheit verlangt werden, soweit nicht der Anspruch durch die vierjährige Verjährungsfrist ausgeschlossen ist (197). Die Zahlung des Unterhalts geschieht an den Vormund des Kindes, an die Mutter also nur, wenn sie Vormünderin ist. Unterhaltsrückstände können von dem Vormunde des Kindes, von dem Kinde selbst und, soweit der Anspruch auf die Mutter und die mütterlichen Verwandten übergegangen ist, weil sie den Unterhalt gewährt haben, von diesen geltend gemacht werden; in diesem Umfange kann mithin nicht das Kind die Unterhaltsrückstände verlangen.

Der Vater kann das Kind nicht in eigene Pflege nehmen; doch kann eine die eigene Pflege des Vaters oder die Pflege eines Dritten für die Zukunft gestattende Vereinbarung zwischen dem Vater und dem Kinde, das sein Vormund vertritt, getroffen werden; diese bedarf der Genehmigung des Vormundschaftsgerichts. Auch können mit Genehmigung des Vormundschaftsgerichts andere Abweichungen von der gesetzlichen Art der Unterhaltsgewährung, z. B. sechsmonatige Vorauszahlungen, Naturalverpflegung sowie eine an Stelle des Unterhalts zu gewährende Abfindung zwischen Vater und Kind vereinbart werden. Für die Vergangenheit kann das Kind auf den Unterhalt verzichten; ein unentgeltlicher Verzicht auf den Unterhalt für die Zukunft ist nichtig. Der einen solchen Verzicht in sich schließende Vergleich oder Schiedsvertrag ist unwirksam. Nichtig ist auch die Abtretung und Verpfändung zukünftiger Leistungen. Ein Vergleich über den Unterhalt für die Zukunft oder über eine an Stelle des Unterhalts zu gewährende Abfindung ist mit vormundschaftsgerichtlicher Genehmigung schon vor der Geburt des Kindes zulässig, wird aber bei einer Tot- oder Mehrgeburt nichtig. Gegen die Verweigerung der vormundschaftsgerichtlichen Genehmigung ist das Beschwerderecht gegeben (FG. 20 Abs. 2). Die Verfügungsfreiheit über den Unterhalt ist ferner dadurch beschränkt, daß der Anspruch der Aufrechnung und der Pfändung entzogen ist (CPO. 850 Abs. 1. Nr. 2).

Die Kosten der Beerdigung hat der Vater zu tragen, soweit ihre Bezahlung von dem Erben des Kindes nicht zu erlangen ist (1713 Abs. 2).

Um den Unterhalt des Kindes zu sichern, sind Urteile, welche die Verpflichtung zur Entrichtung der Unterhaltsrente aussprechen, ohne Antrag für vorläufig vollstreckbar zu erklären und ist die Pfändung von Arbeits- und Dienstlohn (Ges. v. 29. März 1897, §§ 1, 3), von Diensteinkommen, Pensionen und Schadensersatzrenten für die Verminderung oder Aufhebung der Erwerbsfähigkeit durch Verletzung des Körpers oder der Gesundheit ohne Rücksicht darauf, ob sie die Summe von 1500 Mark übersteigen oder nicht, zu gunsten der Unterhaltsbeiträge für das der Klagerhebung vorausgehende letzte Vierteljahr zulässig. Doch steht der Unterhaltsanspruch des Kindes dem eigenen notdürftigen Unterhalte des Vaters und dessen Unterhaltspflicht gegen seine Verwandten, seine Ehefrau oder seine frühere Ehefrau nach. Hierbei werden aber nur die Leistungen berücksichtigt, welche vermöge einer solchen Unterhaltspflicht für den nämlichen Zeitraum oder, falls die Klage nach der Klage eines Unterhaltspflichtigen erhoben ist, für die Zeit vom Beginne des der Klage dieses Berechtigten vorausgehenden letzten Vierteljahrs ab zu entrichten sind (CPO. 850 Abs. 4).

Der Unterhaltsanspruch erlischt nicht mit dem Tode des Vaters, er geht vielmehr gegen dessen Erben und steht dem Kinde gegen die Erben auch dann zu, wenn der Vater vor der Geburt des Kindes gestorben ist. Die Erben des Vaters sind aber berechtigt, das Kind mit dem Betrag abzufinden, der dem Kinde als Pflichtteil gebühren würde, wenn es ehelich wäre; diese Vorschrift verhindert, daß das uneheliche Kind besser gestellt ist als das eheliche, welches von dem Erblasser auf den Pflichtteil gesetzt werden kann (2303).

Sind mehrere uneheliche Kinder desselben Erblassers vorhanden, so wird ihre Abfindung durch die Erben so berechnet, wie wenn sie alle ehelich wären (1712). Wird der Vater durch einen Dritten getötet, so hat der Dritte dem Kinde durch die Gewährung des Unterhalts Ersatz zu leisten (844 Abs. 2). Im Konkurse des Vaters können Unterhaltsansprüche gegen ihn für die Zukunft sowie die im voraus zu bewirkenden, bei Eröffnung des Konkurses fälligen Unterhaltsleistungen nicht geltend gemacht werden; nur die einzelnen noch nicht verjährten Leistungen, die sich auf die zur Zeit der Konkurseröffnung bereits abgelaufene Zeit erstrecken, sind anzumelden. Im Konkurse der Erben des Vaters können auch die Unterhaltsansprüche für die Zukunft geltend gemacht werden (KO. 3 Abs. 2).

Der Unterhaltsanspruch erlischt nicht durch Verjährung, nur die einzelnen fälligen Unterhaltsleistungen verjähren binnen vier Jahren. Die Verjährungsfrist beginnt mit dem Schlusse des Jahres, in welchem die Leistung fällig geworden ist, sie läuft ohne Rücksicht auf den Zeitpunkt der Feststellung der Vaterschaft; für ihre Hemmung und Unterbrechung gelten die Vorschriften der §§ 202ff., 209ff.

Der Unterhaltsanspruch des unehelichen Kindes erlischt mit seinem Tode; er besteht jedoch nach dem Tode des Kindes fort, soweit er auf Erfüllung oder Schadensersatz wegen Nichterfüllung für die Vergangenheit oder auf solche im voraus zu bewirkende Leistungen gerichtet ist, die zur Zeit des Todes des Kindes fällig sind. Er erlischt ferner durch eine zwischen dem Vater und dem Kinde mit vormundschaftsgerichtlicher Genehmigung vereinbarte Abfindung und durch die Abfindung seitens der Erben des Vaters mit dem dem Pflichtteile gleichen Betrage. Bei dem Kinde über sechzehn Jahren erlischt der Anspruch auch mit dem Wegfalle der Bedürftigkeit des Kindes.

Für die Unterhaltsansprüche aus der außerehelichen Beiwohnung sind, auch wenn sich dieselben auf eine Vereinbarung oder auf Anerkennung der Vaterschaft stützen, sachlich die Amtsgerichte zuständig (GVG. 23). Oertlich ist das Amtsgericht des Wohnsitzes des Vaters zur Zeit der Klagerhebung, in Ermangelung eines Wohnsitzes dasjenige des Aufenthaltsorts im Deutschen Reiche und, wenn ein solcher nicht bekannt ist, des letzten Wohnsitzes oder das Amtsgericht zuständig, in dessen Bezirk sich Vermögen des Vaters befindet. Der gleiche Gerichtsstand gilt für die Ansprüche Dritter gegen den Vater wegen Unterhaltsgewährung infolge Auftrags oder Geschäftsführung ohne Auftrag; die sachliche Zuständigkeit bestimmt sich in diesen Fällen jedoch nach dem Streitwerte.

Der Vater ist verpflichtet, der Mutter die nach ihrer Lebensstellung zu bemessenden Kosten der Entbindung sowie die Kosten des standesmäßigen Unterhalts für die ersten sechs Wochen nach der Entbindung und, falls infolge der Schwangerschaft oder der Entbindung weitere Aufwendungen notwendig werden, auch die dadurch entstehenden Kosten zu ersetzen. Entgangener Arbeitsverdienst gehört nicht zu diesen Kosten. Den gewöhnlichen Betrag der zu ersetzenden Kosten kann die Mutter ohne Rücksicht auf den wirklichen Aufwand verlangen. Dieser vermögensrechtliche Ersatzanspruch steht der Mutter selbständig zu, ist aber von der Feststellung der außerehelichen Vaterschaft abhängig, welche nach den für das uneheliche Kind geltenden Regeln bewiesen werden muß. Um die Mutter vor einer Notlage zu schützen, kann auf ihren Antrag die Zahlung des gewöhnlichen Betrags der ihr zu ersetzenden Kosten an sie und die Hinterlegung dieses Betrags schon vor der Geburt durch einstweilige Verfügung angeordnet werden. Zur Erlassung der Verfügung ist nicht erforderlich, daß eine Gefährdung des Anspruchs glaubhaft gemacht wird (1716).

Der Anspruch kann geltend gemacht werden, auch wenn der Vater vor der Geburt des Kindes gestorben oder wenn das Kind tot geboren ist, er ist passiv vererblich.

Der Anspruch verjährt in vier Jahren. Die Verjährung beginnt mit dem Ablaufe von sechs Wochen nach der Geburt des Kindes (1715). Der Tag der Geburt ist in die Frist einzurechnen (187).

Für die sachliche und örtliche Zuständigkeit der Gerichte gilt bezüglich des Ersatzanspruchs der Mutter das Gleiche wie für den Unterhaltsanspruch des Kindes.

Die Tauf- und die Beerdigungskosten des Kindes gehören nicht zu den Ersatzansprüchen der Mutter. Stirbt die Mutter vor Ablauf von sechs Wochen nach der Entbindung, so ist der Ersatzanspruch nur bis zu ihrem Todestage begründet. Zur Bestreitung der Beerdigungskosten der Mutter ist der Vater nicht verpflichtet.

Ist das Kind im Ehebruche geboren, so steht der Mutter und dem Kinde ein Anspruch gegen den Schwängerer nur zu, wenn von dem Manne der Mutter die Ehelichkeit des Kindes mit Erfolg angefochten ist (1593). Ist eine Frauensperson aus einer außerehelichen Beiwohnung, welche infolge Drohung oder Mißbrauch eines Abhängigkeitsverhältnisses gestattet oder durch ein Verbrechen wider die Sittlichkeit erzwungen wurde, Mutter geworden, so ist ihr der Vater auch zum Ersatze jedes weiter entstehenden Schadens und wegen desjenigen Schadens, der nicht Vermögensschaden ist, zu einer billigen Entschädigung in Geld verpflichtet (825, 847). Dieser weitergehende Anspruch ist höchstpersönlich und daher nicht übertragbar und nicht vererblich, es sei denn, daß er durch Vertrag anerkannt oder rechtshängig geworden ist (847 Abs. 1). Die Verjährungsfrist für diesen Anspruch beträgt drei Jahre, sie läuft von dem Zeitpunkt an, in welchem die Mutter von dem Schaden und der Person des Ersatzpflichtigen Kenntnis erlangt (852 Abs. 1).

Die vor dem 1. Januar 1900 geborenen unehelichen Kinder unterstehen sowohl in dem Verhältnisse zu ihrer Mutter und deren Verwandten wie in dem Verhältnisse zu ihrem außerehelichen Vater von den Ausnahmen des Art. 208 abgesehen den Vorschriften des BGB. (S. 4, 5).

Vormundschaft.

§ 1.

Einleitung.

Wenn auch nach dem BGB. auf dem Gebiete des bürgerlichen Rechtes alle Menschen gleich fähig sind, Träger rechtsgeschäftlicher Berechtigungen und Verpflichtungen zu sein (1), so sind doch nicht alle Menschen gleich fähig, durch Rechtsgeschäfte Berechtigungen und Verpflichtungen zu erzeugen. Aus der Rechtsfähigkeit des Menschen folgt nicht die Geschäftsfähigkeit jedes Menschen. Diese ist durch das BGB. für alle Rechtsgeschäfte ganzen Personenklassen entzogen oder nur beschränkt gewährt; sie ist außerdem im Einführungsgesetze zum BGB. für bestimmte Rechtsverhältnisse wie Lehen und Familienfideikommisse von Voraussetzungen abhängig gemacht, welche dem Landesrechte vorbehalten sind. Die Menschen, welchen die Geschäftsfähigkeit entzogen ist, nennt das BGB. geschäftsunfähig, womit ausgedrückt wird, daß ihnen die rechtliche Möglichkeit fehlt, durch Willenserklärungen rechtliche Wirkungen hervorzurufen, was ihre natürliche Handlungsfähigkeit nicht auszuschließen braucht (829). Menschen mit beschränkter Geschäftsfähigkeit sind solche, deren Willenserklärungen rechtliche Wirkungen nur verursachen, wenn sie durch sie entweder lediglich einen rechtlichen Vorteil erlangen oder wenn eine andere Person in sie eingewilligt hat, welche dazu berufen ist, die Wirksamkeit ihrer Willenserklärungen zuzulassen oder auszuschließen (107). Die Gründe, aus welchen rechtsfähigen Menschen die zum selbständigen Privatrechtsverkehr erforderliche Geschäftsfähigkeit im BGB. nicht oder nur beschränkt gewährt ist, sind verschieden. Einen allgemeinen Grund bildet das Alter wegen dem mit dem jugendlichen Alter zusammenhängenden Mangel der geistigen Reife, deshalb sind Kinder unter sieben Jahren geschäftsunfähig (104 Ziff. 1), Minderjährige zwischen dem vollendeten siebenten und dem vollendeten einundzwanzigsten Lebensjahr oder ihrer früheren Volljährigkeitserklärung in der Geschäftsfähigkeit beschränkt (106). Dabei ist ein Lebensjahr erst mit dem Ablaufe des Geburtstags vollendet. Enger wie der Kreis dieser Personen ist der Kreis der wegen krankhafter Geisteszustände für geschäftsunfähig oder beschränkt geschäftsfähig erklärten Personen gezogen. Wer wegen Geisteskrankheit entmündigt ist und wer sich in einem die freie Willensbestimmung dauernd ausschließenden Zustande krankhafter Störung der Geistesthätigkeit befindet, ist geschäftsunfähig; es steht dem Minderjährigen gleich, ist also in seiner Geschäftsfähigkeit beschränkt, wer wegen Geistesschwäche, wegen Verschwendung oder wegen Trunksucht entmündigt ist (114). Wer diesen Personenkreisen angehört, bedarf im Privatrechtsverkehre der Fürsorge für seine Person und sein Vermögen sowie der Vertretung für seine Rechtsgeschäfte, und zwar sowohl zu seinem eigenen Schutze wie auch im Interesse derer, die mit ihm Rechtsgeschäfte schließen. Denn eine langandauernde Ungewißheit über die Wirksamkeit ihrer Willenserklärungen würde für den Rechtsverkehr unerträglich sein.

Dem Schutzbedürfnisse Minderjähriger, welche unter elterlicher Gewalt stehen, wird regelmäßig durch den Gewalthaber genügt. Dies ist nur ausnahmsweise dann nicht der Fall, wenn dem Gewalthaber wegen Verletzung und Gefährdung des Rechtes des Kindes auf Gewährung des Unterhalts die Vertretung der Person und des Vermögens des Kindes entzogen worden ist (1666) oder wenn die Gewalt des Gewalthabers ruht, ohne daß beim Ruhen der Gewalt des Vaters die Mutter die Gewalt ausübt (1685). In diesen Ausnahmefällen sowie wenn die elterliche Gewalt fehlt oder wenn die Eltern zur Besorgung der Angelegenheiten des Kindes nicht berechtigt oder an dieser Besorgung verhindert sind oder wenn wie bei Findelkindern der Familienstand eines Minderjährigen nicht zu ermitteln ist, hat für die Befriedigung des Schutzbedürfnisses des Minderjährigen und für dessen Vertretung an Stelle der Hausgewalt die Staatsgewalt zu sorgen. Diese Fürsorgepflicht, welche in den älteren Rechten als eine Angelegenheit der Familiengenossen behandelt worden war, ist mit der geschichtlich gewordenen Lockerung des Familienverbandes dem Staate zugewachsen, der seine Aufgabe durch die Einrichtung des Rechtsinstituts der Vormundschaft gelöst hat. In dieser wird die elterliche Gewalt durch die vormundschaftliche Gewalt ersetzt. In der Vormundschaft wird aber Schutz und Vertretung nicht nur den Minderjährigen, sondern auch den Volljährigen gewährt, welche entmündigt sind, und nicht nur den geschäftsunfähigen oder in ihrer Geschäftsfähigkeit beschränkten Volljährigen, sondern auch den geschäftsfähigen Volljährigen, welche infolge von Gebrechen körperlicher oder geistiger Art ihre Angelegenheiten nicht zu besorgen vermögen. Der Staat hat seine Fürsorge selbst auf Vermögen und Angelegenheiten erstreckt, deren Inhaber noch nicht geboren, abwesend oder unbekannt oder weggefallen sind.

Die Vormundschaft wird nicht durch den Staat selbst ausgeübt. Dieser beschränkt vielmehr seine Aufgabe einerseits auf die Aufstellung von Vorschriften, welche die Thätigkeit derjenigen regeln, denen die Sorge für die Schutzbedürftigen und ihre Vertretung obliegt, und andererseits auf die Einrichtung von Behörden, welche diese Personen mit der vormundschaftlichen Gewalt zu betrauen und sie bei deren Handhabung zu beaufsichtigen haben. Soweit in diesem Rahmen die Vormundschaftsbehörden durch ihre Verrichtungen in die Führung der Vormundschaft eingreifen, handeln sie nicht als Vertreter des Schutzbedürftigen, sondern als Beamte des Staates, dem sie kraft seiner Disziplinargesetze haften und den sie durch ihre Handlungen und Unterlassungen verantwortlich machen. Die Vertreter des Schutzbedürftigen bleiben ausschließlich die mit der Fürsorge betrauten Personen. Die staatliche Beteiligung an dem Vormundschaftswesen hat im BGB. den Karakter der reinen Obervormundschaft, welche lediglich bezweckt, die volle Erreichung der vormundschaftlichen Aufgaben zu sichern. Davon abweichend hatte das preußische Landrecht und hat noch das österreichische Gesetzbuch die Führung der Vormundschaft in die Hände des Gerichts gelegt und den Vormund zu dessen Organ gemacht.

Wenngleich die Vormundschaft ihrer Beschränkung auf die Sorge für Einzelpersonen und Einzelvermögen ungeachtet im allgemeinen Interesse geübt wird, so ist sie deshalb doch kein Institut des öffentlichen Rechtes, gehört vielmehr dem Privatrecht an. Denn einmal bewegen sich die in der Vormundschaft enthaltenen Befugnisse in den Grenzen und auf dem Gebiete des bürgerlichen Rechtes, für das sie die Geschäftsfähigkeit ergänzen oder ersetzen, sodann sind die durch sie begründeten Ansprüche und Verbindlichkeiten privatrechtlichen Inhalts. Im Systeme des Privatrechts aber findet die Vormundschaft ihren Platz am geeignetsten im Familienrechte, da sie sich aus diesem abgezweigt hat, indem sie für den Wegfall des Trägers der Fürsorge in der Familie Ersatz gewährt. Zwar ist der Zusammenhang mit der Familie nicht mehr so eng, daß er für den Karakter des Instituts entscheidend sein könnte, aber er ist doch noch von so tiefgreifendem Einflusse, daß es gerechtfertigt ist, wenn das BGB. in Uebereinstimmung mit der historischen Entwickelung die Vormundschaft in einem Abschnitte des Familienrechts und nicht in einem selbständigen Buche behandelt hat.

Das Vormundschaftsrecht ist im BGB. kodifizierend geregelt, so daß alle landesrechtlichen Vorschriften über das Vormundschaftswesen aufgehoben sind, soweit nicht ihre Geltung in den Art. 134 bis 137 vorbehalten ist. Dies gilt auch im Verhältnisse zur preußischen Vormundschaftsordnung vom 5. Juli 1875, auf der das Vormundschaftsrecht des BGB. beruht. Das BGB. behandelt jedoch nicht das ganze Vormundschaftswesen. Eine wichtige Ergänzung desselben bildet das Reichsgesetz über die Angelegenheiten der freiwilligen Gerichtsbarkeit vom 20. Mai 1898, welches das Verfahren in Vormundschaftssachen ordnet, über das sich im BGB. nur einzelne Bestimmungen finden. Das Verfahrensgesetz ist keine Kodifikation, weshalb durch Landesgesetz Vorschriften zu seiner Ergänzung und Ausführung auch insoweit erlassen werden können, als Vorbehalte für die Landesgesetzgebung in ihm nicht gemacht sind (FG. 200). Doch ist insoweit, als das Verfahrensgesetz Vorschriften aufstellt, die Landesgesetzgebung außer Kraft gesetzt. Für das Verfahren in Vormundschaftssachen sind mithin neben dem Reichsgesetz über die freiwillige Gerichtsbarkeit und dem BGB. noch die landesrechtlichen Ergänzungsgesetze zu beachten.

Das Vormundschaftswesen ist für das ganze Gebiet des deutschen Reichs und für alle seine Bewohner einheitlich geregelt. Die Regelung ergreift selbst den im deutschen Reiche wohnenden Fremden. Von der einheitlichen Regelung für alle Personen ist nur in Ansehung der Landesherrn sowie der Mitglieder der Fürstlichen Familie Hohenzollern, des vormaligen Hannoverschen Königshauses, des vormaligen Kurhessischen und des vormaligen Herzoglich Nassauischen

Fürstenhauses, in Ansehung ferner derjenigen Häuser, welche vormals reichsständisch gewesen und seit 1806 mittelbar geworden oder welche diesen Häusern bezüglich der Familienverhältnisse durch Beschluß der vormaligen deutschen Bundesversammlung oder vor dem Inkrafttreten des BGB. durch Landesgesetz gleichgestellt worden sind, zu Gunsten endlich des vormaligen Reichsadels und derjenigen Familien des landsässigen Adels, welche vor dem Inkrafttreten des BGB. dem vormaligen Reichsadel durch Landesgesetz gleichgestellt worden sind, insofern eine Ausnahme gemacht, als für die Standesvormundschaften die Sonderbestimmungen der Hausverfassungen oder der Landesgesetze dem Reichsrechte vorgehen (Art. 57, 58) und dieses für sie nur in Ermangelung solcher Geltung hat. Darnach übernimmt in Preußen und in Baiern der nächste volljährige Agnat die Regentschaft, wenn der König minderjährig oder dauernd an der Regierung verhindert ist, und ist die Vormundschaft über die Prinzen und Prinzessinnen des Königshauses sowie über die Mitglieder der entthronten und der mediatisierten Fürstenhäuser familienstatutarisch dahin geregelt, daß die Vormundschaften für die standesherrlichen Familien vom Haupte des Hauses angeordnet werden können. An sich stehen Recht und Pflicht der Fürsorge dem Staate zu, dessen Staatsangehörigkeit der Schutzbedürftige hat. Deshalb hat der Ausländer keinen Anspruch darauf, daß ihm im Inlande Schutz gewährt werde. Doch ist ihm dieser nach dem BGB. zu gewähren, wenn er im Inlande seinen Wohnsitz oder Aufenthalt hat, vorausgesetzt daß er auch nach den Gesetzen des Staates, dem er angehört, der Fürsorge bedarf oder daß er im Inlande entmündigt ist und sein Staat die Fürsorge für ihn nicht übernimmt (Art. 23). Davon abweichende Staatsverträge der Einzelstaaten mit einem ausländischen Staate bleiben jedoch in Kraft. Aus der Staatsangehörigkeit als der Grundlage der Bevormundung folgt, daß der vormundschaftliche Schutz nach Maßgabe des BGB. auch dem Deutschen zu gewähren ist, der außerhalb des Gebiets des deutschen Reichs seinen Wohnsitz oder seinen Aufenthalt nimmt. Doch kann der Schutz unterbleiben, wenn im Auslande dem Schutzbedürfnisse genügt ist und die Fortgewährung des ausländischen Schutzes im Interesse des Deutschen liegt.

Die einheitliche Regelung des Vormundschaftswesens umfaßt nicht auch die Zwangserziehung Minderjähriger und ihre religiöse Erziehung. Für diese sowie für die Anlegung des Vermögens der Bevormundeten, für die Wertermittelung und Beleihungsgrenze der Grundstücke, für die vormundschaftliche Stellung des Vorstandes einer unter staatlicher Verwaltung oder Aufsicht stehenden Erziehungs- oder Verpflegungsanstalt über solche Minderjährige, die in der Anstalt oder in einer von dem Vorstand ausgewählten Familie oder Anstalt unter seiner Aufsicht erzogen oder verpflegt werden, ist das Landesrecht maßgebend geblieben. Die Zwangserziehung darf aber nur dann eingeleitet werden, wenn der Minderjährige eine strafbare Handlung begangen hat, für die er nicht verfolgt werden kann oder wegen der er freigesprochen werden muß, sowie wenn sie zur Verhütung des völligen sittlichen Verderbens des Mündels notwendig ist (Art. 135).

Die Vorschriften des BGB. über die Vormundschaft sind zwingender Natur. Deshalb finden seine Bestimmungen auf sämtliche Angelegenheiten des vormundschaftlichen Schutzes Anwendung, selbst wenn bereits eine Vormundschaft nach älterem Rechte eingeleitet war (Art. 204). Die Schutzbedürftigkeit ist daher seit dem Inkrafttreten des BGB. ausschließlich nach ihm zu beurteilen, soweit nicht der landesrechtliche Vorbehalt für die Standesvormundschaften eingreift. Insbesondere sind andere Gründe vormundschaftlichen Schutzes wie diejenigen des BGB. ausgeschlossen; deshalb kann es keine Vormundschaft ohne das Vorhandensein der im BGB. aufgestellten Voraussetzungen geben, demzufolge ist eine rechtsgeschäftliche Unterwerfung unter eine Vormundschaft unmöglich und eine rechtsgeschäftliche Abänderung der Vorschriften über die Vormundschaft nur zulässig, soweit das BGB. sie gestattet. Daraus folgt, daß Vormundschaften des alten Rechtes, für welche die Voraussetzungen des BGB. fehlen, auch ohne Aufhebung beendet sind, weshalb ein für sie bestellter Vormund von selbst auch aus dem Prozeßverfahren für oder gegen seinen Mündel ausscheidet.

Nach seiner Abschnittsüberschrift bezeichnet das BGB. als Vormundschaft jede Art staatlich geordneter Vertretung und Fürsorge auf dem Gebiete des bürgerlichen Rechtes, ohne unter den Gründen der Schutzbedürftigkeit und dem Umfange der Schutzgewährung zu unterscheiden. Der Inhalt der Einzelvorschriften ergiebt aber, daß auf die Gestaltung der Vormundschaft für die Einzelfälle die Gründe der Hilfsbedürftigkeit von maßgebendem Einflusse sind. Unter deren Berücksichtigung ist die Vormundschaft in die Vormundschaft i. e. S. und die Pflegschaft eingeteilt und der die Sorge für die Person und für das Vermögen des Schutzbedürftigen sowie seine Vertretung umfassenden Vormundschaft die Pflegschaft für die Fälle einer weniger ausgestalteten und festgeschlossenen Fürsorge für die Angelegenheiten des Schutzbedürftigen entgegengestellt. Der Ausdruck Vormundschaft umfaßt dabei in den anderen Büchern des BGB. und in anderen Gesetzen zugleich die Pflegschaft und ist in diesem Sinne auch hier gebraucht.

Der Schutzbedürftige, welcher nicht voll geschäftsfähig ist und deshalb unter Vormundschaft steht, wird Mündel genannt, gleichviel ob er minderjährig oder volljährig ist; der geschäftsfähige Schutzbedürftige heißt Pflegebefohlener und, wenn die Pflegschaft zum Zwecke der Vermögensverwaltung angeordnet ist, Pflegling. Der gesetzliche Vertreter des Mündels ist der Vormund, derjenige des Pflegebefohlenen sowie des Mündels in den Fällen, in welchen neben der elterlichen Gewalt oder der Vormundschaft oder als Ersatz der letzteren eine Vertretung anzuordnen ist, der Pfleger. Pfleger heißt auch der gesetzliche Vertreter einer Vermögensmasse ohne Inhaber. Wenn das BGB. außerhalb des Abschnitts über die Vormundschaft von dem Vormund oder dem gesetzlichen Vertreter spricht, ist unter diesen Bezeichnungen außer dem Vormunde der Pfleger mitbegriffen.

Die Sorge für die Schutzbedürftigen obliegt als staatliche Aufgabe den Staatsangehörigen auf Grund ihrer Staatsangehörigkeit; sie ist eine allgemeine Bürgerpflicht. Der Vormund bekleidet demgemäß in der Vormundschaft ein öffentliches Amt. Sein Amt ist aber kein Staatsamt und er hat nicht die Stellung eines Staatsbeamten, der staatliche Rechte ausübt und durch seine Thätigkeit den Staat verantwortlich macht. Sein Amt besteht vielmehr vorwiegend in der Pflicht zur Verwaltung der ihm anvertrauten vormundschaftlichen Gewalt im Interesse des Mündels. Daneben gewährt ihm dasselbe allerdings auch Rechte, aber diese sind ausschließlich privatrechtlichen Inhalts. Der Karakter der Vormundschaft als Amt schließt jedoch aus, die Stellung des Vormundes selbst als Privatrecht aufzufassen.

Für die Mehrzahl der Fälle genügt für jede Vormundschaft ein Vormund. Bei größeren und schwierigeren Verwaltungen kann das Bedürfnis vorliegen, die Führung der Vormundschaft einer Mehrzahl von Personen zu übertragen. Die mehreren Vormünder eines Mündels heißen Mitvormünder, wenn die Vormundschaft von ihnen gemeinsam geführt wird, Vormünder, wenn die Führung der Vormundschaft nach bestimmten Wirkungskreisen unter sie verteilt ist, innerhalb deren jeder Vormund die Vormundschaft selbständig führt. Neben dem verwaltenden Vormunde kann, wenn mit der Vormundschaft eine Vermögensverwaltung verbunden ist, ein Gegenvormund bestellt werden, der das Vormundschaftsgericht in der Beaufsichtigung des verwaltenden Vormundes zu unterstützen hat. Ein Gegenvormund kann auch neben dem Pfleger bestellt werden, neben dem er denselben Namen führt, da das BGB. eine Bezeichnung für den Gegenpfleger nicht aufgenommen hat. Der Gegenvormund ist nicht gesetzlicher Vertreter des Mündels oder Pfleglings, wird es auch nicht im Falle der Verhinderung des Vormundes oder Pflegers. Neben dem Pfleger kann für einen bestimmten Kreis von Angelegenheiten ein weiterer selbständiger Pfleger bestellt werden. Ist der Pfleger der Mutter mit Rücksicht auf ihre elterliche Gewalt bestellt, so heißt er Beistand.

Die Organe der Obervormundschaft sind die Vormundschaftsgerichte, welchen die Vormundschaftssachen als ein Teil der ihnen zustehenden freiwilligen Gerichtsbarkeit zugewiesen sind. Ihnen sind die Landgerichte und die Oberlandesgerichte als Rechtsmittelinstanzen übergeordnet. Doch sind die Vormundschaftsgerichte nicht die einzigen obervormundschaftlichen Behörden. Von dem Vormundschaftsrichter kann auf Anordnung des Vaters oder der ehelichen Mutter des Mündels sowie auf den Antrag bestimmter Personen für eine bestimmte Vormundschaft ein Familienrat eingesetzt werden, der an Stelle des Vormundschaftsgerichts dessen Rechte und Pflichten ausübt. Auch ist in Unterordnung unter die Obervormundschaft der politischen Gemeinde und der Familie eine gewisse Mitwirkung bei der Führung der Vormundschaft und Pflegschaft eingeräumt. Die Gemeinde stellt in dem Gemeindewaisenrat ein ständiges Hilfsorgan und die Familienmitglieder können zu Mitgliedern des Familienrats bestellt und in Einzelfällen zur Auskunft- und Raterteilung herangezogen werden.

§ 2.

Vormundschaft und Pflegschaft.

Die Gründe der staatlichen Schutzgewährung auf dem Gebiete des bürgerlichen Rechtes sind nicht zu allen Zeiten die gleichen geblieben. Unmündigkeit, weibliches Geschlecht, Geisteskrankheit und Verschwendung sind bei den Römern schon in frühen Zeiten die Veranlassung zur Anordnung von Vormundschaften gewesen; zu ihnen trat seit Marc Aurel die Minderjährigkeit hinzu, während seit der nachklassischen Zeit wegen der Fähigkeit der Frauen zum selbständigen Auftreten im Privatrechtsverkehre die Geschlechtsvormundschaft wegfiel. Die spätere Rechtsentwickelung gewährte auch derjenigen Unfähigkeit zur Vermögensverwaltung ihre Fürsorge, die aus dauernden körperlichen Gebrechen hervorgeht, neben der sich in einzelnen Rechten noch die Fürsorge für Vermögen findet, die ohne Inhaber sind. Für die Gestaltung der Schutzgewährung bei den verschiedenen Vormundschaftsarten war zunächst der Unterschied maßgebend, der bei den Römern zwischen der tutela und der cura bestand und der auf der juristischen Natur der Mitwirkung bei den Willenserklärungen der Pupillen beruhte, indem der tutor die auctoritatis interpositio vorzunehmen, der curator den consensus zu erteilen hatte. Jene, welche in der Zustimmung des beim Abschlusse des Geschäfts des Pupillen anwesenden tutor bestand, sollte den rechtlich mangelhaften Willen des Pupillen rechtswirksam machen, konnte daher nur erteilt werden, wenn es sich um das Geschäft einer nicht voll geschäftsfähigen Person handelte. Denn von einer Vollwortserteilung zu Erklärungen geschäftsunfähiger Personen konnte naturgemäß keine Rede sein, für diese bedurfte es der cura, welche ursprünglich als Recht und Pflicht zur selbständigen Vermögensverwaltung erscheint. Als später eine cura auch über Personen entstand, die geschäftsfähig waren, cura minorum, hatte sich die Scheidung zwischen tutela und cura bereits vollzogen. In Deutschland hatten wegen der Zulässigkeit der Stellvertretung bei den Rechtsgeschäften unter Lebenden und wegen der Formlosigkeit dieser die Besonderheiten der Vollwortserteilung keinen Eingang gefunden; durch die Erstreckung der Vormundschaft über das ganze Alter der Minderjährigkeit war ferner die Unterscheidung zweier Altersvormundschaften über die impuberes infantia majores und die puberes minores inhaltlos geworden und endlich waren durch die Reichspolizeiordnungen von 1548 und 1577 die Verschiedenheiten zwischen der Berufung und der Bestellung als Vormund und Curator so ausgeglichen worden, daß sie nicht mehr als Ausflüsse von Gegensätzen, sondern als Folgen der Verschiedenheit der Gründe der Gewährung staatlichen Schutzes erschienen. Für die Gestaltung der Vormundschaft im BGB. war daher die Trennung nach tutela und cura ausgeschlossen, es war nur gerechtfertigt, nach den Gründen der Hilfsbedürftigkeit eine Scheidung vorzunehmen.

Der Scheidung der Vormundschaft des BGB. in Vormundschaft und Pflegschaft ist eigentümlich, daß die Vormundschaft bei dem Mündel den Mangel oder die Beschränkung der Geschäftsfähigkeit voraussetzt, die sie zu ersetzen oder zu ergänzen bestimmt ist, während die Pflegschaft, selbst wenn sie die Gesamtfürsorge umfaßt, eine Beschränkung der Geschäftsfähigkeit weder voraussetzt noch zur Folge hat. Aus diesem Unterschiede folgt, daß bei der Vormundschaft die Vermutung dafür spricht, daß sie sich auf die gesamten Angelegenheiten des Mündels erstreckt, während die Pflegschaft auf den bei ihrer Einleitung bezeichneten Kreis von Angelegenheiten beschränkt ist. Mit ihm hängt auch zusammen, daß die Vormundschaft des Bedürfnisses wegen in jedem Bevormundungsfall unverzüglich von amtswegen einzuleiten ist, während bei der Pflegschaft vielfach abgewartet werden kann, ob ein Antrag auf ihre Anordnung gestellt wird, in manchen Fällen die Bestellung sogar von der Zustimmung des Pfleglings abhängig ist. Die Vormundschaft kann wegen der Allgemeinheit der in ihr liegenden Schutzgewalt nur in der Sorge für die Person und das Vermögen des Mündels bestehen, so daß eine Vermögensmasse allein nie unter Vormundschaft steht; die Pflegschaft kann in der Sorge für eine Person oder für ein Vermögen bestehen, sie kann, während eine Vormundschaft nur über lebende und gegenwärtige Menschen zu führen ist, für die Angelegenheiten Ungeborener, Unbekannter und Abwesender und über Vermögen ohne Inhaber angeordnet werden. Gleichgültig ist für die Unterscheidung beider, ob das Schutzbedürfnis allgemein oder beschränkt, dauernd oder vorübergehend ist, da beide zur dauernden, beide zur vorübergehenden Fürsorge angeordnet werden können, die Pflegschaft sogar zum vorläufigen Ersatz einer Vormundschaft zulässig ist (1909 Abs. 3). Hiernach ist die Vormundschaft das zur gesetzlichen Vertretung einer nicht voll geschäftsfähigen Person sowie zur Sorge für sie und ihr Vermögen, die Pflegschaft das zur gesetzlichen Vertretung einer Person in dem durch das Einzelbedürfnis erforderten Umfange sowie zur Sorge für sie oder für ein Vermögen bestimmte öffentliche Amt.

Durchgreifend unterscheidet sich das Vormundschaftsrecht des BGB. von den bisherigen Rechten durch die elterliche Gewalt der Mutter und durch die Beseitigung jeder sog. gesetzlichen Vormundschaft. Es hat dadurch die Fälle der Vormundschaft um ein Dritteil vermindert und jede Vormundschaft ausgeschlossen, die nicht auf vormundschaftsgerichtlicher Anordnung beruht. Testament und Gesetz haben die Kraft verloren, einer von ihnen bezeichneten Person die Vormundschaft zu übertragen oder das Vormundschaftsgericht zu verpflichten, sie als Vormund zu bestätigen. Seine Anordnung der Vormundschaft hat das Vormundschaftsgericht ohne Rücksicht auf die Gründe der Hilfsbedürftigkeit ausschließlich von amtswegen zu treffen; bis zu der Anordnung ist der Schutzbedürftige ohne gesetzlichen Vertreter.

Das BGB. behandelt im dritten Abschnitte seines vierten Buches in den zwei ersten Titeln die Vormundschaft und in dem dritten Titel die einzelnen Fälle der Pflegschaft. In den Vordergrund ist, den thatsächlichen Verhältnissen und dem praktischen Bedürfnis entsprechend, die Vormundschaft über Minderjährige, die Altersvormundschaft gestellt, an die sich die Vormundschaft über die Volljährigen und die Pflegschaft anschließen, deren Regelung durch die Bezugnahme auf die Altersvormundschaft unter Hervorhebung der für sie geltenden Abweichungen geschehen ist.

Die Vormundschaft dient zum Ersatze der fehlenden elterlichen Gewalt, zu der die vormundschaftliche Gewalt ein Gegenstück ist; diese kann daher nicht angeordnet werden, wo die elterliche Gewalt das Vertretungs- und Schutzbedürfnis befriedigt. Dies gilt selbst für diejenigen Angelegenheiten, in welchen das eigene Interesse des Gewalthabers die Wahrung der Interessen des Kindes durch ihn unthunlich macht. Der für diese Angelegenheiten notwendige Ersatz der elterlichen und ebenso der vormundschaftlichen Gewalt, wenn diese an die Stelle der elterlichen getreten ist, muß durch eine Pflegschaft gewährt werden, welche für nicht vollgeschäftsfähige Personen zum Zwecke der Einschränkung oder der Ergänzung ihrer gesetzlichen Vertretung anzuordnen ist. Doch wird durch die Pflegschaft niemals, auch nicht bei ihrer Bestellung neben der elterlichen Gewalt oder der Vormundschaft, der Mangel der Geschäftsfähigkeit des Schutzbedürftigen ausgeglichen und die elterliche oder vormundschaftliche Fürsorge beseitigt.

Ein Minderjähriger muß einen Vormund erhalten, wenn er nicht unter elterlicher Gewalt steht oder wenn er zwar unter elterlicher Gewalt steht, die Eltern aber weder in den die Person noch in den das Vermögen betreffenden Angelegenheiten zur Vertretung des Minderjährigen berechtigt sind, oder wenn sein Familienstand infolge Unbekanntschaft seiner Eltern nicht zu ermitteln und deshalb das Bestehen der elterlichen Gewalt ungewiß ist (1773).

Ein Volljähriger muß unter Vormundschaft gestellt werden, wenn er entmündigt ist (1896), und er kann schon nach der Beantragung des Entmündigungsverfahrens wegen Geisteskrankheit, Geistesschwäche, Verschwendung oder Trunksucht vorläufig unter Vormundschaft gestellt werden, wenn das Vormundschaftsgericht die Vormundschaft zur Abwendung einer erheblichen Gefährdung der Person oder des Vermögens des Volljährigen für erforderlich erachtet (1906) und die Abwendung der Gefährdung durch die Bestellung eines Vormundes möglich erscheint.

Während der Fall der Bevormundung eines Volljährigen durch den Entmündigungsbeschluß oder den Antrag auf Einleitung des Entmündigungsverfahrens fest gegeben ist, sind die Fälle der Bevormundung eines Minderjährigen im BGB. weniger durchsichtig dargestellt. Wegen des Fehlens der elterlichen Gewalt sind alle minderjährigen unehelichen Kinder sowie die minderjährigen Kinder aus einer nichtigen Ehe zu bevormunden, wenn die Nichtigkeit auf einem Formmangel beruht und die Ehe nicht in das Heiratsregister eingetragen ist, oder wenn die Ehe wegen eines Nichtigkeits- oder Anfechtungsgrundes für nichtig erklärt ist, sofern der Nichtigkeits- oder Anfechtungsgrund beiden Ehegatten bei der Eheschließung bekannt war. Wegen des Wegfalls der elterlichen Gewalt sind die ehelichen und die den ehelichen gleichgestellten Kinder aus einer nichtigen Ehe sowie die durch nachfolgende Ehe legitimierten und die von einem Ehepaar an Kindesstatt angenommenen minderjährigen Kinder zu bevormunden, wenn beide Gewalthaber gestorben oder für tot erklärt sind oder die elterliche Gewalt verwirkt haben, oder wenn der Vater die elterliche Gewalt verwirkt hat und die Mutter die Ehe mit ihm fortsetzt, oder wenn beim Tode oder der Todeserklärung des Vaters die Gewalt nicht auf die Mutter übergehen kann, weil diese bevormundet wird oder einer Pflegschaft für ihre Person und ihr Vermögen unterstellt ist, oder wenn die überlebende oder geschiedene Gewalthaberin sich wiederverheiratet. Das Gleiche gilt für die durch Ehelichkeitserklärung legitimierten sowie für die nur von einer Person angenommenen Kinder, wenn der Vater oder der Annehmende stirbt oder für tot erklärt ist oder die Gewalt verwirkt oder bevormundet wird. Wegen Verhinderung an der Ausübung der an sich fortbestehenden Gewalt sind die minderjährigen Kinder zu bevormunden, wenn die Gewalt beider Eltern oder des einzigen Gewalthabers ruht sowie wenn beiden Eltern oder dem einzigen Gewalthaber die Vertretung der Person und des Vermögens des Kindes entzogen wird, gleichgiltig ob die Ehe unter den Eltern fortbesteht oder aufgelöst ist; ferner wenn während der Ehe dem Vater ein Pfleger für seine Person und sein Vermögen bestellt wird, sowie wenn nach Auflösung der Ehe die wegen des Ruhens der Gewalt des Vaters auf die Mutter übertragene Gewalt ruht oder von der Mutter wegen vormundschaftsgerichtlich festgestellter dauernder Behinderung nicht ausgeübt werden kann oder wenn der Mutter ein Pfleger für ihre Person und ihr Vermögen bestellt ist. Bei Annahmekindern tritt die Bevormundung außerdem ein, wenn während ihrer Minderjährigkeit der Annahmevertrag aufgehoben wird, da die Kinder nicht in die Gewalt ihrer Eltern zurücktreten. Der Zeitpunkt des Eintritts des Bevormundungsfalls ist bei Kindern aus einer wegen Formmangels nichtigen und nicht in das Heiratsregister eingetragenen Ehe sowie bei unehelichen Kindern die Geburt, bei Kindern aus einer für nichtig erklärten Ehe die Rechtskraft des Urteils, bei ehelichen und den ihnen gleichgestellten Kindern aus einer nichtigen Ehe, bei legitimierten und an Kindesstatt angenommenen Kindern der Wegfall der elterlichen Gewalt, bei der Todeserklärung des überlebenden Gewalthabers die Todesstunde oder der Todestag, die nach dem Todeserklärungsurteil als Zeitpunkt des Todes gelten, bei der Verwirkung der Gewalt die Rechtskraft des Strafurteils, welches die Verwirkung zur Folge hat, bei der Entziehung der Gewalt die vormundschaftsgerichtliche Entscheidung und bei der dauernden Verhinderung an ihrer Ausübung sowie bei Kindern, deren Familienstand nicht zu ermitteln ist, die Feststellung dieser Thatsachen durch das Vormundschaftsgericht. Ruht die elterliche Gewalt wegen Geschäftsunfähigkeit oder wegen Beschränkung in der Geschäftsfähigkeit, so ist entweder der Eintritt der krankhaften Geistesstörung oder die Wirksamkeit des Entmündigungsbeschlusses (104 Ziff. 2, 3) der für die Anordnung der Vormundschaft maßgebende Zeitpunkt (CPO. 661, 683).

Das BGB. kennt wie zwei Kategorieen von Vormundschaften, so auch zwei Kategorieen von Pflegschaften: eine für die Fälle, in welchen die elterliche Gewalt oder die Vormundschaft die Voraussetzung der Pflegschaft bildet und diese angeordnet werden muß, weil neben jenen ein Fürsorgebedürfnis vorliegt. Und die andere für die Fälle, in welchen eine Pflegschaft selbständig angeordnet werden kann, ohne daß die Voraussetzungen zur Anordnung einer Vormundschaft gegeben sind.

Wer nämlich unter elterlicher Gewalt oder unter Vormundschaft steht, muß für Angelegenheiten, an deren Besorgung der Gewalthaber oder der Vormund verhindert ist, einen Pfleger erhalten. Er muß insbesondere einen Pfleger zur Verwaltung des Vermögens erhalten, welches er von Todeswegen erwirbt oder welches ihm unter Lebenden von einem Dritten unentgeltlich zugewendet wird, wenn der Erblasser durch letztwillige Verfügung, der Dritte im Zusammenhange mit der Zuwendung bestimmt hat, daß dem Gewalthaber oder dem Vormunde die Verwaltung nicht zustehen soll. Die Pflegschaft muß hier auch dann angeordnet werden, wenn die Voraussetzungen für die Anordnung einer Vormundschaft über einen In- oder Ausländer vorliegen, aber ein Vormund noch nicht bestellt ist (1909).

Ein von seinem Wohnsitz abwesender Volljähriger, dessen Aufenthalt unbekannt ist, muß für seine Vermögensangelegenheiten, soweit sie der Fürsorge bedürfen, er also nicht bevormundet ist, einen Abwesenheitspfleger erhalten. Ein solcher Pfleger muß ihm insbesondere auch dann bestellt werden, wenn er durch Erteilung eines Auftrags oder einer Vollmacht Fürsorge getroffen hat, aber Umstände eingetreten sind, die zum Widerrufe des Auftrags oder der Vollmacht Anlaß geben.

Das Gleiche gilt von einem Abwesenden, dessen Aufenthalt bekannt, der aber an der Rückkehr und der Besorgung seiner Vermögensangelegenheiten verhindert ist (1911). Verhinderungsfälle sind Reisen in einem bekannten, aber nicht zu erreichenden Lande, Kriegsgefangenschaft, Verbüßung einer Freiheitsstrafe.

Eine uneheliche oder eheliche Leibesfrucht muß zur Wahrung ihrer künftigen Rechte, soweit diese einer Fürsorge bedürfen, einen Pfleger erhalten, wenn nicht die Fürsorge dem Vater oder der Mutter zusteht, was der Fall ist, wenn das Kind, falls es bereits geboren wäre, unter elterlicher Gewalt stehen würde (1912). Das Fürsorgebedürfnis wird namentlich bei Erbschaften, Vermächtnissen, Familienschlüssen für Familienstiftungen und Familienfideikommisse vorliegen.

Ein Volljähriger, der nicht unter Vormundschaft steht, kann einen Pfleger für seine Person und sein Vermögen erhalten, wenn er infolge körperlicher Gebrechen, insbesondere weil er taub, blind oder stumm ist, seine Angelegenheiten nicht zu besorgen vermag. Ebenso kann ein Volljähriger, der infolge geistiger oder körperlicher Gebrechen einzelne seiner Angelegenheiten oder einen bestimmten Kreis seiner Angelegenheiten, insbesondere seine Vermögensangelegenheiten, nicht zu besorgen vermag, für diese Angelegenheiten einen Pfleger erhalten, auch wenn er nicht unter Vormundschaft steht (1910).

Einem bei einer Angelegenheit Beteiligten, der unbekannt oder dessen Beteiligung ungewiß ist, kann für diese Angelegenheit, soweit eine Fürsorge erforderlich ist, ein Pfleger bestellt werden. Dies kann insbesondere für einen Nacherben, der noch nicht erzeugt ist oder dessen Persönlichkeit erst durch ein künftiges Ereignis bestimmt wird, für die Zeit bis zum Eintritte der Nacherbfolge geschehen (1913).

Wenn durch öffentliche Sammlung Vermögen für einen vorübergehenden Zweck zusammengebracht worden ist, so kann zum Zwecke der Verwaltung und Verwendung des Vermögens ein Pfleger bestellt werden, wenn die zu der Verwaltung und Verwendung berufenen Personen weggefallen sind (1914).

Soweit eine Pflegschaft zulässig ist, kann neben ihr, ebenso wie neben der elterlichen Gewalt und der Vormundschaft, eine weitere Pflegschaft zur Ergänzung angeordnet werden, wenn durch die eine Pflegschaft dem Schutzbedürfnisse nicht genügt wird. Eine Erweiterung der Fälle der Zulässigkeit der Pflegschaftsanordnung ist dagegen unstatthaft. Doch sind außerhalb des BGB. noch Pflegschaftsfälle sowohl in den Reichs- wie in den vorbehaltenen Landesgesetzen enthalten. Nach den §§ 334, 480 der StPO. ist über das in dem Verfahren gegen einen abwesenden Hoch- oder Landesverräter beschlagnahmte Vermögen durch das Vormundschaftsgericht eine Güterpflege einzuleiten, und zwar auch wenn bereits eine Abwesenheitspflegschaft über den Abwesenden eingeleitet ist. Einem geistig geschwächten Beamten, dessen Versetzung in den Ruhestand beantragt ist, kann nach § 62 des Reichsges. v. 31. März 1873 und § 58 des preuß. Ges. v. 5. Mai 1851 bezw. § 89 des Ges. v. 21. Juli 1852 der Vormundschaftsrichter einen Pfleger zur Wahrung seiner Interessen in dem Verfahren bestellen. Das BGB. selbst kennt im Erbrechte noch verschiedene Pflegschaftsfälle, die aber nicht Vormundschafts-, sondern Nachlaßsachen betreffen (1960 ff., 1975 ff.).

Für die Pflegschaft ist der Eintritt des Bedürfnisses maßgebend. Daher ist der Fall einer Pflegschaft neben der elterlichen Gewalt oder der Vormundschaft gegeben, wenn der Gewalthaber oder der Vormund thatsächlich oder rechtlich an der Ausübung der Gewalt oder der Vormundschaft verhindert wird. Die rechtliche Verhinderung liegt bei entgegenstehenden Interessen der Vertreter gegenüber Kindern und Mündeln sowie der Kinder und Mündel unter sich oder mit den an dem Rechtsgeschäfte beteiligten Verwandten ihrer Vertreter sowie der Kinder und Mündeln vor. Treten zwischen den Kindern und Mündeln und dem Pfleger entgegenstehende Interessen ein, so ist neben der Hauptpflegschaft eine Nebenpflegschaft anzuordnen. Eine rechtliche Verhinderung liegt auch bei Zuwendungen Dritter an einen Minderjährigen unter Ausschließung des Gewalthabers oder Vormundes von der Verwaltung des zugewendeten Vermögens durch den Zuwender sowie bei der Entziehung der Verwaltung des freien Kindesvermögens durch das Vormundschaftsgericht und in bezug auf den Gewalthaber beim Konkurs über sein Vermögen vor. Die thatsächliche Verhinderung liegt vor, wenn Gewalthaber oder Vormund wegen Abwesenheit, Krankheit, Haft oder aus anderen Gründen die Verwaltung nicht besorgen können, diese bei der elterlichen Gewalt auch nicht durch die Mutter des Kindes besorgt werden darf oder besorgt wird. Die Gebrechlichkeitspflegschaft ist entweder eine allgemeine für die Person und das Vermögen des Gebrechlichen, oder sie ist auf einzelne oder einen bestimmten Kreis seiner Angelegenheiten beschränkt; die erstere kann nur wegen körperlicher Gebrechlichkeit, die letztere sowohl wegen geistiger als wegen körperlicher Gebrechen angeordnet werden: ihre Anordnung setzt die Einwilligung des Gebrechlichen voraus, wenn eine Verständigung mit ihm möglich ist. Ist die volle Vertretung eines geistig Gebrechlichen Bedürfnis, so muß die Entmündigung beantragt werden.

In Preußen müssen behufs Fassung eines Familienschlusses in bezug auf ein Familienfideikommiß denjenigen, welche ihrer Sache nicht selbst vorstehen können, Pfleger bestellt werden; für die Bedürfnisfälle sind nunmehr die Vorschriften des BGB. maßgebend. Bei Familienschlüssen über Familienstiftungen ist daher die Bestellung eines Pflegers nur im Falle der Interessenkollision zwischen dem Gewalthaber oder dem Vormund und dem Kinde oder Mündel erforderlich.

Vormundschaft und Pflegschaft treten nicht schon mit dem Bedürfnisfall ins Leben. Nach römischem Rechte hatte zwar die durch den Hausvater in seinem giltigen Testament erfolgte Benennung einer Person zum Vormunde des in seiner unmittelbaren Gewalt stehenden Hauskindes die Wirkung, daß der tutor von dem Augenblicke der Erbschaftsantretung an für den Schaden haftete, der dem Pupillen durch die versäumte Übernahme der Vormundschaft zugefügt wurde. Das Gleiche galt für die in Ermangelung eines tutor testamentarius durch das Gesetz zur tutela über den Pupillen berufenen Intestaterben desselben. Infolgedessen bestand die tutela mit dem Tode des Hausvaters. Allein schon die cura minorum beruhte auf der Anordnung durch die Obrigkeit. In dem durch die Reichspolizeiordnungen fortgebildeten deutschen Rechte verpflichteten die testamentarische Benennung und die gesetzliche Berufung zur Vormundschaft den berufenen Vormund von dem Erbschaftsantritt an bei eigener Verantwortung sich um die Bestätigung der obervormundschaftlichen Behörde umzuthun; die Vormundschaft selbst aber wurde erst mit ihrer Anordnung eingeleitet. Auch nach der preußischen Vormundschaftsordnung von 1875 mußten die gesetzlichen Vormünder ohne jede gerichtliche Vermittelung eintreten, sowie ein Fall der Bevormundung gegeben war; ihre Verantwortlichkeit begann schon mit dem Augenblicke der erlangten Kenntnis von ihrer Berufung. Das BGB. hat dagegen alle Fälle einer Vormundschaft von Gesetzeswegen beseitigt, Vormundschaft und Pflegschaft treten nur auf grund vormundschaftsgerichtlicher Anordnung ein. Vor dieser Anordnung giebt es keine Vormundschaft und keine Verantwortlichkeit einer zur Vormundschaft berufenen Person.

Aus diesem rechtspolitisch richtigen Grundsatze folgt die Notwendigkeit der Vorsorge für die schleunige Anordnung der Vormundschaften und Pflegschaften. Um diese zu sichern, sind die Standesbeamten, die Gemeindewaisenräte und in einer Anzahl Fälle auch die Gerichte verpflichtet, die zu ihrer Kenntnis gelangenden Bevormundungsfälle dem Vormundschaftsgerichte, bezw. die Standesbeamten, wo es zugelassen ist, dem Gemeindewaisenrat anzuzeigen. Und zwar ist von den Standesbeamten die Anzeige zu machen, wenn der Tod einer Person, die ein minderjähriges Kind hinterlassen hat, oder die Geburt eines ehelichen Kindes noch dem Tode des Vaters oder die Geburt eines unehelichen Kindes oder die Auffindung eines Minderjährigen, dessen Familienstand nicht zu ermitteln ist, angezeigt oder von einer Frau, die ein minderjähriges eheliches Kind hat, eine Ehe geschlossen wird (FG. 48). Ob ein Fall der Anzeigepflichtvorliegt, hat der Standesbeamte durch Nachfrage bei der Anmeldung oder Eheschließung zu ermitteln. Die Gerichte sind anzeigepflichtig, wenn infolge eines gerichtlichen Verfahrens die Anordnung einer Vormundschaft erforderlich wird. Dies ist der Fall, wenn ein Volljähriger entmündigt oder die elterliche Gewalt durch Strafurteil verwirkt wird; wenn der Gewalthaber für tot erklärt oder seine Todeserklärung infolge erhobener Anfechtungsklage aufgehoben oder geändert wird; wenn in Rechtsstreitigkeiten, welche die Feststellung des Bestehens oder Nichtbestehens eines Eltern- und Kindesverhältnisses, des Bestehens oder Nichtbestehens der elterlichen Gewalt, die Anfechtung der Ehelichkeit eines Kindes oder die Anerkennung dieser Ehelichkeit zum Gegenstande haben, auf das Nichtbestehen des Kindesverhältnisses, der elterlichen Gewalt oder der Ehelichkeit erkannt, wenn über das Vermögen des Gewalthabers der Konkurs eröffnet, dieser entmündigt, vorläufig unter Vormundschaft gestellt oder ihm ein Pfleger für seine Person und sein Vermögen bestellt wird.

Das römische Recht ließ die Vormundschaft mit dem Wegfalle des Bedürfnisses, das sie hervorgerufen hatte, kraft Gesetzes endigen. Mit der Durchführung des Grundsatzes der gerichtlichen Vormundschaftsanordnung wurde für eine Reihe von Bevormundungs- und Pflegschaftsfällen die Aufhebung durch das Vormundschaftsgericht Bedürfnis. In Uebereinstimmung mit der deutschen Rechtsentwickelung endigt nach dem BGB. die Vormundschaft über Minderjährige ohne vormundschaftsgerichtliche Anordnung kraft Gesetzes mit dem Tode, mit der Volljährigkeit oder Volljährigkeitserklärung des Mündels, und mit dem Eintritt oder Wiedereintritte des Mündels in die elterliche Gewalt. Dieser kann dadurch erfolgen, daß das uneheliche oder dem unehelichen gleichgestellte Kind für ehelich erklärt oder an Kindesstatt angenommen, das eheliche, das als ehelich geltende und das dem ehelichen rechtlich gleichgestellte Kind an Kindesstatt angenommen wird, daß über letzteres der Gewalthaber die elterliche Gewalt wiedererlangt oder daß nach der Auflösung der Ehe die von dem Vater verwirkte Gewalt auf die Mutter übergeht, daß ferner die Ausschließung des Gewalthabers von der Vertretung des Kindes in persönlichen und Vermögensangelegenheiten entweder durch Aufhebung der sie ausschließenden Verfügung seitens des Vormundschaftsgerichts oder durch Beendigung des

Ruhens der elterlichen Gewalt in Wegfall kommt. Die Altersvormundschaft über eine Person unbekannten Familienstandes endlich endigt mit der Ermittelung des Familienstandes. Verheiratung des Mündels beendigt die Vormundschaft nicht. Ob der Verlust der Reichs- oder Staatsangehörigkeit die Vormundschaft endigt, ist nach den Grundsätzen des internationalen Privatrechts zu entscheiden. Endigt die Inländereigenschaft ohne den Erwerb einer auswärtigen Staatsangehörigkeit, so wird die Vormundschaft fortgeführt (1882).

Wird ein Mündel durch nachfolgende Ehe legitimiert, so endigt die Vormundschaft nicht schon mit der Eheschließung der Eltern, sondern, weil der Mann seine Vaterschaft auch noch nachher bestreiten kann, erst dann, wenn die Vaterschaft des Ehemanns durch ein zwischen ihm und dem Mündel — nicht der Mutter — ergangenes Urteil festgestellt oder wenn die Aufhebung der Vormundschaft von dem Vormundschaftsgericht angeordnet ist. Die Anordnung der Aufhebung hat durch das Vormundschaftsgericht nur zu erfolgen, wenn es die Voraussetzungen der Legitimation für gegeben erachtet. Ob dies der Fall ist von amtswegen zu prüfen und nach pflichtgemäßen Ermessen zu entscheiden. Doch soll zu Lebzeiten des Ehemanns auch beim Vorhandensein dieser Voraussetzungen die Aufhebung nur angeordnet werden, wenn er die Vaterschaft anerkannt hat oder wenn er an der Abgabe einer Erklärung dauernd verhindert oder sein Aufenthalt dauernd unbekannt ist (1883). Eine Form ist für die Anerkennung nicht vorgeschrieben. In der Zeit von der Eheschließung bis zur Aufhebung der Vormundschaft steht mithin das Kind sowohl unter elterlicher Gewalt als unter Vormundschaft.

Ist der Mündel verschollen, so endigt die Vormundschaft mit der Aufhebung durch das Vormundschaftsgericht sowie mit der Volljährigkeit, da mit deren Eintritt ein Pfleger zu bestellen ist. Die bis zur Aufhebung vom Vormunde vorgenommenen Rechtshandlungen sind giltig. Das Vormundschaftsgericht hat die Vormundschaft aufzuheben, wenn ihm der Tod des Mündels bekannt wird.

Wird der Mündel für tot erklärt, so endigt die Vormundschaft ohne Aufhebung mit der Erlassung des die Todeserklärung aussprechenden Urteils (1884). Kehrt der Mündel später zurück, so ist eine neue Vormundschaft anzuordnen, wenn das Bedürfnis der Bevormundung fortbesteht.

Die Vormundschaft über einen entmündigten Volljährigen endigt mit dem Tode des Mündels und im Falle seiner Todeserklärung mit der Erlassung des die Todeserklärung aussprechenden Urteils sowie im Falle der Verschollenheit mit der Aufhebung durch das Vormundschaftsgericht, endlich mit der Aufhebung der Entmündigung.

Die vorläufige Vormundschaft endigt kraft Gesetzes mit dem Tode des Mündels und im Falle seiner Todeserkärung mit der Erlassung des die Todeserklärung aussprechenden Urteils, ferner mit der Zurücknahme oder rechtskräftigen Abweisung des Antrags auf Entmündigung, sodann im Falle der Entmündigung, wenn auf Grund derselben ein Vormund bestellt wird, wenn das Vormundschaftsgericht bei Verschollenheit des Mündels oder weil der Mündel des vorläufigen vormundschaftlichen Schutzes nicht mehr beürftig ist, die Vormundschaft aufhebt (1908).

Von den Pflegschaften endigen gleichfalls einzelne Kategorieen kraft Gesetzes, andere erst durch die Aufhebung des Vormundschaftsgerichts. Kraft Gesetzes und ohne Aufhebung durch das Vormundschaftsgericht endigt die Pflegschaft für eine unter elterlicher Gewalt oder unter Vormundschaft stehende Person mit der Beendigung der elterlichen Gewalt oder der Vormundschaft aus den Beendigungsgründen des Todes, der Todeserklärung und der Verschollenheit des Mündels. Die Pflegschaft für eine Leibesfrucht endigt mit der Geburt des Kindes. Alle zur Besorgung einer einzelnen Angelegenheit angeordneten Pflegschaften endigen mit der Erledigung der Angelegenheit. In allen übrigen Fällen der Pflegschaft endigt dieselbe erst mit der Aufhebung durch das Vormundschaftsgericht, welche zu erfolgen hat, wenn der Grund für die Anordnung der Pflegschaft weggefallen ist. Die Aufhebung ist deshalb bei der Pflegschaft neben der elterlichen Gewalt oder der Vormundschaft mit dem Wegfalle der Verhinderung des Gewalthabers oder Vormundes und im Falle des § 1909 Abs. 3 mit der Einleitung der Vormundschaft, sodann mit dem Aufhören der Gebrechlichkeit oder der Schutzbedürftigkeit des Gebrechlichen oder wenn der gebrechliche Pflegebefohlene die Aufhebung beantragt oder wenn feststeht, daß eine Geburt nicht erfolgen wird oder wenn das Schutzbedürfnis der Leibesfrucht wegfällt, wenn die Ungewißheit des Beteiligten behoben wird oder der Nacherbfolgefall eintritt, sowie wenn die zur Verwaltung des Sammelvermögens berufenen Personen ihr Amt wieder übernehmen, anzuordnen.

Die Pflegschaft für einen Abwesenden endigt durch Aufhebung seitens des Vormundschaftsgerichts, wenn der Abwesende an der Besorgung seiner Vermögensangelegenheiten nicht mehr verhindert ist, also wenn er zurückkehrt oder einen Bevollmächtigten bestellt. Stirbt der Abwesende, so endigt gleichfalls die Pflegschaft erst mit der Aufhebung durch das Vormundschaftsgericht. Von diesem ist dann die Pflegschaft aufzuheben, sobald ihm der Tod des Abwesenden bekannt wird. Wird der Abwesende für tot erklärt, so endigt die Pflegschaft kraft Gesetzes mit der Erlassung des die Todeserkärung aussprechenden Urteils (1921).

§ 3.

Das Vormundschaftsgericht.

Zu den vormundschaftsgerichtlichen Verrichtungen gehört die Einleitung und die Beendigung der Vormundschaft, die Bestellung und Entlassung von Vormund und Pfleger sowie deren Beaufsichtigung in der Führung der Vormundschaft, ihre Beratung in den persönlichen und vermögensrechtlichen Angelegenheiten des Mündels und die Genehmigung einzelner Rechtsgeschäfte. Außerdem hat das Vormundschaftsgericht vor der Bestellung des Vormundes und Pflegers die im Interesse des Mündels erforderlichen Maßregeln selbständig zu treffen und nach der Bestellung gegen die Pflichtwidrigkeiten der Bestellten durch Gebote und Verbote einzuschreiten.

Die vormundschaftsgerichtlichen Verrichtungen sind reichsrechtlich den Amtsgerichten übertragen, welche vom BGB. als Vormundschaftsgerichte bestellt und auf Grund des Gerichtsverfassungsgesetzes als vorhanden vorausgesetzt sind. Den Einzelstaaten ist jedoch, um möglichst wenig in ihre Behördenorganisation einzugreifen, nachgelassen, für die vormundschaftsgerichtlichen Verrichtungen andere als gerichtliche Behörden einzurichten (Art. 147 Abs. 3). Von diesem Vorbehalte haben Württemberg, die beiden Mecklenburg und Hamburg Gebrauch gemacht, indem Württemberg für jede Gemeinde eine kollegiale Behörde, die beiden Mecklenburg neben den Amtsgerichten verschiedene Behörden und Hamburg eine kollegiale Vormundschaftsbehörde als Vormundschaftsgerichte bestellt haben. Für die im Auslande sich aufhaltenden Reichsangehörigen haben diejenigen Konsuln, welchen Gerichtsbarkeit zusteht, und für die in den deutschen Schutzgebieten wohnenden oder sich aufhaltenden Reichsangehörigen und Schutzgenossen die vom Reichskanzler zur Ausübung der Gerichtsbarkeit ermächtigten Beamten die Rechte und Pflichten des Vormundschaftsgerichts. Soweit bezüglich der adeligen Familien Hausverfassungen und Landesrechte unberührt geblieben sind, sind für diese Familien die Amtsgerichte Vormundschaftsgerichte nur, wenn nicht die Hausverfassungen oder Landesgesetze andere Behörden mit den vormundschaftsgerichtlichen Verrichtungen beauftragt haben oder beauftragen. In Preußen sind für die Mitglieder des königlichen Hauses das Hausministerium, für die Mitglieder der 1864 entthronten Regentenhäuser sowie für die Mitglieder der früher reichsständischen Familien, deren Besitzungen Preußen einverleibt wurden, in der Provinz Hannover und in Hohenzollern die Civilkammern der Landgerichte, in den übrigen Provinzen die Civilsenate der Oberlandesgerichte unter dem Justizminister als Aufsichts- und Beschwerdeinstanz, und in Bayern, wenn das Haupt des Hauses selbst beteiligt ist, die Civilsenate der Oberlandesgerichte unter Oberaufsicht des Justizministers Vormundschaftsgerichte geblieben.

Die sachliche Zuständigkeit der Vormundschaftsgerichte ist eine ausschließliche, so daß vormundschaftsgerichtliche Verrichtungen durch ein anderes als das sachlich zuständige Vormundschaftsgericht nichtig sind, es sei denn, daß ein landesrechtlicher Vorbehalt und eine landesrechtliche Regelung der Wirkung der Verrichtungen unzuständiger Gerichte für das Gebiet des Vorbehalts in Frage steht (FG. 32). Eine sachlich unzuständige Verrichtung liegt aber nicht vor, wenn bei einem mit mehreren Richtern besetzten Amtsgerichte der Richter einer anderen Abteilung als derjenigen, welcher die Vormundschaftssachen zugewiesen sind, als Vormundschaftsrichter fungiert hat; denn die Amtsgerichte bilden einheitliche Gerichte. Die Zuständigkeit der Vormundschaftsgerichte erstreckt sich auf alle ihnen nach Reichsrecht obliegenden und auf die ihnen nach Landesrecht überwiesenen Verrichtungen. Ihre Zuständigkeit greift infolgedessen über die Vormundschaft hinaus, indem ihnen nach Reichsrecht die Volljährigkeitserklärung, die Erweiterung der Geschäftsfähigkeit beschränkt Geschäftsfähiger, ferner richterliche Entscheidungen in Bezug auf die Eheschließung und Eheanfechtung von Kindern und Bevormundeten, auf die persönlichen und güterrechtlichen Beziehungen der Ehegatten, auf die Rechtsverhältnisse zwischen Eltern und Kindern, insbesondere während der elterlichen Gewalt, auf die Rechtsverhältnisse der unehelichen Kinder, auf die Ehelichkeitserklärung, auf die Annahme an Kindesstatt und ihre Aufhebung, sowie auf die Inventarerrichtung, auf Erbverträge und Erbverzichte und die Anfechtung und Aufhebung von Erbverträgen, endlich auf die Entlassung Bevormundeter aus dem Staatsverbande, nach dem Rechte mehrerer Bundesstaaten auch noch in Bezug auf die religiöse Erziehung Minderjähriger und ihre Zwangserziehung sowie auf die Standesamtssachen zugewiesen sind. Das Gesetz über die freiwillige Gerichtsbarkeit hat dementsprechend für die dem Vormundschaftsgericht obliegenden Verrichtungen die Bezeichnung Vormundschaftssachen gewählt.

Die örtliche Zuständigkeit für die Einleitung einer Vormundschaft und Pflegschaft, sowie für ihre Führung ist bei dem Vormundschaftsgerichte begründet, in dessen Bezirke der Mündel zu der Zeit, zu welcher die Anordnung der Vormundschaft oder der Pflegschaft erforderlich wird, seinen Wohnsitz oder in Ermangelung eines inländischen Wohnsitzes seinen Aufenthalt hat. Dabei teilt das eheliche Kind den Wohnsitz des Vaters, das uneheliche Kind den der Mutter, ein an Kindesstatt angenommenes Kind den Wohnsitz des Annehmenden (11). Deren Wohnsitz ist aber an dem Orte begründet, an dem sie sich ständig niedergelassen haben (7). Bei mehrfachem Wohnsitze sind die Vormundschaftsgerichte aller Wohnsitze zuständig. Das Vormundschaftsgericht des Aufenthaltsorts ist zuständig, sobald von ihm festgestellt ist, daß ein inländischer Wohnsitz des Mündels nicht bekannt sei. Dabei ist der Aufenthaltsort dort, wo sich der Mündel thatsächlich befindet, gleichgiltig ob er vorübergehend oder dauernd verweilt. Das Gericht des Wohn- oder Aufenthaltsorts zur Zeit des Eintritts des Bevormundungs- oder Pflegschaftsfalls bleibt zuständig, auch wenn der Mündel noch vor der Einleitung der Vormundschaft seinen Wohn- oder Aufenthaltsort ändert.

Bei Vormundschaften ist die sachliche und örtliche Zuständigkeit für In- und Ausländer die gleiche, während dieselbe bei Pflegschaften nicht in allen Fällen übereinstimmt. Wird bei einem Inländer festgestellt, daß weder Wohnsitz noch Aufenthalt im Inlande bekannt sind, so ist das Gericht zuständig in dessen Bezirk er seinen letzten bekannten inländischen Wohnsitz hatte. In Ermangelung eines solchen Wohnsitzes wird das zuständige Gericht, falls der Mündel oder Pflegebefohlene einem Bundesstaat angehört, von der Landesjustizverwaltung, andernfalls (§ 6 Ges. v. 15. März 1888) von dem Reichskanzler bestimmt. Ist neben einer bei einem inländischen Gericht anhängigen Vormundschaft — nicht auch Pflegschaft — ein Pfleger zu bestellen, so ist für die Pflegschaft über den Inländer oder Ausländer dieses Gericht zuständig. Ist jedoch für den Ausländer nicht bei einem inländischen, sondern bei einem ausländischen Gerichte die Vormundschaft anhängig oder ist über einen Ausländer eine Pflegschaft wegen Gebrechlichkeit oder Abwesenheit einzuleiten, so ist, wenn der Ausländer im Inlande weder Wohnsitz noch Aufenthalt hat, für die Pflegschaft subsidiär noch das Gericht zuständig, in dessen Bezirke das Bedürfnis der Fürsorge hervortritt. Für die Pflegschaft über den bei einer Angelegenheit beteiligten In- oder Ausländer ist die Zuständigkeit bei dem Gerichte begründet, in dessen Bezirke das Bedürfnis der Fürsorge hervortritt; für diejenige über eine Leibesfrucht bei dem Gerichte, welches für die Vormundschaft zuständig sein würde, falls das Kind zu der Zeit, zu welcher das Bedürfnis der Fürsorge hervortritt, geboren wäre; für diejenige über ein Sammelvermögen endlich bei dem Gerichte des Ortes, in dem bisher die Verwaltung geführt wurde (FG. 36 bis 40). Für die Vormundschaft über einen Minderjährigen, dessen Familienstand nicht zu ermitteln ist, ist das Gericht zuständig, in dessen Bezirke der Minderjährige aufgefunden wurde (FG. 36). Die Vormundschaft über einen Ausländer ist nach den Vorschriften für Deutsche einzuleiten, wenn dessen Heimatsstaat die Fürsorge nicht übernimmt, sei es daß er eine Vormundschaft nicht einleitet oder nicht fortführt. Die eingeleitete Vormundschaft oder Pflegschaft ist auf Verlangen des Heimatsstaats an dessen Vormundschaftsbehörde abzugeben.

Die Zuständigkeit eines Vormundschaftsgerichts kann nicht durch Vereinbarung begründet werden. Wird die Vormundschaft von einem örtlich unzuständigen Vormundschaftsgericht eingeleitet, so sind dessen Verrichtungen dennoch wirksam (FG. 7). Erfolgt die Abgabe der Sache an das zuständige Gericht, so kann dieses auf Grund neuer Erwägungen abweichende Anordnungen treffen (FG. 18).

Vormundschaft und Pflegschaft sind Begriffsganze; wird ihre Anordnung über minderjährige oder volljährige Geschwister erforderlich, die in den Bezirken verschiedener Vormundschaftsgerichte ihren Wohnsitz oder ihren Aufenthalt haben, so ist, wenn für einen der Mündel oder Pflegebefohlenen schon eine Vormundschaft anhängig ist, das für diese zuständige Gericht, andernfalls dasjenige Gericht für alle Geschwister maßgebend, in dessen Bezirke der jüngste Mündel oder Pflegebefohlene seinen Wohnsitz oder seinen Aufenthalt hat. Ob die Geschwister voll- oder halbbürtig, ehelich oder unehelich, In- oder Ausländer sind, ist gleichgiltig. Das Gericht des jüngsten Kindes ist bevorzugt, weil die Vormundschaft über dieses voraussichtlich am längsten dauert (FG. 36).

In Preußen kann nach den Gesetzen vom 15. Februar 1840 § 12 und AG. z. BGB. Art. 2 § 6 für Familienschlüsse in Bezug auf Familienfideikommisse und Familienstiftungen den unter Vormundschaft oder Pflegschaft stehenden Familiengliedern, die verschiedenen Vormundschaftsgerichten angehören, durch ein auf den Antrag des Fideikommißbesitzers und des Stiftungsvorstandes vom Justizminister bestimmtes Vormundschaftsgericht ein gemeinsamer Vertreter bestellt werden, soweit die Interessen der beteiligten Familienglieder nicht im Gegensatze zu einander stehen.

Unter mehreren zuständigen Vormundschaftsgerichten gebührt demjenigen der Vorzug, welches die Einleitung der Vormundschaft zuerst in die Hand genommen hat (FG. 4). Unterbleibt die Einleitung, weil Streit oder Ungewißheit darüber besteht, welches von mehreren Gerichten örtlich zuständig ist, so wird das zuständige Gericht durch das gemeinschaftliche obere Gericht bestimmt; dieses ist das Landgericht, wenn die Amtsgerichte oder die landesrechtlichen Vormundschaftsbehörden in seinem Bezirke, das Oberlandesgericht, wenn sie in mehreren Landgerichten seines Bezirkes liegen, in Preußen das Kammergericht und in Bayern das oberste Landesgericht, wenn die Amtsgerichte in mehreren Oberlandesgerichtsbezirken sind (FG. 5). Sind mehrere Amtsgerichte verschiedener Bundesstaaten beteiligt, so entscheidet das Reichsgericht.

Deutsche, die das Recht der Exterritorialität genießen, sowie Beamte des Reichs oder eines Bundesstaats, die im Ausland angestellt sind, unterstehen in Vormundschaftssachen den Gerichten des Wohnsitzes, welchen sie in dem Heimatsstaate haben. In Ermangelung eines solchen Wohnsitzes gilt die Hauptstadt des Heimatsstaats als ihr Wohnsitz; ist die Hauptstadt in mehrere Gerichtsbezirke geteilt, so wird der als Wohnsitz geltende Bezirk von der Landesjustizverwaltung bestimmt. Gehört ein Deutscher einem Bundesstaate nicht an, so gilt als sein Wohnsitz die Stadt Berlin, bezw. der von dem Reichskanzler durch allgemeine Anordnung als Wohnsitz bestimmte Bezirk (FG. 3).

Aus wichtigen Gründen, z. B. wegen Verschiedenheit der Wohnorte mehrerer Geschwister, aber auch wegen erleichterter Führung oder Beaufsichtigung der Vormundschaft kann diese vom Vormundschaftsgericht an ein anderes Gericht abgegeben werden, das sich zur Übernahme der Vormundschaft bereit erklärt, unbeschränkt vor der Einleitung, nach der Bestellung des Vormundes oder Pflegers nur mit dessen Zustimmung. Einigen sich die Gerichte nicht über die Abgabe oder verweigert der Vormund oder Pfleger oder, wenn mehrere Vormünder oder Pfleger die Vormundschaft führen, einer von ihnen seine Zustimmung, so entscheidet endgiltig das gemeinschaftliche obere Gericht und, wenn die streitenden Amtsgerichte in verschiedenen Oberlandesgerichtsbezirken liegen, in Preußen das Kammergericht, in Bayern das oberste Landesgericht. Auch an einen ausländischen Staat kann das Gericht die über einen im Ausland aufhaltsamen Deutschen anhängige Vormundschaft abgeben, jedoch nur unter der dreifachen Voraussetzung, daß dies im Interesse des Mündels liegt, der Vormund oder Pfleger seine Zustimmung erteilt und der ausländische Staat sich zur Übernahme bereit erklärt (FG. 46, 47). Verweigert der Vormund oder einer der mehreren Vormünder oder der Pfleger seine Zustimmung, so entscheidet an Stelle des Vormundschaftsgerichts das ihm im Instanzenzuge vorgeordnete Landgericht, dessen Entscheidung endgiltig ist (FG. 47).

Für die Thätigkeit der Vormundschaftsgerichte gelten nicht die Grundsätze der streitigen, sondern diejenigen der freiwilligen Gerichtsbarkeit. Diese haben demzufolge im öffentlichen Interesse vorzugehen. Ihr Verfahren beruht nicht auf dem Parteibetriebe, sondern ist Offizialverfahren. Daraus ergiebt sich, daß der Vormundschaftsrichter seine Zuständigkeit von amtswegen zu prüfen hat. Für die Frage, welcher Richter bei einem mit mehreren Richtern besetzten und in Geschäftsbezirke eingeteilten Amtsgerichte zuständig ist, wird die Regelung von der Landesjustizverwaltung getroffen. Dieser liegt auch ob, die Vertretung eines Richters für den Fall im voraus zu ordnen, daß derselbe thatsächlich auf Zeit oder rechtlich für einzelne Geschäfte an der Verwaltung seines Amtes verhindert wird. Ist aber ein Richter mit seinem Vertreter bei vorhandener Zuständigkeit des Gerichts in einem einzelnen Falle an der Ausübung des Richteramts rechtlich oder thatsächlich verhindert, so erfolgt die Bestimmung des vertretenden Gerichts durch das jenem im Instanzenzuge vorgeordnete Landgericht, dessen Entscheidung unanfechtbar ist (FG. 5). Eine thatsächliche Verhinderung kann bei Erkrankung des ganzen Richterpersonals oder bei sanitärer Absperrung des Gerichtsorts eintreten. Eine rechtliche Verhinderung liegt vor, wenn alle Richter kraft Gesetzes von der Ausübung des Richteramts ausgeschlossen sind. Die Frage der Verhinderung hat der Richter von amtswegen zu prüfen. Nach dem Verfahrensgesetze kann sich ein Vormundschaftsrichter der Ausübung seines Amtes enthalten, wenn er sich befangen fühlt, und er muß sich enthalten, wenn er wegen eigener oder seiner Frau Beteiligung oder wegen seiner Verwandtschaft oder seines Vertretungsverhältnisses zu dem Mündel oder dem Dritten, der mit jenem in Verkehr tritt, von der Ausübung des Richteramts ausgeschlossen ist (FG. 6). Seine Ablehnung ist jedoch nicht zugelassen, weshalb eine von einem befangenen Richter vorgenommene vormundschaftsgerichtliche Verrichtung nicht schon wegen dieser Behinderung anfechtbar ist. Bei dem kraft Gesetzes von der Ausübung seines Amtes ausgeschlossenen Richter kann zwar beantragt werden, daß er sich der Amtsausübung enthalte, doch sind auch hier die des Ablehnungsantrags ungeachtet vorgenommenen vormundschaftsgerichtlichen Verrichtungen nicht unwirksam, sie können aber, wenn sie eine sachliche Entscheidung enthalten und nicht bloß eine solche vorbereiten, wegen des Ausschließungsgrundes im Wege der Beschwerde angefochten werden, und zwar ohne Rücksicht auf den Inhalt der Entscheidung und gleichgiltig ob die Ablehnung des Richters beantragt war oder nicht. Dagegen ist gegen die ablehnende Bescheidung des Ablehnungsantrags eine selbstständige Beschwerde nicht gegeben. Besteht die Thätigkeit des Vormundschaftsrichters in der Beurkundung eines Rechtsgeschäfts des Schutzbedürftigen, so hat in den angegebenen Fällen seine Mitwirkung die Nichtigkeit der Beurkundung zur Folge (FG. 170). Beteiligt an einer Angelegenheit sind alle, deren Recht durch die Entscheidung unmittelbar betroffen wird.

Die Zuziehung eines Gerichtsschreibers ist in Vormundschaftssachen als solchen nicht vorgeschrieben; sie ist aber gestattet und kann zur sachgemäßen Erledigung wünschenswert, bei Verhandlungen mit fremdsprachlichen Personen notwendig sein, wenn der Gerichtsschreiber als Dolmetscher zu fungieren vermag. Die reichsgesetzlichen Vorschriften über die Behinderung des Richters an vormundschaftsgerichtlichen Verrichtungen beziehen sich alsdann auf den Gerichtsschreiber nur, wenn sie wie in Preußen landesgesetzlich für anwendbar erklärt sind (Pr. FG. Art. 2).

Das Vormundschaftsgericht hat aus sich heraus und ohne Antrag thätig zu werden, wenn die gesetzlichen Voraussetzungen für sein Einschreiten vorliegen. Sein Verfahren ist schriftlich. Es hat ohne Unterschied, ob das Verfahren auf Antrag oder ohne solchen eingeleitet worden ist, von amtswegen die zur Feststellung der Thatsachen erforderlichen Ermittelungen zu veranstalten und die geeignet erscheinenden Beweise aufzunehmen (FG. 12). Die Zurückweisung eines Antrags mangels genügender thatsächlicher Begründung ist deshalb unstatthaft. Über das Ergebnis seiner Ermittelungen hat das Vormundschaftsgericht nach den Grundsätzen der freien Beweiswürdigung zu entscheiden. Inwieweit vor der Entscheidung die Beteiligten zu hören sind, ist von den Fällen gesetzlicher Verpflichtung abgesehen der richterlichen Beurteilung überlassen. Zeugen und Sachverständige unterliegen der gleichen Zwangspflicht zur Abgabe ihres Zeugnisses oder ihres Gutachtens wie im streitigen Verfahren. Über ihre Vereidigung entscheidet jedoch das Ermessen des Gerichts, soweit ihre Vernehmung nicht nach den §§ 392, 402 CPO. unvereidigt zu erfolgen hat (FG. 15 Abs. 1). Die Verhandlungen in Vormundschaftssachen sind nicht öffentlich, doch kann der Richter die Anwesenheit nicht beteiligter Personen gestatten. Über Art und Zeit der Verhandlungen fehlen reichsrechtliche Vorschriften.

Auf das vormundschaftsgerichtliche Verfahren finden die Vorschriften des Gerichtsverfassungsgesetzes über die Gerichtssprache (GVG. 186 bis 193) über die Sitzungspolizei (GVG. 177 bis 185) und über die Beratung und Abstimmung (GVG. 194 bis 199) entsprechende Anwendung (FG. 8). Die Gerichtssprache ist hiernach die deutsche (GVG. 186). Ist eine der verhandelnden Personen der deutschen Sprache nicht mächtig, so ist ein Dolmetscher zuzuziehen (GVG. 187). Der Zuziehung bedarf es dann nicht, wenn der Richter der Sprache, in der sich die beteiligten Personen erklären, mächtig ist. Der Dolmetscher ist zu vereidigen; seine Vereidigung ist nicht erforderlich, wenn die beteiligten Personen darauf verzichten (FG. 9) oder wenn der Dolmetscher für Übertragungen der betreffenden Art im allgemeinen beeidigt oder Gerichtsschreiber ist (GVG. 191, 192).

Über die Form und den Inhalt der Verhandlungen vor dem Vormundschaftsgerichte sind Vorschriften reichsrechtlich nicht gegeben, die landesgesetzlichen Vorschriften haben nur die Bedeutung von Ordnungsvorschriften (FG. 200). Anträge und Erklärungen können schriftlich bei dem Vormundschaftsgericht oder zum Protokolle des Gerichtsschreibers eines jeden Amtsgerichts erfolgen (FG. 11); dieselben sind von amtswegen an das zuständige Vormundschaftsgericht weiterzugeben, wenn sie an einem unzuständigen Gericht aufgenommen worden sind. Ob und inwieweit vor dem Richter gestellte Anträge und abgegebene Erklärungen zu Protokoll zu nehmen und inwieweit das Protokoll durch einen Gerichtsschreiber zu führen ist, steht in jenes Ermessen. Bei Zustellungen und Zeugnissen bedarf es in Preußen keines Protokolls (Pr. FG. 56). Wird von dem Richter ein Protokoll über die Verhandlungen vor ihm aufgenommen, so soll es Tag und Ort der Verhandlung enthalten und von ihm unterzeichnet sein (Pr. FG. 55, 64).

Die Beteiligten und deren Vertreter können mit Beiständen vor dem Vormundschaftsgericht erscheinen; diese Beistände sind nicht Vertreter. Es ist auch die Vertretung durch Bevollmächtigte zugelassen, die nicht Rechtsanwälte zu sein brauchen; das Gericht kann aber das persönliche Erscheinen anordnen und es gegen bestimmte Personen durch Ordnungsstrafen erzwingen. Die Bevollmächtigten haben auf Anordnung des Gerichts oder auf Verlangen eines Beteiligten die Bevollmächtigung durch eine öffentlich beglaubigte Vollmacht nachzuweisen (FG. 13). Zuständig zu deren Beglaubigung sind die Amtsgerichte und die Notare sowie die durch Landesgesetz für zuständig erklärten Behörden. Die Fähigkeit vor Gericht zu stehen ist von der Geschäftsfähigkeit unabhängig. Das Vormundschaftsgericht kann und muß sogar zuweilen geschäftsunfähige oder in der Geschäftsfähigkeit beschränkte Personen vor sich laden und hören. Rechtsgeschäftliche Erklärungen können aber nur von geschäftsfähigen Personen abgegeben werden und in Prozessen während der Vormundschaft steht selbst eine prozeßfähige Person, die durch einen gesetzlichen Vertreter vertreten wird, für den Rechtsstreit einer nicht prozeßfähigen Person gleich (CPO. 53).

Bezüglich des Armenrechts finden die Vorschriften der CPO. (114 bis 117) und der Rechtsanwaltsordnung (34 bis 36) entsprechende Anwendung (FG. 14). Ein Armutszeugnis ist nicht erforderlich, wenn das Vormundschaftsgericht wegen einer Verfügung in der von ihm bearbeiteten Vormundschaft oder Pflegschaft um das Armenrecht ersucht wird.

Wegen Verzögerungen des Verfahrens sind die Beteiligten zu Anträgen bei dem dienstlichen Vorgesetzten des Vormundschaftsrichters berechtigt, der im Dienstaufsichtswege für Abhilfe zu sorgen hat. Die Dienstaufsicht ist landesgesetzlich geregelt.

Die gerichtlichen Verfügungen in Vormundschaftssachen (Verfügungen, Anordnungen, Beschlüsse, Entscheidungen) unterliegen keinen besonderen Formvorschriften, sie können rechtswirksam mit oder ohne Angabe von Gründen erlassen werden. Sie sind denjenigen, für welche sie ihrem Inhalte nach bestimmt sind, mündlich oder schriftlich bekannt zu machen und werden regelmäßig mit dieser Bekanntmachung wirksam. Die Bekanntmachung erfolgt, wenn mit ihr der Lauf einer gesetzlichen oder richterlichen Frist beginnt, entweder durch Zustellung nach den für die Zustellung von amtswegen geltenden Vorschriften der CPO. (170 bis 206, 208 bis 213) oder den Anwesenden gegenüber durch Eröffnung der Verfügung zu Protokoll. Beginnt nicht eine Frist mit der Bekanntmachung, so ist deren Form dem Ermessen des Gerichts anheimgestellt. Doch soll in den Akten vermerkt werden, in welcher Weise, an welchem Orte und an welchem Tage die Bekanntmachung zur Ausführung gebracht ist. Auch sie kann den Anwesenden gegenüber zu Protokoll erfolgen. Bei der Bekanntmachung zu Protokoll ist den Beteiligten auf Verlangen eine Abschrift der Verfügung zu erteilen (FG. 16).

Die Entscheidungen des Vormundschaftsgerichts sind regelmäßig der Rechtskraft nicht fähig. Der Vormundschaftsrichter kann daher seine Verfügungen aus sich oder auf Antrag aufheben oder abändern, wenn er sie nachträglich für ungerechtfertigt erachtet (FG. 18). Mit der Aufhebung tritt der frühere Zustand, mit der Abänderung die dieser entsprechende Neuordnung ein. Wenn jedoch eine Verfügung ungerechtfertigt ist, durch die jemand die Fähigkeit oder die Befugnis zur Vornahme eines Rechtsgeschäfts oder zur Entgegennahme einer Willenserklärung erlangt, so hat, sofern nicht die Verfügung wegen Mangels der sachlichen Zuständigkeit des Gerichts unwirksam ist, die Aufhebung der Verfügung auf die Wirksamkeit der inzwischen von ihm oder ihm gegenüber vorgenommenen Rechtsgeschäfte keinen Einfluß (FG. 32). Dasselbe gilt auch für die zwischenzeitig von oder gegen jemand vorgenommenen Rechtsgeschäfte, wenn die Geschäftsfähigkeit durch eine ungerechtfertigt erlassene und deshalb wieder aufgehobene Verfügung entzogen worden war. Ist durch eine Verfügung, die nur auf Antrag erlassen werden kann wie die Einsetzung eines Familienrats, der Antrag zurückgewiesen worden und wird die Zurückweisung nachträglich für ungerechtfertigt erachtet, so darf die Änderung nicht von amtswegen, sondern nur auf neuen Antrag erfolgen. Ein dahingehender Antrag ist insbesondere schon in der Beschwerde enthalten. Dabei ist zwischen den mit der einfachen und den mit der sofortigen Beschwerde anfechtbaren Verfügungen zu unterscheiden. Ausnahmsweise werden nämlich die vormundschaftsgerichtlichen Entscheidungen, deren Anfechtung mit der sofortigen Beschwerde zugelassen ist, rechtskräftig (FG. 60). Die Rechtskraft tritt mit dem Ablaufe von zwei Wochen nach der Bekanntmachung an den Beteiligten ein, wenn nicht in dieser Frist die Beschwerde eingelegt ist (FG. 22); sie tritt ferner durch Verzicht auf die Beschwerde oder durch deren Zurücknahme ein. Unterliegt nun eine erlassene Verfügung der sofortigen Beschwerde, so ist das Vormundschaftsgericht nach deren Bekanntmachung zu ihrer Änderung nicht mehr befugt (FG. 18, 60). Dabei werden im Unterschiede von den mit der einfachen Beschwerde anfechtbaren Verfügungen die mit der sofortigen Beschwerde anfechtbaren nicht schon mit der Bekanntmachung, sondern erst mit ihrer Rechtskraft wirksam (FG. 26). Selbstverständlich kann das Vormundschaftsgericht auf die Beschwerde seine Verfügung nicht mehr abändern, wenn dieselbe dem Beschwerdegerichte zur Entscheidung eingereicht ist. Die Rechtskraft einer Verfügung steht aber ihrer späteren Aufhebung wegen veränderter Umstände nicht entgegen. Deshalb kann wegen solcher selbst die nur mit der sofortigen Beschwerde angreifbare Verfügung vor ihrer Abgabe an das Beschwerdegericht von dem Vormundschaftsgericht abgeändert werden. Ist jedoch durch eine Verfügung die Genehmigung zu einem Rechtsgeschäft erteilt oder verweigert, so kann die Verfügung insoweit nicht mehr geändert werden, als die Genehmigung oder deren Verweigerung durch ihre Mitteilung seitens des Vormundes an den Dritten diesem gegenüber wirksam geworden ist (FG. 55, 62). Über die Rechtskraft einer Verfügung hat auf Verlangen der Gerichtsschreiber beim Vormundschaftsgericht ein Zeugnis zu erteilen (FG. 31).

Die Vollstreckung der Entscheidungen ist reichsgesetzlich nicht vollständig geregelt. Als Vollstreckungsmittel kommen Ordnungsstrafen (FG. 33), direkter Zwang und der Offenbarungseid in Betracht (Pr. FG. 15 bis 17).

Für die Berechnung der Fristen gelten die Vorschriften des BGB. (186 bis 193). Fällt das Ende der Frist auf einen Sonntag oder allgemeinen Feiertag, so endigt die Frist mit dem Ablaufe des nächstfolgenden Werktags (FG. 17).

Die Gerichtsferien sind auf das vormundschaftsgerichtliche Verfahren ohne Einfluß, sie hemmen daher den Lauf der Fristen nicht. Doch kann die Bearbeitung der Vormundschaftssachen während der Ferien unterbleiben, soweit das Bedürfnis einer Beschleunigung nicht vorhanden ist (FG. 10). Dieses ist für die Prüfung der Vormundschaftsrechnungen regelmäßig nicht anzuerkennen.

Die deutschen Gerichte, die Konsulargerichte und die Gerichte der Schutzgebiete haben den Vormundschaftsgerichten Rechtshilfe zu leisten. Die §§ 158 bis 169 GVG. finden Anwendung (FG. 2). Das Ersuchen darf sich selbstverständlich nur auf Handlungen richten, die in dem ersuchten Staate zulässig sind. In Preußen haben auch die Verwaltungsbehörden Rechtshilfe zu leisten.

In den Fällen, in denen der Vormundschaftsrichter die Befolgung seiner Anordnungen durch Ordnungsstrafen erzwingen kann, muß der Festsetzung der Strafe ihre Androhung vorausgehen. Die einzelne Strafe darf den Betrag von dreihundert Mark nicht übersteigen. Die Wiederholung ist zulässig. Gegen die Androhung und gegen die Festsetzung der Strafe ist die Beschwerde gegeben, welche aufschiebende Wirkung hat (FG. 33, 24). Die Umwandlung der Geldstrafe in Haftstrafe ist ausgeschlossen.

Die Einsicht der Vormundschaftsakten kann jedem insoweit gestattet werden, als er ein berechtigtes Interesse glaubhaft macht; berechtigt ist jedes wirtschaftliche Interesse. Auch die Abschrift einzelner Verhandlungen, Erklärungen oder Verfügungen kann aus den Vormundschaftsakten gefordert werden; die Abschrift ist auf Verlangen zu beglaubigen (FG. 34). Die Befugnis der öffentlichen Beamten und Behörden zur Akteneinsicht bestimmt sich nach Landesrecht. Gegen die Versagung der Einsicht oder Abschrift ist Beschwerde zulässig (FG. 19).

Über die Ausfertigung vormundschaftsgerichtlicher Verfügungen und Verhandlungen sind reichsgesetzlich keine Vorschriften gegeben, dieselben sind dem Landesrechte vorbehalten, das jedoch nur Ordnungsvorschriften treffen kann (FG. 200).

Gegen die Verfügungen des Vormundschaftsgerichts findet als Rechtsmittel nur die Beschwerde statt; diese kann die an keine Frist gebundene einfache oder die für bestimmte Angelegenheiten allein zugelassene und befristete sofortige Beschwerde sein (FG. 19). Beschwerdegericht ist für Vormundschaftsgerichte und landesrechtliche Vormundschaftsbehörden das Landgericht, in dessen Bezirke die angefochtene Verfügung ergangen ist (FG. 30, 194, Pr.FG. Art. 6). Dasselbe entscheidet in der Besetzung von drei Mitgliedern ohne die Zuziehung eines Gerichtsschreibers. Das Beschwerdegericht tritt, soweit es auf die Beschwerde eine Entscheidung trifft, an die Stelle des Vormundschaftsgerichts. Als beschwerdeberechtigt gilt jeder, dessen Recht durch die vormundschaftsgerichtliche Verfügung beeinträchtigt ist. Das Recht kann dem Gebiete des Privaten und des öffentlichen Rechtes, wie dem Schul-, dem Armen-, dem Vereinswesen angehören. Soweit jedoch eine Verfügung auf Antrag erlassen werden kann und der Antrag zurückgewiesen worden ist, ist regelmäßig nur der Antragsteller beschwerdeberechtigt (FG. 20). Doch steht neben diesem ausnahmsweise in bestimmten Fällen das Beschwerderecht anderen Personen zu (FG. 57 bis 60). Die Einlegung der Beschwerde kann bei dem Vormundschaftsgerichte, dessen Verfügung angefochten wird, oder bei dem Beschwerdegericht erfolgen. Sie kann durch Einreichung einer Beschwerdeschrift oder durch Erklärung zum Protokolle des Gerichtsschreibers des Vormundschaftsgerichts, dessen Verfügung angefochten wird, oder des Gerichtsschreibers des Beschwerdegerichts geschehen (FG. 21). Ist die Beschwerde bei einem anderen als den angegebenen Gerichten zu Protokoll erklärt, so gilt sie als eingelegt erst, wenn sie bei dem zuständigen Gericht eingegangen ist. Die Beschwerdeschrift und das von einem unzuständigen Gerichtsschreiber aufgenommene Protokoll bedürfen der Unterschrift des Beschwerdeführers. Der von einem Rechtsanwalt eingereichten Beschwerde ist die Vollmacht nicht beizulegen, sie muß aber auf Erfordern nachgeliefert werden. Die Beschwerde kann auf neue Thatsachen und Beweise gestützt werden (FG. 23), auch in der bloßen Kritik der vormundschaftsgerichtlichen Verfügung bestehen. Die sofortige Beschwerde muß binnen einer Frist von zwei Wochen eingelegt werden (FG. 22). Ist die Frist ohne Verschulden des Beschwerdeführers versäumt, so kann ihm auf Antrag von dem Beschwerdegerichte Wiedereinsetzung in den vorigen Stand erteilt werden. Eine Versäumnis der Frist durch Verschulden des Vertreters wird als eine unverschuldete nicht angesehen (FG. 22 Abs. 2). Mit Ablauf eines Jahres von dem Ende der versäumten Frist an kann die Wiedereinsetzung nicht mehr beantragt werden. Durch die Einlegung der Beschwerde wird die Vollziehung der angefochtenen Verfügung kraft Gesetzes nur dann aufgeschoben, wenn durch sie eine Strafe festgesetzt ist; das Vormundschaftsgericht kann aber in allen Fällen anordnen, daß die Vollziehung auszusetzen sei. Desgleichen kann das Beschwerdegericht vor der Entscheidung auf die Beschwerde die Vollziehung der angefochtenen Verfügung aussetzen. Es ist außerdem befugt, eine einstweilige Anordnung anderweiten sachgemäßen Inhalts zu erlassen (FG. 24), was das Vormundschaftsgericht nicht kann. Die Entscheidung liegt immer einer der Civilkammern des zuständigen Landgerichts ob. Über die Ablehnung eines einzelnen Mitglieds dieser oder der Kammer gelten die §§ 41 bis 48 der CPO., so daß gegen den ein Ablehnungsgesuch für unbegründet erklärenden Beschluß die sofortige Beschwerde an das Oberlandesgericht gegeben ist. Das Beschwerdegericht hat zunächst die Zulässigkeit der Beschwerde und das berechtigte Interesse des Beschwerdeführers an der Abänderung der vormundschaftsgerichtlichen Entscheidung, sodann diese selbst auf ihren Inhalt hin zu prüfen. Die Entscheidung des Beschwerdegerichts ist mit Gründen zu versehen. Erachtet das Beschwerdegericht die Beschwerde für gerechtfertigt, so kann es sowohl die erforderlichen Anordnungen selbst treffen oder sie dem Vormundschaftsgericht übertragen als auch die Sache zur Entscheidung an das Vormundschaftsgericht zurückverweisen; in jedem Falle aber muß es alle in die Beschwerdeinstanz gelangten Streitfragen entscheiden. Die Entscheidung des Beschwerdegerichts wird in Übereinstimmung mit den für das Vormundschaftsgericht gegebenen Bestimmungen mit der Bekanntmachung wirksam. Bis dahin kann sie abgeändert werden. In den Fällen, in welchen die Beschwerde die sofortige war, wird die Entscheidung erst mit der Rechtskraft wirksam, das Beschwerdegericht kann jedoch die sofortige Wirksamkeit der Entscheidung anordnen (FG. 26).

Gegen die Entscheidung des Beschwerdegerichts ist die weitere Beschwerde zulässig, aber nur wenn die Entscheidung auf einer Verletzung des Gesetzes beruht. Ist jemand durch diese Entscheidung erst beschwerdeberechtigt geworden, so kann er die weitere Beschwerde einlegen, auch wenn er an dem bisherigen Beschwerdeverfahren nicht beteiligt war. Soweit eine Verfügung der sofortigen Beschwerde unterliegt, ist auch die weitere Beschwerde eine sofortige (FG. 29 Abs. 2). Die weitere Beschwerde unterliegt sachlich der entsprechenden Anwendung der §§ 550, 551, 561, 563 der CPO. Ein neuer selbstständiger Beschwerdegrund ist mithin für sie nicht erfordert (FG. 27), auch ist die weitere Beschwerde nicht von einer Beschwerdesumme abhängig gemacht. Über die weitere Beschwerde entscheidet das Oberlandesgericht in der Besetzung von fünf Mitgliedern. Dieselbe kann bei dem Vormundschaftsgerichte, das die angefochtene Verfügung erlassen hatte, bei dem Beschwerdegericht oder bei dem Oberlandsgericht eingelegt werden. Die Einlegung erfolgt durch Einreichung einer Beschwerdeschrift oder durch Erklärung zum Protokolle des Gerichtsschreibers sowohl des Vormundschaftsgerichts als des Beschwerdegerichts als auch des Oberlandesgerichts. Erfolgt sie durch Einreichung einer Beschwerdeschrift, so muß diese von einem Rechtsanwalt unterzeichnet sein, weshalb die Beglaubigung der Unterschrift des Beschwerdeführers durch einen Rechtsanwalt nicht genügt. Der Zuziehung eines Rechtsanwalts bedarf es nicht, wenn die Beschwerde von einer Behörde oder von einem Notar eingelegt wird, der in der Vormundschaftssache für den Beschwerdeführer einen Antrag bei dem Vormundschaftsgerichte gestellt hatte (FG. 29 Abs. 1). Die Entscheidung über die weitere Beschwerde steht einem der Civilsenate des zuständigen Oberlandesgerichts zu, dem die Vorinstanzen nicht dadurch vorgreifen können, daß sie die angefochtene Verfügung abändern (FG. 30). Maßgebend für die Entscheidung sind die in der angefochtenen Verfügung gerichtlich festgestellten sowie diejenigen Thatsachen, welche die Beschwerde zur Begründung des Mangels des Verfahrens oder der Verletzung des Gesetzes angiebt (CPO. 61). Die Bezeichnung der verletzten Rechtsnorm ist nicht erfordert. Im übrigen finden die Vorschriften über die Beschwerde und über die sofortige Beschwerde entsprechende Anwendung (FG. 29 Abs. 3). Will das Oberlandesgericht bei der Auslegung einer reichsgesetzlichen Vorschrift über das Vormundschaftswesen von der auf weitere Beschwerde ergangenen Entscheidung eines anderen Oberlandesgerichts oder falls über die Rechtsfrage bereits eine Entscheidung des Reichsgerichts ergangen ist, von dieser abweichen, so hat es die weitere

Beschwerde unter Begründung seiner Rechtsauffassung dem Reichsgerichte vorzulegen, dem nunmehr die Entscheidung über die weitere Beschwerde obliegt. Der Beschluß über die Vorlegung ist von dem Oberlandesgerichte dem Beschwerdeführer bekannt zu geben (FG. 28). Diese Vorschrift ist getroffen, um die Einheitlichkeit der Rechtsprechung zu sichern. Aus dem gleichen Grunde ist der Landesgesetzgebung derjenigen Bundesstaaten, in denen mehrere Oberlandesgerichte errichtet sind, gestattet, die Entscheidung über die weitere Beschwerde einem der mehreren Oberlandesgerichte oder dem obersten Landesgerichte zuzuweisen, von welcher Befugnis Preußen und Bayern Gebrauch gemacht haben. Gelangt durch den Beschluß eines Oberlandesgerichts eine weitere Beschwerde an das Reichsgericht — der Beschwerdeführer kann bei diesem die Beschwerde nicht einlegen —, so erfolgt die Entscheidung durch einen Civilsenat in der Besetzung von sieben Mitgliedern. Die Beschwerde ist von diesem an das Oberlandesgericht ohne Entscheidung zurückzugeben, wenn die Vorlegung lediglich wegen Verletzung landesgesetzlicher Normen stattgefunden hat. Von dem zuständigen Gericht ist über die weitere Beschwerde sachlich zu entscheiden, doch kann auch die Zurückweisung an das Vormundschaftsgericht oder das Beschwerdegericht ausgesprochen werden, was angezeigt ist, wenn neue thatsächliche Feststellungen erforderlich werden oder wenn die angegriffene Entscheidung auf einem Mangel des Verfahrens der Vorinstanz beruht. Die Entscheidung auf die weitere Beschwerde ist mit Gründen zu versehen.

Die Regelung der Kostenlast und des Kostenbetrags ist der Landesgesetzgebung überlassen. Ihre Festsetzung erfolgt durch das Vormundschaftsgericht.

§ 4.

Der Familienrat.

Während die Amtsgerichte sowie die landesrechtlichen Vormundschaftsbehörden ständig organisierte staatliche Ämter für alle Fälle der Schutzbedürftigkeit sind, soll der Familienrat nur für besondere Fälle der Vormundschaft — nicht auch der Pflegschaft — durch den Vormundschaftsrichter eingesetzt werden. Derselbe steht an der Stelle des Vormundschaftsgerichts und übt dessen Rechte und Pflichten aus, er ist aber wenn auch ein öffentliches, so doch kein staatliches Amt.

Die Voraussetzungen seiner Einsetzung sind durch das BGB. geregelt. Nach seinen Vorschriften kann der Familienrat von dem Vormundschaftsgerichte niemals von amtswegen bestellt werden, auch wenn das Bedürfnis nach demselben noch so dringend wäre; er ist nur auf einen von außen gegebenen Anlaß zu bestellen. Dabei sind die Vorschriften über die Einsetzung nicht zwingender Natur. Dem Familienrat ist für solche Fälle Wert beigelegt, in denen es sich um die Verwaltung landwirtschaftlicher oder gewerblicher Betriebe von größerem Umfange handelt, zu deren Überwachung geeignete Verwandte oder Verschwägerte des Mündels vorhanden sind. Die Einsetzung des Familienrats setzt seine Anordnung durch eine letztwillige Verfügung des Vaters oder der ehelichen Mutter des minderjährigen Mündels, welchen ein Ehepaar gleichsteht, das diesen an Kindesstatt angenommen hat, oder den Antrag von Verwandten und Verschwägerten sowie des Vormundes oder des Gegenvormundes des minderjährigen oder des volljährigen Mündels voraus. Die Anordnung des Familienrats steht den Eltern nur als Ausfluß der elterlichen Gewalt zu und kann nur von einem Gewalthaber gültig getroffen werden, der zur Zeit seines Todes die volle Gewalt hat. Deshalb kann ein Gewalthaber die Anordnung nicht treffen, wenn zu dieser Zeit seine Gewalt ruht oder wenn er in den die Person oder in den das Vermögen betreffenden Angelegenheiten nicht zur Vertretung des Kindes berechtigt ist. Beim Widerspruche der Anordnungen beider Elternteile geht die Anordnung des vorverstorbenen Vaters vor, so daß die Mutter einen Familienrat nicht anordnen kann, wenn der Vater die Anordnung untersagt hat. In der Anordnung kann die Einsetzung von dem Eintritt oder Nichteintritt eines bestimmten Ereignisses, wie dem Fortbetrieb eines Handelsgeschäfts, abhängig gemacht werden (1858). Für ein volljähriges Kind, das zu bevormunden ist, kann von den Eltern ein Familienrat nicht angeordnet werden (1905). Den Antrag auf Einsetzung eines Familienrats über einen minderjährigen oder volljährigen Mündel können formlos alle geschäftsfähigen Verwandten oder Verschwägerten stellen; er ist jedoch unzulässig, wenn die Einsetzung von dem Vater oder der ehelichen Mutter als Gewalthaber letztwillig untersagt worden war. Auf die Anordnung des Gewalthabers ist der Familienrat ohne Prüfung des Interesses des Mündels und selbst dann einzusetzen, wenn die Anordnung das Interesse des Mündels gefährdet. Die Einsetzung muß jedoch unterbleiben, wenn nicht einmal zwei zu Mitgliedern des Familienrats geeignete Personen vorhanden sind (1858). Den Antrag auf Einsetzung des Familienrats hat das Vormundschaftsgericht zu prüfen und es kann denselben ablehnen, wenn er nach seinem pflichtmäßigen Ermessen dem Interesse des Mündels nicht entspricht. Umgekehrt kann das Vormundschaftsgericht die Stellung eines Antrags anregen, wenn es die Einsetzung eines Familienrats für wünschenswert erachtet und dessen Einsetzung nicht von dem Gewalthaber untersagt ist. Die Einsetzung muß auch hier unterbleiben, wenn nicht einmal zwei zu Familienratsmitgliedern geeignete Personen vorhanden sind.

Der Familienrat besteht aus dem Vormundschaftsrichter und mindestens zwei, höchstens sechs Mitgliedern. Der Vormundschaftsrichter ist Vorsitzender, als solcher hat er die Familienratsmitglieder zu berufen, die Geschäfte des Familienrats zu führen, dessen Entscheidungen den Beteiligten bekannt zu machen und ihre Vollziehungen zu überwachen. Er gehört im Interesse der Staatsaufsicht sowie zu einer zweckmäßigen Leitung und Behandlung der Geschäfte dem Familienrate kraft Gesetzes an. Eine abweichende Anordnung der Eltern würde wirkungslos sein. Ist er an der Ausübung seines Amtes verhindert, so tritt sein gesetzlicher Stellvertreter in seine Stelle im Familienrat ein. Ist das Vormundschaftsgericht landesgesetzlich geordnet, so entscheidet das Landesgesetz auch über den Vorsitz im Familienrate, doch muß Vorsitzender desselben ein Mitglied der landesrechtlichen Vormundschaftsbehörde sein (Art. 147 Abs. 1, FG. 190). Unterläßt der Vormundschaftsrichter einer Anordnung des Gewalthabers zuwider die Einsetzung des Familienrats oder wird ein solcher irrigerweise von amtswegen oder ohne das Vorhandensein der gesetzlichen Voraussetzungen eingesetzt, so sind demungeachtet dort die Verrichtungen des Vormundschaftsgerichts, hier diejenigen des Familienrats wirksam; es steht aber in diesen Fällen sowie, wenn ein Einsetzungsantrag abgelehnt wird, dem Mündel, seinem gesetzlichen Vertreter, seinem Ehegatten sowie seinen Verwandten und Verschwägerten die Beschwerde gegen das Vormundschaftsgericht zu (FG. 20 Abs. 1, 57 Abs. 1 Ziff. 4).

Für die Mitglieder des Familienrats gilt das Bestellungsprinzip, daher wird zu einem solchen jemand erst durch die Bestellung des Vormundschaftsgerichts. Sind in einer letztwilligen Verfügung des Gewalthabers die Personen benannt, welche Mitglieder werden sollen, so muß der Vormundschaftsrichter die Benannten zu Mitgliedern berufen (1861). Fehlt die Benennung, so wählt der Vormundschaftsrichter die Mitglieder, welche zur Beschlußfähigkeit erforderlich sind, also höchstens zwei, aus den Verwandten und Verschwägerten des Mündels aus. Sind in der letztwilligen Verfügung des Gewalthabers mehr als sechs Mitglieder benannt, so ist die Auswahl unter den Benannten der Auslegung der Anordnung durch das Vormundschaftsgericht überlassen, welches regelmäßig die sechs zuerst benannten berufen wird. Hat der Vater weniger als sechs Mitglieder benannt, so kann die Mutter als Gewalthaberin die Zahl auf sechs ergänzen. Der Benannte darf ohne seine Zustimmung nur übergangen werden, wenn er unfähig ist, Mitglied des Familienrats zu werden, oder wenn er nicht zum Mitgliede bestellt werden soll oder wenn er die Übernahme des Amtes verzögert oder wenn er an ihr dauernd verhindert ist sowie auch wenn seine Bestellung das Interesse des Mündels gefährden würde. Will der Vormundschaftsrichter einen Berufenen aus gesetzlichen Gründen übergehen, so ist dieser, wenn thunlich, vorher zu hören. Der Vormundschaftsrichter hat nicht von amtswegen zu ermitteln, ob ein zum Familienrate Berufener vorhanden ist. Ist aber unter Übergehung eines Berufenen eine nichtberufene Person als Mitglied des Familienrats bestellt, so ist diese zu entlassen und der Berufene zu bestellen. Diesem steht gegen die Verfügung, durch welche er übergangen ist, die sofortige Beschwerde zu, deren Lauf mit dem Zeitpunkte der erlangten Kenntnis von der Uebergehung beginnt (FG. 60 Abs. 1 Nr. 1, Abs. 2). Ist nur ein Familienratsmitglied durch letzwillige Anordnung benannt, so hat der Vormundschaftsrichter das zweite aus den Verwandten und Verschwägerten des Mündels auszuwählen. Unter diesen sind von der Auswahl diejenigen ausgeschlossen, welche zu Mitgliedern des Familienrats unfähig oder untauglich sind, im übrigen steht, da eine Berufung zum Amte des Familienrats kraft Gesetzes niemand zusteht, die Auswahl im freien Ermessen des Vormundschaftsgerichts. Doch sollen vor der Auswahl der Gemeindewaisenrat sowie Verwandte oder Verschwägerte des Mündels auf dessen Kosten gehört werden, die letzteren jedoch nur, wenn es ohne erhebliche Verzögerung und ohne unverhältnismäßige Kosten geschehen kann (1862). Der Vormundschaftsrichter hat die benannten und die ausgewählten Mitglieder des Familienrats als solche zu bestellen und mittelst Handschlags an Eidesstatt zu treuer und gewissenhafter Führung des Amtes zu verpflichten (1870). Eine Bestallung wird den Mitgliedern nicht erteilt. Der Vormundschaftsrichter kann bei der Bestellung die Entlassung für den Fall und nur für ihn vorbehalten, daß ein bestimmtes Ereignis eintritt oder nicht eintritt (1871). Das Amt eines Mitglieds des Familienrats zu übernehmen ist niemand verpflichtet (1869), das übernommene Amt aber muß bis zur Entlassung fortgeführt und die Entlassung kann nur aus wichtigen Gründen verlangt werden. Wird die Übernahme des Amtes von einem Berufenen oder Gewählten abgelehnt, so hat das Vormundschaftsgericht ein anderes Mitglied unter Anhörung des Gemeindewaisenrats und Verwandter oder Verschwägerter des Mündels auszuwählen.

Ist der Familienrat eingesetzt, so steht nunmehr diesem bei der Vormundschaft über Volljährige unbeschränkt, bei derjenigen über Minderjährige in Ermangelung einer entgegenstehenden Anordnung des Gewalthabers frei, die Zahl seiner Mitglieder bis auf sechs ausschließlich des Vorsitzenden zu erhöhen, zugleich steht ihm die Auswahl dieser weiteren Mitglieder zu und er ist bei ihr auf die Verwandten und Verschwägerten des Schutzbedürftigen nicht beschränkt (1862). Doch sind die Unfähigkeits- und Untauglichkeitsgründe zu beachten. Eine Anhörung des Gemeindewaisenrats sowie von Verwandten oder Verschwägerten des Mündels ist nicht vorgeschrieben. Ebenso hat der Familienrath, wenn neben dem Vorsitzenden nur zwei Mitglieder vorhanden sind, ein oder zwei ständige Ersatzmitglieder zu wählen, welche durch den Vorsitzenden als solche zu bestellen und zu verpflichten sind. Dadurch soll verhindert werden, daß durch den Wegfall oder die Verhinderung eines Mitglieds Beschlußunfähigkeit eintritt. Die Reihenfolge, in welcher die Ersatzmitglieder bei der Verhinderung oder dem Wegfall eines Mitglieds des Familienrats in diesen einzutreten haben, wird durch den Familienrat bestimmt. Haben jedoch der Vater oder die eheliche Mutter Ersatzmitglieder benannt und die Reihenfolge ihres Eintritts bestimmt, so ist diese Anordnung zu befolgen, wobei im Falle eines Widerspruchs der vom Vater und der ehelichen Mutter getroffenen Anordnungen diejenige des Vaters vorgeht (1863). Fehlt in der Anordnung die Bestimmung der Reihenfolge, so erfolgt diese durch den Familienrat. Wird dieser durch die vorübergehende Verhinderung eines Mitglieds beschlußunfähig und ist ein Ersatzmitglied nicht vorhanden, so hat zur Verhütung des Überganges der vormundschaftsgerichtlichen Verrichtungen auf den Vorsitzenden allein dieser ein Ersatzmitglied frei auszuwählen und für die Dauer der Verhinderung als solches zu bestellen; mit dem Wegfalle der Verhinderung hört dessen Amt auf (1864). Die Bestellung als Ersatzmitglied anzunehmen ist niemand verpflichtet.

Als Mitglied oder Ersatzmitglied eines Familienrats bestellt zu werden ist unfähig, wer geschäftsunfähig oder wegen Geistesschwäche, Verschwendung oder Trunksucht entmündigt ist, nicht auch wer minderjährig oder unter vorläufige Vormundschaft gestellt ist. Die dennoch erfolgte Bestellung ist nichtig und macht den Familienrat beschlußunfähig (1865). Die von ihm unter Mitwirkung eines Unfähigen erlassenen Verfügungen sind unwirksam. Einer Entlassung des Unfähigen bedarf es nicht. Untauglich zur Bestellung als Mitglied des Familienrats ist der Vormund des Mündels sowie wer minderjährig oder wegen Einleitung des Entmündigungsverfahrens unter vorläufige Vormundschaft gestellt ist; wer zur Besorgung seiner Vermögensangelegenheiten einen Pfleger erhalten hat, weil er diese infolge geistiger oder körperlicher Gebrechen nicht zu besorgen vermag; wer in Konkurs geraten ist, während der Dauer des Konkurses; wer der bürgerlichen Ehrenrechte für verlustig erklärt ist, während der im Urteile bestimmten Zeit, sofern es sich nicht um eine Vormundschaft über Verwandte absteigender Linie handelt und das Vormundschaftsgericht oder der Familienrat die Genehmigung erteilt (1781); wer durch Anordnung des Gewalthabers des minderjährigen Mündels von der Vormundschaft oder von der Mitgliedschaft ausgeschlossen ist (1866); und endlich wer mit dem Mündel weder verwandt noch verschwägert ist, es sei denn, daß er von seinem Gewalthaber benannt oder von dem Familienrat oder als vorübergehendes Ersatzmitglied von dem Vorsitzenden gewählt ist (1867). Da die untauglichen Personen zu Mitgliedern bestellt werden können und nur nicht zu solchen bestellt werden sollen, so ist ihre dennoch erfolgte Bestellung nicht nichtig, ondern giltig, kann aber im Wege der Beschwerde angefochten werden. Der Bestellte macht den Familienrat beschlußfähig und hat an dessen Sitzungen teilzunehmen.

Das Amt des Familienratsmitglieds besteht für die Dauer der Vormundschaft. Der Familienrat wird von dem Vorsitzenden einberufen. Die Einberufung hat zu erfolgen, wenn nach Ansicht des

Vorsitzenden das Interesse des Mündels sie erfordert oder wenn zwei Mitglieder oder der Vormund oder der Gegenvormund sie beantragen. Andere Personen sind nicht antragsberechtigt. Die Mitglieder werden unter Angabe von Ort und Zeit zum Zusammentritte mündlich oder schriftlich eingeladen, eine bestimmte Form ist für die Einladung nicht vorgeschrieben (1873). Zur Beschlußfähigkeit des Familienrats ist die Anwesenheit des Vorsitzenden und mindestens zweier Mitglieder erforderlich. Die Mitglieder können ihr Amt nur persönlich ausüben. Der Familienrat faßt seine Beschlüsse nach der Mehrheit der Stimmen der Anwesenden. Bei Stimmengleichheit entscheidet die Stimme des Vorsitzenden. Die Abstimmung muß mündlich und kann nicht schriftlich erfolgen. Die Sitzungen des Familienrats sind nicht öffentlich. Steht in einer Angelegenheit das Interesse des Mündels zu dem Interesse eines Mitglieds in erheblichem Gegensatze, so ist das Mitglied von der Teilnahme an der Beschlußfassung auszuschließen. Ueber die Ausschließung entscheidet der Vorsitzende, der zugleich das Ersatzmitglied einzuberufen hat, wenn ein solches erforderlich ist. Gegen die Ausschließung ist ein Beschwerderecht nicht gegeben. Die Beschlüsse des Familienrats sind in der gleichen Weise durch Rechtsmittel anfechtbar wie die Verfügungen des Vormundschaftsgerichts, an deren Stelle sie ergehen. Der Vorsitzende selbst hat gegen sie kein Beschwerderecht, er kann auch der Ausführung eines Beschlusses nicht entgegentreten (1874). Der Vormund darf den Sitzungen nicht beiwohnen.

Ein Mitglied des Familienrats, das ohne genügende Entschuldigung der Einladung zur Sitzung nicht Folge leistet oder die rechtzeitige Anzeige seiner Verhinderung unterläßt oder sich der Teilnahme an der Beschlußfassung enthält, ist von dem Vorsitzenden in die dadurch verursachten Kosten zu verurteilen. Der Vorsitzende kann gegen das Mitglied auch eine Ordnungsstrafe bis zu einhundert Mark verhängen. Erfolgt nachträglich genügende Entschuldigung, so ist jede der getroffenen Verfügungen aufzuheben (1875). Ob eine Entschuldigung genügend ist, entscheidet nicht der Familienrat, sondern der Vorsitzende oder das Beschwerdegericht. Da der Familienrat meistens nicht sofort am Sitze des Vormundschaftsgerichts versammelt werden kann, so ist der Vorsitzende ermächtigt, wenn ein sofortiges Einschreiten nötig wird, die erforderlichen Anordnungen zu treffen; er muß aber dann den Familienrat unverzüglich einberufen, ihn von den Anordnungen in Kenntnis setzen und einen Beschluß über die etwa weiter erforderlichen Maßregeln herbeiführen (1876). Ob die Voraussetzungen zu selbständigen eigenen Anordnungen vorliegen, entscheidet der Vorsitzende nach eigenem Ermessen. Wenn er in diesem auch nicht beschränkt ist, so wird er doch gut thun, die Anordnungen so zu treffen, daß sie rückgängig gemacht werden können. Eine Anfechtung seiner Anordnungen ist nicht aus dem Grunde gestattet, weil ein sofortiges Einschreiten nicht nötig gewesen sei.

Die Mitglieder des Familienrats können, obgleich ihr Amt ein unentgeltliches Ehrenamt ist, Ersatz ihrer Auslagen verlangen; der Betrag der Auslagen wird von dem Vorsitzenden festgesetzt. Die Zahlung des festgesetzten Betrags erfolgt durch den Vormund aus dem Vermögen des Mündels. Gegen die Festsetzung der Auslagen durch den Vorsitzenden steht den Familienratsmitgliedern, aber auch dem Vormund und einem vierzehnjährigen Mündel die Beschwerde zu. Im Prozeßwege kann die Festsetzung der Auslagen nicht begehrt werden.

Das Amt eines Mitglieds des Familienrats endigt regelmäßig durch Entlassung und infolge Aufhebung des Familienrats, ausnahmsweise aber auch kraft Gesetzes. Die Entlassung hat zu erfolgen, wenn das Mitglied wegen vorübergehender Verhinderung des Berufenen bestellt war und dieser nach Wegfall des Hindernisses seine Bestellung beantragt; wenn das Mitglied unter dem Vorbehalte seiner Entlassung für den Fall des Eintritts oder Nichteintritts eines bestimmten Ereignisses bestellt war und dieser Fall eingetreten ist; wenn ein als Familienratsmitglied Berufener mit Unrecht übergangen war und nunmehr seine Bestellung an Stelle des bisherigen Mitglieds beantragt; wenn die Fortführung des Amtes durch das Mitglied das Interesse des Mündels gefährden würde oder wenn in seiner Person einer der Gründe vorliegt, welche ihn nach § 1781 zum Familienratsmitglied untauglich machen; endlich wenn das Mitglied aus einem wichtigen Grunde sie beantragt. Ob letzteres der Fall ist, hat der Vorsitzende nach seinem Ermessen zu entscheiden. Wird der Antrag zurückgewiesen, so steht dem Mitgliede die Beschwerde zu. Eine Frau, ein Beamter oder ein Religionsdiener sind nicht deshalb zu entlassen, weil jener die Zustimmung ihres Mannes, diesen die Erlaubnis ihrer vorgesetzten Behörde zur Fortführung der Familienratsmitgliedschaft versagt wird; denn es bedarf jener Zustimmung und dieser Erlaubnis zur Übernahme dieser Mitgliedschaft nicht. Gegen seinen Willen kann ein Mitglied des Familienrats nur durch das dem Vormundschaftsgericht im Instanzenzuge vorgeordnete Landgericht entlassen werden. Gegen dessen Entlassungsverfügung steht dem entlassenen Mitgliede die sofortige Beschwerde an das Oberlandesgericht oder das an dessen Stelle gesetzte oberste Landesgericht zu, gegen dessen Entscheidung eine weitere sofortige Beschwerde nicht gegeben ist. Kraft Gesetzes endigt das Amt eines Familienratsmitglieds mit der Beendigung der Vormundschaft, mit dem Tode, der Todeserklärung und der Entmündigung des Mitglieds.

Durch das Vormundschaftsgericht kann der Familienrat aufgehoben werden, ohne daß die Vormundschaft beendigt ist, für welche er bestellt worden war. Die Aufhebung hat zu erfolgen, wenn es an der zur Beschlußfassung erforderlichen Zahl von zwei Mitgliedern fehlt und geeignete Personen zur Ergänzung nicht vorhanden sind, sowie wenn der Gewalthaber des Minderjährigen die Aufhebung des von ihm angeordneten Familienrats für den Fall des Eintritts oder Nichteintritts eines künftigen Ereignisses angeordnet hat und der Fall eintritt. Nach der Aufhebung des Familienrats werden die vormundschaftsgerichtlichen Verrichtungen von dem Vormundschaftsgericht in der gleichen Weise wie bei einer Vormundschaft ohne Familienrat wahrgenommen. Von der Aufhebung des Familienrats hat das Vormundschaftsgericht die bisherigen Mitglieder und jeden Vormund und Gegenvormund durch Zustellung der Aufhebungsverfügung in Kenntnis zu setzen. Gegen die Aufhebung steht dem Mündel, seinem Ehegatten, seinen Verwandten und Verschwägerten sowie den Familienratsmitgliedern die sofortige Beschwerde zu, deren Lauf mit dem Zeitpunkte beginnt, in dem das Vormundschaftsgericht die bisherigen Mitglieder von der Aufhebung in Kenntnis setzt (FG. 60 Abs. 1 Ziff. 4, Abs. 2). Die Aufhebung steht der neuen Bestellung des Familienrats nicht entgegen, wenn die Voraussetzungen für die Bestellung demnächst wieder eintreten, wie das Vorhandensein der genügenden Zahl geeigneter Mitglieder oder ein neuer Antrag. Eine Aufhebung durch Beschluß des Familienrats ist unstatthaft.

§ 5.

Der Gemeindewaisenrat.

Der Gemeindewaisenrat steht dem Vormundschaftsgericht als Hilfsorgan bei Vormundschaft und Pflegschaft sowie bei der elterlichen Gewalt zur Seite. Er kann als kollegiale oder als Einzelbehörde organisiert sein, indem er mit einem Waisenrat oder mit einer Mehrheit von Waisenräten besetzt ist. Das Amt des Gemeindewaisenrats ist ein Gemeindeamt, seine Pflichten sind öffentlicher, nicht privatrechtlicher Natur, seine Obliegenheit bezieht sich auf die Sorge für die Person des Mündels. Sie geht im einzelnen dahin, dem Vormundschaftsgerichte von den zu seiner Kenntnis kommenden Fällen der Bevormundung oder der Pflegschaft Anzeige zu machen (FG. 49) und dabei oder auf Erfordern des Vormundschaftsgerichts diesem die Personen vorzuschlagen, die sich nach Maßgabe des BGB. zum Vormunde, Pfleger oder Mitglied eines Familienrats (1849) oder im Falle der Bestellung eines Beistandes für eine Mutter zum Beistand (1694) eignen, sowie ferner dahin, in Unterstützung des Vormundschaftsgerichts darüber zu wachen, daß die Vormünder und Pfleger aller sich in seinem Bezirk aufhaltenden Mündel für deren Person, insbesondere für ihre Erziehung und ihre körperliche Pflege, pflichtmäßig Sorge tragen. Er hat demzufolge Mängel und Pflichtwidrigkeiten, die er in dieser Hinsicht wahrnimmt, dem Vormundschaftsgericht anzuzeigen und auf Erfordern über das persönliche Ergehen und das Verhalten eines Mündels Auskunft zu erteilen. Ausnahmsweise hat der Gemeindewaisenrat auch, wenn er bei der Überwachung der Vormünder in bezug auf die Person der Mündel oder wenn er anderweitig von einer Gefährdung des Vermögens eines Mündels Kenntnis erlangt, dem Vormundschaftsgerichte davon Anzeige zu machen (1850). Das Gleiche gilt, wenn er bei Kindern in elterlicher Gewalt von irgend einem Falle Kenntnis erlangt, in welchem das Vormundschaftsgericht zum Einschreiten berufen ist (1675). Selbstverständlich hat auch unabhängig von den Anzeigen des Waisenrats das Vormundschaftsgericht einzugreifen, wo ihm ein Anlaß zum Eingreifen gegeben ist. Bei seinen Personalvorschlägen hat der Gemeindewaisenrat auf das religiöse Bekenntnis eines Mündels oder Pflegebefohlenen Rücksicht zu nehmen. An Personen aus seiner Gemeinde ist er nicht gebunden. Seine Vorschläge verpflichten den Vormundschaftsrichter nicht, dieser hat ihn nur zu hören. Voraussetzung für den Vorschlag ist natürlich, daß der Vormundschaftsrichter die Befugnis zur Auswahl des Vormundes, Pflegers, Familienratsmitglieds oder Beistandes hat. Die Personensorge erstreckt sich nicht bloß auf die Mündel, denen ein Vormund bestellt ist, sondern auch auf diejenigen Personen, über welche nach Art. 136 Ziff. 1 oder 2 der Vorstand einer Erziehungs- oder Verpflegungsanstalt oder ein Beamter die Rechte und Pflichten eines Vormundes nach Landesrecht ausübt, ferner nicht bloß auf diejenigen Mündel, deren Vormundschaftsgericht für die Gemeinde zuständig ist, in welcher der Mündel sich aufhält, sondern auf alle in dem Gemeindebezirke sich aufhaltenden Mündel. Der Gemeindewaisenrat ist mithin Hilfsorgan der Vormundschaftsbehörden überhaupt, nicht nur des Vormundschaftsgerichts seines Gemeindebezirks. Als Hilfsorgan hat er ein direktes Zwangsrecht nicht. Anzeige- und Vorschlagspflicht sind Amtspflichten des Gemeindewaisenrats und deshalb nicht in sein Belieben verstellt. Ihre Verletzung ist aber nur im Dienstaufsichtswege zu rügen, ein Schadensersatzanspruch wird nur in dem Umfange der Vorschriften über unerlaubte Handlungen begründet. Damit der Gemeindewaisenrat seiner Überwachungspflicht genügen kann, hat ihm das Vormundschaftsgericht die Anordnung einer Vormundschaft über einen sich dauernd in seinem Bezirk aufhaltenden Mündel unter Bezeichnung des Vormundes oder Pflegers sowie jeden in der Person des Vormundes oder Pflegers eintretenden Wechsel mitzuteilen. Wird der Aufenthalt eines Mündels in den Bezirk eines anderen Gemeindewaisenrats dauernd verlegt, so hat diesem der Gemeindewaisenrat des bisherigen Aufenthaltsorts die Verlegung anzuzeigen. Damit dieser die Mitteilung machen kann, hat der Vormund ihm die Aufenthaltsverlegung anzuzeigen (1851). Auch das Vormundschaftsgericht wird zur Mittheilung an den neuen Waisenrat häufig Anlaß haben. Für die Beaufsichtigung der im Kindesalter stehenden Mündel und für die Überwachung weiblicher Mündel kann der Waisenrat weibliche Hilfskräfte (Waisenpflegerinnen) zur Mitwirkung heranziehen, die unter seiner Leitung stehen müssen.

Da das Amt eines Gemeindewaisenrats Gemeindeamt ist, so unterliegt ein Waisenrat nicht der Dienstaufsicht des Vormundschaftsrichters, diesem ist nur von den Gemeindebehörden die Wahl des

Gemeindewaisenrats mitzuteilen. Über die Organisation des Gemeindewaisenrats, die Vornahme der Wahl, die Verpflichtung der Waisenräte, über ihr Recht zur Ablehnung der Wahl, ihre Amtsdauer und ihre Entlassung ist der Landesgesetzgebung die Regelung vorbehalten. In Preußen werden die Gemeindewaisenräte in den Gemeinden von den Gemeindebehörden, in den Gutsbezirken von den Gutsvorstehern aus den Gemeindemitgliedern bestellt. Die Gemeinden können in örtlich abgegrenzte Gemeindeteile zerlegt und es können für jeden Teil ein oder mehrere Gemeindemitglieder oder auch für benachbarte Gemeindebezirke dieselben Personen als Gemeindewaisenräte bestellt werden. Zur Bestellung als Waisenräte bedürfen Reichs-, Staats- und Kommunalbeamte, die Geistlichen der christlichen Religionsgesellschaften sowie die Militärpersonen des Friedensstandes und die Militärbeamten der Genehmigung ihrer vorgesetzten Behörde. Die Ablehnung des Amtes kann nur aus den Gründen erfolgen, welche auch die Ablehnung einer Vormundschaft rechtfertigen. Über die Ablehnungsberechtigung entscheidet die nach dem Zuständigkeitsgesetze vom 1. August 1883 für die Beschwerden der Gemeindebeamten zuständige Behörde. Bei Unterlassung der Bestellung eines Gemeindewaisenrats oder bei Mängeln in seiner Organisation, bei Pflichtwidrigkeiten der Waisenräte kann das Vormundschaftsgericht nicht selbst Anordnungen treffen, es hat sich vielmehr beschwerdeführend an die für Dienstvergehen nach den Gesetzen vom 21. Juli 1852 und 1. August 1883 zuständigen Behörden zu wenden. Der Gemeindewaisenrat untersteht der Disziplinarstrafgewalt des Regierungspräsidenten in Stadtgemeinden, des Landrats in Landgemeinden. Die Zuständigkeit zur Bestellung der zur Unterstützung der Waisenräte widerruflich zu berufenden Waisenpflegerinnen bestimmt sich nach der für die Waisenräte maßgebenden Vorschriften (PAG. Art. 77). Für Baiern ist die Organisation und die Wahl des Gemeindewaisenrats im BAG. Art. 93 bis 99 eingehend geregelt. In beiden Ländern ist die Abhaltung regelmäßig wiederkehrender Versammlung der Waisenräte eines Bezirks unter Leitung des Vormundschaftsrichters vorgesehen, um Fragen über die Mündel sowie allgemeine Fragen der Amtsführung zu besprechen und Mängel abzustellen. Deren Beratungen gewinnen an Inhalt, wenn ihnen nach Waisenratsbezirken aufgestellte Waisenlisten zu Grunde liegen.

Ein Beschwerderecht hat der Gemeindewaisenrat gegen den Vormundschaftsrichter nur, wenn die Anordnung einer von ihm für erforderlich erachteten Vormundschaft abgelehnt oder seine Anzeige über von ihm wahrgenommene Mängel und Pflichtwidrigkeiten oder Vermögensgefährdungen nicht beachtet wird. Die Beschwerde ist an keine Frist gebunden (FG. 59). Ein Beschwerderecht ist nicht gegeben, wenn eine andere als die vorgeschlagene Person zum Vormunde bestellt wird. Gegen die Vorschläge und Anzeigen des Gemeindewaisenrats hat der durch sie Betroffene keine Beschwerde, er hat auch keinen Anspruch auf Mitteilung der vom Gemeindewaisenrate gemachten Vorschläge oder erstatteten Berichte.

§ 6.

Berufung zum Vormund oder Pfleger.

Das öffentliche Interesse erfordert, daß Vormundschaften und Pflegschaften denjenigen Personen übertragen werden, welche zu ihrer Ausübung die geeignetsten sind. Bei ihrer Übertragung fragt sich daher vor allem, welche Person mit Rücksicht auf einen bestimmten Mündel oder Pflegebefohlenen als Vormund oder Pfleger die tauglichste sei. Das BGB. hat die richtige Lösung dieser Frage dadurch gewährleistet, daß es einerseits zur Ausübung der Vormundschaft nur denjenigen zuläßt, dem das Vormundschaftsgericht den Auftrag dazu erteilt hat, und daß es andererseits Personenkreise bezeichnet, denen ein Recht auf die Erteilung des Auftrags zusteht. Die Bezeichnung dieser Personenkreise beruht auf der Erfahrung, daß die ihnen Angehörigen zur Erfüllung des Auftrags geeigneter sind wie diejenigen Personen, welche das Vormundschaftsgericht außerhalb dieser Kreise auswählen könnte. Dabei bleibt das Gericht befugt, diese Personenkreise zu übergehen, wenn nach seinem pflichtmäßigen Ermessen ein wichtiger Grund zu ihrer Übergehung vorliegt. Die Zugehörigkeit zu den im BGB. bezeichneten Personenkreisen befähigt mithin nicht zur Ausübung der Vormundschaft, sie giebt nur einen Anspruch auf die Übertragung des Amtes. Für diese sind daher zwei Vorgänge und im Zusammenhange mit ihnen zwei Rechtsverhältnisse auseinanderzuhalten: die Berufung und die Bestellung zum Vormund oder Pfleger. Jene muß dieser vorausgehen, Vormund oder Pfleger einer bestimmten Person kann nur werden, wer dazu berufen ist. Von diesem für das Reichsrecht ausnahmslosen Rechtssatz ist für das Landesrecht nur die Ausnahme nachgelassen, daß für den in einer unter Verwaltung oder Aufsicht des Staates oder einer Gemeindebehörde stehenden Erziehungs- oder Verpflegungsanstalt untergebrachten Minderjährigen der Vorstand der Anstalt die Rechte und Pflichten eines Vormundes hat, solange das Vormundschaftsgericht nicht einen anderen Vormund bestellt. Das Gleiche gilt in Preußen für die Beamten der Gemeindearmenverwaltung, denen auf grund ortsstatutarischer Bestimmung alle oder einzelne Rechte und Pflichten eines Vormundes für diejenigen Minderjährigen übertragen werden, welche im Wege der öffentlichen Armenpflege unterstützt oder unter Aufsicht der Beamten in einer von diesen ausgewählten Familie oder Anstalt oder, sofern es sich um uneheliche Minderjährige handelt, in der mütterlichen Familie erzogen oder verpflegt werden (PrAG. Art. 78).

Die Thatbestände, auf welchen die Berufung zum Vormund oder Pfleger beruht, sind dreifacher Art: Benennung durch den Gewalthaber, nach ihr Verwandtschaft mit dem Mündel, endlich vormundschaftsgerichtliche Auswahl. Dabei ist das Verhältnis der drei Berufungsgründe zu einander derart geregelt, daß die letztwillige Berufung der auf dem Verwandtschaftsverhältnisse beruhenden, beide aber der vormundschaftsgerichtlichen vorgehen, so daß die Auswahl frei erst statthat, wenn das Vormundschaftsgericht weder durch eine gewillkürte noch durch eine gesetzliche Berufung gebunden ist. Diese Reihenfolge der Berufungen gilt sowohl für die Einleitung der Vormundschaft wie auch für die spätere Bestellung eines Vormundes oder Pflegers, die infolge des Wegfalls des bisherigen Vormundes oder Pflegers bei fortdauernder Vormundschaft notwendig wird.

Die gewillkürte Berufung ist wegen ihrer Beschränkung auf den Gewalthaber bei der Vormundschaft über Volljährige sowie bei der Pflegschaft über Minderjährige in der eigenen elterlichen Gewalt begrifflich und bei der Pflegschaft der unter Vormundschaft stehenden Mündel kraft Gesetzes ausgeschlossen. Berufen ist nun zur Vormundschaft und Abwesenheitspflegschaft über einen Minderjährigen sowie zur Pflegschaft über einen Nacherben, wer von dem Vater des ehelichen, des legitimierten oder an Kindesstatt angenommenen Mündels und wer von der ehelichen oder der ehelichen gleichstehenden Mutter des Mündels in einer letztwilligen Verfügung als Vormund oder Pfleger benannt ist. Der Vater kann in einer solchen Verfügung auch den

Pfleger für die Leibesfrucht seiner Frau benennen. Ausnahmsweise ist die uneheliche Mutter im Falle der Annahme ihres unehelichen Kindes durch sie und ihren jetzigen Mann, wenn dieser nicht der Vater des Kindes ist, berechtigt, für ihr Kind einen Vormund zu benennen. Der Gewalthaber kann auch mehrere Personen als Vormünder benennen, sei es als Mitvormünder, sei es in der Weise, daß sie nacheinander Vormund werden sollen; er kann auch ohne Benennung von Personen selbständig anordnen, daß Mitvormünder oder Pfleger zu bestellen seien. Als Ausfluß der elterlichen Gewalt haben aber die Eltern das Benennungsrecht nur, wenn ihnen zur Zeit ihres Todes, nicht nur zur Zeit der Benennung, die volle elterliche Gewalt über das Kind oder doch die volle Vertretung desselben zusteht. Da der Zeitpunkt des Todes und nicht derjenige der Errichtung der letztwilligen Verfügung maßgebend ist, so kann vom Vater für das zwischen der Errichtung der Verfügung und seinem Tode sowie auch für das nach seinem Tode geborene Kind, das in seiner elterlichen Gewalt stehen würde, wenn es vor seinem Tode geboren wäre, ein Vormund oder Pfleger benannt werden. Das Benennungsrecht steht den Eltern nicht zu, wenn zur Zeit ihres Todes ihre Gewalt ruht oder durch Todeserklärung oder Verwirkung oder Annahme ihres Kindes an Kindesstatt beendigt oder wenn ihnen durch Anordnung des Vormundschaftsgerichts die Vertretung des Kindes in den die Person oder in den das Vermögen des Kindes betreffenden Angelegenheiten entzogen oder wenn über ihr Vermögen der Konkurs eröffnet ist oder wenn sich die Tochter verheiratet hat. Die Mutter verliert außerdem noch ihr Benennungsrecht, wenn sie sich wiederverheiratet oder wenn ihre Vermögensverwaltung auf einen Beistand übertragen wird. Stand dem Vater bei seinem Tode die elterliche Gewalt oder doch das volle Vertretungsrecht des Kindes zu, so schließt seine Benennung diejenige der Mutter aus. Die Benennung der Mutter setzt daher zu ihrer Wirksamkeit voraus, daß diese der überlebende Elternteil ist; aber ihre Benennung hat auch dann der Benennung des Vaters gegenüber nur Geltung, wenn der Vater die elterliche Gewalt verwirkt hatte und die Ehe aufgelöst war oder wenn der Mutter nach Auflösung der Ehe das Vormundschaftsgericht auf ihren Antrag die Ausübung der Gewalt übertragen hatte, weil die Gewalt des Vaters ruhte. Die Ehescheidung als solche berührt das Benennungsrecht nicht. Die Benennung muß durch eine einseitige

Verfügung von Todeswegen in einem Testament oder einem Erbvertrag erfolgen; sie setzt die Volljährigkeit oder die Volljährigkeitserklärung des Gewalthabers voraus. Die Formgiltigkeit der letztwilligen Verfügung hat das Vormundschaftsgericht zu prüfen. Die Benennung kann unter einer Bedingung oder Zeitbestimmung erfolgen und ist dann dem Benannten sein Recht zur Bestellung zum Vormund oder Pfleger bis zum Eintritte der Bedingung oder des Termins vorzubehalten. Einem Dritten kann das Ernennungsrecht nicht übertragen werden. Vor dem Tode des Gewalthabers tritt die Berufung selbstverständlich nicht in Kraft. Andere Personen wie der Gewalthaber, insbesondere Verwandte, Erblasser, Schenker, haben kein Benennungsrecht, doch kann ausnahmsweise für Vermögen, das einem Kinde unter elterlicher Gewalt oder einem Mündel von Todeswegen oder unter Lebenden durch einen Dritten mit Ausschließung der Verwaltung des Gewalthabers oder des Vormundes zugewendet wird, ein Pfleger für die Verwaltung dieses Vermögens von dem Erblasser durch letztwillige Verfügung, von dem Dritten im Zusammenhange mit der in notarieller oder gerichtlicher Form gemachten Zuwendung benannt werden, so daß dadurch dieses Vermögen der Verwaltung durch den Vormund entzogen wird.

Liegt eine Benennung nicht vor, so sind ohne Beschränkung auf bestimmte Arten der Vormundschaft zum Vormund oder Pfleger eines minderjährigen sowie eines großjährigen Mündels der Großvater desselben von väterlicher Seite und nach diesem der Großvater desselben von mütterlicher Seite berufen. Großvater von väterlicher Seite ist nur der eheliche Vater des ehelichen und des diesem gleichgestellten Vaters des Mündels, mithin nicht der Vater des Vaters eines durch Ehelichkeitserklärung legitimierten Kindes und nicht der Vater eines Annehmenden im Verhältnisse zu dem von diesem angenommenen Kinde, wohl aber der Annehmende im Verhältnisse zu den Kindern des Angenommenen, wenn sich die Wirkung der Annahme auf diese miterstreckt. Hat ein Großvater seinen Enkel angenommen, so ist er als Vormund nur berufen, wenn er die durch die Annahme erworbene elterliche Gewalt verloren hat. Großvater von mütterlicher Seite ist der eheliche Vater der ehelichen oder unehelichen Mutter des Mündels, also auch der Großvater des unehelichen Kindes, ferner der Annehmende der Mutter im Verhältnisse zu ihren ehelichen und unehelichen Kindern, wenn sich die Wirkung der Annahme auf diese miterstreckt, nicht auch der Vater der Mutter, welche den Mündel angenommen hatte. Die Berufung der Großväter von väterlicher und von mütterlicher Seite tritt aber nicht ein, wenn der Mündel von einem anderen als dem Ehegatten seines Vaters (seiner Stiefmutter) oder seiner Mutter (seinem Stiefvater) an Kindesstatt angenommen ist oder wenn ein Elternteil des Mündels, seis Vater oder Mutter, von einem anderen als dem Ehegatten seines Vaters oder seiner Mutter an Kindesstatt angenommen ist und die Wirkungen der Annahme sich auf den Mündel erstrecken (1762, 1776). Diese Ausschließung der Berufung der Großväter ist dadurch gerechtfertigt, daß, von dem Falle der Annahme seitens der Stiefeltern oder der Stiefgroßeltern des Mündels abgesehen, das angenommene Kind aus dem Familienkreise seiner leiblichen Eltern herausgetreten ist.

Bei der Vormundschaft über Volljährige ist in Durchbrechung der Reihenfolge der gesetzlichen Berufung für Minderjährige vor den Großvätern der Vater und nach ihm die eheliche Mutter des Mündels als Vormund berufen. Doch sind die Eltern nicht berufen, wenn der Mündel von einem anderen als dem Ehegatten seines Vaters oder seiner Mutter an Kindesstatt angenommen ist. Stammt der Mündel aus einer nichtigen Ehe, so ist der Vater, wenn ihm, die Mutter, wenn ihr die Nichtigkeit der Ehe bekannt war und in diesem Falle auch, wenn die elterliche Gewalt des Vaters durch seinen Tod oder aus einem anderen Grunde endigt oder wegen seiner Geschäftsunfähigkeit oder vormundschaftsgerichtlich festgestellten Verhinderung an der Ausübung ruht, zur Vormundschaft nicht berufen. Das Gleiche gilt, wenn die Ehe anfechtbar und angefochten ist (1899).

Eine letztwillige oder gesetzliche Berufung über ein Sammelvermögen findet nicht statt und auch für die vorläufige Vormundschaft gelten die Vorschriften über die Berufung kraft Gesetzes nicht; für beide ist das Vormundschaftsgericht in der Auswahl des Vormundes oder Pflegers frei (1907).

Ist ein Berufener nicht vorhanden, so tritt die Berufung durch die Wahl des Vormundschaftsgerichts ein. Die Wahl hat nach Anhörung des Gemeindewaisenrats zu geschehen. Sie ist auf eine Person zu lenken, die nach ihren persönlichen Verhältnissen und ihrer Vermögenslage sowie nach den sonstigen für das Wohl des Mündels oder Pflegebefohlenen in Betracht kommenden Umständen zur Führung der Vormundschaft geeignet ist. Verwandte und Verschwägerte des Mündels sind bei der Berufung zunächst zu berücksichtigen, ohne daß sie jedoch einen Anspruch auf sie haben (1779). Bei der Auswahl entscheidet das pflichtgemäße Ermessen des Vormundschaftsgerichts, das an die Ansicht des Gemeindewaisenrats nicht gebunden ist und in dringenden Fällen von dessen Anhörung absehen kann. Religiöses Bekenntnis und weibliches Geschlecht stehen der Auswahl nicht entgegen. Doch soll auf die Übereinstimmung des religiösen Bekenntnisses von Vormund und Mündel Rücksicht genommen werden.

Auch wenn eine Berufung vorliegt, darf das Vormundschaftsgericht den Mann der minderjährigen Frau, den Ehegatten des volljährigen Mündels vor den durch letztwillige Anordnung oder Gesetz Berufenen, die Mutter des unehelichen Kindes und die eheliche Mutter des volljährigen Mündels vor den Großvätern zum Vormund oder Pfleger auswählen (1778 Abs. 3, 1900). Und nach dem preuß. Gesetz über die Fürsorgeerziehung Minderjähriger vom 2. Juli 1900 kann auf den Antrag des die Kosten der Fürsorgeerziehung tragenden Kommunalverbandes der Vorstand einer unter staatlicher Aufsicht stehenden Erziehungsanstalt vor allen Berufenen zum Vormunde der in der Anstalt oder in einer von dem Anstaltsvorstand ausgewählten Familie untergebrachten Zöglinge bestellt werden. Auch kann mit dem gleichen Vorrechte, wenn die Beaufsichtigung der Zöglinge einem dazu bestellten Beamten des Kommunalverbandes obliegt, statt des Vorstandes auf den Antrag des Kommunalverbandes dieser Beamte Vormund werden (§ 12).

Um die Übertragung der Vormundschaft auf ungeeignete Personen zu verhindern, hat das BGB. an eine Reihe von Thatbeständen die Unfähigkeit oder Untauglichkeit geknüpft, Vormund und Pfleger zu sein oder zu solchen bestellt zu werden, und zwar mit der Wirkung, daß diejenigen, in deren Person die Unfähigkeits- oder Untauglichkeitsgründe vorliegen, ohne Rücksicht auf den Grund ihrer Berufung nicht zum Vormund oder Pfleger bestellt werden sollen (Ausschließungsgründe). Daraus ergiebt sich, daß die zur Vormundschaft Berufenen oder Ausgewählten die Fähigkeit und Tauglichkeit zum Vormund oder Pfleger haben müssen, um als solche bestellt zu werden. Unfähig zum Vormund oder Pfleger sind nun Kinder und dauernd Geistesgestörte sowie wer wegen Geisteskrankheit, Geistesschwäche, Verschwendung oder Trunksucht entmündigt ist (1780). Die Geschäftsunfähigkeit des nicht entmündigten Geisteskranken hat das Vormundschaftsgericht selbständig festzustellen. Die Entmündigung wegen Geisteskrankheit tritt mit der Zustellung des Entmündigungsbeschlusses an den gesetzlichen Vertreter, diejenige wegen Geistesschwäche mit der an den Entmündigten ein. Untauglich zur Bestellung ist, wer minderjährig oder unter vorläufige Vormundschaft gestellt ist; wer wegen körperlicher oder geistiger Gebrechen zur Besorgung seiner Vermögensangelegenheiten einen Pfleger erhalten hat; wer in Konkurs geraten ist während der Dauer des Konkurses; endlich wer der bürgerlichen Ehrenrechte für verlustig erklärt ist während der im Strafurteile bestimmten Zeit, es sei denn, daß es sich um Verwandte absteigender Linie handelt und daß das Vormundschaftsgericht oder der Familienrat die Genehmigung zur Übernahme erteilt. Die Unfähigkeitsgründe schließen von der Berufung aus. Die Untauglichkeitsgründe lassen die Berufung bestehen, schließen aber von der Übernahme der Vormundschaft aus. Der Unfähige ist mithin überhaupt nicht berufen; ist ein durch letztwillige Anordnung eines der Eltern oder durch Gesetz nach ihm Berufener vorhanden, so geht auf diesen die Berufung über. Der Untaugliche bleibt berufen, so daß der Anspruch des Nachberufenen auf die Übernahme der Vormundschaft nur hervortritt, wenn der Untauglichkeitsgrund vom Vormundschaftsgerichte durch Übergehung des Vorberufenen berücksichtigt wird. Fällt ein bei Einleitung der Vormundschaft vorhandener Ausschließungsgrund während der Vormundschaft weg, so lebt damit der Berufungsgrund nicht mit der Wirkung auf, daß der bestellte Vormund oder Pfleger seinetwegen zu entlassen wäre.

Untauglich ist ferner derjenige, welchen der Vater oder die eheliche Mutter des Mündels von der Vormundschaft ausgeschlossen haben. Während aber die anderen vorangeführten Untauglichkeitsgründe für alle Vormundschaften gelten, macht die Ausschließung durch eine Anordnung des Gewalthabers nur für die bestimmt bezeichnete Vormundschaft untauglich. Dem Gewalthaber steht dabei das Ausschließungsrecht nur für sein minderjähriges Kind und nur mit Bezug auf bestimmte einzelne Personen, nicht auf ganze Personenkreise zu. Überdies ist die eheliche und die der ehelichen gleichgestellte Mutter nicht berechtigt, den vom Vater des ehelichen und des diesem gleichstehenden, des legitimierten und des angenommenen Kindes als Vormund Benannten durch ihre Anordnung von der Vormundschaft auszuschließen. Die Ausschließung muß in einer letztwilligen Verfügung geschehen und setzt wie die Berufung voraus, daß dem Gewalthaber zur Zeit seines Todes die volle elterliche Gewalt zusteht bezw. dem Vater zustehen würde, wenn das Kind vor seinem Tode geboren wäre. Der Vater kann durch eine letztwillige Anordnung auch seine Frau von der Vormundschaft über das gemeinsame minderjährige Kind ausschließen, falls eine solche nach seinem Tode notwendig wird, was eintritt, wenn die Frau durch Wiederverheiratung die elterliche Gewalt oder durch vormundschaftsgerichtliche Verfügung die Vertretungsbefugnis in persönlichen und Vermögensangelegenheiten verliert (1782). Eine derartige vor dem 1. Januar 1900 geschehene Ausschließung der Mutter gilt jetzt als Anordnung der Bestellung eines Beistandes (Art. 205). Ebenso können die kraft Gesetzes berufenen Großväter letztwillig ausgeschlossen werden.

Frauen sind fähig und tauglich Vormund oder Pfleger zu werden, verheiratete Frauen dann unbeschränkt, wenn sie mit dem ehelichen oder dem diesem gleichstehenden Vater des Mündels verheiratet sind, über einen anderen Mündel als das Kind ihres Mannes können sie dagegen nur mit dessen widerruflicher Zustimmung zum Vormund oder Pfleger bestellt werden. Die vormundschaftsgerichtliche Berufung der Frau kann für ihr Kind oder ihr Stiefkind notwendig werden, wenn ihr Mann die elterliche Gewalt über dasselbe verwirkt hat oder ihm die Sorge für dessen Person oder Vermögen entzogen worden ist (1783). Für die Erteilung der Zustimmung des Mannes ist eine Form nicht vorgeschrieben, sie kann mithin sowohl der Frau als dem Vormundschaftsgerichte gegenüber erfolgen. Ist der Mann geschäftsunfähig oder in der Geschäftsfähigkeit beschränkt, so ist die Zustimmung durch den gesetzlichen Vertreter zu erteilen. Vom Vormundschaftsgerichte kann die von dem Manne oder seinem gesetzlichen Vertreter verweigerte sowie die wegen Krankheit oder Abwesenheit des Mannes nicht zu beschaffende Zustimmung nicht ersetzt werden. Zum Vormund ihres Mannes kann das Vormundschaftsgericht eine Ehefrau berufen, ohne daß diese zur Übernahme der Vormundschaft der Zustimmung ihres Mannes bedarf (1900).

Die der Anordnung des Gewalthabers entgegen sowie die ohne Zustimmung des Mannes erfolgte Auswahl zum Vormund oder Pfleger ist giltig, aber im Wege der Beschwerde anfechtbar. Für den durch die Bestellung verursachten Schaden haftet der Vormundschaftsrichter dem Mündel oder Pflegebefohlenen.

Beamte sowie Religionsdiener sind tauglich, Vormund oder Pfleger zu werden, sie sind aber von der Übernahme des Amtes befreit, wenn sie landesrechtlich zu dieser einer Erlaubnis bedürfen und die Erlaubnis nicht erhalten. Deswegen sollen Beamte und Religionsdiener nicht ohne die vorgeschriebene Erlaubnis zum Vormund oder Pfleger oder Gegenvormunde bestellt werden. Für die Reichszivilbeamten ist reichsrechtlich eine Erlaubnis nicht verlangt; nach § 19 des Ges. vom 31. März 1873 unterstehen dieselben jedoch denjenigen Vorschriften, welche an ihrem Wohnsitze für die Landesbeamten gelten, für diese ist aber und damit auch für die Reichsbeamten in Preußen eine besondere Erlaubnis vorgeschrieben, welche von ihnen auf Grund ihrer Berufung vor ihrer Bestellung bei der landesrechtlich bestimmten Behörde einzuholen ist. Militärpersonen des Friedensstandes und Zivilbeamte der Militärverwaltung bedürfen nach dem Reichsmilitärgesetz vom 2. Mai 1874 der Genehmigung ihrer Vorgesetzten. Für die Reichsmarinebeamten ist die Einholung einer Genehmigung nicht vorgeschrieben. Die erteilte Erlaubnis kann zurückgenommen werden. Preußische Notare bedürfen einer Erlaubnis nicht (PAG. Art. 72).

§ 7.

Bestellung zum Vormund oder Pfleger.

Außer der Berufung setzt die Übernahme des vormundschaftlichen Amtes dessen Übertragung durch das Vormundschaftsgericht voraus. Diese erfolgt durch die Bestellung zum Vormund oder Pfleger; ohne diese Bestellung wird die vormundschaftliche Gewalt nicht erlangt (Bestellungsprinzip). Zufolge des Amtskarakters der Vormundschaft muß sich die Bestellung ein jeder Deutsche gefallen lassen, der durch das Vormundschaftsgericht zum Vormund oder Pfleger ausgewählt wird (1785). Die letztwillige und die gesetzliche Berufung begründen für den Berufenen nur einen Anspruch darauf, daß sie bei der Vormundsbestellung nicht ohne Grund übergangen werden, ohne daß eine Übernahmepflicht für die Berufenen besteht; sie können auf die Übertragung des Amtes verzichten und dessen Übernahme ohne Angabe von Gründen ablehnen. Erst die Auswahl durch das Vormundschaftsgericht verpflichtet zur Übernahme des Amtes und diese Auswahl kann seines Verzichts ungeachtet auf einen letztwillig oder gesetzlich Berufenen fallen, wenn ein nach ihm durch letzten Willen oder Gesetz Berufener nicht vorhanden ist. Hat das Vormundschaftsgericht durch die Anzeige des Gemeindewaisenrats oder einer anderen Behörde oder durch die freiwillige Mittheilung einer Privatperson von der Notwendigkeit der Anordnung einer Vormundschaft und von den als Vormund oder Pfleger in betracht kommenden Personen Kenntnis erhalten, so ist bei gegebener Zuständigkeit die Vormundschaft einzuleiten und in die Prüfung der Tauglichkeit der bezeichneten Personen einzutreten. Ist ein Familienrat einzusetzen, so muß dessen Einsetzung zunächst erfolgen, weil ihm alsdann jene Prüfung obliegt. Diese bezieht sich darauf, ob ein durch Gesetz oder letzten Willen Berufener vorhanden und ob dem Berufenen oder dem in Ermangelung eines Berufenen vom Vormundschaftsgericht Auszuwählenden kein Ausschließungsgrund entgegen oder kein Ablehnungsgrund zur Seite steht. Denn in diesem Falle begründet auch die Berufung durch das Vormundschaftsgericht die Pflicht zur Übernahme der Vormundschaft nicht. Ein Recht zur Ablehnung haben aber die Reichsausländer, alle Frauen und wer das sechzigste Lebensjahr vollendet sowie wer mehr als vier minderjährige eheliche Kinder hat, wobei ein von einem anderen an Kindesstatt angenommenes Kind nicht gerechnet wird, wohl aber die legitimierten und an Kindesstatt angenommenen Kinder; ferner wer durch Krankheit oder durch Gebrechen verhindert ist, die Vormundschaft ordnungsmäßig zu führen, und wer wegen Entfernung seines Wohnsitzes von dem Sitze des Vormundschaftsgerichts die Vormundschaft nicht ohne besondere Belästigung führen kann. Ablehnen kann auch, wer vom Vormundschaftsgerichte zur Sicherheitsleistung für das seiner Verwaltung unterliegende Vermögen angehalten wird sowie wer mit einem anderen zur gemeinschaftlichen Führung der Vormundschaft bestellt werden soll; endlich wer bereits mehr als eine Vormundschaft oder Pflegschaft führt, wobei die Vormundschaft oder Pflegschaft über mehrere Geschwister nur als eine gilt und die Führung von zwei Gegenvormundschaften der Führung einer Vormundschaft gleichsteht. Auf den Umfang der einzelnen Verwaltung kommt es nicht an. Die Ablehnungsgründe beruhen auf solchen persönlichen Verhältnissen des Berufenen, welche eine sorgfältige Führung der Vormundschaft und Pflegschaft von ihm nicht erwarten oder es als unbillig erscheinen lassen, ihm die Verantwortlichkeit der Übernahme zuzumuten. In Erweiterung dieses Gedankens kann der Vormundschaftsrichter auch

Personen, bei denen diese Gründe nicht zutreffen, aus anderen wichtigen Gründen von der Vormundschaft entbinden.

Das Vormundschaftsgericht hat den von ihm für geeignet Erachteten zur Vormundsbestellung vor sich zu laden. Der Geladene hat die in seiner Person liegenden Ausschließungsgründe und, wenn er von seinem Ablehnungsrechte Gebrauch machen will, auch seine Ablehnungsgründe vor seiner Bestellung dem Vormundschaftsgerichte gegenüber geltend zu machen. Denn sein Ablehnungsrecht erlischt mit der Bestellung, und wenn auch die Ausschließungsgründe nicht mit dieser ihre Bedeutung verlieren, so können sie doch der Kenntnis des Vormundschaftsgerichts entgehen und die Bestellung begründet alsdann die Haftung des zu unrecht Bestellten. Dabei bindet ein einem Dritten, etwa den Eltern gegenüber erklärter Verzicht auf das Ablehnungsrecht vor dem Vormundschaftsgerichte den Ablehnungsberechtigten nicht. Ermittelungen darüber anzustellen, ob ein durch letzten Willen oder Gesetz Berufener vorhanden ist, ist nicht Amtspflicht des Vormundschaftsgerichts. Hat es aber von einem so Berufenen Kenntnis, so muß dieser zum Vormund oder Pfleger bestellt werden, es sei denn, daß er selbst der Bestellung eines anderen zustimmt oder daß er wegen eines gesetzlichen Unfähigkeits- oder Untauglichkeitsgrundes von der Übernahme der Vormundschaft oder Pflegschaft ausgeschlossen oder seiner Fähigkeit und Tauglichkeit ungeachtet zur Zeit der Bestellung an der Übernahme verhindert ist oder daß er diese verzögert oder daß seine Bestellung das Interesse des Mündels oder des Pflegebefohlenen gefährdet. Über die Fragen der Verhinderung, Verzögerung oder Gefährdung entscheidet das Vormundschaftsgericht nach seinem pflichtmäßigen Ermessen. Im Falle ihrer Bejahung kann die Übergehung ohne Zustimmung des Berufenen geschehen.

War der Berufene nur vorübergehend verhindert, so ist er nach dem Wegfalle des Hindernisses auf seinen Antrag an Stelle des bisherigen neu zum Vormund oder Pfleger zu bestellen. Dieser Anspruch des Übergangenen ist in anderen Fällen der Übergehung nicht begründet.

Das Recht aus der Berufung ist auch noch dadurch eingeschränkt, daß für eine minderjährige Ehefrau von dem Vormundschaftsgerichte der Mann vor den letztwillig oder durch Gesetz Berufenen, für einen großjährigen Mündel sein Ehegatte vor den Eltern und Großvätern und seine eheliche Mutter, welcher die Nichtigkeit der Ehe bekannt war, in der er geboren ist, vor den Großvätern, für ein uneheliches Kind die Mutter vor dem mütterlichen Großvater zum Vormund oder Pfleger bestellt werden darf (1778, 1900). Einen Anspruch auf die Bestellung vor den vor ihnen Berufenen haben aber der Mann, der Ehegatte, die eheliche und die uneheliche Mutter nicht.

Wird ein Berufener von dem Vormundschaftsgericht übergangen, so wird zwar der unter dessen Übergehung Bestellte Vormund oder Pfleger, der Übergangene hat aber gegen die Bestellung die von dem Tage der erlangten Kenntnis seiner Übergehung an laufende sofortige Beschwerde. Wird von dem Berufenen ein Ablehnungsgrund geltend gemacht, so entscheidet über ihn wie über die Ausschließungsgründe das Vormundschaftsgericht. Weist es den Ablehnungsantrag zurück, so hat der Verpflichtete die sofortige Beschwerde (FG. 19 Abs. 1; 20 Abs. 1).

Aus den vom Vormundschaftsgerichte für fähig, tauglich und geeignet erachteten Personen ist nach der Reihenfolge der Berufungen der Vormund oder Pfleger zu bestellen. Die Wirkung der Bestellung ist jedoch verschieden, je nachdem die vormundschaftgerichtliche Verwerfung des geltend gemachten Ausschließungs- oder Ablehnungsgrundes gerechtfertigt oder ungerechtfertigt war. Denn die Bestellung eines zum Vormund oder Pfleger Unfähigen macht den Bestellten nicht fähig, sondern ist nichtig. Übernimmt der Bestellte dennoch das Amt, was er nicht darf, so ist der Mündel oder Pflegebefohlene ohne gesetzlichen Vertreter, die Rechtsgeschäfte des Bestellten für ihn stehen der Geschäftsführung ohne Auftrag gleich. Sie sind, wenn der Bestellte geschäftsunfähig ist, nichtig; ist er beschränkt geschäftsfähig, so finden auf sie die §§ 107 bis 113 Anwendung. Und dem Mündel ist der Bestellte nach den Vorschriften über die Geschäftsführung ohne Auftrag oder über den Schadensersatz wegen unerlaubter Handlungen oder über die Herausgabe einer ungerechtfertigten Bereicherung verantwortlich (682). Gerät aber der Bestellte in Konkurs, so sind die Forderungen des Mündels und des Pflegebefohlenen in Ansehung ihres gesetzlich der Verwaltung desselben unterworfenen Vermögens nicht bevorrechtet. Wird ein zur Übernahme der Vormundschaft oder Pflegschaft Untauglicher zu dem Amte bestellt, so kann er sich weigern, das Amt zu übernehmen und der Mündel oder Pflegebefohlene bleibt dann ohne Vertreter. Er kann aber auch, obgleich er es nicht soll, das Amt übernehmen und dann ist seine Bestellung nicht nichtig, sondern giltig; er ist Inhaber des Amtes und hat die ihm als solchem zustehenden Rechte und Pflichten. Wird ein Ablehnungsberechtigter zum Vormund oder Pfleger bestellt, so ist unbeschadet des ihm zustehenden Beschwerderechts die Bestellung vollwirksam und der Ablehnende muß, auch wenn er nicht endgiltig, sondern nur vorläufig bestellt wird, auf Erfordern des Vormundschaftsgerichts das Amt übernehmen. Er erlangt mit der Übernahme alle Rechte und Pflichten. Legt er Beschwerde ein und verweigert er deshalb die vorläufige Übernahme des Amtes, so kann er zu dieser durch Ordnungsstrafen angehalten werden; daneben haftet er dem Mündel und Pflegebefohlenen für den durch die Verzögerung der Übernahme entstandenen Schaden, da die Beschwerde keine aufschiebende Wirkung hat.

Die Bestellung eines Unfähigen oder Untauglichen zum Vormund oder Pfleger ist von amtswegen rückgängig zu machen, sobald dem Vormundschaftsgerichte der Ausschließungsgrund bekannt wird. Um die Aufhebung der Bestellung herbeizuführen, ist jedem Beteiligten und dem Mündel oder Pflegebefohlenen die Beschwerde und weitere Beschwerde gegeben. Für den Schaden, der einem Mündel oder Pflegling aus der Bestellung eines unfähigen oder untauglichen Vormundes oder Pflegers sowie aus deren Nichtentlassung und aus der Verzögerung der Bestellung eines ordnungsmäßigen Vormundes oder Pflegers erwächst, ist ihm auch das Vormundschaftsgericht verantwortlich. Wird ein Ablehnungsgrund im Beschwerdeverfahren für zutreffend erachtet, so ist der endgiltig oder vorläufig als Vormund oder Pfleger Bestellte zu entlassen. Wird die Weigerung eines angeblich zur Übernahme der Vormundschaft oder Pflegschaft Unfähigen oder Untauglichen durch Zurückweisung der Beschwerde für unberechtigt erklärt, so haftet der Bestellte für allen durch die Weigerung verursachten Schaden (1787). Über die Voraussetzungen der Schadensersatzansprüche des Mündels und Pflegebefohlenen gegen den ausgeschlossenen oder ablehnenden Vormund oder Pfleger entscheidet das Prozeßgericht.

Wird die Bestellung eines Untauglichen oder Ablehnungsberechtigten nachträglich aufgehoben, weil sie ungerechtfertigt war, so hat die Aufhebung auf die Wirksamkeit der inzwischen von dem Bestellten oder ihm gegenüber für den Mündel oder Pflegebefohlenen vorgenommenen Rechtsgeschäfte keinen Einfluß (FG. 32).

Weigert sich ein durch die Auswahl des Vormundschaftsgerichts Berufener ohne einen Ausschließungs- oder Ablehnungsgrund die

Vormundschaft oder Pflegschaft zu übernehmen, so kann ihn das Vormundschaftsgericht durch Ordnungsstrafen zur Übernahme anhalten. Die Strafe ist Geldstrafe, mehr als drei Strafen dürfen nicht verhängt werden und zwischen denselben müssen Zwischenräume von mindestens einer Woche liegen (1788). Versagt die Ordnungsstrafe, so muß ein anderer als Vormund bestellt werden. Neben der Strafe bleibt die Schadensersatzpflicht aus der Verzögerung der Vormundsbestellung im Verhältnisse zum Mündel unberührt.

Die Bestellung zum Vormund oder Pfleger erfolgt seitens des Vormundschaftsgerichts durch die Entgegennahme der von dem Berufenen abgegebenen Erklärung der Verpflichtung zu treuer und gewissenhafter Führung des Amtes mittelst Handschlags an Eidesstatt (1789). Die Abnahme des Handschlags kann jedoch unterbleiben. Die Bestellung ist nicht mehr wie in den früheren Rechten ein einseitiger Bestätigungsakt der bereits voraufgegangenen Übernahme der vormundschaftlichen Pflichten seitens des Vormundschaftsgerichts, sie überträgt vielmehr erst auf den Bestellten das Amt mit seinen Rechten und Pflichten; mit ihr beginnt daher erst die Verantwortlichkeit des Vormundes und Pflegers. Dieser erhält über die Bestellung eine Legitimationsurkunde, die Bestallung, welche den Namen und die Geburtszeit des Mündels oder Pflegebefohlenen, die Namen des Vormundes oder Pflegers und im Falle der Teilung der Vormundschaft die Art der Teilung sowie die Einsetzung eines Familienrats enthalten soll (1791). Die Bestallungsurkunde hat nicht die Bedeutung einer Vollmacht, sie ist nur ein gerichtliches Zeugnis darüber, daß die in ihr bezeichnete Person als Vormund oder Pfleger bestellt worden ist. Deshalb ist Recht und Pflicht des Vormundes oder Pflegers, insbesondere seine Befugnis zur Vertretung des Mündels, von der Aushändigung der Bestallung unabhängig. Andererseits sichert die Bestallung den gutgläubigen Dritten, der mit der in ihr bezeichneten Person als Vormund Rechtsgeschäfte abschließt, nicht gegen die Folgen einer inzwischen eingetretenen aus der Bestallung nicht ersichtlichen Änderung in der Vertretungsmacht. Der Dritte muß daher, um sicher zu gehen, die Vormundschaftsakten einsehen oder sich aus diesen die Abschrift der jüngsten Bestallung erteilen lassen, deren Beglaubigung er verlangen kann (FG. 34). Die Bestellung kann nicht unter einer Bedingung oder Zeitbestimmung erfolgen, doch kann bei ihr die Entlassung für den Fall vorbehalten werden, daß ein bestimmtes Ereignis eintritt oder nicht eintritt (1790), wohin insbesondere der Vorbehalt der Bestellung eines anderen Berufenen gehört. Die Verpflichtung zum Vormund oder Pfleger begründet kein Vertragsverhältnis zwischen diesem und dem Vormundschaftsrichter, sie ist vielmehr eine obrigkeitliche Handlung.

Zur Erleichterung der Übernahme der Vormundschaften und Pflegschaften und wegen der in der Gestaltung der Obervormundschaft liegenden Garanticen für die Schutzbedürftigen ist eine allgemeine Verpflichtung der Vormünder und Pfleger zur Sicherheitsleistung beim Antritte der Vormundschaft in das BGB. nicht aufgenommen. Das Vormundschaftsgericht kann aber von jedem zur Vormundschaft und Pflegschaft Berufenen ohne Unterschied aus besonderen Gründen die Bestellung einer Sicherheit fordern. Wird die Sicherheit nicht geleistet, so kann der Berufene übergangen werden und zwar selbst dann, wenn der Gewalthaber letztwillig die Anordnung der Sicherheitsleistung ausgeschlossen hat. Gegen die vormundschaftsgerichtliche Verfügung der Sicherheitsleistung ist dem Berufenen die Beschwerde gegeben.

Wegen der Einheitlichkeit der durch die Vormundschaft und Pflegschaft begründeten Pflichten des Vormundes und Pflegers soll das Vormundschaftsgericht für den Mündel und Pflegebefohlenen und, wenn mehrere Geschwister zu bevormunden sind, für alle nur einen Vormund und Pfleger bestellen. Dieser Grundsatz gilt auch für halbbürtige und uneheliche Geschwister, nicht aber für mehrere angenommene Kinder. Die gleichzeitige Berufung Mehrerer zur Vormundschaft oder Pflegschaft hat mithin nicht die Bedeutung, daß auch die Mehreren zu Vormündern oder Pflegern zu bestellen seien. Ausnahmsweise kann jedoch das Vormundschaftsgericht für denselben Mündel oder Pflegebefohlenen sowie für Geschwister mehrere Vormünder oder Pfleger bestellen, wenn für deren Bestellung besondere Gründe vorliegen, wie eine umfangreiche oder verschiedenartige Verwaltung oder die Lage des Vermögens an entfernt von einander liegenden Orten. Bei der Prüfung dieser Gründe ist das Beste des Mündels oder Pflegebefohlenen ausschlaggebend. Ist die Bestellung mehrerer Vormünder oder Pfleger von dem Gewalthaber letztwillig angeordnet, so bleibt dennoch der Vormundschaftsrichter befugt, von dieser Anordnung abzuweichen, wenn er die Bestellung für dem Interesse des Mündels zuwider erachtet. Der durch letzten Willen oder Gesetz Berufene ist zur Übernahme der Vormundschaft nicht verpflichtet, wenn ihm ohne seine Zustimmung ein Mitvormund bestellt werden soll.

Neben dem Vormund und Pfleger kann in allen Fällen ein Gegenvormund bestellt werden. Ist mit der Vormundschaft eine Vermögensverwaltung verbunden, so soll ein Gegenvormund bestellt werden, es sei denn, daß die Verwaltung nicht erheblich oder daß die Vormundschaft von mehreren Vormündern gemeinschaftlich zu führen ist. Ist die Vormundschaft von mehreren Vormündern, aber nicht gemeinschaftlich, sondern nach Geschäftskreisen getrennt zu führen, so kann der eine Vormund zum Gegenvormunde des anderen bestellt werden. Auf die Berufung, Bestellung und Verpflichtung des Gegenvormundes finden die für die Berufung und Bestellung des Vormundes geltenden Vorschriften Anwendung. Die Auswahl durch das Vormundschaftsgericht erfolgt nach denselben Grundsätzen wie diejenige des Vormundes (1792). Auch die Bestellung mehrerer Gegenvormünder ist im Bedürfnisfalle, der selten sein wird, zulässig. Eine Sicherheitsleistung kann von dem Gegenvormunde nicht gefordert werden.

Der Gegenvormund ist in erster Linie berufen, darauf zu achten, daß der Vormund oder Pfleger die Vormundschaft in Beziehung auf die Person und das Vermögen des Mündels pflichtmäßig führt. Er hat die Pflicht, dem Vormundschaftsgerichte Pflichtwidrigkeiten des Vormundes sowie jeden Fall unverzüglich anzuzeigen, in dem das Gericht zum Einschreiten berufen ist. Er kann von dem Vormund über die Führung der Vormundschaft Auskunft und die Einsicht der sich auf die Vormundschaft beziehenden Papiere verlangen. Insofern der Gegenvormund den Vormund zu beaufsichtigen hat, ist er Organ des Vormundschaftsgerichts. Zum Zwecke der Vereinfachung der vormundschaftlichen Verwaltung ist er aber auch zur Teilnahme an einer Anzahl von Verwaltungshandlungen berechtigt und verpflichtet. Diese sind unwirksam, wenn sie ohne die Zuziehung des Gegenvormundes vorgenommen werden. Die Bestellung eines Gegenvormundes kann von dem Vater und der ehelichen Mutter bei der Benennung eines Vormundes durch ihre letztwillige Verfügung ausgeschlossen werden (1852).

§ 8.

Das Rechtsverhältnis zwischen Mündel und Vormundschaftsrichter.

Im älteren römischen Rechte war von einer privatrechtlichen Verantwortlichkeit der Magistratspersonen wegen ihrer Thätigkeit in Vormundschaftssachen nicht die Rede. Erst durch ein Senatuskonsult unter Trajan wurden die städtischen Behörden für subsidiär verpflichtet erklärt, dem Mündel allen Schaden zu ersetzen, welchen sie ihm aus Vorsatz oder Fahrlässigkeit bei der Bestellung des Vormundes zugefügt hatten. Nach deutschem Gewohnheitsrechte, das sich an die Reichspolizeiordnung von 1548 anschloß, erschien die vormundschaftliche Behörde für die vorsätzliche oder fahrlässige Benachteiligung des Mündels in der Führung der Vormundschaft als subsidiär ersatzpflichtig. Das BGB. macht den Vormundschaftsrichter dem Mündel gegenüber für jede vorsätzliche oder fahrlässige Verletzung der ihm obliegenden Pflichten verantwortlich (1848). Danach sind nicht nur die Amtsrichter und der Familienrat, sondern auch die landesrechtlich mit den vormundschaftsgerichtlichen Verrichtungen beauftragten Behörden sowie die den Vormundschaftsgerichten im Instanzenzuge vorgeordneten Landgerichte und Oberlandesgerichte zum Ersatze des aus der Verletzung ihrer Amtspflicht entstehenden Schadens verhaftet. Fällt die Pflichtverletzung einem Familienrat oder einer mit mehreren Mitgliedern besetzten Behörde zur Last, so ist für den ganzen Schaden jedes Mitglied verantwortlich, dem ein Verschulden nachgewiesen wird. Voraussetzung der Haftung des Vormundschaftsrichters ist eine Verletzung der ihm obliegenden Pflichten durch Vorsatz oder durch Außerachtlassung der im Verkehr erforderlichen Sorgfalt und die Zurückführung des dem Mündel entstandenen Schadens auf die Pflichtverletzung als Ursache. Schadensursache kann auch die Unterlassung oder Verzögerung einer Amtshandlung sein. Auf die Voraussehbarkeit des Schadens kommt es nicht an. Pflichten des Vormundschaftsgerichts sind im Allgemeinen die Ermittelung und Feststellung darüber, ob der Fall der Einleitung einer Vormundschaft über einen In- oder Ausländer und seine Zuständigkeit gegeben sind und im bejahenden Falle die Einleitung der Vormundschaft, die Berufung und Verpflichtung des Vormundes und die Aushändigung der Bestallung. Ob und welche Maßregeln im Interesse des Mündels bereits vor der Vormundsbestellung vom Vormundschaftsgerichte zu treffen sind, ob insbesondere im Bedürfnisfall eine vorläufige Pflegschaft anzuordnen ist, hat das Vormundschaftsgericht nach seinem Ermessen im Einzelfalle zu bestimmen. In Frage kommen kann als Einzelmaßregel die vorläufige Anordnung der Unterbringung des Kindes, die Verwahrung gefährdeter und die Versilberung von dem Verderben ausgesetzter Sachen, die Hinterlegung von Geld, Wertpapieren und Kostbarkeiten, selbst der Abschluß von Verträgen, z. B. zur Reparatur eines Gebäudes. Die Sicherung des dem Mündel angefallenen Nachlasses ist Obliegenheit des Nachlaßgerichts, das vielfach von demselben Richter verwaltet wird wie das Vormundschaftsgericht.

Von der Anordnung der Vormundschaft oder Pflegschaft ist dem Gemeindewaisenrat, in dessen Bezirke sich der Mündel aufhält, Mitteilung zu machen. Mit dem Beginne der Aufsicht über die gesamte Thätigkeit von Vormund, Pfleger und Gegenvormund hat das Vormundschaftsgericht zunächst dafür zu sorgen, daß der Vormund ein Verzeichnis über das bei der Anordnung der Vormundschaft vorhandene Vermögen einreicht. Dieses Verzeichnis ist von dem Vormundschaftsgerichte zu prüfen und auf Grund der sich bei der Prüfung ergebenden Sachlage ist zu erwägen, ob nicht von dem Vormund oder Pfleger (auch Beistande) Sicherheitsleistung für ihre Führung der Vormundschaft oder die Hinterlegung von Wertpapieren und Kostbarkeiten des Mündels über die gesetzliche Begrenzung der Hinterlegungspflicht hinaus und die Umwandlung von Inhaberpapieren in Buchforderungen gegen das Reich sowie die Eintragung eines Sperrvermerks bei der Hinterlegung der Inhaberpapiere und bei den Buchforderungen zu verlangen ist. Liegen nach dem Ermessen des Vormundschaftsgerichts die Voraussetzungen vor, unter denen der Vormund, der Pfleger, der Beistand (1693) zur Sicherheitsleistung angehalten werden können, so hat das Gericht zu prüfen, ob das Grundbuchamt um die Eintragung einer Sicherungshypothek an Grundstücken des Vormundes, des Pflegers oder Beistandes zu ersuchen oder diesen die Bewirkung der Eintragung aufzugeben ist. Im Laufe der Vormundschaft ist die Verpflichtung des Vormundes und Pflegers zur Rechnungslegung über seine Verwaltung zu kontrollieren und die gelegte Rechnung zu prüfen; die Rechtsgeschäfte des Vormundes sind in den gesetzlichen Fällen zu genehmigen und in Einzelfällen ist die verweigerte Genehmigung des Gegenvormundes oder die verweigerte Einwilligung des Vormundes zu ersetzen. Bei einer Meinungsverschiedenheit zwischen dem Vater und dem Pfleger des Kindes sowie zwischen mehreren eine Vormundschaft gemeinsam führenden Vormündern oder Pflegern hat das Vormundschaftsgericht die Entscheidung zu treffen. Von ihm ist über die Entlassung eines Vormundes, Pflegers oder Gegenvormundes, über die denselben für die Führung der Vormundschaft zu gewährende Vergütung und über die im Interesse des Mündels gemachten Auslagen, über die Aufhebung der Vormundschaft und Pflegschaft sowie über die Ergänzung und Aufhebung des Familienrats zu beschließen. Nach der Beendigung der Vormundschaft oder des Amtes eines Vormundes oder Pflegers hat das Vormundschaftsgericht davon den Gemeindewaisenrat zu benachrichtigen sowie die Abnahme der Schlußrechnung durch Verhandlung mit den Beteiligten unter Zuziehung des Gegenvormundes zu vermitteln und, soweit von diesen die Rechnung als richtig anerkannt wird, das Anerkenntnis zu beurkunden. Wenn die Volljährigkeitserklärung des Mündels dessen Bestes befördern würde, so hat das Vormundschaftsgericht diese mit Einwilligung des Mündels nach Vollendung seines 18. Lebensjahrs auszusprechen. In Preußen hat es auch über die Zwangserziehung eines verwahrlosten Mündels und über deren Aufhebung zu beschließen. Diese Amtspflichten liegen, von der Verantwortlichkeit gegen die Anstellungsbehörde abgesehen, dem Vormundschaftsrichter dem Mündel gegenüber ob. Ihre Verletzung macht deshalb denselben nur dem Mündel haftbar und die aus ihr entspringende Ersatzpflicht ist auf den dem Mündel zugefügten Schaden beschränkt. Ist ein aus mehreren Mitgliedern bestehendes Vormundschaftsgericht ersatzpflichtig, so haften die einzelnen Mitglieder unter sich zu gleichen Anteilen. Die Ersatzpflicht kann durch ein konkurrierendes Verschulden des Vormundes des Mündels nach Grund und Umfang beschränkt oder ausgeschlossen werden (254). Wenn auf andere Weise Ersatz zu erlangen ist, so kann der Vormundschaftsrichter nur wegen Vorsatz und nicht auch wegen Fahrlässigkeit in Anspruch genommen werden. Und er ist weder wegen Fahrlässigkeit noch wegen Vorsatz, also überhaupt nicht ersatzpflichtig, wenn von dem Vertreter des Mündels oder diesem vorsätzlich oder fahrlässig unterlassen worden ist, den Schaden durch den Gebrauch eines Rechtsmittels, wozu die Beschwerde gehört, abzuwenden (839). Ist der Vormundschaftsrichter neben dem Vormund oder Pfleger oder Gegenvormunde wegen Verletzung der diesen obliegenden Pflichten für den von diesen verursachten Schaden verantwortlich, so haften Richter und Vormund dem Mündel je für den gesamten Schaden; in dem Verhältnisse des Vormundschaftsrichters zu dem Vormund aber hat dieser allein für den Schaden aufzukommen, weshalb jenem der verauslagte Schadensbetrag von ihm zu ersetzen ist (841). Die Haftung des Vormundschaftsrichters geht auf seine Erben über. Die Schadensersatzklage verjährt in drei Jahren seit erlangter Kenntnis von dem Schaden und der Amtspflichtverletzung, längstens aber in dreißig Jahren von der Amtspflichtverletzung ab.

Das BGB. hat sich der Entscheidung der Frage enthalten, inwieweit der Staat für den Schaden einzustehen hat, welcher einem Mündel durch das Vormundschaftsgericht zugefügt worden ist. Darüber entscheiden die Landesgesetze, die auch insoweit unberührt gelassen sind, als sie das Recht des Mündels ausschließen, im Umfange der Haftung des Staates oder eines Kommunalverbandes den Ersatz des Schadens von dem Vormundschaftsrichter zu verlangen (Art. 77). Nach ihnen findet in Preußen eine Haftung des Staates nicht statt. Dagegen haftet in Bayern ausschließlich dem Mündel der Staat, dem der vergütete Schaden von dem Vormundschaftsrichter zu ersetzen ist; dabei kann von dem Staate Schadensersatz auch verlangt werden, wenn der Vormundschaftsrichter für die Verletzung der Amtspflicht nicht verantwortlich ist, weil er sich bei ihr im Zustande der Bewußtlosigkeit oder in einem die freie Willensbestimmung ausschließenden Zustande krankhafter Störung der Geistesthätigkeit befunden hat (Bayr. AG. Art. 60, 61). Nach anderen Landesrechten haftet der Staat, soweit von dem Vormundschaftsrichter Ersatz nicht zu erlangen ist. Der Staat kann dann die rechtliche Stellung eines Bürgen haben, woraus folgt, daß er auch nur wie dieser die Einrede der Vorausklage erheben darf (773). Aufrechterhalten sind die landesgesetzlichen Vorschriften, durch welche die Geltendmachung von Ansprüchen aus Amtspflichtverletzungen eines Beamten an die Vorentscheidung einer Behörde gebunden ist. Für Preußen kommt dieser Vorbehalt nicht in Betracht, Preußen hat aber die Ansprüche gegen öffentliche Beamte wegen Überschreitung ihrer amtlichen Befugnisse oder wegen pflichtwidriger Unterlassung von Amtshandlungen ohne Rücksicht auf die Höhe des Anspruchs vor die Landgerichte verwiesen, weshalb für sie Anwaltszwang gilt (PrAG. z. GVG. 39).

Für Handlungen und Unterlassungen im Amte, welche mit oder ohne Verstoß gegen eine Amtspflicht das Leben, den Körper, die Gesundheit, die Freiheit, das Eigentum oder ein sonstiges Recht des Mündels widerrechtlich verletzen oder welche gegen ein den Schutz eines anderen und damit auch des Mündels bezweckendes Gesetz verstoßen, haftet der Vormundschaftsrichter dem Mündel wie jeder andere Schadensersatzpflichtige (823). Auf den Grad des Verschuldens des Richters kommt es bei dieser Haftung nicht an, für die auch nicht der Staat eintritt, soweit er landesrechtlich haftbar ist.

Dritten gegenüber haftet der Vormundschaftsrichter nur nach den allgemeinen Grundsätzen. Daher macht die durch die Verletzung einer Amtspflicht mittelbar verursachte Schädigung Dritter den Vormundschaftsrichter nicht auch diesen verantwortlich.

Dem Mündel und seinem Vertreter steht unabhängig von dem Schadensersatzanspruche frei, im Dienstaufsichtswege Pflichtwidrigkeiten des Vormundschaftsrichters rügen und die Verweigerung oder Verzögerung der Vornahme von Diensthandlungen beheben zu lassen. Verletzungen der Dienstaufsichtspflicht machen aber den Aufsichtsbeamten dem Mündel nicht verantwortlich. Die Verantwortlichkeit des Vormundschaftsrichters gegenüber dem Staate oder dem Kommunalverbande, die ihn beauftragt haben, wird im BGB. nicht geregelt.

§ 9.

Die vormundschaftliche Gewalt und ihre Beschränkung.

Die Stellung als Vormund und Pfleger beruht auf der Auffassung, daß aus Gründen des öffentlichen Wohles, der Sittlichkeit und der Rechtssicherheit dem Mündel für Person und Vermögen diejenige Fürsorge und Vertretung zu gewähren sei, deren er für den Rechtsverkehr bedarf, die er sich selbst aber nicht zu geben vermag. Die Sorge für das eigene Wohl des Mündels steht also als leitender Gedanke in dem Vordergrunde des modernen Vormundschaftsrechts. In der Ausgestaltung dieses Grundgedankens ist das BGB. der deutschen Auffassung gefolgt, daß die Vormundschaft auf einem natürlich-sittlichen Verhältnisse zwischen Vormund und Mündel beruhe und familienrechtliche Pflichten jenes gegen den Mündel begründe, weshalb dem Vormunde die ihm übertragene vormundschaftliche Gewalt nicht in seinem Interesse, sondern wesentlich zur Erfüllung dieser Pflichten zusteht. Daneben gewährt dieselbe dem Vormund und Pfleger auch Rechte. Voraussetzung von Rechten und Pflichten ist aber wie überhaupt so auch hier, daß Vormund und Pfleger nicht Organe des Vormundschaftsgerichts sind, sondern selbständig und von dessen Weisungen unabhängig in den Grenzen des Gesetzes auf ihre eigene Verantwortlichkeit hin zu handeln haben. Diese Selbständigkeit, welche einerseits die Erzwingung der Vornahme oder der Unterlassung von Handlungen des Vormundschaftsgerichts in Zweckmäßigkeitsfragen und andererseits das Hinübergreifen eines anderen Vertreters des Mündels in den Wirkungskreis des Vormundes ausschließt, gewährt den durch keine andere Art der Einrichtung der Vormundschaft vollständig zu ersetzenden Vorteil der Einheitlichkeit und ungeteilten Verantwortlichkeit der vormundschaftlichen Verwaltung.

Die vormundschaftliche Gewalt beruht auf dem Amte und nicht auf einem Vertrage zwischen Vormund und Gericht; sie begründet zwischen dem Vormund und Mündel eine dem Eltern- und Kindesverhältnis ähnliche Stellung. Von der elterlichen Gewalt unterscheidet sie sich wesentlich dadurch, daß die Nutznießung an dem Mündelvermögen dem Mündel und nicht dem Vormunde gebührt. Wo ein Vormund oder Pfleger die Nutznießung an dem Mündelvermögen hat, steht ihm daher diese nur wegen des Zusammentreffens von Vormundschaft und elterlichem Verhältnis oder ehelichem Güterrechte zu. Sodann wird die Führung der Vormundschaft tiefgreifender wie die elterliche Gewalt vom Staate beeinflußt. Der Vormund steht dauernd unter der Aufsicht des Vormundschaftsgerichts, des Gemeindewaisenrats und des Gegenvormundes, wenn ein solcher bestellt ist. Daraus ergiebt sich eine weitgehende Beschränkung seiner Gewalt. Zur Durchführung seines Aufsichtsrechts kann das Vormundschaftsgericht von dem Vormund und Gegenvormund jederzeit über die Führung der Vormundschaft und über die persönlichen Verhältnisse des Mündels Auskunft verlangen (1839). Diese Auskunftspflicht erstreckt sich sogar auf Verhältnisse, auf welche der Vormund keinen Einfluß hat, wie die Verhältnisse der Familie des Mündels. Über die Richtigkeit der Auskunfterteilung des Vormundes können Gegenvormund, Gemeindewaisenrat und die Polizeibehörde angefragt werden. Gewisse gesetzlich bezeichnete Handlungen muß der Vormund vornehmen, wenn das Vormundschaftsgericht sie anordnet, oder unterlassen, wenn es sie nicht genehmigt. Außerdem sind Anordnungen des Vormundschaftsgerichts zugelassen, welche die Gewalt des Vormundes über die gesetzlichen Grenzen hinaus beschränken. Dabei kann das Gericht gegen den Vormund selbst dann einschreiten, wenn nicht die Verletzung einer gesetzlichen Vorschrift oder einer von ihm oder einem Dritten getroffenen Anordnung, sondern bloß die nicht volle Erfüllung seiner Pflichten in Frage steht. Demungeachtet fehlt demselben die Befugnis, selbsthandelnd in die Verwaltung einzugreifen und über den Kreis der gesetzlich bestimmten Geschäfte hinaus dem Vormunde leitende Anweisungen zu erteilen. Und gegen den für Ordnungsstrafen unempfindlichen Vormund und Gegenvormund, dessen Verhalten das Interesse des Mündels gefährdet, verbleibt ihm als einzige Hilfe nur die Entlassung, die auch ohne den Vorwurf der Pflichtverletzung zulässig ist. Gemeindewaisenrat und Gegenvormund haben den Vormund zu beaufsichtigen, indem sie sich nach den Verhältnissen des Mündels erkundigen und die von ihnen wahrgenommenen Mängel und Pflichtwidrigkeiten dem Vormundschaftsgericht anzeigen; zur Beseitigung der Mängel können sie den Vormund nicht zwingen.

Der elterlichen Gewalt gleicht die Vormundschaft darin, daß die einzelnen in der vormundschaftlichen Gewalt enthaltenen Rechte und Pflichten nicht in untrennbarer Weise unter sich und mit der Vormundschaft verbunden sind, so daß die Gewalt fortbesteht, auch wenn einzelne Angelegenheiten des Mündels oder ganze Kreise solcher dem Vormund entzogen und der Fürsorge anderer Personen übertragen sind. Die Elastizität der vormundschaftlichen Gewalt verträgt sogar, daß während ihrer Führung bei einer Verhinderung des Vormundes an der Erfüllung seiner Pflichten das Vormundschaftsgericht die ganze Sorge für den Mündel einem Pfleger überträgt oder selbst an Stelle des Vormundes die zu dessen Zuständigkeit gehörenden, im Interesse des Mündels erforderlichen Maßregeln vornimmt, wie die vorläufige Unterbringung des Mündels in Pflege, die Hinterlegung seiner Wertpapiere oder deren Versilberung, die Ausbringung des Arrestes in das Vermögen des flüchtigen Vormundes, die Ermittelung des unehelichen Vaters zur Erzwingung der Unterhaltsleistung (1846). Daß die Verhinderung von vorn herein als vorübergehend angesehen werde, ist dabei nicht erfordert. Doch sind von der Verhinderung die Fälle der bloßen Wohnsitzentfernung, der anderweiten Thätigkeit des Vormundes, des Mangels an Mitteln im Mündelvermögen wohl zu unterscheiden. Ob der Fall der Verhinderung vorliegt und welche Maßregeln zu ergreifen sind, entscheidet das Vormundschaftsgericht nach seinem freien Ermessen; dessen Mißbrauch berührt nicht die Rechtsgiltigkeit der Maßregel; seine Entscheidung kann nur im Wege der Beschwerde angefochten werden. Vorübergehende Maßregeln dürfen sogar nicht nur von dem zuständigen Vormundschaftsgerichte, sondern auch von dem Vormundschaftsgerichte getroffen werden, in dessen Bezirke das Bedürfnis der Fürsorge hervortritt, das alsdann dem zuständigen Gerichte von der Maßregel Mitteilung zu machen hat (FG. 44). Sind dann beide Gerichte gleichzeitig thätig gewesen, so hat bei widersprechenden Maßregeln diejenige des ersthandelnden Gerichts den Vorrang, während zwei sich ergänzende Maßregeln nebeneinander in Kraft bleiben.

Inhaltlich steht der elterlichen Gewalt die Gewalt des Altersvormundes am nächsten, da sie auf die Dauer der Minderjährigkeit des Mündels in vollem Umfange Recht und Pflicht der Sorge für seine Person und sein Vermögen umfaßt. Der Vormund steht an der Stelle der verstorbenen Eltern des Mündels. Daher lassen sich die dem Altersvormund obliegenden Verrichtungen im einzelnen nicht aufführen, sie sind durch die Verhältnisse des Lebens gegeben und erstrecken sich auf alle sittlichen und Rechtshandlungen. Insbesondere können alle Rechtsgeschäfte im Laufe der vormundschaftlichen Verwaltung in deren Wirkungskreis fallen. Aber bereits dem verheirateten weiblichen Mündel gegenüber erscheint innerhalb der Altersvormundschaft die vormundschaftliche Gewalt eingeschränkt, indem infolge der Heirat die Sorge für die Person des Mündels vom Vormund auf den Mann übertragen ist. Volljährigen gegenüber erstreckt sich die Sorge überhaupt nur auf das durch den Zweck der Volljährigkeitsvormundschaft bestimmte Bedürfnis, gleichgiltig, ob es sich um eine dauernde oder eine vorläufige Vormundschaft handelt. Bei der Pflegschaft tritt das Gewaltverhältnis vollständig zurück, soweit nicht die Pflegschaft über eine geschäftsunfähige oder in der Geschäftsfähigkeit beschränkte Person in Frage steht. Denn einmal wird, von diesem Falle abgesehen, die Pflegschaft nur für einzelne Angelegenheiten oder einen bestimmten Kreis von Angelegenheiten bestellt, sodann sind die Handlungen des Pflegebefohlenen der Pflegschaft ungeachtet ebenso wirksam wie diejenigen des Pflegers, da die Pflegschaft die Geschäftsfähigkeit jenes völlig unberührt läßt, der Pflegebefohlene mithin voll geschäftsfähig bleibt. Innerhalb der einzelnen Arten der Vormundschaft und Pflegschaft zeigen sich wiederum Verschiedenheiten der vormundschaftlichen Gewalt mit Rücksicht auf Geschlecht, Alter und Lebensstellung des Mündels. Die dadurch bedingte Verschiedenheit der Schutzbedürftigkeit gestaltet die thatsächliche Ausübung der vormundschaftlichen Gewalt verschieden, was Rückwirkungen auf das Verhältnis zwischen Vormund und Mündel und auf die aus diesem Verhältnis entspringenden Schuldverhältnisse äußert.

Die natürlich-sittliche Grundlage der Vormundschaft zeigt sich in der Verpflichtung der Mündel und Pflegebefohlenen zur Ehrerbietung und zum Gehorsam gegen den Vormund und den für ihre Person bestellten Pfleger sowie in der Beschränkung der vormundschaftlichen Gewalt auf den Umfang der elterlichen Gewalt. Auf ihr beruht die Hemmung der Verjährung der Ansprüche zwischen Vormund oder Pfleger und Mündel während der Dauer der Vormundschaft, gleichgiltig ob ein Mitvormund oder neben dem Vormund ein Pfleger bestellt ist, der den Mündel für die Ansprüche vertreten könnte; auf ihr beruht ferner das für einen Elternteil, der sein eheliches oder angenommenes oder durch Ehelichkeitserklärung legitimiertes Kind unter seiner Vormundschaft hat, aufgestellte Hindernis der Eingehung einer neuen Ehe bis zur Erteilung des vormundschaftsgerichtlichen Zeugnisses über die Einreichung eines Vermögensverzeichnisses (1845), sowie die Abhängigkeit der Strafverfolgung des Mündels von dem Antrage des Vormundes oder Pflegers wegen Diebstahls, Unterschlagung und Betrugs gegen den Vormund und Pfleger sowie eines Dritten wegen Entführung einer Minderjährigen, um sie zur Unzucht oder zur Ehe zu bringen (StGB. 235, 237). In der Verpflichtung des Mündels zur Ehrerbietung gegen den Vormund und Pfleger wurzeln die Vorschriften der Gewerbeordnung und der Berggesetze über die Aushändigung des Arbeitsbuchs und des Arbeitszeugnisses sowie des Lohnes und des Lohnbuchs (Gew.O. 107, 110, 119a, 134). In dieser Verpflichtung sowohl als in der Verpflichtung des Staates zu einer verstärkten Fürsorge für die Schutzbedürftigen, denen er den Vormund ohne ihr Zuthun bestellt, gründen die härteren Strafen gegen den Vormund und Pfleger, der mit seinem

Mündel unzüchtige Handlungen vornimmt (StGB. 174) oder ihn verkuppelt (StGB. 181) oder sich gegen ihn der Untreue schuldig macht (StGB. 266).

Im Unterschiede von dem Eltern- und Kindesverhältnis ist das Vormundschaftsverhältnis nicht auf die Lebenszeit des Mündels berechnet, seine Dauer vielmehr durch die Dauer der Hilfsbedürftigkeit begrenzt, die sich allerdings bei der Volljährigkeitsvormundschaft und der Pflegschaft auf die Lebenszeit verlängern kann.

§ 10.

Rechtsverhältnis zwischen Mündel und Vormund.

Durch die Übernahme der Vormundschaft wird zwischen Vormund und Mündel ein Rechtsverhältnis begründet, das unter den Allgemeinbegriff der Geschäftsführung fällt, das aber aus diesem Geschäftstypus durch den Umfang seines Inhalts hervorragt. Denn die Geschäftsführung des Vormundes umfaßt mit der Sorge für die Person und das Vermögen des Mündels sowie mit seiner Vertretung in den persönlichen und Vermögensangelegenheiten alle Lebensverhältnisse. Diese umfassende Macht mit ihren Pflichten besteht vor der Vormundsbestellung nicht. Wer vor seiner Bestellung Verrichtungen vornimmt, die einem Vormunde zustehen, handelt nicht als Vormund und macht sich ohne Unterschied, ob er sich für den Vormund hält oder nicht und ob seine Unkenntnis von dem Mangel der Bestellung verschuldet ist oder nicht, dem Mündel verantwortlich, wenn diesem durch die Verrichtung ein Schaden entsteht, der durch ein Verschulden bei der Verrichtung verursacht ist. Jedoch steht dem Mündel wegen seines Schadens im Konkurse dessen, der sich für den Vormund hält, ein Vorzugsrecht nicht zu. Besteht die Handlung in einem Rechtsgeschäfte, so hat der Nichtvormund die Stellung eines Vertreters ohne Vertretungsmacht und zwar sowohl bei der Abgabe seiner Willenserklärung wie bei der Entgegennahme derjenigen des anderen Teiles (177 bis 180). Einseitige, nichtempfangsbedürftige Rechtsgeschäfte sind daher, weil bei ihnen die Vertretung ohne Vertretungsmacht unzulässig ist, immer nichtig. Ebenso sind einseitige empfangsbedürftige Rechtsgeschäfte nichtig, wenn nicht die behauptete Vertretungsmacht seitens des anderen Teiles unbeanstandet bleibt oder dieser und der Nichtvormund darüber einverstanden sind, daß ohne Vertretungsmacht gehandelt werde (180). Bei Verträgen ist zwar Vertretung ohne Vertretungsmacht zulässig, aber ihre Wirksamkeit hängt von der Genehmigung des demnächstigen Vormundes des Mündels ab. Wird die Genehmigung nicht erteilt, so entstehen durch das Rechtsgeschäft für den Mündel keine Wirkungen. Erfolgt die Genehmigung, so treten die Wirkungen des Rechtsgeschäfts zwischen dem Dritten und dem Mündel, nicht dem Nichtvormund, ein. Die Genehmigung wirkt alsdann auf den Zeitpunkt der Vornahme des Rechtsgeschäfts zurück, soweit nicht durch das Rechtsgeschäft ein Anderes bestimmt ist. Durch die Rückwirkung werden jedoch Verfügungen nicht unwirksam, die von dem bestellten Vormunde vor der Genehmigung über den Gegenstand des Rechtsgeschäfts getroffen waren oder im Wege der Zwangsvollstreckung oder der Arrestvollziehung oder durch den Konkursverwalter erfolgt sind (184). Während des Schwebeverhältnisses ist der Dritte dem Mündel gebunden; gegen die Folgen dieser Gebundenheit kann er sich schützen, indem er entweder vor der Genehmigung das Rechtsgeschäft dem Nichtvormund oder dem Vormunde des Mündels gegenüber widerruft (178) oder indem er den Vormund des Mündels zur Erklärung über die Genehmigung auffordert, die dann als verweigert gilt, wenn sie nicht bis zum Ablaufe von zwei Wochen nach dem Empfange der Aufforderung ihm gegenüber erteilt wird. Mit dieser Aufforderung wird die von dem Dritten dem Nichtvormunde gegenüber erklärte Genehmigung oder Verweigerung der Genehmigung unwirksam (177). Dem Dritten gegenüber haftet der Nichtvormund, welcher den Mangel seiner Bestellung kannte, nach dessen Wahl zur Erfüllung oder zum Schadensersatz und, wenn er den Mangel nicht gekannt hat, auf das negative Interesse, es sei denn daß der Nichtvormund nachweist, er sei nicht voll geschäftsfähig gewesen oder der andere Teil habe den Mangel der Bestellung gekannt oder kennen müssen (179). Greift jemand in die Angelegenheiten eines Mündels ein, der sich nicht für dessen Vormund hält, so kann seine Haftung dem Mündel gegenüber nach den Vorschriften über die Geschäftsführung ohne Auftrag oder über ungerechtfertigte Bereicherung oder über unerlaubte Handlungen begründet sein.

Die mit der Übernahme der Vormundschaft eintretende Fürsorgepflicht für den Mündel äußert sich nach ihrer formellen Seite, d. h. nach der Art, in welcher mit rechtlicher Wirksamkeit vom Vormunde gehandelt wird, in doppelter Richtung. Er kann alle Rechtshandlungen, welche nicht ein persönliches Handeln oder doch eine persönliche Entschließung des Mündels erfordern, auf Grund der vormundschaftlichen Gewalt selbst vornehmen, seis mit unmittelbarer Wirkung für den Mündel, seis unter Uebertragung der zunächst für ihn begründeten Wirkung auf den Mündel. Er kann aber auch den Mündel zur Vornahme einzelner Handlungen ermächtigen, die dadurch für den Mündel rechtswirksam werden. Was die materielle Seite der Vormundschaftsführung, d. h. die Frage betrifft, nach welchen Grundsätzen die Verwaltung vom Vormunde zu führen ist, wenn er außer Verantwortung sein will, so wird sie von der Vorschrift beherrscht, daß alle Geschäfte so zu führen sind, wie das Interesse des Mündels es erfordert.

Dadurch wird einerseits zwischen Vormund und Mündel ein Schuldverhältnis begründet, das je nach den thatsächlichen Verhältnissen von verschiedener Tragweite sein kann, das aber grundsätzlich den Vormund, Gegenvormund und Pfleger für jeden Schaden, der sowohl aus einer Pflichtverletzung bei der Führung der Vormundschaft, insbesondere der Vermögensverwaltung, wie auch aus einer schuldhaften Nichterfüllung der ihnen obliegenden vormundschaftlichen Pflichten dem Mündel entsteht, diesem mit ihrem Vermögen haftbar macht (1833). Dabei haben Vormund und Pfleger bei ihrer Thätigkeit für den Mündel Vorsatz und Fahrlässigkeit zu vertreten. Fahrlässig handeln sie aber, wenn sie die im Verkehr erforderliche, nicht bloß die von ihnen in eigenen Angelegenheiten beobachtete Sorgfalt außer Acht lassen. Daher hebt auch die Erteilung der zu einer Handlung erforderlichen Genehmigung des Gegenvormundes oder des Vormundschaftsgerichts die Verantwortlichkeit nur auf, wenn durch sie jede Fahrlässigkeit ausgeschlossen wird. Voraussetzung ihrer Schadensersatzpflicht ist ferner, daß der dem Mündel erwachsene Schaden auf der Pflichtverletzung des Vormundes oder Pflegers beruht. Ohne Kausalzusammenhang keine Schadensersatzpflicht. Der Umfang des Schadensersatzes wird durch den Aufwand bestimmt, der zur Herstellung des Zustandes erforderlich ist, der bestehen würde, wenn die zum Ersatze verpflichtende Verletzung der vormundschaftlichen Pflichten nicht vorgekommen wäre (249).

Ob der Schaden und sein Umfang vorauszusehen waren, ist unerheblich. Sind für einen Schaden mehrere Vormünder oder Pfleger nebeneinander verantwortlich, so haften die Mehreren als Gesamtschuldner, so daß der Mündel jeden auf den ganzen Schaden belangen und ihm die Einrede der Teilung nicht entgegengesetzt werden kann. Im Verhältnisse zu einander sind die Vormünder zu gleichen Teilen verpflichtet. Von mehreren Mitvormündern zu ungeteilter Verwaltung haften diejenigen nicht, welche der schädigenden Handlung widersprochen haben (1797) oder welche kein Verschulden trifft. Ein Gegenvormund haftet aus der Verletzung der ihm obliegenden Pflicht der Genehmigung einzelner Geschäfte in der gleichen Weise wie der Vormund. Ist neben dem Vormunde für den von diesem verursachten Schaden der Gegenvormund oder der Mitvormund nur wegen Verletzung seiner Aufsichtspflicht verantwortlich, so haftet er zwar dem Mündel gegenüber für den ganzen Schaden neben dem Vormund, in dem Verhältnisse von Vormund und Gegenvormund oder Mitvormund aber ist der Vormund oder Pfleger allein verantwortlich, auf den mithin der Gegenvormund oder Mitvormund zurückgreifen kann. Doch liegt Mitvormundschaft in diesem Sinne nur vor, wenn mehrere zu ungeteilter Verwaltung bestellte Vormünder die Geschäfte verteilt haben und nun der nicht geschäftsführende Vormund seine Aufsichtspflicht verletzt. Die Ausgleichung unter den mehreren als Gesamtschuldnern haftenden Vormündern findet auch bei Schadensersatz wegen einer unerlaubten Handlung statt.

Die Führung der Vormundschaft kann nicht einem Dritten übertragen werden. Dieses Verbot schließt jedoch nicht aus, daß die Ausführung einzelner Geschäfte Dritten übertragen oder daß zu deren Ausführung ein Gehilfe zugezogen wird. In jenem Falle haftet der Vormund für den von dem Dritten verursachten Schaden nur, insofern ihm bei der Uebertragung ein Verschulden zur Last fällt. Für das Verschulden eines Gehilfen hat er wie für eigenes Verschulden einzustehen.

Auf der anderen Seite kann der Vormund oder Pfleger aus der Vormundschaft auch Ansprüche gegen den Mündel erwerben, nämlich den Anspruch auf den Ersatz der Aufwendungen, Vorschüsse und Auslagen, die er in ordnungsmäßiger Führung der Vormundschaft aus seinem Vermögen gemacht hat, sowie den Anspruch auf die ihm vom Vormundschaftsgerichte für seine Thätigkeit zugebilligte Vergütung. Die Römer haben beiden Ansprüchen dadurch eine zivilistische Grundlage zu geben versucht, daß sie in der Tutel ein vertragsähnliches Rechtsverhältnis sahen, welches der auftraglosen Geschäftsführung verglichen wurde, und daß sie die Cura geradezu als eine Art der Geschäftsführung behandelten. Dementsprechend haben sie die zur Geltendmachung der Ansprüche aus der Tutel bestimmten Klagen nach der Analogie der Mandatsklagen und die Klagen aus der Cura als Geschäftsführungsklagen gestaltet. Inhaltlich waren beide Klagen gleich, formell unterschieden sie sich in der einen Beziehung, daß die actio tutelae directa alle aus der Führung der Tutel entstandenen Ansprüche umfassen sollte und deshalb nicht vor der Beendigung der Tutel angestellt werden konnte, während die actio curationis causa, wenngleich auch sie gewöhnlich die endgiltige Lösung des ganzen Verhältnisses bezweckte, nicht notwendig die Beendigung der Cura voraussetzte. Eine Auseinanderhaltung beider Klagen auch nur in dieser Beziehung war im deutschen Rechte nicht mehr möglich. Und im BGB., das zur Grundlage der Ansprüche aus der Vormundschaft und Pflegschaft ein Amt hat, sind diese nach den Grundsätzen des Auftrags gestaltet. Demgemäß kann der Vormund oder Pfleger sowie der Gegenvormund aus dem Mündelvermögen für die zum Zwecke der Führung der Vormundschaft erforderlichen Aufwendungen einen Vorschuß und für die zu diesem Zwecke gemachten Aufwendungen, die er den Umständen nach für erforderlich halten durfte, Ersatz entnehmen. Die zur Beschaffung der fehlenden Mittel erforderlichen Rechtsgeschäfte hat er erforderlichenfalls mit Genehmigung des Gegenvormundes oder des Vormundschaftsgerichts vorzunehmen. Die Prüfung der gemachten Aufwendungen ist dann bei der Legung der Jahresrechnung zu begehren. Wird bei dieser die Entnahme nicht gestattet, so sind die Vorschüsse zurückzugeben und die gemachten Auslagen im Rechtsweg einzuklagen, indem darzulegen ist, weshalb sie ohne Fahrlässigkeit für erforderlich erachtet werden durften. Sind bei Vermögenszuwendungen die Aufwendungen im Zusammenhange mit der Zuwendung begrenzt, so hat es dabei sein Bewenden. Ersatz können Vormund, Pfleger und Gegenvormund auch für solche von ihnen geleistete und für erforderlich gehaltene Dienste verlangen, die zu ihrem Gewerbe oder ihrem Berufe, z. B. als Arzt, Rechtsanwalt, Kaufmann, Handwerker, Arbeiter gehören; doch haben deshalb diese Personen nicht auch Anspruch auf den Ersatz ihrer Zeitversäumnis. Die Verpflichtung zum Ersatze der Aufwendungen umfaßt die Verpflichtung zur Verzinsung des aufgewendeten oder des als Ersatz ihres Wertes zu berechnenden Betrags von der Zeit der Aufwendung an. Endlich hat der Vormund Anspruch auf Befreiung von den für den Mündel eingegangenen Verbindlichkeiten; ist die Verbindlichkeit noch nicht fällig, so kann statt der Befreiung Sicherheit geleistet werden. Die Ersatzansprüche zwischen Mündel und Vormund können beiderseits schon vor der Beendigung der Vormundschaft geltend gemacht werden, wobei dem Mündel für die Geltendmachung ein Pfleger zu bestellen ist.

Die Verjährungszeit für die gegenseitigen Ansprüche beträgt dreißig Jahre; die beiderseitige Haftbarkeit geht auf die Erben über. Der bestellte Vormund einer Ehefrau kann für seine Forderungen aus der vormundschaftlichen Verwaltung ohne Rücksicht auf die Verwaltung und Nutznießung des Mannes Befriedigung bei dem gesetzlichen Güterrecht aus dem eingebrachten Gute, bei der allgemeinen Gütergemeinschaft und der Fahrnisgemeinschaft, nicht auch bei der Errungenschaftsgemeinschaft, aus dem Gesamtgute verlangen (1411).

Dem Mündel steht wegen seiner Ansprüche gegen den Vormund oder Pfleger ein Pfandrecht an deren Vermögen nicht zu, wohl aber hat er in ihrem Konkurs ein Vorzugsrecht zur Deckung seiner Ersatzforderung (KO. 61 Ziff. 5). In diesem hat er auch wegen seines im Besitze des Vormundes und Pflegers befindlichen Vermögens das Aussonderungsrecht.

Grundsätzlich soll die Vormundschaft und Pflegschaft unentgeltlich geführt werden; sie ist ein Ehrenamt. Der Mündel ist aber verpflichtet, wenn das Vormundschaftsgericht dem Vormund und Pfleger und aus besonderen Gründen auch dem Gegenvormunde für die Führung der Vormundschaft eine Vergütung bewilligt, sich die Entnahme dieser Vergütung aus seinem Vermögen gefallen zu lassen. Doch soll die Bewilligung einer Vergütung nur erfolgen, wenn das Vermögen des Mündels sowie der Umfang und die Bedeutung der vormundschaftlichen Geschäfte sie rechtfertigen. Sie kann von amtswegen oder auf Antrag geschehen. Ob besondere Gründe zu einer Honorarbewilligung für den Gegenvormund vorliegen, entscheidet wie bei der Honorarbewilligung für den Vormund das Vormundschaftsgericht nach seinem freien Ermessen (1830). Hat der Erblasser oder ein Dritter im Zusammenhange mit der Vermögenszuwendung an den Mündel dem Vormund eine Vergütung zugewendet, so hat es bei ihr sein Bewenden, falls nicht das Interesse des Mündels unter der Anordnung leidet. Die Höhe der Vergütung wird von dem Vormundschaftsgerichte festgesetzt, dessen Ermessen nur dadurch gebunden ist, daß die Vergütung den Verhältnissen des Mündels und der Leistung des Vormundes angemessen sein soll. Dasselbe kann die bewilligte Vergütung jederzeit für die Zukunft durch Erhöhung oder Minderung ändern und kann sie auch ganz entziehen. Vor der Bewilligung, Änderung oder Entziehung der Vergütung soll der Vormund oder Pfleger und, wenn ein Gegenvormund vorhanden oder zu bestellen ist, nach der vorausgegangenen Bestellung auch dieser gehört werden. Gegen die Verfügung, durch welche eine Vergütung des Vormundes festgesetzt wird, haben der Mündel und Gegenvormund, und gegen eine Verfügung, durch welche eine Vergütung des Gegenvormundes festgesetzt wird, der Mündel und der Vormund die Beschwerde (FG. 20, 57). Wird die Bewilligung einer Vergütung vom Vormundschaftsgericht abgewiesen, so steht dem Antragsteller die Beschwerde zu. Ein gegen den Mündel durch Klage verfolgbarer Rechtsanspruch auf Gewährung einer vom Vormundschaftsgerichte nicht bewilligten Vergütung steht dem Vormunde nicht zu. Dagegen hat er eine Klage auf die Zahlung der bewilligten rückständigen Vergütung. Das Vormundschaftsgericht kann eine Vergütung auch noch nach der Beendigung der Vormundschaft bewilligen.

Gegen den Vormund oder Pfleger steht dem Mündel ein Anspruch darauf zu, daß nach der Beendigung der Vormundschaft oder Pflegschaft ihm über deren Verwaltung Rechenschaft abgelegt und das auf Grund derselben sich ergebende Guthaben unter gleichzeitiger Herausgabe der zu seinem Vermögen gehörenden Sachen ausbezahlt und der zu vertretende Schaden ihm vergütet werde. Für diesen Anspruch haftet jeder Vormund und Pfleger, der Mündelvermögen herauszugeben oder Ersatz zu leisten oder über die Verwaltung der Vormundschaft Rechnung abzulegen in der Lage ist.

Aus der Aufsichtspflicht des Vormundes und Pflegers über den Mündel ergiebt sich ihre Verpflichtung zum Ersatze des Schadens, den der Mündel einem Dritten widerrechtlich zufügt. Da die Haftung auf der schuldhaften Verletzung der Aufsichtspflicht beruht, so ist gleichgiltig, ob den Mündel bei seiner unerlaubten Handlung ein Verschulden trifft oder nicht. Aber die Ersatzpflicht tritt nicht ein, wenn der Vormund oder Pfleger beweist, daß er seiner Aufsichtspflicht genügt hat oder daß der Schaden auch bei gehöriger Aufsichtsführung entstanden sein würde (832). Was im Einzelfalle zu geschehen hat, um der Aufsichtspflicht zu genügen, bestimmt sich nach den Umständen des Falles, die so geartet sein können, daß dem Mündel auch für den Schaden einzustehen ist, den er sich selbst infolge der Verletzung der Aufsichtspflicht durch seine unerlaubte Handlung zugefügt hat. Andererseits kann die Haftung des Vormundes durch die eigene Verantwortlichkeit des Mündels sowie durch die vertragliche Übertragung der Aufsichtspflicht auf einen andern, z. B. eine Krankenanstalt oder einen Pensionshalter, ganz oder insoweit ausgeschlossen sein, daß er den dem Dritten vergüteten Schaden ersetzt verlangen kann (827, 828, 840). Landesrechtlich gelten für die Haftbarkeit des Vormundes wegen Feld-, Forst- oder Fischereifrevel des Mündels besondere Bestimmungen.

Die Ansprüche des Mündels gegen den Vormund sind nicht nur zivilrechtlich, sondern auch durch die Aufsicht des Vormundschaftsgerichts und durch das Strafgesetzbuch geschützt. Liegt eine absichtliche Pflichtverletzung des Vormundes oder Pflegers zum Nachteile des Mündels oder seiner Sachen vor, so tritt deren Bestrafung wegen Untreue mit Gefängnis ein, neben dem auf Geldstrafe erkannt werden kann, wenn die Untreue begangen ist, um sich oder einem anderen einen Vermögensvorteil zu verschaffen (StGB. 266). Voraussetzung der Bestrafung ist der Eintritt einer Beschädigung des Vermögens des Mündels durch die Handlung oder die Unterlassung des Vormundes.

Schädigungen des Mündels durch Handlungen des Vormundes, welche außerhalb einer Pflichtwidrigkeit liegen, wozu insbesondere die unerlaubten Handlungen des § 823 gehören, begründen die Schadensersatzpflicht nach allgemeinen Grundsätzen. Auf Grund derselben haftet dieser auch Dritten gegenüber für den ihnen bei seiner Amtsführung zugefügten Schaden. Dagegen haftet diesen der Mündel für den ihnen durch die unerlaubten Handlungen des Vormundes verursachten Schaden nicht.

§ 11.

Sorge für die Person des Mündels.

Dem Vormunde liegt wie den Eltern ob, für die Person des Mündels durch Erziehung, Beaufsichtigung und Aufenthaltsbestimmung zu sorgen. Dabei ist der Inhalt der Personensorge minderjährigen oder volljährigen Mündeln gegenüber verschieden gestaltet. Dem Minderjährigen gegenüber umfaßt die Erziehung das leibliche und geistige Wohl, die allgemeine und die religiöse Erziehung sowie die Berufsausbildung. Kraft des Erziehungsrechts kann der Vormund den Mündel in seine Familie aufnehmen oder in eine andere Familie oder eine Erziehungsanstalt unterbringen. Zur eigenen Gewährung des Unterhalts ist er nicht verpflichtet. Wird der Mündel anderwärts untergebracht, so hat der Vormund darüber zu wachen, daß derselbe eine angemessene Verpflegung und einen seinen Fähigkeiten, Anlagen und Vermögensverhältnissen entsprechenden Unterricht erhält. Er bestimmt die Erziehungsweise und die Person des Erziehers sowie die von dem Mündel zu besuchende Schule. Dabei ist er zur Beachtung der Landesgesetze verpflichtet, welche auch bezüglich der religiösen Erziehung des Mündels aufrechterhalten sind. Der Vormund hat für die Taufe und die Beilegung des Vornamens zu sorgen. Er hat den Mündel zum regelmäßigen Besuche des Gottesdienstes seines Bekenntnisses anzuhalten. Über sein religiöses Bekenntnis hat er jedoch eine Entscheidung nicht zu treffen. Das Vormundschaftsgericht hat die Unterbringung des Mündels, die Art der Unterrichtserteilung und der religiösen Erziehung zu überwachen und kann die Abänderung der vom Vormunde getroffenen Anordnung verlangen, wenn z. B. die beabsichtigte Selbsterziehung und Selbstpflege sich als eine Verletzung der Interessen des Mündels darstellt. Zu einer Änderung des religiösen Bekenntnisses des Mündels ist der Vormund ebensowenig befugt, wie er sich dessen Religionswechsel nach Erreichung des landesgesetzlichen Unterscheidungsjahrs widersetzen kann. Gehört der Vormund einem anderen religiösen Bekenntnisse wie der Mündel an, so kann die religiöse Erziehung ihm entzogen und einem Pfleger übertragen werden;

ein Recht zur Beschwerde wegen der Nichtentziehung, das auch dem Geistlichen zusteht, ist aber wie bei den Eltern erst gegeben, wenn die religiöse Erziehung durch den Vormund vernachlässigt wird. Der Erziehungspflicht des Vormundes entspricht sein Recht zum Selbstvollzuge seiner Erziehungsmaßregeln durch angemessene Zuchtmittel, deren äußerstes die Unterbringung in einer Familie, einer Erziehungs- oder Besserungsanstalt bildet. Gegen den Mißbrauch der Zuchtgewalt schützt den Mündel neben dem Strafgesetzbuche das Vormundschaftsgericht. Versagt die Zuchtgewalt des Vormundes, so hat ihn das Vormundschaftsgericht durch Anwendung geeigneter Zuchtmittel wie Mahnung, Verweis, Verfügung einer Züchtigung oder Unterbringung in eine Erziehungsanstalt zu unterstützen. Die Vollziehung der Züchtigung darf dem Vormunde, gegen den zur Erzwingung der Befolgung Ordnungsstrafen zulässig sind, oder dem für die Zwangsvollstreckung nach Landesrecht zuständigen Beamten übertragen werden, der in Preußen seinerseits die Polizei um Hilfe angehen kann. Der Vormund hat das Erziehungsrecht nicht, wenn neben ihm den Eltern des Mündels oder dessen Mutter die Personensorge zusteht. Der Vormund setzt die Kosten des Unterhalts und der Erziehung selbständig fest, doch kann die Festsetzung von dem Vormundschaftsgerichte bei der Rechnungslegung beanstandet werden. Deshalb empfiehlt sich namentlich bei der Aufnahme des Kindes in den Haushalt des Vormundes eine vorherige Verständigung mit dem Vormundschaftsgerichte. Der Ausübung nach kann der Vormund sein Erziehungsrecht durch Vertrag auf einen anderen übertragen, ohne jedoch damit von der Pflicht zur Beaufsichtigung entbunden zu werden; der andere erlangt damit auch die Zuchtgewalt.

Steht die Sorge für die Person des Mündels dem Vormund allein und nicht neben ihm auch den Eltern zu, so kann das Vormundschaftsgericht dem Vormunde gegen dessen Willen das Erziehungsrecht entziehen, indem es entweder zum Zwecke der Erziehung einen Pfleger bestellt oder indem es die Unterbringung des minderjährigen Mündels in dessen Interesse in einer geeigneten Familie oder in einer Erziehungs- oder Besserungsanstalt anordnet (1838). Ist aber ein Elternteil Vormund oder steht der Vormundschaft ungeachtet das Erziehungsrecht dem Vater oder der Mutter des ehelichen, des dem ehelichen gleichgestellten oder angenommenen Kindes zu oder ist der Mündel ein uneheliches Kind, so kann gegen den Willen der Eltern die Unterbringung nur angeordnet werden, wenn das geistige oder das leibliche Wohl des Kindes dadurch schuldhaft gefährdet wird, daß der Elternteil das Recht der Sorge für die Person des Kindes mißbraucht, das Kind vernachlässigt oder sich eines ehrlosen oder unsittlichen Verhaltens schuldig macht. Eine Gefährdung des Kindes kann in der mangelhaften Gewährung des Unterhalts, der Kleidung, der körperlichen Pflege, in der Verletzung der von dem Vormundschaftsgericht auf Antrag des Kindes getroffenen Anordnung über die Art und die Zeit des von den Eltern zu gewährenden Unterhalts, in der Anstiftung des Mündels zu strafbaren oder unsittlichen Handlungen, in der Überschreitung des Züchtigungsrechts, sowie in sonstigen Mißhandlungen des Mündels, in der Ausnützung der Arbeitskraft des Mündels über seine Kräfte oder das durch die Erziehung gebotene Maß, in der Abhaltung vom Schulbesuch, in schlechtem Beispiele der Eltern durch ihren Lebenswandel, insbesondere durch Trunksucht, Bettelei, Landstreicherei, Diebstahl, Unzucht, Kuppelei liegen. Vor der Anordnung der Unterbringung sind der Vater oder die Mutter zu hören; die Anhörung des Vormundes als Erziehungsberechtigten sowie die Anhörung der Angehörigen des Mündels ist dem Vormundschaftsrichter gleichfalls zu empfehlen. Die Ausführung der Anordnung liegt dem Vormund oder dem Elternteil ob und kann gegen den Vormund, in Preußen auch gegen die Eltern mit Ordnungsstrafen erzwungen werden; nach Landesrecht kann auch die Unterbringung durch Zwangsmaßregeln des Vormundschaftsgerichts in Frage kommen, wie in Preußen und Baiern (P.A.G. Art. 15, 17. Bair. A.G. Art. 130). Vor der Unterbringung ist mit der Familie oder der Anstalt über die Aufnahme des Mündels, den Verpflegungspreis und die Erziehung ein Vertrag zu schließen. Mit Rücksicht auf die Erziehung in dem religiösen Bekenntnisse des Mündels soll die Unterbringung nur in einer Familie oder Anstalt von mit dem seinen übereinstimmenden Bekenntnisse geschehen. Gegen die Unterbringung hat der vierzehnjährige Mündel sowie der Vormund und Elternteil die Beschwerde. Die Kosten der Unterbringung sind aus dem Vermögen des Mündels oder durch den Unterhaltspflichtigen zu tragen.

Unabhängig von der Frage der Kostentragung kann im öffentlichen Interesse jedes nicht achtzehn Jahre alte Kind reichsrechtlich wegen einer strafbaren Handlung, landesrechtlich wegen der Gefahr der Verwahrlosung zum Zwecke der Erziehung in eine Familie oder

Anstalt untergebracht werden. Die Unterbringung erfolgt hier aber nicht durch das Vormundschaftsgericht, sondern durch Verwaltungsbehörden, welche die Kosten für sie vorzuschießen haben. Sie setzt bei dem nicht zwölfjährigen Kinde voraus, daß durch Beschluß des Vormundschaftsgerichts die Begehung einer strafbaren Handlung festgestellt und die Unterbringung für zulässig erklärt ist, bei einem Kinde zwischen dem zwölften und achtzehnten Jahre, daß in dem es wegen einer von ihm begangenen strafbaren Handlung freisprechenden Urteile das Strafgericht bestimmt hat, es sei unterzubringen. Auf Grund dieses Urteils darf aber das Kind nicht über das zwanzigste Lebensjahr hinaus in der Anstalt behalten werden. Die staatliche Erziehung der Minderjährigen ist in den Einzelstaaten verschieden geregelt. In Preußen kann nach dem Gesetz über die Fürsorgeerziehung vom 2. Juli 1900 ein Minderjähriger unter öffentlicher Aufsicht und auf öffentliche Kosten in einer Familie oder in einer Erziehungs- oder Besserungsanstalt bis zu seiner Volljährigkeit erzogen werden, wenn das Vormundschaftsgericht vor der Vollendung des achtzehnten Lebensjahrs desselben die Erziehung durch einen Kommunalverband beschlossen hat. Der Beschluß kann von amtswegen oder auf Antrag von Verwaltungsbehörden unter der in ihm festzustellenden Voraussetzung ergehen, daß bei dem Kinde infolge schuldhafter Gefährdung seines Wohles durch den Gewalthaber, bei dem Mündel infolge der thatsächlichen Verhältnisse die staatliche Erziehung erforderlich ist, um die Verwahrlosung des Minderjährigen zu verhüten, oder daß bei dem nicht zwölfjährigen Kinde, dem die Begehung einer strafbaren Handlung zur Last fällt, mit Rücksicht auf die Beschaffenheit der Handlung oder die Persönlichkeit der Eltern und sonstigen Erzieher oder die übrigen Lebensverhältnisse die staatliche Erziehung zur Verhütung weiterer sittlichen Verwahrlosung des Minderjährigen oder außer diesen Fällen wegen Unzulänglichkeit der erziehlichen Einwirkung der Eltern oder sonstigen Erzieher oder der Schule zur Verhütung des völligen sittlichen Verderbens des Minderjährigen notwendig ist. Vor der Beschlußfassung über die staatliche Erziehung soll das Vormundschaftsgericht, soweit thunlich die Eltern, den Vormund, notwendig den Gemeindevorstand, den zuständigen Geistlichen und Leiter oder Lehrer der Schule und, wenn die Beschlußfassung nicht auf Antrag erfolgt, den antragsberechtigten Verwaltungsbeamten hören. Der Beschluß kann bei

Gefahr im Verzuge für vorläufig vollstreckbar erklärt werden, woraufhin die Polizeibehörde des Aufenthaltsorts des Minderjährigen diesen in einer Anstalt oder in einer Familie unterzubringen hat. Gegen den Beschluß, welcher den Eltern oder dem Vormund und dem über vierzehn Jahre alten Kinde, dem antragsberechtigten Verwaltungsbeamten und dem zur Kostentragung verpflichteten Kommunalverbande zuzustellen ist, steht den Gemeinden und, wenn die Unterbringung angeordnet ist, auch den Eltern und dem Vormunde des Kindes, sowie diesem selbst die sofortige Beschwerde zu. Von Gefahr im Verzug abgesehen hat die Beschwerde aufschiebende Wirkung. Auch sind die Eltern und der Vormund, deren Anhörung vor der Beschlußfassung unterblieben ist, jederzeit berechtigt, die Wiederaufnahme des Verfahrens zu verlangen. Die Ausführung der beschlossenen Unterbringung liegt dem verpflichteten Kommunalverband ob, auf dessen Ersuchen die Polizeibehörde das Kind in die Familie oder die Anstalt überzuführen hat, der es zur Erziehung zugewiesen ist. Doch kann der Zögling auch unter Aufsicht des Kommunalverbandes widerruflich in der eigenen Familie belassen werden. Zur Ausübung der Aufsicht über die in Familien untergebrachten Zöglinge sind von dem Kommunalverbande Fürsorger zu bestellen, zu denen auch Frauen gewählt werden dürfen. Im Falle der Unterbringung in eine Familie muß mindestens bis zum Aufhören der Schulpflicht, im Falle der Unterbringung in eine Anstalt soll soweit möglich das religiöse Bekenntnis des Zöglinges mit dem der Familie oder der Anstalt übereinstimmen. Die Unterbringung hebt die elterliche oder die vormundschaftliche Gewalt nicht auf. Tritt der Fall der Bevormundung erst während derselben ein, so ist für den in einer Anstalt oder in einer unter der Aufsicht der Anstalt stehenden Familie untergebrachten Mündel der Anstaltsvorstand vor den letztwillig oder gesetzlich berufenen Personen zum Vormunde zu bestellen, neben dem ein Gegenvormund nicht berufen werden darf. Die Unterbringung kann vor der Volljährigkeit des Zöglinges durch Beschluß des Kommunalverbandes von amtswegen oder auf Antrag der Eltern oder des Vormundes endgiltig oder widerruflich aufgehoben werden, wenn ihr Zweck erreicht oder anderweit sichergestellt ist. Gegen den ablehnenden Beschluß des Kommunalverbandes kann der Antragsteller binnen zwei Wochen die Entscheidung des Vormundschaftsgerichts anrufen. Gegen dessen Beschluß findet die Beschwerde statt; hebt dasselbe die Unterbringung auf, so hat die Beschwerde des Kommunalverbandes aufschiebende Wirkung. Wird der Aufhebungsantrag endgiltig abgewiesen, so darf er erst nach sechs Monaten erneuert werden. Der Kommunalverband hat von der Unterbringung und der Entlassung des Zöglinges dem Vormundschaftsgerichte Mitteilung zu machen. Der Anstaltsvorstand, welcher zum Vormunde des Zöglinges bestellt war, behält das Amt, solange nicht das Vormundschaftsgericht einen anderen Vormund bestellt hat.

Die vorgelegten Kosten der staatlichen Erziehung sind dem Kommunalverbande von dem Kinde oder dessen Unterhaltspflichtigen zu erstatten. Ueber den gegen den Erstattungsanspruch erhobenen Widerspruch entscheidet auf Antrag des Kommunalverbandes oder, soweit der Ortsarmenverband Auslagen getragen hatte, auf dessen Antrag unter Vorbehalt des Rechtswegs endgiltig der Bezirksausschuß.

Der Mündel darf während der Dauer des Erziehungsrechts von seinem Erzieher zu den für sein Alter und Geschlecht passenden häuslichen und ländlichen Arbeiten verwendet werden, soweit es mit dem Stande, den Vermögensverhältnissen, der Gesundheit und der Schulpflicht des Mündels verträglich ist. Nach beendeter Schulpflicht darf ihn der Vormund in fremde Dienste oder in fremde Arbeit geben und er hat demnächst den zukünftigen Beruf des Mündels zu bestimmen. Dabei ist dem Mündel selbst eine gewisse Einwirkung auf seine persönlichen Angelegenheiten gestattet. Bei wichtigen Entschließungen ist er zu hören und es soll auf seine Neigungen und Wünsche Rücksicht genommen werden. Wenn sich die Ausnützung der Arbeitskraft des Mündels oder die Bestimmung seines Berufs als Mißbrauch des Erziehungsrechts darstellt, so hat der vierzehn Jahre alte Mündel selbständig die Beschwerde beim Vormundschaftsgerichte. Die Beschwerde steht ihm auch zu, wenn ihm der Vormund die Vorbildung für einen bestimmten Beruf oder die sachlich gerechtfertigte Wahl eines Berufs unmöglich macht. Der Vormund hat für den Mündel den gewerblichen oder kaufmännischen Lehrvertrag abzuschließen. Dabei ist er an die Genehmigung des Vormundschaftsgerichts gebunden, wenn der Vertrag, was die Regel sein dürfte, für eine längere Zeit als ein Jahr geschlossen wird. Vor der Genehmigung ist der Mündel zu hören. Doch sind Lehrverträge auf unbestimmte Zeit mit für den Mündel kürzerer als einjähriger Kündigungsfrist auch bei thatsächlich längerer als einjähriger Dauer nicht genehmigungsbedürftig.

Ein genehmigungsbedürftiger, aber nicht genehmigter Lehrvertrag ist unwirksam. Der gewerbliche Lehrvertrag ist nach § 126 der GewO. schriftlich abzuschließen und muß mindestens die Bezeichnung des Gewerbes oder des Zweiges der gewerblichen Thätigkeit, in dem die Ausbildung des Mündels erfolgen soll, die Angabe der Dauer der Lehrzeit und der gegenseitigen Leistungen sowie die Voraussetzungen der Zulässigkeit der einseitigen Vertragsauflösung enthalten. Der Mündel und der Vormund haben ihn zu unterschreiben und letzterem ist er in einem Exemplar auszuhändigen. Kosten und Stempel werden für ihn nicht erhoben. Der kaufmännische Lehrvertrag bedarf der Schriftform nicht, doch empfiehlt sich dieselbe auch für ihn. Während der Lehrzeit hat der Vormund darüber zu wachen, daß der Lehrherr die nach den §§ 127 bis 127c, 131c GewO. oder nach § 62 HGB., sowie die nach dem Vertrag ihm obliegenden Verpflichtungen erfüllt. Wegen des Abschlusses des Gesindevertrags seitens des Vormundes für den Mündel ist das Landesrecht maßgebend. In Preußen bedarf derselbe auch bei einer längeren als einjährigen Dauer der Genehmigung des Vormundschaftsgerichts nicht. Statt den Mündel selbst in Dienst oder Arbeit zu geben, kann der Vormund denselben ermächtigen, sich einen Gesinde- oder sonstigen Dienst oder andere Arbeit zu suchen oder Schiffsdienste zu übernehmen; eine Form ist für diese Ermächtigung nicht vorgeschrieben. Durch dieselbe wird der Mündel für solche Rechtsgeschäfte unbeschränkt geschäftsfähig, welche die Eingehung oder Aufhebung eines Dienst- oder Arbeitsverhältnisses der gestatteten Art oder die Erfüllung der aus einem solchen Verhältnisse sich ergebenden Verpflichtungen einschließlich der Aufrechnung, des Vergleichs oder des Erlasses betreffen, selbstverständlich jedoch mit Ausnahme von Rechtsgeschäften, zu denen der Vormund der Genehmigung des Vormundschaftsgerichts bedarf. Die für ein bestimmtes einzelnes Dienst- oder Arbeitsverhältnis erteilte Ermächtigung ist im Zweifel als allgemeine Ermächtigung zur Eingehung von Verhältnissen derselben Art auszulegen. Die Ermächtigung kann von dem Vormunde zurückgenommen oder eingeschränkt werden. Die Entschließung über die unbeschränkte oder eingeschränkte Erteilung der Ermächtigung, ihre spätere Einschränkung oder Rücknahme steht in dem freien pflichtmäßigen Ermessen des Vormundes, für dessen Handhabung er dem Mündel verantwortlich ist. Begehrt dieser die Ermächtigung und wird sie ihm vom Vormunde verweigert, so kann sie vom Vormundschaftsgericht auf Antrag des Mündels, geeignetenfalls nach Anhörung von Verwandten desselben, für gewerbliche Arbeitsverträge und Verträge der Bergarbeiter von der Gemeindebehörde ersetzt werden und sie ist zu ersetzen, wenn sie nach pflichtmäßigem Ermessen im Interesse des Mündels liegt. Die Ermächtigung tritt mit der Rechtskraft der Verfügung in Wirksamkeit. Die so erteilte Ermächtigung kann von dem Vormunde nicht ohne Einwilligung des Vormundschaftsgerichts eingeschränkt oder zurückgenommen werden. Ist der Vormund an der Erteilung verhindert, so ist für sie ein Pfleger zu bestellen. Soweit die Ermächtigung reicht, ist der Mündel zugleich prozeßfähig. Die Erteilung der Emächtigung befreit den Vormund nicht von seiner Pflicht zur Ueberwachung des Mündels in dem Dienst- oder Arbeitsverhältnisse. Er kann daher dasselbe auch statt des Mündels und selbst gegen dessen Willen ohne Einhaltung einer Kündigungsfrist kündigen, wenn ein wichtiger Grund vorliegt (626), wenn insbesondere der Dienstherr oder Arbeitgeber, welcher den Mündel in seine häusliche Gemeinschaft aufgenommen hat, in Ansehung des Wohn- und Schlafraumes, der Verpflegung, sowie der Arbeits- und Erholungszeit diejenigen Einrichtungen und Anordnungen zu treffen unterlassen hat, welche mit Rücksicht auf die Gesundheit, die Sittlichkeit und die Religion des Verpflichteten erforderlich sind, oder wenn die von ihm zur Verrichtung der Dienste und Arbeiten zu beschaffenden Räume, Vorrichtungen und Gerätschaften nicht so eingerichtet und unterhalten oder die unter seiner Anordnung oder seiner Leitung vorzunehmenden Dienstleistungen nicht so geregelt sind, daß der Mündel gegen Gefahren für Leben und Gesundheit so weit geschützt ist, als die Natur der Dienstleistung es gestattet (618). Gegen die Kündigung hat der Dienstberechtigte kein Beschwerderecht beim Vormundschaftsgerichte, soweit nicht durch sie ein anderes Recht desselben als das aus dem Dienstvertrage verletzt wird. Der Vormund hat die Ausstellung eines Arbeitsbuchs für den in ein gewerbliches Arbeitsverhältnis tretenden Mündel zu beantragen. Bis zur Großjährigkeit hat er das religiöse und sittliche Verhalten des Mündels zu beeinflussen, seine Teilnahme an dem gewerblichen Fortbildungs- und Fachunterricht (Lehrwerkstätten) und an dem Jugendvereinswesen sowie seine Beschäftigung in den freien Stunden (Turnen, Gesang und Spiel) zu überwachen und seinen Sparsamkeitssinn zu pflegen.

Kraft seines Erziehungsrechts hat der Vormund für den Unterhalt des Mündels zu sorgen. Reichen zur Kostendeckung die Erträge des Mündelvermögens nicht zu, so kann das Stammvermögen angegriffen und aufgebraucht werden. Sind Grundstücke zu veräußern oder zu belasten oder ist ein anderes Rechtsgeschäft vorzunehmen, das der vormundschaftsgerichtlichen Genehmigung bedarf, um die Unterhaltskosten aufzubringen, so wird wegen des Zweckes des Rechtsgeschäfts diese Genehmigung nicht entbehrlich. Ist der Mündel ein uneheliches Kind und ist derselbe noch nicht sechszehn Jahre alt oder ist er infolge körperlicher oder geistiger Gebrechen zum eigenen Unterhalt unfähig, so liegt dem Vormund ob, den außerehelichen Vater zu ermitteln und die Erfüllung seiner Unterhaltspflicht zu erzwingen. Nach Erschöpfung des Vermögens des Mündels ist dessen Unterhalt von der Armenverwaltung zu erfordern. Bedarf der achtzehn Jahre alte Mündel einer Paßkarte, so wird sie ihm nur auf den Antrag des Vormundes erteilt.

Ist der Mündel achtzehn Jahre alt, so hat der Vormund zu prüfen, ob nicht durch die Volljährigkeitserklärung dessen Bestes gefördert wird, und er hat sie alsdann bei dem Vormundschaftsgericht zu beantragen.

Ein Verzicht auf das Erziehungsrecht ist unzuläßig; es endet mit dem Bedürfnisse, das bis zur Volljährigkeit des Mündels oder beim Mädchen bis zu dessen Verheiratung reichen kann; den verheirateten weiblichen und volljährigen Mündeln gegenüber besteht kein Erziehungsrecht. Die Beaufsichtigung des Mündels durch den Vormund erstreckt sich über die ganze Dauer der Vormundschaft und Pflegschaft.

An sich wird, von der vorläufigen Vormundschaft abgesehen, durch die Vormundschaft die Geschäftsfähigkeit des Mündels nicht verändert. Die Rechte und Pflichten aus seinen eigenen Handlungen regeln sich daher nach den allgemeinen Vorschriften über die Wirksamkeit der Rechtshandlungen geschäftsunfähiger oder in der Geschäftsfähigkeit beschränkter Personen, die auch für die Ausländer maßgebend sind. Willenserklärungen der Mündel unter sieben Jahren und der wegen Geisteskrankheit Entmündigten sind demgemäß nichtig, dagegen sind die Rechtsgeschäfte der beschränkt geschäftsfähigen Personen wirksam, soweit durch sie lediglich Rechte erworben oder lediglich Verbindlichkeiten beseitigt werden; eine Beschränkung, die nur für Rechtsgeschäfte, nicht auch für sonstige Rechtshandlungen aufgestellt ist. Der beschränkt geschäftsfähige Mündel kann daher ohne die Einwilligung des Vormundes ein Verlöbnis mit der Wirkung eingehen, daß der Rücktritt des anderen Verlobten diesen wegen des Mangels eines wichtigen Grundes zum Schadensersatz und zur Rückgabe etwaiger Geschenke sowie bei Gestattung der Beiwohnung auch zu einer Entschädigung in Geld wegen des Schadens, der nicht Vermögensschaden ist, verpflichtet. Die Geltendmachung der Schadensansprüche ist jedoch ohne Genehmigung des Vormundes nicht zulässig. Ebenso kann dem Mündel gegenüber sein Erbe auf das ihm an seinem Nachlasse zustehende Erbrecht verzichten. Die aus der Reichsangehörigkeit ihm zustehenden Befugnisse kann der Mündel bei den Verwaltungsbehörden in Anspruch nehmen, er muß aber auf deren Verlangen die Genehmigung des Vormundes beibringen; dem Gesuch um Verleihung einer Staatsangehörigkeit ist diese beizufügen. Die dem Mündel nicht lediglich Vorteil bringenden Rechtsgeschäfte bedürfen zu ihrer Wirksamkeit der Zustimmung des Vormundes, die sowohl dem Mündel wie dem Dritten gegenüber erklärt werden darf und die an keine Form gebunden ist, daher auch stillschweigend erfolgen kann. Dieselbe ist ein einseitiges Rechtsgeschäft des Vormundes. Die vorherige Zustimmung ist bis zur Vornahme des Rechtsgeschäfts widerruflich, wenn nicht eine Verpflichtung zu dem Rechtsgeschäfte vorliegt. Einmal erteilt und nicht widerrufen wird die Einwilligung durch den Tod oder die Beendigung des Amtes des Vormundes nicht mehr berührt, sofern dieser nicht etwas anderes bestimmt hat. Unter den ohne Zustimmung des Vormundes von dem Mündel abgegebenen oder entgegengenommenen Willenserklärungen ist zu unterscheiden, ob sie einseitige Rechtsgeschäfte oder Verträge betreffen, da dem Dritten auf die Wirksamkeit der Verträge und diejenigen einseitigen Rechtsgeschäfte, die ihm gegenüber vorzunehmen sind, ein weitgehender Einfluß eingeräumt ist. Als letztere kommen insbesondere die Erteilung und der Widerruf einer Vollmacht sowie die Anzeige ihres Erlöschens, die Wahl der Leistung bei Wahlschulden, die Erklärung des Rücktritts von einem Vertrage, die Aufrechnungserklärung, die Aufforderung zur Wandlung und ihre Erklärung, die Mahnung, die Kündigung und das Anbieten der geschuldeten Leistung in Betracht. Was die Verträge betrifft, so sind die vom Mündel selbst abgeschlossenen nur mit Einwilligung des Vormundes gültig. Ist der Vertrag vom

Mündel auf Grund der erteilten Einwilligung abgeschlossen, so ist er mit dem Abschlusse gültig und der Vertragsgegner kann auf die Feststellung der Einwilligungserteilung klagen; diese kann nach dem Vertragsabschlusse nicht mehr zurückgenommen werden. Schließt der Mündel den Vertrag ohne vorherige Einwilligung ab, so hängt dessen Wirksamkeit von der nachträglichen Erteilung der Genehmigung ab, welche sowohl von dem Mündel wie von dem Vertragsgegner herbeigeführt werden kann, von letzterem dadurch, daß er den Vormund unter Vorlegung des Vertrags oder unter Mitteilung seines Inhalts zur Erklärung über die Genehmigung auffordert. In diesem Falle muß der Vormund dem Vertragsgegner gegenüber bis zum Ablaufe von zwei Wochen nach dem Empfange der Aufforderung die Genehmigung des ganzen Vertrags erklären, widrigenfalls diese als verweigert gilt. Kannte der Vertragsgegner die Bevormundung, so ist er bis zur Erklärung des Vormundes an den Vertrag gebunden, sofern nicht der Mündel der Wahrheit zuwider die Einwilligung des Vormundes behauptet hat und ihm das Fehlen der Einwilligung unbekannt war. War demselben die Bevormundung unbekannt oder hat der Mündel die Einwilligung des Vormundes behauptet, so ist er bis zur Erklärung der Genehmigung zum Widerrufe des Vertrags berechtigt, den er sowohl dem Mündel wie dem Vormunde gegenüber erklären kann und der bei der Erklärung dem Vormunde gegenüber selbst dann wirksam ist, wenn dieser in der Geschäftsfähigkeit beschränkt sein sollte. Eine Form ist für die Aufforderung, die Genehmigung und den Widerruf nicht vorgeschrieben. Die Wirkung der Verweigerung der Genehmigung und des Widerrufs ist die Unwirksamkeit des Vertrags, weshalb das, was bereits zum Zwecke der Vertragserfüllung geleistet war, zurückgegeben werden muß, wofern nicht das Geleistete aus einem anderen Rechtsgrunde zurückbehalten werden kann. Außerdem muß der Mündel, welcher die zur Erkenntnis seiner Verantwortlichkeit erforderliche Einsicht hat, dem Vertragsgegner den Schaden ersetzen, der diesem daraus entstanden ist, daß er sich in einer gegen das Recht oder gegen die guten Sitten verstoßenden Weise als geschäftsfähig ausgab oder daß er in einer solchen Weise das Vorhandensein der Einwilligung des Vormundes vorspiegelte. Ist der Vertrag bei der Beendigung der Vormundschaft noch in der Schwebe, so tritt die Genehmigung des Mündels an die Stelle der Genehmigung des Vormundes oder Pflegers. Die Genehmigung wirkt auf den Zeitpunkt des Vertragsabschlusses zurück und macht ihn von da ab gültig. Inzwischen begründete Rechte Dritter an dem Vertragsgegenstande können jedoch durch die Rückwirkung nicht unwirksam gemacht werden (184).

Mit Einwilligung des Vormundes vorgenommene nichtempfangsbedürftige Rechtsgeschäfte wie die Auslobung und der Sachverzicht sind giltig; mit dieser Einwilligung vorgenommene empfangsbedürftige einseitige Rechtsgeschäfte hängen in ihrer Wirksamkeit davon ab, ob die Einwilligung schriftlich erteilt oder vorher von dem Vormunde dem anderen mitgeteilt worden war. Ist letzteres nicht geschehen, so kann der andere bei der Vornahme des Rechtsgeschäfts die Vorlegung der schriftlichen Einwilligung verlangen und das Rechtsgeschäft ist unwirksam, wenn diese nicht vorgelegt wird und wenn aus diesem Grunde der andere das Rechtsgeschäft dem Mündel oder dem Vormunde gegenüber unverzüglich zurückweist. Unterbleibt die Zurückweisung, so ist das Rechtsgeschäft giltig, gleichgiltig in welcher Form die Einwilligung erteilt und zur Kenntnis des anderen gelangt ist. Ohne die vorherige Einwilligung des Vormundes vorgenommene einseitige Rechtsgeschäfte, welche dessen Genehmigung erheischen, weil sie dem Mündel nicht lediglich einen Vorteil bringen, sind unterschiedlos nichtig.

Für eine Reihe der dem Familien- und Erbrecht angehörenden Rechtsgeschäfte hat das BGB. entweder persönliches Handeln des Mündels oder wenn nicht sein persönliches Handeln so doch seinen persönlichen Entschluß erfordert. Mit bezug auf sie ist die Geschäftsfähigkeit des beschränkt Geschäftsfähigen über den allgemeinen Umfang hinaus erweitert, um ihm ihre Eingehung zu ermöglichen, da von deren Vornahme für ihn der Vormund ausgeschlossen ist. Dabei ist die Vornahme dieser Geschäfte ihm entweder ganz unabhängig vom Vormunde gestattet oder es ist deren Wirksamkeit von der Zustimmung des Vormundes abhängig gemacht, die von diesem aber nicht in Vertretung des Mündels, sondern Kraft seines Aufsichtsrechts erteilt wird; in einzelnen dieser Fälle ist dann wiederum für Geschäftsunfähige und für Minderjährige unter vierzehn Jahren die Vertretung durch den Vormund zugelassen. So kann der beschränkt geschäftsfähige Mündel die Einwilligung in seine Volljährigkeitserklärung, die Anfechtung seiner Ehe (1336), die Einwilligung in die Ehe seines Kindes (1307), die Anfechtung der Ehelichkeit eines Kindes (1595), sowie dessen Anerkennung und ihre Anfechtung (1599), die Einwilligung in die Ehelichkeitserklärung seines oder eines fremden Kindes seitens seines Mannes (1729 Abs. 3) und ihre Anfechtung (1731), die Einwilligung in die Annahme an Kindesstatt durch seinen Ehegatten (1746) und ihre Anfechtung (1755), endlich seinen letzten Willen sowie als Erblasser die Anfechtung eines Erbvertrags und die Vereinbarung seiner Aufhebung (2282, 2290) nur persönlich unter Ausschluß der Zustimmung des Vormundes erklären. Das Gleiche gilt für die Zustimmung des bevormundeten Mannes in die Uebernahme persönlicher Dienste durch seine Frau und für die mit Ermächtigung des Vormundschaftsgerichts zulässige Kündigung eines solchen Dienstverhältnisses (1358) sowie für die Zustimmung eines in Gütergemeinschaft lebenden bevormundeten Ehegatten zu den letztwilligen Verfügungen des anderen über die Rechte der gemeinsamen Abkömmlinge (1516). Dabei ist die Errichtung oder Abänderung seines Testaments erst dem sechszehnjährigen Mündel und auch ihm nur vor einem Richter oder Notar durch mündliche Erklärung gestattet, während der wegen Geistesschwäche, Verschwendung oder Trunksucht Entmündigte auf den Widerruf seines vor der Entmündigung errichteten Testaments beschränkt ist. Ein anfechtbarer Erbvertrag kann überhaupt nicht von einem Mündel bestätigt werden (2284). Zur Klage auf Herstellung des ehelichen Lebens ist nur der Mündel befugt. Neben dem Vormund ist der achtzehnjährige Mündel, der nicht geschäftsunfähig ist, zur Stellung eines Strafantrags berechtigt.

Persönlich, aber nur mit Einwilligung seines Vormundes kann der beschränkt geschäftsfähige Mündel eine Ehe eingehen (1317), als Verlobter oder Ehegatte einen Erbvertrag abschließen, anfechten und bestätigen sowie durch Vertrag wieder aufheben oder in einzelnen Verfügungen abändern (2275, 2290), den Antrag auf Ehelichkeitserklärung seines Kindes stellen und in seine eigene Ehelichkeitserklärung einwilligen (1728) sowie Antrag und Einwilligung anfechten oder bestätigen (1731), endlich einen Vertrag über die Annahme an Kindesstatt abschließen oder aufheben (1751, 1770), anfechten oder bestätigen (1755). Dabei ist zum Antrag auf Ehelichkeitserklärung und zur Einwilligung in die eigene Ehelichkeitserklärung sowie zu ihrer Anfechtung oder Bestätigung, zum Abschluß eines Annahmevertrags und zu dessen Aufhebung sowie zu seiner Anfechtung und Bestätigung, zum Abschluß eines Erbvertrags unter Ehegatten oder Verlobten außer der

Zustimmung des Vormundes noch die Genehmigung des Vormundschaftsgerichts erforderlich, das seinerseits die von dem Vormunde verweigerte Einwilligung in die Eheschließung des Mündels oder die verweigerte Bestätigung einer aus diesem Grunde anfechtbaren Ehe auf dessen Antrag ersetzen darf und sie zu ersetzen hat, wenn die Eingehung der Ehe oder ihre Bestätigung im Interesse des Mündels liegt (1304).

Die vormundschaftsgerichtliche Genehmigung eines Rechtsgeschäfts des Mündels oder eines Rechtsgeschäfts des Vormundes für den Mündel sowie der Einwilligung des Vormundes zu einem Rechtsgeschäfte des Mündels ist nicht ein rechtsgeschäftlicher, sondern ein obrigkeitlicher Akt, der aber rechtsgeschäftliche Wirkungen hat. Das gesetzliche Erfordernis der Genehmigung stellt sich als eine Beschränkung dort der Geschäftsfähigkeit des Mündels, hier der vormundschaftlichen Verfügungsmacht dar, die sich im Verhältnisse des Vormundes und Mündels zu Dritten äußert. Denn von ihr hängt die Wirksamkeit eines vorzunehmenden oder vorgenommenen Rechtsgeschäfts ab. Leitender Gedanke bei der Genehmigung muß das Interesse des Mündels unter Schonung der bestehenden Verhältnisse sein. Die Genehmigung ist dem Vormunde gegenüber zu erklären (1828) und bedarf zu ihrer Wirksamkeit der Bekanntmachung an diesen (FG. 19). Sie kann bei einseitigen Rechtsgeschäften nur vor deren Vornahme, bei Verträgen vor wie nach ihrem Abschluß erteilt werden; über die Erteilung entscheidet das Vormundschaftsgericht nach seinem Ermessen. Vor derselben soll es den Gegenvormund hören, sofern ein solcher vorhanden ist und unverhältnismäßige Schwierigkeiten oder unverhältnismäßige Kosten der Anhörung nicht entgegenstehen. An die Meinung des Gegenvormundes ist das Vormundschaftsgericht selbstverständlich nicht gebunden, wie auch die Genehmigung giltig bleibt, wenn sie ohne Anhörung erteilt war. Gegen die Verweigerung der Genehmigung hat der Vormund das Beschwerderecht (FG. 20). Soweit jedoch die Verweigerung einem Dritten gegenüber wirksam geworden ist, kann sie nicht abgeändert werden (FG. 55). Die gleiche Unabänderlichkeit gilt von der Verfügung, durch welche die Genehmigung erteilt worden ist. Bezüglich der Wirksamkeit der genehmigungsbedürftigen, aber nicht genehmigten Rechtsgeschäfte des Vormundes ist ebenso wie bei denjenigen des Mündels zwischen Verträgen und einseitigen Rechtsgeschäften zu unterscheiden. Schließt der Vormund einen Vertrag mit der vorher erteilten vormundschaftsgerichtlichen Zustimmung ab, so wird derselbe mit dem Abschlusse wirksam. Wird ein Vertrag ohne die erforderliche Genehmigung abgeschlossen, so hängt seine Wirksamkeit von der nachträglichen Genehmigung des Vormundschaftsgerichts ab. Der Vertrag ist nicht nichtig und der Vertragsgegner bleibt an ihn gebunden bis sich das Vormundschaftsgericht über seine Genehmigung oder über deren Verweigerung erklärt hat. Die Erklärung wird dem Vertragsgegner gegenüber erst wirksam, wenn sie ihm durch den Vormund oder seinen Bevollmächtigten mitgeteilt ist. Daher kann das Zustandekommen des Vertrags durch diesen der Genehmigung des Vormundschaftsgerichts ungeachtet dadurch vereitelt werden, daß er es unterläßt, dem Vertragsgegner von der Erteilung der Genehmigung Mitteilung zu machen; denn eine Mitteilung durch das Vormundschaftsgericht ist wirkungslos. Die Beendigung des für ihn lästigen Schwebezustandes kann der Gegner dadurch herbeiführen, daß er den Vormund zur Mitteilung über die Genehmigung auffordert. Erfolgt daraufhin nicht binnen zwei Wochen die Mitteilung, so gilt die Genehmigung als verweigert und der Vertrag als nicht abgeschlossen (1829). Die erteilte Genehmigung wirkt auf den Zeitpunkt des Vertragschlusses zurück. In einem Falle kann der Vertragsgegner, wenn er von dem Vertrage zurücktreten will, diesen vor der Mitteilung der Genehmigung widerrufen, wenn ihm nämlich das Fehlen der Genehmigung bei dem Vertragsabschluß unbekannt war und der Vormund ihm gegenüber der Wahrheit zuwider die Genehmigung des Vormundschaftsgericht behauptet hatte. Mit dem Widerrufe wird der Vertrag unwirksam (1830). Das Widerrufsrecht steht dem Vertragsgegner nicht zu, wenn ihm seiner gegenteiligen Behauptung ungeachtet der Mangel der Genehmigung bekannt war. Unterbleibt die Aufforderung zur Mitteilung über die Genehmigung und die Mitteilung des Vormundes über die Verweigerung der Genehmigung sowie der Widerruf des Vertrags bis zum Eintritte der Geschäftsfähigkeit des Mündels, so kann dieser nunmehr die Genehmigung nachholen. Ein einseitiges Rechtsgeschäft, das der Vormund ohne die erforderliche Genehmigung des Vormundschaftsgerichts vornimmt, ist nichtig und kann durch die nachträgliche Erteilung der Genehmigung des Vormundes oder Mündels nicht wirksam werden. Selbst bei vorher erteilter Genehmigung sind einseitige Rechtsgeschäfte, die einem Anderen gegenüber vorzunehmen sind, unwirksam, wenn der

Vormund die Genehmigung dem Anderen nicht bei der Vornahme des Rechtsgeschäfts in schriftlicher Form vorlegt und dieses mit der Angabe des Grundes unverzüglich zurückgewiesen wird (1831). Zu dieser Zurückweisung ist der Vertragsgegner selbst dann befugt, wenn er von dem Vormundschaftsgericht oder dem Gegenvormunde von der erteilten Genehmigung in Kenntnis gesetzt worden war. Der Vormund muß sich demzufolge die Genehmigung des Vormundschaftsgerichts in Schriftform erteilen oder sich Abschrift von dem Protokoll geben lassen, das die Genehmigung enthält. Beschließt ein Familienrat die Genehmigung, so ist der Beschluß zu Protokoll zu nehmen und es ist dem Vormunde gleichfalls Ausfertigung des Beschlusses oder Abschrift des Protokolls zu erteilen. Das Vormundschaftsgericht kann seine Erteilung wie seine Verweigerung der Genehmigung widerrufen, solange dem Vertragsgegner die Mitteilung von ihr noch nicht durch den Vormund gemacht ist (FG. 55). Gegen die Verweigerung der Genehmigung hat der Vormund die Beschwerde, nicht auch der Vertragsgegner. Ist die Genehmigung infolge Irrtums des Vormundschaftsgerichts erteilt worden, so ist sie ebenso anfechtbar, wie wenn der Vormund sich geirrt hätte.

Für das Verfahren bei der Erteilung oder der Verweigerung der Genehmigung sind besondere Vorschriften nicht gegeben; das Gericht hat die Thatsachen von amtswegen aufzuklären und kann Zeugen und Sachverständige vernehmen. Der Vormund hat die Pflicht zur Stellung des Antrags auf Genehmigung und diese kann ohne den Antrag nicht erteilt werden, was nicht ausschließt, daß das Vormundschaftsgericht schon vorher in die Prüfung der Genehmigungsfrage eintritt.

Hat der Mündel mit Einwilligung des Vormundes einen Vertrag geschlossen, welcher der Genehmigung des Vormundschaftsgerichts bedarf, so hängt die Wirksamkeit des Vertrags von der Genehmigung ab, wie wenn der Vertrag vom Vormunde geschlossen wäre. Schließt dagegen der Mündel einen genehmigungsbedürftigen Vertrag ohne die Einwilligung des Vormundes und des Vormundschaftsgerichts ab, so ist dessen Wirksamkeit nicht nur von der Genehmigung des Vormundschaftsgerichts, sondern auch von derjenigen des Vormundes abhängig. Stirbt ein vorläufig Bevormundeter vor der Beschlußfassung über die Entmündigung, so ist über die Wirksamkeit der von ihm während der Bevormundung abgeschlossenen Geschäfte nach den gleichen Grundsätzen zu entscheiden; auf sie findet § 115 keine Anwendung.

Der Vormund hat die dem Mündel zugesprochene Unfallrente in Empfang zu nehmen und dafür zu sorgen, daß der versicherungspflichtige Mündel wegen Krankheit versichert ist und die Krankenunterstützung bezieht. Ihm liegt nach der Wehrordnung ob, den Mündel zur Erfüllung seiner Wehrpflicht anzuhalten und ihn in seinem zwanzigsten Lebensjahre im Falle seiner Abwesenheit von seinem dauernden Aufenthaltsort zur Stammrolle anzumelden.

Die Einwilligung des Vormundschaftsgerichts zu Handlungen des Vormundes kommt vereinzelt mit der Beschränkung seiner Wirkung auf das innere Verhältnis von Vormund und Mündel vor; sie berührt dann nicht die Rechtswirksamkeit der ihres Mangels ungeachtet vorgenommenen Handlung, sondern begründet nur eine Pflichtwidrigkeit des Vormundes, die ihn dem Mündel verantwortlich macht.

An Mündel unter siebzehn Jahren sowie an wegen Geisteskrankheit entmündigte oder unter vorläufige Vormundschaft gestellte Mündel ist im Prozesse die Zuschiebung oder Zurückschiebung von Eiden unzulässig, dagegen kann an minderjährige Mündel, welche das sechzehnte Lebensjahr vollendet haben, sowie an volljährige Mündel, welche wegen Geistesschwäche, Verschwendung oder Trunksucht entmündigt oder dieserhalb unter vorläufige Vormundschaft gestellt sind, sowie an unter Pflegschaft stehende Volljährige über Thatsachen, die in ihren eigenen Handlungen bestehen oder Gegenstand ihrer Wahrnehmungen gewesen sind, der Eid zugeschoben oder zurückgeschoben werden, sofern dies von dem Gericht auf Antrag des Gegners nach den Umständen des Falles für zulässig erklärt wird (CPO. 473).

Unerlaubte Handlungen eines Mündels zwischen sieben und achtzehn Jahren machen diesen für den Schaden verantwortlich, den er einem Anderen zufügt, es sei denn daß er bei der Begehung der schädigenden Handlung nicht die zur Erkenntnis der Verantwortlichkeit erforderliche Einsicht hat. Der beschränkt geschäftsfähige Mündel über achtzehn Jahre ist für den durch seine unerlaubten Handlungen zugefügten Schaden ohne Rücksicht auf das Vorhandensein der erforderlichen Einsicht verantwortlich. Der der erforderlichen Einsicht ermangelnde Mündel unter achtzehn Jahren sowie der wegen Geisteskrankheit entmündigte Mündel haben, sofern der Ersatz des von ihnen verursachten Schadens nicht von dem Vormund oder Pfleger oder demjenigen zu erlangen ist, welcher die Führung der Aufsicht über sie durch Vertrag übernommen hat, den Schaden insoweit aus ihrem Vermögen zu ersetzen, als die Billigkeit nach den Umständen des Falles, insbesondere nach den Verhältnissen des Mündels und des Beschädigten, eine Schadloshaltung erfordert und dem Mündel nicht die Mittel entzogen werden, deren er zum standesmäßigen Unterhalte sowie zur Erfüllung seiner gesetzlichen Unterhaltungspflichten bedarf (827 bis 829).

Unterläßt der Vormund, den zu seiner Hausgenossenschaft gehörenden Mündel vom Betteln oder von der Begehung von Diebstählen und strafbaren Verletzungen der Schul- und Steuergesetze, der Gesetze zum Schutze der Feldfrüchte, der Forsten, der Jagd oder Fischerei abzuhalten oder unterläßt derselbe die Impfung des Mündels, so kann er mit Haft oder Geld bestraft werden (StGB. 361 Ziff. 4, 9, Ges. v. 3. April 1874, § 14).

Während die Willenserklärung eines geschäftsunfähigen Bevollmächtigten nichtig und auch die Empfangnahme einer solchen durch diesen unwirksam ist, kann ein in der Geschäftsfähigkeit nur beschränkter Mündel als Bevollmächtigter eines anderen für diesen handeln, ohne daß seine Beschränkung in der Geschäftsfähigkeit die Wirksamkeit der von oder ihm gegenüber abgegebenen Willenserklärungen beeinträchtigt (165). Als Bevollmächtigter steht er der Bevormundung ungeachtet den Geschäftsfähigen gleich. Hat aber ein Mündel einen Vertrag im Namen eines anderen abgeschlossen, ohne daß er von diesem bevollmächtigt war, so hängt die Wirksamkeit des Vertrags für und gegen den anderen von dessen Genehmigung ab, so daß durch die Verweigerung der Genehmigung der Mündel seinem Vertragsgegner weder zur Erfüllung des Vertrags noch zum Schadensersatze verpflichtet wird, es sei denn daß er mit Zustimmung seines Vormunds gehandelt hat (179), in welchem Falle er im Umfange der Vertretungsmacht des Vormundes wie ein Geschäftsfähiger haftet. Führt ein Mündel ohne die Einwilligung seines Vormundes Geschäfte für einen anderen, dem gegenüber er dazu weder durch Auftrag noch sonst berechtigt ist, so ist er dem Geschäftsherrn nach den Vorschriften über den Schadensersatz wegen unerlaubter Handlungen und zur Herausgabe der ungerechtfertigten Bereicherung verpflichtet.

Als Wirkung der vormundschaftlichen Gewalt erscheint endlich das Recht des Vormundes, den Aufenthalt des Mündels zu bestimmen und dessen Herausgabe von jedem zu verlangen, der ihm ihn widerrechtlich vorenthält. Der Mündel ist auf Verlangen des Vormundes zur Hausgemeinschaft mit ihm verpflichtet, auf die er aber seinerseits keinen Anspruch hat; diesenfalls muß ihm jedoch vom Vormund ein anderer Aufenthalt angewiesen werden. Der Vormund kann dem Mündel den Aufenthalt im Auslande gestatten und zwar auch zur Erziehung, muß ihn aber vor daraus erwachsenden Nachteilen, insbesondere vor dem Verluste der Staatsangehörigkeit, schützen. Die Aufenthaltsbestimmung wird gegen den Mündel, der sich unbefugt dem Aufenthalt entzieht, durch seine Zurückführung, nötigenfalls mittelst polizeilicher Hilfe, sofern die Landesgesetze solche gestatten, und gegen jeden Dritten durch die Klage auf Herausgabe des Mündels erzwungen. Der Anspruch auf Herausgabe ist nicht ein Ausfluß der gesetzlichen Vertretung, weshalb er von dem Vormunde geltend gemacht werden kann, auch wenn ihm die Vertretung des Kindes an sich entzogen ist. Zur Begründung der Herausgabeklage gehört der Nachweis der Bestellung zur Personensorge und die widerrechtliche Vorenthaltung des Mündels. Beklagter ist jeder Nichtinhaber der elterlichen oder vormundschaftlichen Gewalt, aber auch ein Elternteil oder ein Mitvormund kann Beklagter sein, wenn ihnen die Personensorge entzogen oder dem Mündel durch das Vormundschaftsgericht der Aufenthalt bei dem klagenden Vormund angewiesen ist. Ein Verzicht auf den Herausgabeanspruch ist unzulässig, weshalb derselbe auch durch einen Vertrag über die Ueberlassung des Mündels an den Beklagten nicht ausgeschlossen wird. Wird die Gefährdung der Interessen des Mündels gegen seine Herausgabe eingewendet, so kann der Prozeßrichter nicht in die Prüfung dieses Einwandes eintreten; der Beklagte hat vielmehr eine Anordnung des Vormundschaftsgerichts herbeizuführen und diese im Prozesse vorzulegen. Von einer solchen Anordnung abgesehen ist der Beklagte zur Herausgabe des Mündels zu verurteilen; verbringt er den Mündel nach der Klagerhebung an einen Dritten, so hat er, wenn er nicht die Herausgabe durch den Dritten erwirkt, die Kosten der Herausgabeklage gegen den Dritten zu tragen. Wird von dem Beklagten die Berechtigung zur Zurückhaltung des Mündels auf Grund eines Lehr-, Dienst- oder Arbeitsvertrags eingewendet, den mit Ermächtigung des Vormundes der Mündel oder den der Vormund für den Mündel abgeschlossen hat, so ist die Herausgabeklage abzuweisen, wenn nicht die rechtzeitige Kündigung des Verhältnisses oder ein dessen Auflösung ohne Kündigung rechtfertigender Grund nachgewiesen wird. Vertragsbruch seitens des Mündels macht diesen und den seine Aufsichtspflicht vernachlässigenden Vormund schadensersatzpflichtig. Unter Vorbehalt des Schadensersatzes kann der Lehrvertrag während der vier Probewochen nach Beginn der Lehre jederzeit und später auf Grund einer schriftlichen Erklärung des Vormundes oder Personenpflegers, daß der Mündel zu einem anderen Gewerbe oder Beruf übergehen werde, mit vierwöchiger Kündigung aufgelöst werden. Bei der Auflösung nach Ablauf der Probezeit darf der Mündel binnen neun Monaten in demselben Gewerbe von einem andern Arbeitgeber ohne Zustimmung des früheren Lehrherrn nicht in Lehre, Dienst oder Arbeit genommen werden (GewO. 127b, 127e).

Der Vormund oder Pfleger über einen Volljährigen hat für die Person des Mündels insoweit zu sorgen, als der Zweck der Vormundschaft oder Pflegschaft es erfordert. Dieser Zweck wird sich regelmäßig auf die körperliche Pflege, die Unterhaltsgewährung und die Beaufsichtigung beschränken, kann aber auch Erziehungs- und Zwangsmaßregeln gegen den Mündel, wie die gewaltsame Unterbringung des Trinkers in eine Trinkerheilanstalt, des Geisteskranken in eine Irrenanstalt oder des Schwachsinnigen in eine Kretinenanstalt erforderlich machen. Dementsprechend sind auch auf die Erziehung des Mündels gerichtete Anordnungen des Vormundschaftsgerichts nicht ausgeschlossen, gegen die dem Mündel das Beschwerderecht zusteht. Steht eine volljährige Ehefrau unter Vormundschaft, so steht die thatsächliche Sorge für sie nicht wie bei der minderjährigen ihrem Manne, sondern ihrem Vormunde zu (1901), der infolgedessen sowohl selbst für die Ehefrau zu sorgen wie auch darüber zu wachen hat, daß der Mann die ihm für sie obliegende Unterhaltspflicht und Personensorge erfüllt. Wird einem Gebrechlichen ein Pfleger für seine persönlichen Angelegenheiten bestellt, so wird sich die Sorge für die Person auf die körperliche Pflege desselben beschränken, die namentlich bei Verkrüppelungen, Verstümmelungen, Lähmung, Epilepsie, hohem Alter notwendig werden kann. Die Personensorge umschließt das Aufsichtsrecht und das Recht der Aufenthaltsbestimmung sowie den Herausgabeanspruch auch Volljährigen gegenüber.

Die Sorge für die Person endigt mit der Vormundschaft oder,

soweit sie auf einer Pflegschaft beruht, mit der Pflegschaft, und während der Dauer der Vormundschaft oder Pflegschaft in der Person des mit ihr betrauten Vormundes oder Pflegers mit der Beendigung seines Amtes oder der Entziehung der Personensorge. Tritt nach ausländischem Rechte die Volljährigkeit erst nach dem 21. Lebensjahr ein, so daß der in Deutschland bevormundete Ausländer nach dem Rechte seines Landes unter Vormundschaft verbleibt, so ist ein deutsches Gericht nicht mehr als Vormundschaftsgericht zuständig.

§ 12.

Sorge für das Vermögen des Mündels.

Durch die Vormundsbestellung wird das Mündelvermögen der Verwaltung des Vormundes unterworfen. Der Mündel ist zwar rechtsfähig und deshalb wird das Vermögen sein Eigentum, aber die Sorge für das Vermögen wird auf den Vormund übertragen. Dieser wird infolgedessen berechtigt, das Vermögen für den Mündel zu verwalten und innerhalb der gesetzlichen Schranken über dasselbe zu verfügen, tutor domini loco est. Aber da durch die Vormundschaft die Geschäftsfähigkeit des Mündels keinen Eintrag erleidet, so ist nicht nur ein Zusammenwirken von Vormund und Mündel, sondern auch die Vornahme selbständiger Verwaltungshandlungen des Mündels neben denjenigen des Vormundes beschränkt möglich.

Was nun die Verwaltungshandlungen des Vormundes betrifft, so können dieselben von ihm auf Grund der vormundschaftlichen Gewalt selbständig oder als Vertreter des Mündels vorgenommen werden. Im römischen Rechte war bei den unmündigen und geisteskranken Mündeln die Vertretung durch den Vormund, gestio tutoris, die einzig mögliche Art der Vermögensverwaltung. Soweit diese unmöglich war, mußte der Vormund das Geschäft auf eigenen Namen abschließen und dann seine vermögensrechtlichen Folgen auf den Mündel übertragen, indem er bei Beendigung der Vormundschaft die erworbenen Ansprüche an ihn abtrat, die noch bestehenden Verbindlichkeiten von ihm übernehmen und die gemachten Auslagen sich ersetzen ließ. Allmählich war jedoch diese Regel thatsächlich verlassen worden, indem man in den meisten Fällen eine Berechtigung und

Verpflichtung des Mündels aus den Rechtsgeschäften des Vormundes angenommen hatte. In Deutschland war die direkte Stellvertretung insbesondere auch durch den Vormund zugelassen, so daß der Vormund, ohne sich selbst zu berechtigen und zu verpflichten, Rechte für den Mündel erwerben und den Mündel verpflichten konnte, vorausgesetzt nur daß er sich beim Geschäftsabschluß als Vormund zu erkennen gegeben hatte. Infolge dieser Aenderung des deutschen Rechtes konnte der Vormund in allen Fällen die Verwaltung des Mündelvermögens ohne die Zuziehung des Mündels und doch mit unmittelbarer Rechtswirkung für ihn dadurch vornehmen, daß er als Vormund mit Dritten die Rechtsgeschäfte abschloß. Ausgenommen waren nur die Rechtsgeschäfte, bei denen eine Stellvertretung unstatthaft war. In diesen Fällen war ein Zusammenwirken des Vormundes mit dem Mündel notwendig. Ein solches konnte aber auch außerdem vom Vormunde der eigenen Vornahme der Verwaltungshandlungen vorgezogen werden. Auf dem gleichen Standpunkte steht das BGB. Daher muß der Vormund, wenn er Verwaltungsgeschäfte nicht in Vertretung des Mündels, sondern kraft seiner Gewalt für den Mündel abschließt, diese nicht auch in dessen Namen abschließen, es ist vielmehr seinem pflichtmäßigen Ermessen überlassen, die Geschäfte so abzuschließen, wie es im einzelnen Falle das Beste des Mündels verlangt; dieses verpflichtet ihn aber, als Vertreter des Mündels dann aufzutreten, wenn das entgegengesetzte Verfahren dem Mündel gefährlich werden könnte. Eine Surrogation, wie sie bei der elterlichen Gewalt angeordnet ist (S. 95), findet bei der Vormundschaft nicht statt. Daher wird das, was der Vormund mit Mitteln des Mündels nicht für diesen, sondern für sich erwerben will, Eigentum des Vormundes. Erst von diesem erwirbt durch seine Uebertragung der Mündel die aus seinen Mitteln bezahlten Gegenstände. Er hat, wenn die Uebertragung unterbleibt, nur einen Ersatzanspruch gegen den Vormund, der nach Maßgabe des § 61 Ziff. 5 der KO. bevorzugt ist. Dagegen wirken die von dem Vormunde gegen das Mündelvermögen vorgenommenen Rechtsgeschäfte unmittelbar für und gegen dieses, gleichgültig ob sie vom Vormund im eigenen Namen oder im Namen des Mündels vorgenommen sind.

Rücksichtlich der sachlichen Seite der Verwaltung des Mündelvermögens ist zwischen den Rechten, welche die vormundschaftliche Gewalt gewährt, und den Pflichten, welche sie auferlegt, zu unterscheiden.

Wenn auch der Vormund an der Stelle des Vermögensinhabers steht, so ist doch Inhalt seiner Verwaltung ausschließlich die Wahrung der vermögensrechtlichen Interessen des Mündels. Dazu gehört nun in erster Linie die Erhaltung des Mündelvermögens in seinem Werte und in zweiter Linie dessen Vermehrung durch die Gewinnung derjenigen Erträge desselben, die ohne außergewöhnliche Maßregeln aus ihm erlangt werden können. Daher hat die Verwaltung des Vermögens nach den Regeln einer ordentlichen Wirtschaftsführung zu erfolgen, woraus sich ergiebt, daß die wirtschaftliche Bestimmung des Vermögens aufrechtzuerhalten und die einzelnen Vermögensstücke in ihrem wirtschaftlichen Bestande zu erhalten sind. Sodann ist innerhalb dieses Rahmens der Verwaltung der Vormund in seinem Ermessen durch gesetzliche Bestimmungen eingeschränkt, welche die Rechtswirkung seiner Verwaltungshandlungen von ihrer Beachtung abhängig machen, und er kann durch Anordnungen Dritter sowie des Vormundschaftsgerichts noch über diese gesetzlichen Schranken hinaus eingeengt werden. Sie treffen insbesondere seine Veräußerungsbefugnis.

Das Recht der Verwaltung erstreckt sich an sich auf das gesamte Mündelvermögen; dieses muß aber nicht notwendig in der Verwaltung des Vormundes bleiben. Daher ergreift zwar seine Gewalt dasjenige Vermögen, für das nach der Anordnung Dritter ein Pfleger zu bestellen ist (1909) und er hat die Verwaltung bis zu dieser Bestellung vollverantwortlich zu führen, das Sondervermögen scheidet aber mit der Bestellung des Pflegers aus seiner Verwaltung aus. In die Verwaltung des Pflegers fällt dann auch, was der Mündel auf Grund eines zu diesem Sondervermögen gehörenden Rechtes oder als Ersatz für die Zerstörung, Beschädigung oder Entziehung eines zu ihm gehörenden Gegenstandes oder durch ein Rechtsgeschäft erwirbt, das sich auf dieses Vermögen bezieht. An die getroffene Anordnung ist das Vormundschaftsgericht gebunden. Da die Vermögensverwaltung des Vormundes die Vermögensverwaltung des Mündels insoweit nicht ausschließt, als dieser geschäftsfähig ist, so ist ferner der Verwaltung des Vormundes das dem Mündel zum selbständigen Betrieb eines Erwerbsgeschäfts überlassene Vermögen sowie der Erwerb des Mündels aus Dienst- und Arbeitsverhältnissen, wenn der Vormund ihn zum Betriebe des Geschäfts oder zum Eintritt in den Dienst oder die Arbeit ermächtigt hatte, nicht unterstellt. Auch läßt die Bevormundung einer Ehefrau die dem Manne kraft des Güterstandes zustehenden Rechte unberührt und erfolgt sie deshalb nur unbeschadet der dem Manne nach dem Güterrechte zustehenden Verwaltung und Nutznießung am Ehegute.

An den Sachen des Mündels kann der Vormund oder der Pfleger Besitz ergreifen und er hat dieselben in Besitz zu nehmen, soweit ein Besitz des Mündels nicht statt hat. Er wird dann unmittelbarer Besitzer, der Mündel mittelbarer Eigenbesitzer. Die Besitzergreifung des Vormundes durchbricht den Erbenbesitz des Mündels, weshalb sich infolgedessen bei ihr das Besitzverhältnis der Sache nicht mehr aus der Person des Erblassers heraus bestimmt. Wegen des Besitzes des Mannes an den seinem Rechte unterworfenen Sachen der bevormundeten Frau hat an diesen der Vormund keinen Besitz.

Die nächste Pflicht des Vormundes oder Pflegers geht dahin, sich über den Bestand des seiner Verwaltung unterstehenden Mündelvermögens genau zu unterrichten. Er hat deshalb das Vermögen, das bei der Anordnung der Vormundschaft vorhanden ist oder später dem Mündel zufällt, nicht auch die Verbindlichkeiten zu verzeichnen oder verzeichnen zu lassen, und das Verzeichnis, nachdem er es mit der Versicherung der Richtigkeit und Vollständigkeit versehen hat, dem Vormundschaftsgericht einzureichen. Eine anderweite Form ist für das Verzeichnis nicht vorgeschrieben. Dieselbe schließt die Angabe des Tages der Aufnahme und die Unterschrift des Vormundes in sich. Wenn ein Gegenvormund vorhanden ist, so hat ihn der Vormund bei der Aufnahme des Verzeichnisses zuzuziehen und es ist das Verzeichnis auch von dem Gegenvormunde mit der Versicherung der Richtigkeit und Vollständigkeit zu versehen. Ist ein Gegenvormund nicht bestellt, obgleich die Voraussetzungen zur Bestellung vorhanden sind, oder ist der bestellte Gegenvormund weggefallen, so bedarf es zur Inventarerrichtung nicht der vorherigen Bestellung des Gegenvormundes. Erfolgt dieselbe später, so kann dem Gegenvormunde das Verzeichnis zur Nachprüfung vorgelegt werden. Ist für ein Sondervermögen ein Pfleger bestellt, so liegt diesem bezüglich des Sondervermögens die Inventarisationspflicht ob. Bei einer Vormundschaft mit mehreren Vormündern in ungeteilter Verwaltung ist jeder für die Inventarerrichtung haftbar; ist die Verwaltung nach bestimmten Wirkungskreisen wie Landwirtschaft, Fabrikbetrieb, kaufmännisches Geschäft geteilt, so hat der einzelne Vormund nur für den ihm überwiesenen Wirkungskreis das Verzeichnis aufzunehmen. Der Vormund des anderen Wirkungskreises ist jedoch bei der Aufnahme zuzuziehen, wenn er für den Vormund des fraglichen Wirkungskreises zum Gegenvormunde bestellt ist.

In das Verzeichnis sind auch die Gegenstände (Sachen und Rechte) aufzunehmen, an denen dem Mündel nur Miteigentum zusteht, wie im Falle der Miterbschaft wenn einzelne Erben nicht bevormundet sind, bei der Bevormundung einer Ehefrau bezüglich der nicht zum Gesamtgute gehörenden von der Frau herrührenden Gegenstände. Auch sind, falls der Vormund Miterbe des Mündels und die Erbschaft ungeteilt oder der Vormund Testamentsvollstrecker des Nachlasses des Mündels und seiner Miterben ist, alle Nachlaßgegenstände zu verzeichnen und hat die Prüfung des Verzeichnisses regelmäßig durch einen zu diesem Zwecke bestellten Pfleger zu geschehen. Das Gleiche gilt, wenn der Vormund Vorerbe und der Mündel sein Nacherbe ist, was in dem Verzeichnis angegeben werden muß (2121). Bei der Inventarisation des der Verwaltung und Nutznießung des Mannes unterliegenden Vermögens seiner bevormundeten Frau hat der Mann mitzuwirken, nicht jedoch auch bei der Aufzeichnung ihres vorbehaltenen Vermögens. Der Uebersichtlichkeit wegen wird sich empfehlen, das Verzeichnis nach Titeln aufzustellen, der Vorschrift entsprechend, welche für die Dorfgerichte der preußische Justizminister in der Verfügung vom 20. Dezember 1899 gegeben hat. Darnach sollen bei Grundstücken, Geld, Wertpapieren, Forderungen und Schulden nicht nur die vorhandenen, sondern auch ihr Fehlen, bei Wertpapieren der Nennwert nebst Buchstaben und Nummern sowie der Beginntermin der Zins- und Gewinnanteilscheine, bei Forderungen einschließlich derjenigen des Mündels gegen den Vormund sowie bei Verbindlichkeiten der Betrag nebst Zinssatz, Zinstermin und Zinsrückständen angegeben werden. Einer Angabe des Wertes der einzelnen Gegenstände bedarf es nicht. Wird der Wert angegeben, was bei abnutzbaren und verbrauchbaren Sachen sich empfehlen kann, so ist behufs späterer Nachprüfung der Wertangabe die Sache zu beschreiben. Ist eine Taxe aufgenommen, so ist der Taxwert anzugeben. Bei Haushaltsgegenständen kann die Angabe der einzelnen Stücke durch die Angabe des Gesamtwerts ersetzt werden. Ist Vermögen nicht vorhanden, so genügt die Anzeige dieser Thatsache. Bei der Aufnahme des Verzeichnisses kann sich der Vormund auf Kosten des Mündels der Hülfe eines Beamten, im Gebiete des früheren preußischen Landrechts der Dorfgerichte, eines Notars oder eines anderen Sachverständigen bedienen. Dazu ist der Vormund nicht nur wegen mangelnder eigener Befähigung, sondern insbesondere auch dann befugt, wenn die Sachen sich an einem vom Wohnsitze des Vormundes entfernt gelegenen Orte befinden. Bei der Auswahl der Hilfsperson hat das Vormundschaftsgericht den Vormund zu beraten. Das Vormundschaftsgericht hat das bei ihm eingereichte Verzeichnis zu prüfen und aufzubewahren. Findet es dasselbe ungenügend, so kann es anordnen, daß statt des Privatinventars ein Verzeichnis durch eine zuständige Behörde oder durch einen zuständigen Beamten oder Notar aufgenommen wird (1802). Das Verzeichnis bildet die Grundlage der Vermögensverwaltung des Vormundes und der Aufsicht des Gerichts, es enthält zugleich das Bekenntnis des Vorhandenseins der in ihm aufgenommenen Gegenstände, gegen welches jedoch der Nachweis des Irrtums jederzeit zulässig ist. Entspricht das Verzeichnis den Erfordernissen einer öffentlichen Urkunde, so begründet es den vollen Beweis seines Inhalts (CPO. 418). Von der Aufnahme des Inventars kann der Gewalthaber den Vormund nicht entbinden, er kann auch die Befugnis des Vormundschaftsgerichts nicht ausschließen, das Verzeichnis amtlich aufnehmen zu lassen. Kommt der Vormund seiner Inventarisationspflicht nicht nach oder verweigert er bei der amtlichen Aufnahme des Verzeichnisses seine Mithilfe, so hat ihn das Vormundschaftsgericht durch Ordnungsstrafen anzuhalten und bei deren Ergebnislosigkeit zu entlassen. Der Offenbarungseid kann nicht gefordert werden. Belege sind dem Verzeichnisse nicht beizufügen; erachtet das Vormundschaftsgericht sie zur Handhabung seiner Prüfungspflicht für erforderlich, so sind sie ihm auf seine Anordnung vorzulegen und nach gemachtem Gebrauche zurückzugeben. Auf Grund des Verzeichnisses hat das Vormundschaftsgericht zu erwägen, ob und welche Anordnungen seinerseits für die Führung der Vormundschaft zu treffen sind, unter denen die Frage der Sicherheitsleistung eine der ernstesten ist. Ist die Vormundschaft infolge Todesfalls eingeleitet worden, so hat der Vormund die zur Wahrung der beschränkten Haftung des Mündels erforderlichen Anträge auf Aufnahme eines Nachlaßverzeichnisses zu stellen oder selbst das Nachlaßinventar aufzunehmen, die Nachlaßverwaltung erforderlichenfalls zu beantragen, und, wenn der Mündel zu Personen, die nicht oder nicht in derselben Vormundschaft bevormundet sind, im Miterbenverhältnisse steht, zu prüfen, ob die Erbauseinandersetzung erfolgen soll.

In seinen Verwaltungshandlungen ist der Vormund nach verschiedenen Richtungen gesetzlich beschränkt. Schenkungen darf er aus dem Mündelvermögen in Vertretung des Mündels nur machen, soweit durch sie einer sittlichen Pflicht oder einer auf den Anstand zu nehmenden Rücksicht entsprochen wird. Erlaubte Schenkungen sind mithin nur die üblichen Paten- und Hochzeitsgeschenke, Geschenke an die Dienstboten. Zu ihnen bedarf es der vormundschaftsgerichtlichen Genehmigung selbst dann nicht, wenn sie aus dem Stammvermögen genommen werden. Zu einer verbotswidrigen Schenkung des Mündels kann der Vormund seine Zustimmung nicht erteilen. Die verbotswidrige Schenkung ist nichtig und kann zurückgefordert werden; das Schenkungsversprechen verpflichtet nicht (1804). Schenkungen des Vormundes aus dem Mündelvermögen in eigenem Namen verpflichten als Verfügungen über fremdes Vermögen den Vormund dem Mündel zum Ersatz und den Beschenkten zur Herausgabe des durch die Verfügung unmittelbar erlangten Vorteils (1816). Der Stellung eines Vermögensverwalters widerspricht es, wenn der Vormund durch Rechtsgeschäfte in Schuldverhältnisse zu seinem Mündel tritt. Deshalb ist ihm verboten, Vermögen des Mündels für sich zu verwenden (1805), er hat sein und seines Mündels Vermögen getrennt zu verwalten. Verboten ist ihm damit nicht nur die Entnahme eines Darlehens aus dem Mündelvermögen, sondern auch die unentgeltliche Benutzung von Mündelsachen sowie die unentgeltliche Verwertung der Arbeitskraft des Mündels in eigenem Interesse. Zuwiderhandlung macht den Vormund neben seiner strafrechtlichen Verantwortlichkeit wegen Untreue schadensersatzpflichtig. Die Verwendung von Mündelgeld in eigenem Nutzen verpflichtet den Vormund zur Verzinsung mit vier vom Hundert von der Zeit der Verwendung an bis zur Rückzahlung, auch wenn ein Schaden nicht entstanden ist und ohne die Geltendmachung eines entstandenen höheren Schadens auszuschließen (1834). Wegen der Verwendung anderer Sachen als Geld in den eigenen Nutzen haftet der Vormund wegen des zugefügten Schadens nach den allgemeinen Grundsätzen. Das Gleiche gilt für den Gegenvormund und den Pfleger. Die Verjährungsfrist beträgt dreißig Jahre. Eine Verwendung von Mündelgeld in eigenem Nutzen ist jedoch nicht die

Entnahme des Vorschusses oder des Ersatzes der Aufwendungen, welche die Führung der Vormundschaft treffen.

Das im Vermögen des Mündels vorhandene Geld hat der Vormund, soweit es nicht zur Bestreitung von Ausgaben bereitzuhalten ist, mit Genehmigung des Gegenvormundes dauernd anzulegen. Das Erfordernis der Genehmigung des Gegenvormundes beschränkt nicht die Verfügungsmacht des Vormundes, die ohne die Genehmigung erfolgte Anlegung ist giltig, der Mündel erlangt nur einen Schadensanspruch gegen den Vormund. Die Genehmigung des Gegenvormundes wird durch die erforderlichenfalls nach seiner Anhörung erteilte Genehmigung des Vormundschaftsgerichts ersetzt, wenn sie verweigert oder aus thatsächlichen Gründen wie Krankheit, Abwesenheit des Gegenvormundes nicht zu erlangen ist. Ist ein Gegenvormund nicht vorhanden, so soll die Genehmigung des Vormundschaftsgerichts zur Anlegung eingeholt werden, außer wenn die Vormundschaft von mehreren Vormündern gemeinschaftlich geführt wird, welchenfalls weder die Genehmigung des Gegenvormundes noch die des Vormundschaftsgerichts erforderlich ist (1810). Bei der Pflegschaft wird regelmäßig ein Gegenvormund nicht bestellt und ist deshalb die Genehmigung des Vormundschaftsgerichts einzuholen. Schuldhaftes Unterlassen der Geldanlage macht den Vormund schadensersatzpflichtig. Die Anlegung des Mündelgeldes kann mit vormundschaftsgerichtlicher Genehmigung in anzukaufenden Grundstücken oder in einem zu beginnenden Erwerbsgeschäft und soll nach § 1807 regelmäßig erfolgen: in Forderungen, für die eine sichere Hypothek an einem inländischen Grundstücke besteht, oder in sicheren Grundschulden oder Rentenschulden an inländischen Grundstücken; in verbrieften Forderungen gegen das Reich oder einen Bundesstaat sowie in Forderungen, die in das Reichsschuldbuch oder in das Staatsschuldbuch eines Bundesstaates eingetragen sind; in verbrieften Forderungen, deren Verzinsung von dem Reiche oder einem Bundesstaate gewährleistet ist; in Wertpapieren, insbesondere Pfandbriefen, sowie in verbrieften Forderungen jeder Art gegen eine inländische kommunale Körperschaft oder die Kreditanstalt einer solchen Körperschaft, sofern die Wertpapiere oder die Forderungen von dem Bundesrate zur Anlegung von Mündelgeld für geeignet erklärt sind; bei einer inländischen öffentlichen Sparkasse, wenn sie von der zuständigen Behörde des Bundesstaats, in welchem sie ihren Sitz hat, zur Anlegung von Mündelgeld für geeignet erklärt ist, bei ihr jedoch nur mit dem Kassenvermerk des Sparkassenbeamten, daß zur Erhebung des Geldes die Genehmigung des Gegenvormundes oder des Vormundschaftsgerichts erforderlich ist (1809). Die verschiedenen Anlegungsarten des § 1807 stehen gleichwertig neben einander, der Vormund hat unter ihnen auf seine Verantwortung pflichtmäßig zu wählen. Kann die Anlegung den Umständen nach nicht in der als regelmäßig vorgeschriebenen Weise erfolgen, so ist das Geld verzinslich bei einer Staatsbank oder bei einer anderen durch Landesgesetz dazu für geeignet erklärten inländischen Bank oder bei einer Hinterlegungsstelle mit dem Vorbehalte der Abhebungsgenehmigung des Gegenvormundes oder des Vormundschaftsgerichts anzulegen (1808, 1809). Wann eine Hypothek, Grundschuld oder Rentenschuld als sicher anzusehen ist, entscheidet sich nach dem Einzelfalle. Soweit jedoch die Landesgesetze für die innerhalb ihres Geltungsbereichs belegenen Grundstücke die Grundsätze bestimmt haben, nach denen die Sicherheit festzustellen ist, sind der Vormund und Gegenvormund von der Haftung wegen ungenügender Sicherheit frei, wenn die Anlage diesen Grundsätzen entspricht. An einem in Preußen belegenen Grundstück ist für das ganze Reich eine Hypothek, Grundschuld oder Rentenschuld mündelsicher, wenn sie zu stehen kommt, bei einem städtischen Grundstück innerhalb der ersten Hälfte, bei einem ländlichen Grundstück innerhalb der ersten zwei Drittel des Wertes oder innerhalb des fünfzehnfachen oder als erste Post innerhalb des zwanzigfachen des Grundsteuerreinertrags. Bei Grundstücken, die von einer durch Vereinigung von Grundbesitzern gebildeten öffentlichen Kreditanstalt oder von einer provinzial(kommunal-)ständischen öffentlichen Grundkreditanstalt ohne besondere Ermittelungen bis zum dreißigfachen beliehen werden können, bildet dieses Vielfache die Beleihungsgrenze für erste Posten. Die Wertermittelung kann durch gerichtliche oder dorfgerichtliche Taxen sowie durch Taxen öffentlicher Grundkreditanstalten und bei städtischen Grundstücken auch durch Taxen öffentlicher Feuerversicherungsanstalten geschehen (Pr. AG. Art. 73). In Bayern, Württemberg, Elsaß-Lothringen ist Mündelsicherheit nur innerhalb der ersten Hälfte des Grundstückswerts vorhanden. Mündelsichere Wertpapiere sind die deutschen Reichsanleihen, die preußischen Staatsschuldscheine sowie alle Staatsanleihen der Einzelstaaten; für Preußen außerdem die Rentenbriefe der preußischen Rentenbanken, die landschaftlichen Zentralpfandbriefe sowie die landschaftlichen Pfand- und Rentenbriefe, nicht jedoch auch die Schuldverschreibungen anderer privaten durch Vereinigung von Grundbesitzern gebildeten Kreditanstalten; ferner die Inhaberpapiere, welche von einer preußischen Hypotheken-Aktienbank auf Grund von Darlehen an preußische Körperschaften des öffentlichen Rechtes oder auf Grund der von einer solchen Körperschaft gewährleisteten Darlehen ausgegeben sind; endlich die Schuldverschreibungen, welche von einer deutschen kommunalen Körperschaft oder von der Kreditanstalt einer solchen Körperschaft oder mit Genehmigung der staatlichen Aufsichtsbehörde von einer Kirchengemeinde oder einem andern kirchlichen Verband als einer Synagogengemeinde ausgestellt sind, sofern sie von seiten der Inhaber kündbar sind oder einer regelmäßigen Tilgung unterliegen (Pr. AG. 74). Als Staatsbanken kommen für die Anlegung die preußische Seehandlung und die bayerische Bank, in Preußen die Central-Genossenschaftskasse und die sonstigen öffentlichen preußischen Bankanstalten (Landesbank, landschaftliche, ritterschaftliche Darlehnskassen oder Banken) sowie die städtische Bank in Breslau, die kommunalständische Bank in Görlitz, die Landeskreditkasse in Kassel, die Hohenzollernsche Spar- und Leihkasse in Sigmaringen, die Frankfurter Bank in Frankfurt a. M. in Betracht. Eine Anlegung bei den ordentlichen preußischen Hinterlegungsstellen findet nicht statt. Bei welchen Sparkassen die Geldanlage erfolgen darf, bestimmt in Preußen der Regierungspräsident im Einvernehmen mit dem Landgerichtspräsidenten durch öffentliche Bekanntmachung. Eine andere Anlegung des Geldes kann aus besonderen Gründen dem Vormunde vom Vormundschaftsgerichte gestattet werden, das vor seinem Beschlusse den Gegenvormund zu hören hat und bei größeren Summen auch die Angehörigen des Mündels hören soll. In Betracht kommt insbesondere die Anlegung in ausländischen Wertpapieren und Grundstücken, die insbesondere bei dem Erbanfall eines Anteils an einem ausländischen Geschäft oder eines ausländischen Gutes notwendig werden kann.

In betreff der im Mündelvermögen vorhandenen anderen Gegenstände außer Geld ist zwischen den beweglichen Sachen und den Grundstücken zu unterscheiden. Bewegliche Sachen, welche dem Verderb ausgesetzt sind oder zum künftigen Gebrauche des Mündels nicht aufbewahrt werden können, sind zu veräußern, während alle anderen Sachen aufbewahrt werden sollen. Sind Schulden vorhanden, so sind dieselben baldmöglichst zu tilgen und es können zum Zwecke ihrer Tilgung nicht nur das vorhandene Geld verwendet und Gegenforderungen des Mündels aufgerechnet, sondern auch die aufzubewahrenden Sachen veräußert werden. Die Veräußerung kann freihändig oder in freiwilliger Versteigerung geschehen; die Veräußerung von Grundstücken zum Zwecke der Schuldentilgung setzt jedoch vormundschaftsgerichtliche Genehmigung voraus. Diejenigen beweglichen Sachen, zu deren Herausgabe an einen Dritten der Mündel verpflichtet sein würde, sind dem Dritten vom Vormunde herauszugeben. In der Verfügung über die beweglichen Sachen ist der Vormund vom Gegenvormund unabhängig. Seine Beschränkung auf die Grenzen ordnungsmäßiger Verwaltung begründet seine Haftbarkeit dem Mündel gegenüber, gutgläubige Dritte schützt bei unbefugten Verfügungen der Grundsatz, daß Hand Hand wahre. Im Mündelvermögen vorgefundene Forderungen, welche hypothekarisch sichergestellt sind, sowie verbriefte Forderungen und Wertpapiere hat der Vormund auf ihre Sicherheit zu prüfen; doch finden auf sie die für die Anlegung von Mündelgeld durch den Vormund gegebenen Vorschriften keine Anwendung, wie diese auch nicht für die dem Mündel während der Vormundschaft durch Erbgang oder Zuwendung Dritter zufallenden Kapitalien, Wertpapiere und Forderungen gelten. Es hängt deshalb nur von dem Grade der Unsicherheit ab, ob sie in mündelsichere Anlagen umzuwandeln sind. Die nicht sichergestellten Forderungen hat der Vormund mit Genehmigung des Gegenvormundes hypothekarisch sicherstellen zu lassen oder zum ersten zulässigen Termine zu kündigen und einzuziehen. Die Annahme der geschuldeten Geldleistung hat dann bei einem die Summe von vierhundert Mark übersteigenden Betrage mit Genehmigung des Gegenvormundes zu geschehen. Gehören Buchforderungen gegen das Reich oder gegen einen Bundesstaat mit Schuldbucheinrichtung bei der Anordnung der Vormundschaft zu dem Mündelvermögen oder erwirbt der Mündel später solche Forderungen, so hat der Vormund in das Schuldbuch den Vermerk eintragen zu lassen, daß er über die Forderung nur mit Genehmigung des Vormundschaftsgerichts verfügen kann (1816). Aehnlich ist der Vormund auch in der Aufbewahrung im Mündelvermögen vorhandener Inhaberpapiere sowie mit Blankoindossament versehener Orderpapiere wie Aktien, auf den Inhaber ausgestellte Grundschuldbriefe und Staatsschuldverschreibungen, Wechsel, kaufmännische Anweisungen und Verpflichtungsscheine an Order gesetzlich beschränkt. Er hat nämlich die Inhaberpapiere nebst den Erneuerungsscheinen und die Orderpapiere unverzüglich bei einer Hinterlegungsstelle oder bei der Reichsbank mit der Bestimmung zu hinterlegen, daß die Herausgabe der Papiere nur mit Genehmigung des Vormundschaftsgerichts verlangt werden kann (1814). Die Hinterlegungspflicht erstreckt sich jedoch nicht auf die zu den verbrauchbaren Sachen gehörenden Inhaberpapiere wie Banknoten, zum Umsatze bestimmte Blankowechsel und zum Betriebsfonds eines Bankgeschäfts des Mündels gehörenden Wertpapiere, sowie nicht auf Zins-, Renten- oder Gewinnanteilscheine. Doch kann auf Grund der Prüfung des Vermögensverzeichnisses das Vormundschaftsgericht die Hinterlegung auch dieser Papiere anordnen, der Inhaberpapiere aus besonderen Gründen, der Zins-, Renten- und Gewinnanteilscheine auch wenn ein besonderer Grund nicht vorliegt (1818). Sind Inhaberpapiere zu hinterlegen, die von dem Reiche oder einem Bundesstaate mit Schuldbucheinrichtung ausgestellt sind, so kann von dem Vormundschaftsgericht jederzeit ihre Umwandlung in Buchforderungen gegen das Reich oder den Bundesstaat angeordnet werden und der Vormund hat alsdann die Umwandlung mit der Bestimmung herbeizuführen, daß er über die Buchforderung nur mit Genehmigung des Vormundschaftsgerichts verfügen darf. Sind andere Inhaberpapiere als solche des Reichs oder eines Bundesstaats mit Schuldbucheinrichtung zu hinterlegen, so darf der Vormund, wenn er nicht hinterlegen will, sie auf den Namen des Mündels mit der Bestimmung umschreiben lassen, daß er über sie nur mit Genehmigung des Vormundschaftsgerichts verfügen kann (1815). Gehören Kostbarkeiten oder andere Wertpapiere als Inhaber- und Blankopapiere wie Sparkassenbücher, Hypotheken-, Grundschuld- und Rentenschuldbriefe zum Mündelvermögen oder gelangen solche später in dasselbe, so hat das Vormundschaftsgericht bei der Vorlegung der Mitteilung zu prüfen, ob nicht ihre Hinterlegung anzuordnen ist, die dann der Vormund auf die Anweisung des Vormundschaftsgerichts hin bei den ordentlichen Hinterlegungsstellen oder den Amtsgerichten nach Maßgabe der landesrechtlichen Hinterlegungsordnungen mit der Bestimmung zu bewirken hat, daß die Herausgabe nur mit Genehmigung des Vormundschaftsgerichts verlangt werden kann (1818). Die Kosten der Hinterlegung fallen dem Mündelvermögen zur Last.

Aus besonderen Gründen darf das Vormundschaftsgericht den Vormund von der Hinterlegung von Inhaber- und Orderpapieren und bei Buchforderungen von der Eintragung des Sperrvermerks entbinden (1817). Für diese Befreiung kommen die Zuverlässigkeit des Vormundes, die Einrichtung zur Aufbewahrung seines eigenen Vermögens, die etwa geleistete Sicherheit in Betracht.

Die Reichsbank, die preußische Seehandlung und die preußische Centralgenossenschaftskasse haben wie regelmäßig die Bankanstalten ihre Bedingungen für die Hinterlegung veröffentlicht. Ueber die Einrichtung des Reichsschuldbuchs geben die amtlichen Nachrichten von 1892 Auskunft, die bei den Reichsbankanstalten eingesehen werden können.

Die Grundstücke des Mündels kann der Vormund für diesen in Selbstbetrieb nehmen oder auch, was die Regel sein wird, verpachten. In beiden Fällen hat er die für die Erhaltung der Gebäude notwendigen Ausbesserungen vorzunehmen und bei der Verpachtung die Bewirtschaftung durch den Pächter zu überwachen. Die bisherige wirtschaftliche Bestimmung des Betriebs ist aufrechtzuerhalten und das Grundstück ist für die Dauer der Vormundschaft gegen Brandschaden und sonstige Unfälle für den Mündel zu versichern, wenn die Versicherung einer ordentlichen Wirtschaft entspricht. Die Verwertung der Wirtschaftserträgnisse liegt dem Vormund ob, der zur Veräußerung der Ernte und zu den im Wirtschaftsbetriebe notwendigen Handkäufen keiner Genehmigung bedarf. Die Richtigkeit des Grundbuchs hat er durch Einsicht zu prüfen.

Gehört ein Erwerbsgeschäft zum Mündelvermögen, sei es ein gewerblicher Betrieb, eine Fabrik oder ein Handelsgeschäft, so kann der Vormund es für den Mündel unter dessen Namen oder der bisherigen Firma fortführen. Er kann auch den Betrieb ändern oder aufheben. Auch steht ihm frei, das Geschäft durch Verpachtung zu nutzen. Führt der Vormund die Landwirtschaft oder den gewerblichen Betrieb weiter, so haftet er dem Mündel für jeden durch seine schuldhafte Vernachlässigung des Betriebs verursachten Schaden. Soweit ein gewerblicher Betrieb die Bestellung eines Stellvertreters erfordert, kann der Vormund selbst als Stellvertreter des Mündels eintreten oder einen Dritten als Stellvertreter bestellen (GewO. 46). Für die Auswahl des Stellvertreters ist der Vormund verantwortlich, einer Genehmigung bedarf er zur Bestellung nicht. Die Befugnisse und Obliegenheiten des Erblassers des Mündels in der Innung gehen mit Ausnahme des Stimmrechts in der Innung und zur Handwerkerkammer auf den Stellvertreter über (GewO. 87a). Bei Handelsgeschäften kann für deren Betrieb von dem Vormund einem Dritten Prokura erteilt werden. Zur Prokuraerteilung ist die vormundschaftsgerichtliche Genehmigung erforderlich; die ohne diese Genehmigung erteilte Prokura und die von dem so bestellten Prokuristen abgeschlossenen Geschäfte sind unwirksam. Die Zurücknahme der Prokura und die Erteilung und Zurücknahme einer Handlungsvollmacht sind genehmigungsfrei (1822 Ziff. 11).

Zur Verwaltung des Mündelvermögens kann der Vormund den Mündel heranziehen. Jeder Mündel, selbst der geschäftsunfähige, kann sein Vermögen besitzen und für dasselbe nach Maßgabe der Verkehrsanschauung Besitz erwerben. Infolge dessen kann der Mündel den Besitz seines Erblassers in seinen Rechtsfolgen fortsetzen. Sodann kann jeder Mündel durch Willenserklärungen, die ihm lediglich einen rechtlichen Vorteil bringen, Vermögen erwerben. Über diese enge Begrenzung hinaus kann der beschränkt geschäftsfähige Mündel durch von dem Vormunde genehmigte Handlungen und Rechtsgeschäfte in der bereits dargestellten Art auf die Vermögensverwaltung einwirken (S. 226 bis 228). Außerdem gilt ein von dem beschränkt geschäftsfähigen Mündel ohne Zustimmung des Vormundes geschlossener Vertrag als von Anfang an giltig, wenn der Mündel die vertragsmäßig geschuldete Leistung mit Mitteln bewirkt, die ihm mit Zustimmung des Vormundes von einem Dritten oder von dem Vormunde zum Zwecke der Leistung oder zu freier Verfügung rechtsgiltig überlassen worden sind (110). Erfolgt die Leistung mit Gegenständen, zu deren Veräußerung die Genehmigung des Gegenvormundes oder des Vormundschaftsgerichts erforderlich ist, so ist sie und der Vertrag unwirksam, wenn die Genehmigung fehlt.

Der Vormund kann den Mündel mit Genehmigung des Vormundschaftsgerichts ermächtigen, ein Erwerbsgeschäft selbständig zu betreiben. Die Ermächtigung wird sich statt der Volljährigkeitserklärung empfehlen, wenn dem Mündel ein landwirtschaftlicher oder ein Handwerksbetrieb von geringem Umfange zugefallen ist. Durch dieselbe wird der Mündel für alle Geschäfte unbeschränkt geschäfts- und prozeßfähig, welche der Betrieb mit sich bringt, ausgenommen nur diejenigen, zu denen der Vormund der vormundschaftsgerichtlichen Genehmigung bedarf, für die deshalb eine allgemeine Ermächtigung auch nicht durch das Vormundschaftsgericht erteilt werden kann. Da für die Erteilung der Ermächtigung der Vormund dem Mündel verantwortlich ist, so kann sie von ihm nicht erzwungen werden. War die Erteilung unzweckmäßigerweise erfolgt, so sind demungeachtet die von dem Mündel vorgenommenen Geschäfte giltig. Die Rücknahme der Ermächtigung ist mit Genehmigung des Vormundschaftsgerichts zulässig, sie soll aber nur aus wichtigen Gründen wie wegen ungünstiger Geschäftsergebnisse oder wegen persönlicher Verhältnisse und Eigenschaften des Mündels erteilt werden (112).

Einzelne Verwaltungshandlungen sind von ihrer Vornahme durch den Vormund ganz ausgeschlossen, sie können nur von dem Mündel persönlich mit Genehmigung des Vormundschaftsgerichts vorgenommen werden, wie die Ablehnung der fortgesetzten Gütergemeinschaft und ihre Aufhebung durch den überlebenden Mündel als Ehegatte (1484, 1494), der Erbverzichtsvertrag des beschränkt geschäftsfähigen Mündels als Erblassers und sein Vertrag auf Aufhebung seines Erbverzichtsvertrags sowie der Verzicht des Mündels als Abkömmling auf seinen Anteil am Gesamtgute. Andere Verwaltungshandlungen kann gleichfalls nur der Mündel vornehmen, hier aber nur mit Einwilligung des Vormundes, wie die Eingehung und Aufhebung der allgemeinen Gütergemeinschaft und der Fahrnisgemeinschaft (1437) sowie die Aufhebung der fortgesetzten Gütergemeinschaft und die Vereinbarung ihrer Ausschließung (1508).

Regelmäßig kann der Vormund die während der Vermögensverwaltung notwendig werdenden Handlungen selbständig vornehmen. Bei einer Reihe von Geschäften jedoch, welche im Laufe jeder Verwaltung vorzukommen pflegen, ist die Wirksamkeit ihrer Vornahme von der Genehmigung des Gegenvormundes abhängig gemacht, wenn ein solcher vorhanden ist, oder von der Genehmigung des Vormundschaftsgerichts, wenn ein Gegenvormund nicht vorhanden ist oder wenn der vorhandene Gegenvormund die Genehmigung verweigert oder sie nicht erteilen kann, ausgenommen wenn die Vormundschaft von mehreren Vormündern gemeinschaftlich geführt wird. Diese Genehmigung ist für jedes einzelne Geschäft und nicht allgemein für alle Geschäfte derselben Art zu erteilen. Ist der Mündel Gläubiger, so ist zu allen Verfügungen über eine Forderung, also auch zu der dem Vormund obliegenden Einziehung fälliger Forderungen, selbst der aus Ernteverkäufen, zur Verfügung ferner über ein anderes

Recht, kraft dessen der Mündel eine Leistung verlangen kann, sowie über jedes Wertpapier des Mündels, das Träger eines Rechtes ist, wie Aktien, Hypotheken-, Grundschuld- und Rentenschuldbriefe einschließlich ihrer Forderungen, und auch zur Eingehung der Verpflichtung zu einer solchen Verfügung erforderlich (1812). Als Verfügungen kommen die Abtretung, die Veränderung, die Belastung und die Aufhebung eines Rechtes, nicht auch die Verfügung über dingliche Ansprüche auf bewegliche Sachen sowie die Anträge auf Teilung eines Gemeinschaftsgegenstandes und auf zwangsweise Beitreibung einer Mündelforderung, die Kündigung einer Mündelschuld in Betracht. Genehmigungsbedürftig sind die Veränderungen der Zins-, nicht auch der Zahlungsbedingungen, der Ausschluß der Kündigung und neben der Verfügung über das Forderungsrecht die für das Grundbuch bestimmte Eintragungsbewilligung. Bei der Erteilung oder Verweigerung der Genehmigung ist der Gegenvormund nicht gesetzlicher Vertreter des Mündels, seine Genehmigung ist ein einseitiges Rechtsgeschäft, welches der Verfügung des Vormundes mit Rückwirkung auf den Zeitpunkt ihrer Vornahme Wirksamkeit verleiht. Die ohne die Genehmigung ausgeführte Verfügung ist unwirksam, daher befreit die Leistung eines Dritten diesen nur insoweit, als die Einrede begründet wird, sie sei in das Vermögen des Mündels gelangt. Gegen die Verweigerung der Genehmigung hat der Vormund, nicht auch der Mündel oder der Dritte die Beschwerde. Die Genehmigung kann formlos erteilt werden und ist dem Vormunde gegenüber zu erklären. Ist sie vor der Verfügung erteilt, so ist diese mit ihrer Vornahme wirksam. Vor der Erteilung hat der Gegenvormund zu prüfen, ob die Verfügung nicht als unzweckmäßig oder als dem Interesse des Mündels unförderlich anzusehen ist. Die erteilte Genehmigung ist insoweit unabänderlich, als infolge derselben Rechte Dritter begründet worden sind. Die unangefochtene Verweigerung der Genehmigung, welche gleichfalls kein Rechtsgeschäft ist, ist unwiderruflich; die durch sie unwirksam gewordene Verfügung läßt sich aber nach Umständen wiederholen. Irrtum des Gegenvormundes bei der Erteilung der Genehmigung macht diese anfechtbar. Der Genehmigung des Gegenvormundes bedarf es ausnahmsweise nicht, wenn der Gegenstand der Leistung in anderen beweglichen Sachen als Geld oder Wertpapieren besteht; wenn der gesammte Anspruch — nicht die Leistung — nicht mehr als 300 Mk. beträgt; wenn Geld zurückgezahlt wird, das der Vormund selbst, nicht etwa der Erblasser des Mündels, nicht mündelsicher angelegt hat, etwa weil er es zur Bestreitung laufender Ausgaben bereitzuhalten hatte; wenn der Anspruch zu den Nutzungen des Mündelvermögens, insbesondere zu Pacht- und sonstigen Zinsen gehört, hier ohne Rücksicht auf seinen Betrag; endlich wenn der Anspruch auf Erstattung von Kosten der Kündigung oder der Rechtsverfolgung oder auf sonstige Nebenleistungen gerichtet ist. Zur Löschung einer 300 Mk. nicht übersteigenden Hypothek genügt die Quittung und Löschungsbewilligung des Vormundes allein. Ist ein Kapital zu erheben, dessen Anlegung nach den Vorschriften über die mündelsicheren Anlagen oder mit einer die selbständige Abhebung des Vormundes ausschließenden Bestimmung erfolgt war, so tritt diese Befreiung nicht ein. Außerdem fällt das Genehmigungserfordernis weg, wenn das Vormundschaftsgericht den Vormund zu den bezeichneten Verfügungen allgemein ermächtigt.

Für Neuanlegung des im Gange der Verwaltung erhobenen Geldes sowie für die Aufbewahrung der erworbenen Wertpapiere gelten dieselben Vorschriften, welche für die Anlegung beim Beginne der Verwaltung gegeben sind.

Für eine Reihe nicht regelmäßig in der Verwaltung vorkommender wichtiger Geschäfte ist zur Sicherheit des Mündels die Verfügungsmacht des Vormundes statt durch die Genehmigung des Gegenvormundes durch das Erfordernis der Genehmigung des Vormundschaftsgerichts eingeschränkt. Der Mangel der Genehmigung hat die bei den Geschäften für die Personensorge dargestellten Folgen (S. 230 bis 232).

Zu Verfügungen über Geld, das bei einer Sparkasse, einer Staatsbank oder einer anderen inländischen Bank oder bei einer Hinterlegungsstelle als mündelsicher hinterlegt ist, ferner über Inhaber- und Blankopapiere, welche hinterlegt oder auf den Namen des Mündels umgeschrieben sind sowie über die sich aus der Umwandlung dieser Papiere in Buchforderungen ergebenden Stammforderungen, sodann über Buchforderungen des Mündels gegen das Reich oder einen Bundesstaat, endlich über sonstige Wertpapiere und Kostbarkeiten des Mündels, welche auf vormundschaftsgerichtliche Anordnung hinterlegt sind, genügt nicht und ist deshalb auch nicht erforderlich die Genehmigung des Gegenvormundes, bedarf es vielmehr der Genehmigung des Vormundschaftsgerichts, wenn der gesetzlichen oder der vormundschaftsgerichtlichen Bestimmung gemäß die Hinterlegung, die Umschreibung oder die Umwandlung mit dem Vorbehalte dieser Genehmigung für die Verfügung erfolgt ist. Das Gleiche gilt für die Eingehung der Verpflichtung zu solchen Verfügungen. Sind Hypotheken, Grundschuld- oder Rentenschuldbriefe mit diesem Vorbehalte hinterlegt, so ist die Genehmigung des Vormundschaftsgerichts auch zur Verfügung und zur Eingehung der Verpflichtung zu einer solchen über die Hypothekenforderung, die Grundschuld oder die Rentenschuld erforderlich. Als Verfügung gilt auch die Löschung der Umschreibung, die Rückverwandlung der Buchforderungen in Inhaberpapiere und die Beseitigung des Vermerks in den Büchern. Für die Verfügung über die Zinsen gilt dagegen die Beschränkung nicht. Ist dauernd anzulegendes Geld nicht mündelsicher angelegt oder sind Inhaber- und Blankopapiere oder Buchforderungen nicht mit dem Sperrvermerke versehen, z. B. weil sie bald abzuheben waren, oder hat der Vormund freiwillig ohne vormundschaftsgerichtliche Anordnung Wertpapiere, Kostbarkeiten, Hypotheken-, Grundschuld- oder Rentenschuldbriefe hinterlegt, so genügt zur dinglichen und obligatorischen Verfügung über sie die Genehmigung des Gegenvormundes (1818 bis 1820). Die Herausgabe der gemäß den Hinterlegungsordnungen hinterlegten Wertpapiere und Kostbarkeiten erfolgt nur auf grund der die Herausgabe an den Vormund genehmigenden Verfügung oder auf Grund der die Empfangsberechtigung des Vormundes anerkennenden Bescheinigung des Vormundschaftsgerichts, sofern nicht die hinterlegte Masse nur den Betrag von 300 Mk. erreicht oder die Bestallung des Vormundes die Verfügungsmacht des Vormundes ergiebt.

Da der Sperrvermerk nicht die Bedeutung eines Veräußerungsverbots, sondern nur diejenige einer Beschränkung der Verwaltungsbefugnis des Vormundes hat, so erlischt seine Wirkung mit der Rückzahlung des hinterlegten Geldes, der Rückgabe der Inhaber-, Blanko- und sonstigen Wertpapiere, der Auszahlung der Buchforderung, der Herausgabe der Kostbarkeiten. Der Vormund ist durch ihn nur während der Dauer der Wertanlage beschränkt. Nach dem Wegfalle der Beschränkung kann der Vormund über Geld und Kostbarkeiten frei, über die Wertpapiere mit Genehmigung des Gegenvormundes verfügen, auch wenn die Rückgabe an ihn zu unrecht erfolgt war und der andere, mit dem er ein Rechtsgeschäft abschließt, dies weiß.

Zur Eingehung von Kreditgeschäften des Mündels als Schuldners ist die Genehmigung des Vormundschaftsgerichts erforderlich. Dem Vormund ist verboten ohne diese Genehmigung Geld auf den Kredit des Mündels als Darlehen oder im Kontokorrentverkehr aufzunehmen; Schuldverschreibungen über Geld oder die Lieferung von Sachen auf den Inhaber auszustellen oder eine Verbindlichkeit aus einem Wechsel oder einem anderen durch Indossament übertragbaren Papiere, nicht auch aus sog. Legitimationspapieren (808), einzugehen; eine fremde Verbindlichkeit zu übernehmen, insbesondere eine Bürgschaft einzugehen, ein Pfand für sie zu bestellen, oder die Verpflichtung zur Übernahme einer fremden Verbindlichkeit zu begründen (1822 Ziff. 8 bis 10). Die Genehmigung auf die Schuldurkunde zu setzen empfiehlt sich des Urkundenprozesses wegen. Die Wechselausstellung ohne Genehmigung macht den Vormund persönlich zum Wechselschuldner. Die Umwandlung einer Kaufgeldschuld in eine Darlehnsschuld, der Abschluß eines Lieferungsvertrags auf Kredit des Mündels ist nicht genehmigungspflichtig. Die Einholung der die Vermögensverwaltung erschwerenden Genehmigung fällt weg, wenn das Vormundschaftsgericht dem Vormund allgemein die Ermächtigung zu solchen Kreditgeschäften erteilt, was zulässig ist; doch soll die allgemeine Ermächtigung sowohl zu Verfügungen über Rechte des Mündels wie zu Kreditgeschäften erst nach Anhörung des Gegenvormundes und nur dann gewährt werden, wenn sie zum Zwecke der Vermögensverwaltung erforderlich ist. Vor der Erteilung wird zu prüfen sein, ob sie nicht von einer Sicherheitsleistung des Vormundes abhängig zu machen ist. Der Aufnahme dieser Erweiterung der Verwaltungsbefugnisse in die Bestallung bedarf es nicht. Ihre Zurücknahme ist jederzeit zulässig und sie wird wirksam, auch wenn die Ermächtigung in der Bestallung steht und stehen bleibt.

Wie zu den Kreditgeschäften für den Mündel ist auch zu dem Antrag auf dessen Eintragung in das Börsenregister für Waren oder für Wertpapiere die vormundschaftsgerichtliche Genehmigung erforderlich. Derselben bedarf es ferner zu jedem Vertrage, der auf den entgeltlichen Erwerb eines Erwerbsgeschäfts gerichtet ist, sowie zu einem Gesellschaftsvertrage, der zum Betrieb eines Erwerbsgeschäfts eingegangen wird. Der Vormund soll ohne die Genehmigung des Vormundschaftsgerichts auch nicht ein neues Erwerbsgeschäft im Namen des Mündels mit dessen Mitteln beginnen. Erwerbsgeschäft ist dabei jeder auf Erwerb gerichtete Betrieb, mag er Handwerk, Fabrik, Handel,

Landwirtschaft, Kunst oder Wissenschaft zum Inhalte haben. Gesellschaftsverträge sind nicht nur die Verträge zum Betriebe von Gesellschaften des B.G.B., sondern auch diejenigen zu solchen des Handelsgesetzbuchs und zu Gesellschaften mit beschränkter Haftung. Dagegen ist der Beitritt zu einer Erwerbs- und Wirtschaftsgenossenschaft seitens oder für den Mündel nicht genehmigungsbedürftig. Die Genehmigung ist auch zur entgeltlichen oder unentgeltlichen Veräußerung eines Erwerbsgeschäfts erforderlich und soll zur Auflösung eines vom Vormund gegründeten Erwerbsgeschäfts des Mündels eingeholt werden. Der Erwerb eines Erwerbsgeschäfts durch letztwillige Verfügung oder Schenkung eines Dritten sowie die Fortführung eines im Mündelvermögen überkommenen Erwerbsgeschäfts oder der Verbleib des Mündels in einem solchen bedarf dagegen der Genehmigung nicht. Vor der Genehmigung des Erwerbs und der Veräußerung, des Beginns und der Auflösung eines Erwerbsgeschäfts oder der Eingehung eines Gesellschaftsvertrags zum Betrieb eines solchen soll das Vormundschaftsgericht den Gegenvormund und den Mündel selbst hören, wenn dieser achtzehn Jahre alt ist. Während der Erwerb eines Erwerbsgeschäfts und der Vertrag zur Eingehung einer auf den Betrieb eines solchen gerichteten Gesellschaft ohne die vormundschaftsgerichtliche Genehmigung ungiltig ist, bleibt die Gründung eines neuen Erwerbsgeschäfts ohne diese Genehmigung giltig, weshalb die Firma in das Handelsregister einzutragen ist. Der Vormund haftet aber dem Mündel und das Vormundschaftsgericht kann diesen gegen Gefährdungen durch den Betrieb mittelst Anordnung von Maßregeln schützen, deren wirksamste die Sicherheitsleistung des Vormundes ist. Betreibt der Vormund ein kaufmännisches Geschäft für den Mündel, so kann er diesem mit Genehmigung des Vormundschaftsgerichts für das Geschäft Prokura erteilen; diese hat den durch das Handelsgesetzbuch bestimmten Umfang (HGB. §§ 49, 50) und ermächtigt den Mündel innerhalb des Handelsbetriebs auch zu denjenigen Rechtsgeschäften, zu welchen der Vormund der vormundschaftsgerichtlichen Genehmigung bedarf. Eine ohne Genehmigung des Vormundschaftsgerichts erteilte Prokura ist unwirksam, auch wenn sie in das Handelsregister eingetragen sein sollte. Die Zurücknahme der Prokura bedarf der Genehmigung des Vormundschaftsgerichts nicht, wie diese auch zur Erteilung sonstiger Vollmachten an den Mündel nicht erforderlich ist. Die Befugnis des Vormundschaftsgerichts, den Vormund zu Verfügungen über Forderungen und andere Leistungsansprüche sowie über Wertpapiere des Mündels und zur Verpflichtung desselben durch Kreditgeschäfte allgemein zu ermächtigen, ist gerade bei dem Betriebe von Erwerbsgeschäften des Mündels durch den Vormund besonders praktisch, um den Vormund von der Einholung der Genehmigung zu jedem einzelnen Geschäfte zu entbinden. Gehört der Betrieb des Erwerbsgeschäfts zum Berufe des Vormundes, so hat er Anspruch auf Entschädigung für seine Dienste. Wenn nun auch der Vormundschaftsrichter die Entschädigungsforderung nur bei der Rechnungslegung beanstanden kann, so wird sich doch die vorherige Verständigung mit ihm über dieselbe empfehlen.

Während zu Verfügungen über Hypotheken, einschließlich der Sicherungshypotheken, über Grundschulden und Rentenschulden die Genehmigung des Gegenvormundes genügt, ist zu jedem Rechtsgeschäfte des Vormundes oder Mündels, durch das eine für eine 300 Mk. übersteigende Forderung des Mündels bestehende Sicherheit aufgehoben oder auch nur gemindert oder die Verpflichtung zur Aufhebung oder Minderung begründet wird, gleichgiltig worin die Sicherheit besteht, die Genehmigung des Vormundschaftsgerichts erfordert (1822 Ziff. 13). Wird ohne diese auf ein Pfandrecht, ein Vorzugsrecht, eine Bürgschaft, eine Vorrechtseinräumung oder ein hinterlegtes Wertpapier verzichtet, ein Rangrücktritt gewährt, eine gepfändete Sache freigegeben, so haftet der Vormund für den dadurch verursachten Schaden. War die Aufhebung oder die Minderung der Sicherheit von dem Erblasser des Mündels zugesichert, so beschränkt sich die Prüfung des Vormundschaftsgerichts auf die Rechtsbeständigkeit der Verpflichtung.

Während die Verfügung über einzelne bewegliche Sachen dem Vormund freisteht, ist zu einem Rechtsgeschäfte, durch das der Mündel zu einer Verfügung über sein Vermögen im ganzen verpflichtet wird, auch wenn dasselbe nur aus beweglichen Sachen und aus Rechten bestehen sollte, die Genehmigung des Vormundschaftsgerichts erforderlich (1822 Ziff. 1). Und was von der Verfügung über ein Vermögen im ganzen gilt, gilt auch von der Verfügung über einen Bruchteil. Genehmigungsbedürftig ist mithin die Veräußerung eines gegenwärtigen Vermögens sowie dessen Belastung mit einem Nießbrauche. Die vertragsmäßige Verpflichtung zur Übertragung des künftigen Vermögens des Mündels oder eines Bruchteils desselben sowie zu seiner Belastung mit einem Nießbrauche kann überhaupt nicht genehmigt werden, da sie nichtig ist (310).

Bewegliche Sachen und Grundstücke, welche kein Landgut bilden, kann der Vormund ohne Rücksicht auf die Dauer seines Amtes bis zur Vollendung des 22. Lebensjahrs des Mündels vermieten und für den Mündel mieten, verpachten und pachten. Ebenso kann er ohne Genehmigung Verträge abschließen, welche den Mündel zum Empfange wiederkehrender Leistungen, wie Leibrentenverträge, berechtigen. Miet- oder Pachtverträge über andere Gegenstände als ein Landgut oder einen gewerblichen Betrieb sowie andere Verträge, durch welche der Mündel zu wiederkehrenden Leistungen verpflichtet wird, wie Versicherungs-, Altenteils- und Leibrentenverträge, bedürfen, wenn der minderjährige Mündel länger als bis zum Beginne des 23. Lebensjahrs, der volljährige Mündel länger als vier Jahre gebunden sein soll, der Genehmigung des Vormundschaftsgerichts. Der Mangel der Genehmigung macht den ganzen Vertrag nichtig, wenn er nicht auch als ein auf die gestattete Frist beschränkter abgeschlossen ist. Gehört zu dem Mündelvermögen ein Landgut oder ein gewerblicher Betrieb und soll deren Verpachtung erfolgen, oder will der Vormund eines oder das andere pachten, so ist zur Verpachtung wie zur Pachtung ohne Rücksicht auf die Dauer des Pachtvertrags und den Pachtzins die vormundschaftsgerichtliche Genehmigung erforderlich. Der Begriff eines Landguts setzt die Einrichtung zu einem selbständigen wirtschaftlichen Betrieb einschließlich der Wirtschaftsgebäude voraus. Ist mit dem Betrieb eines Landguts ein Unternehmen verbunden, das nur ein Nebengewerbe des land- oder forstwirtschaftlichen Betriebs darstellt, wie eine Stärke- oder Zuckerfabrik oder ein Steinbruch, so unterliegt dessen selbständige Verpachtung oder Pachtung als gewerblicher Betrieb der Genehmigung des Vormundschaftsgerichts.

Während ein Vergleich oder Schiedsvertrag über einen Gegenstand im Werte bis zu 300 Mk. regelmäßig von dem Vormunde frei geschlossen werden kann, ist zu einem Vergleich oder Schiedsvertrag, wenn der Gegenstand des Streites oder der Ungewißheit in Geld schätzbar ist und den Wert von 300 Mk. übersteigt, die vormundschaftsgerichtliche Genehmigung erforderlich. Soweit der Gegenstand des Vergleichs, wie bei Grundstücken, Vermögensganzen und Erbschaften, die Genehmigung des Vormundschaftsgerichts ohne Rücksicht auf seinen Wert erfordert, bedarf diese auch der Vergleich und der Schiedsvertrag ohne Rücksicht auf den Wert des Streites oder der Ungewißheit. Maßgebend für den Wert ist die Zeit des Vergleichsabschlusses. Die Genehmigung ist zu Prozeßvergleichen und zu Zwangsvergleichen im Konkurse, für die es auf die Stimme des Mündels für den Abschluß des Vergleichs ankommt, in der gleichen Weise wie zu den Vergleichen außerhalb der Prozesse, sowie zu den Vergleichen vor dem Schiedsmann erforderlich. Über die Vergleichsbefugnis des Vormunds bei den landesrechtlichen Gemeinheitsteilungen entscheidet das Landesrecht.

Eine Vereinbarung zwischen dem Vormunde des unehelichen Kindes und dessen Vater über den Unterhalt des Kindes für die Zukunft oder über eine an Stelle des Unterhalts zu gewährende Abfindung bedarf der Genehmigung des Vormundschaftsgerichts. Ein unentgeltlicher Verzicht des Vormunds auf den Unterhalt für die Zukunft ist nichtig.

Der Vormund eines Volljährigen kann dessen Kind aus dem Mündelvermögen eine Ausstattung nur mit Genehmigung des Vormundschaftsgerichts versprechen oder gewähren (1902), dabei ist unter Ausstattung auch die Aussteuer der Tochter mitverstanden. Übersteigt die Ausstattung das angemessene Maß, so ist sie der Genehmigung ungeachtet zu dem übersteigenden Betrage nichtig.

Zur Annahme einer Erbschaft oder eines Vermächtnisses für den Mündel bedarf der Vormund keiner Genehmigung. Den Mündel schützt die Vorschrift, daß wenn die Bestimmung einer Inventarfrist für den Mündel als Erben erfolgt, das Nachlaßgericht dem Vormundschaftsgerichte Mitteilung zu machen hat, dem nunmehr die Sorge für die Inventarserrichtung obliegt. Auch zur Anerkennung eines Testaments ist die Genehmigung des Vormundschaftsgerichts nur erforderlich, wenn in ihr ein Verzicht auf den Pflichtteil gelegen ist. Zur Ausschlagung einer Erbschaft oder eines Vermächtnisses, zu einem Rechtsgeschäfte, durch das der Mündel zu einer Verfügung über eine ihm angefallene Erbschaft oder über seinen künftigen gesetzlichen Erbteil oder über seinen künftigen Pflichtteil verpflichtet wird, zu einem Erbteilungsvertrage, zum Verzicht auf einen Pflichtteil sowie zu einer Verfügung über den Anteil des Mündels an einer Erbschaft und zur Verpflichtung zu einer solchen ist die Genehmigung des Vormundschaftsgerichts immer erforderlich (1822 Ziff. 2). Dabei umfaßt Verfügung die Veräußerung und die Belastung durch Nießbrauch. Als Veräußerungsgeschäfte kommen insbesondere der Erbschaftskauf, der Vertrag, durch den ein Miterbe über seinen Anteil verfügt, sowie der Zwangsvergleich im Konkurs in Betracht, wenn die Stimme des Mündels für den Abschluß maßgebend ist. Die Erhebung der Teilungsklage gegen die Miterben bedarf keiner Genehmigung; ist aber in der Gemeinschaft ein Gegenstand, über den nur mit Genehmigung des Vormundschaftsgerichts verfügt werden kann, wie ein Grundstück, so ist dessen Übertragung sowie auch der Antrag auf seine Zwangsversteigerung zur Aufhebung der Gemeinschaft genehmigungsbedürftig. Bei Versagung der Genehmigung der Erbteilung haben die Miterben kein Beschwerderecht. Der Genehmigung bedarf auch der Erbverzichtsvertrag für den Ehegatten, einen Verwandten des Erblassers oder einen sonstigen Bedachten, der unter Vormundschaft steht, sowie der zur Aufhebung eines Erbverzichtsvertrags geschlossene Vertrag, gleichgiltig ob das ganze Erbrecht oder das Pflichtteilsrecht des Mündels, eine im Testament oder im Erbvertrage dem Mündel gemachte Zuwendung in Frage stehen (2351, 2352). Während die Ausschlagung des Vermächtnisses den Beschwerten gegenüber formlos erklärt werden kann, erfolgen die Erbschaftsausschlagung und der Pflichtteilsverzicht nur durch Erklärung in öffentlich beglaubigter Form vor dem zuständigen Nachlaßgerichte. Der Erbschaftskauf, die Verfügung über einen Erbanteil, der Erbverzichtsvertrag und der Vertrag über seine Aufhebung bedürfen der gerichtlichen oder notariellen Form, der Erbteilungsvertrag kann formfrei geschlossen werden.

Verträge über den Nachlaß eines noch lebenden Dritten oder über den Pflichtteil oder über ein Vermächtnis aus einem solchen Nachlasse sind nichtig, sofern nicht der Vertrag unter den künftigen gesetzlichen Erben über den gesetzlichen Erbteil oder Pflichtteil eines von ihnen geschlossen wird (312); hiervon abgesehen können sie daher nicht genehmigt werden.

Will ein in der Geschäftsfähigkeit beschränkter Verlobter oder Ehegatte für seine Ehe die allgemeine Gütergemeinschaft einführen oder aufheben, so bedarf er dazu der Zustimmung seines Vormundes, deren Wirksamkeit von der Genehmigung des Vormundschaftsgerichts abhängig ist. Deren Einholung kann erfolgen, bevor der Vertrag von beiden Teilen bei gleichzeitiger Anwesenheit vor Gericht oder vor einem Notar geschlossen wird. Der überlebende Ehegatte kann die Fortsetzung der Gütergemeinschaft mit den beim Tode eines Ehegatten vorhandenen gemeinschaftlichen Abkömmlingen ablehnen und auch die fortgesetzte Gütergemeinschaft jederzeit aufheben. Die Ablehnung und die Aufhebung erfolgt durch beglaubigte Erklärung gegenüber dem für den Nachlaß des verstorbenen Ehegatten zuständigen Gerichte; die Aufhebung kann auch durch gerichtlich oder notariell beurkundeten Vertrag zwischen dem überlebenden Ehegatten und den anteilsberechtigten Abkömmlingen geschehen. Erklärung und Vertrag des bevormundeten Ehegatten sind in ihrer Wirksamkeit von der Zustimmung des Vormundes abhängig, die wiederum der Genehmigung des Vormundschaftsgerichts bedarf. Beide sind auch zu dem Verzicht eines bevormundeten anteilsberechtigten Abkömmlinges auf seinen Anteil an dem Gesamtgut erforderlich, der gleichfalls durch beglaubigte Erklärung gegenüber dem zuständigen Nachlaßgericht oder durch gerichtlichen oder notariellen Vertrag mit dem überlebenden Ehegatten und den übrigen anteilsberechtigten Abkömmlingen erfolgen kann.

Will ein in der Geschäftsfähigkeit beschränkter Ehegatte oder ein Verlobter mit seinem Ehegatten oder Verlobten einen Erbvertrag schließen, so ist die Zustimmung seines Vormundes und die Genehmigung des Vormundschaftsgerichts erforderlich. Der Abschluß des Vertrags hat vor einem Richter oder vor einem Notar bei gleichzeitiger Anwesenheit beider Teile zu erfolgen. Die Formvorschrift gilt auch für den Vertrag, durch den ein Erbvertrag oder eine einzelne vertragsmäßige Verfügung aufgehoben wird. Für den Erbvertragsaufhebungsvertrag bedarf aber der bevormundete Erblasser der Zustimmung seines Vormunds nicht, diese und die Genehmigung des Vormundschaftsgerichts sind in diesem Falle nur für den andern Teil erfordert. Ebenso bedarf zu der in gerichtlicher oder notarieller Beurkundung vorzunehmenden Anfechtung des Erbvertrags der in der Geschäftsfähigkeit beschränkte Erblasser der Zustimmung seines Vormundes nicht, der für ihn auch nicht selbständig den Erbvertrag anfechten kann.

Über Grundstücke des Mündels kann der Vormund nicht selbständig verfügen. Hält er zur Verwaltung des Mündelvermögens eine Verfügung über die Grundstücke geboten, so bedarf er zu ihrer Veräußerung als Ganzes oder zu einem Teile, zu ihrer Auflassung, zu ihrer Belastung mit Dienstbarkeiten oder Pfandrechten und zur Verfügung über eine Forderung, die auf Übertragung des Eigentums an einem Grundstück oder auf Begründung oder Übertragung eines anderen dinglichen Rechtes an einem Grundstück, als Hypotheken, Grundschulden und Rentenschulden, oder auf Befreiung eines Grundstücks von einem solchen Rechte gerichtet ist, sowie zur Einziehung der Verpflichtung zu einer der vorbezeichneten Verfügungen der Genehmigung des Vormundschaftsgerichts. Den Grundstücken steht reichsrechtlich das Erbbaurecht gleich und durch Landesgesetz können denselben die an ihnen bestehenden vererblichen und übertragbaren Nutzungsrechte wie Emphyteuse, Erbzinsrecht gleichgestellt werden. Und was für Grundstück bestimmt ist, gilt auch für die Rechte an einem Grundstücke mit Ausnahme der Hypotheken, Grundschulden und Rentenschulden, also für dingliche Vorkaufsrechte, Reallasten und Dienstbarkeiten. Die Gesuche um Genehmigung der Veräußerung oder Belastung haben die Gründe für ihre Notwendigkeit oder Nützlichkeit darzulegen. Ist Schuldentilgung der Zweck der Veräußerung, so ist zu prüfen, ob dieser Zweck nicht auch durch Verpfändung erreicht werden kann. Als Veräußerung gilt auch die Ausführung der Teilung des Miteigentums, die Auflassung eines vom Erblasser veräußerten Grundstücks, der Verzicht auf ein Grundstück oder auf ein Recht an ihm oder dessen Löschung sowie auch die Einwilligung des in fortgesetzter Gütergemeinschaft lebenden Kindes zu einer derartigen Verfügung durch den überlebenden Ehegatten. Auch der Antrag auf Zwangsversteigerung eines Grundstücks kann von dem Vormund eines Miteigentümers nur mit Genehmigung des Vormundschaftsgerichts gestellt werden. Ist der Veräußerungsvertrag ohne Genehmigung z. B. durch den Erblasser des Mündels abgeschlossen, so ist die Genehmigung für das dingliche Geschäft nicht entbehrlich, da die Verpflichtung zur Erfüllung des Vertrags prüfungsbedürftig sein kann. Die Aufgabe des Besitzes an einem Grundstück enthält eine Verfügung, wenn sie mit dem Willen der Übertragung eines Rechtes an demselben geschieht. Belastungen sind die Eintragungen von Hypotheken, Grundschulden und Rentenschulden, Altenteilen, Leibgedingen, Vormerkungen und Widersprüchen, von Überbau- und Notwegrenten. Genehmigungsbedürftig ist auch für sie die Eintragungsbewilligung.

Empfiehlt sich die Anlegung von Mündelgeld in Grundbesitz, so kann die Anlage nur mit Genehmigung des Vormundschaftsgerichts geschehen. Derselben bedarf ferner jeder Vertrag, der auf den entgeltlichen Erwerb eines Grundstücks gerichtet ist, daher auch die Abgabe eines Meistgebots im Zwangsversteigerungsverfahren. Diese Genehmigung wirkt dann regelmäßig auch für die Auflassung. Erfolgt die Auflassung ohne vorausgegangenen Erwerbsvertrag, so bedarf sie der Genehmigung. Stellt der Vormund eine Vollmacht zur Auflassung aus, so bedarf diese nicht noch einer besonderen Genehmigung. Vor der Genehmigung der auf die Verfügung über ein Grundstück oder über ein Recht an einem Grundstücke, sowie der auf ihren entgeltlichen Erwerb gerichteten Verträge soll das Vormundschaftsgericht den Mündel hören, wenn dieser das 18. Lebensjahr vollendet hat. Selbstverständlich ist der unentgeltliche Erwerb von Grundstücken und Rechten an ihnen für den Mündel nicht genehmigungsbedürftig. Genehmigungspflichtig ist auch jeder entgeltliche Erwerb eines Rechtes an einem Grundstücke mit Ausnahme von Hypotheken, Grundschulden und Rentenschulden, zu deren Erwerb und Übertragung wie zu ihrer Einziehung und Löschung die Genehmigung des Gegenvormundes genügt.

Grundstücke und Rechte an ihnen einschließlich der Hypotheken, Grundschulden und Rentenschulden, kann der Vormund dem Mündel nicht ohne vormundschaftsgerichtliche Genehmigung zur Erfüllung eines von diesem geschlossenen Vertrags oder zu freier Verfügung überlassen. Durch diese Vorschrift soll verhindert werden, daß das zu deren Veräußerung aufgestellte Genehmigungserfordernis umgangen wird. Handelt der Vormund der Vorschrift zuwider, so wird der Vertrag durch die Erfüllung nicht von Anfang an wirksam; denn diese ist nichtig. Die Wirksamkeit hängt vielmehr von der Genehmigung des Vormundschaftsgerichts ab, bis zu deren Erteilung der Gegner zum Widerrufe des Vertrags berechtigt bleibt.

Die Vermögensverwaltung als solche darf der Vormund nicht auf einen Dritten übertragen, doch kann er sich zu einzelnen Rechtsgeschäften und zur Führung einzelner Verwaltungszweige eines Vertreters bedienen, für den er verantwortlich bleibt.

Verheiratet sich eine minderjährige Mündel mit Einwilligung des Vormunds, so wird dessen Vermögensverwaltung durch das eheliche Güterrecht beeinflußt; sie dauert nur über das Vorbehaltsgut der Frau, mag es gesetzliches oder vertragsmäßiges, von Todeswegen oder unentgeltlich unter Lebenden zugewendet sein, und nur bei der Gütertrennung über deren gesamtes Vermögen fort. Außerdem hat der Vormund das Recht an Stelle der Frau zu Verfügungen des Mannes über eingebrachtes Gut der Frau die Zustimmung zu erteilen. Ist die Ehe ohne Einwilligung des Vormundes geschlossen oder ist durch den vor oder nach der Eingehung der Ehe geschlossenen Ehevertrag das Verwaltungsrecht des Mannes beschränkt oder ausgeschlossen oder wird dem Manne wegen Gefährdung des Vermögens der Frau auf deren Antrag die Verwaltung entzogen, so tritt die Sorge des Vormundes für das Vermögen der Mündel in vollem Umfange ein.

Von den voraufgeführten Beschränkungen der vormundschaftlichen Gewalt läßt das BGB. in bezug auf einzelne Verwaltungshandlungen wiederum Befreiungen des Vormundes zu, und zwar bei der Vormundschaft des Vaters oder der ehelichen Mutter über ihr volljähriges Kind kraft Gesetzes, bei der Vormundschaft über einen Minderjährigen kraft letztwilliger Anordnung des Gewalthabers, wenn diese im Zusammenhange mit der Berufung des Vormundes erfolgt ist (befreite Vormundschaft). Wird nämlich der Vater oder die eheliche Mutter des volljährigen Mündels zu dessen Vormund bestellt, so unterbleibt die Bestellung des Gegenvormunds, weshalb die der Genehmigung des Gegenvormunds bedürftigen Rechtsgeschäfte ohne diese Genehmigung vorgenommen werden können. Diese Befreiung fällt jedoch weg und ein Gegenvormund ist zu bestellen: dem Vater, wenn er im Falle der Minderjährigkeit des Mündels wegen des Konkurses über sein Vermögen oder wegen Thatsachen, welche gegen ihn als Gewalthaber die Entziehung der Verwaltung des Vermögens durch Anordnung des Vormundschaftsgerichts rechtfertigen würden oder das Ruhen oder die Verwirkung der elterlichen Gewalt zu folgen hätten, zur Verwaltung des Mündelvermögens nicht berechtigt sein würde, der Mutter aus den für den Vater angegebenen Gründen und außerdem wenn sie nach dem Tode ihres Mannes sich wiederverheiratet oder wenn sie bei Lebzeiten ihres Mannes, sei es während bestehender Ehe oder nach deren Auflösung, zum Vormunde bestellt wird, z. B. weil ihr Mann mit Grund bei der Vormundsbestellung übergangen wird oder auf seine Berufung verzichtet, ohne daß in der Person des Mannes ein Grund vorliegt, welcher bei bestehender elterlicher Gewalt geeignet wäre, seine Vermögensverwaltung zu beendigen. Wird ein Gegenvormund bestellt, so treten seine gesetzlichen Rechte in Kraft. Die Bestellung ist in der Vormundbestallung zu vermerken oder nachzutragen, wenn die Bestellung des Gegenvormunds nicht beim Beginn der Vormundschaft, sondern während derselben erfolgt. Mit der Bestellung wird der Erbanteil bei der dauernden Anlegung von

Geld und bei der Verfügung über eine Forderung oder über ein anderes Recht auf eine Leistung an den Mündel oder über ein Wertpapier des Mündels und bei der Eingehung der Verpflichtung zu einer solchen Verfügung sowie bei der Erhebung des angelegten Geldes von der Genehmigung des Gegenvormundes und bei den der Genehmigung des Vormundschaftsgerichts bedürftigen Rechtsgeschäften von dessen Genehmigung abhängig. Außerdem sind in diesen Fällen der Bestellung des Gegenvormundes alle gesetzlich zulässigen Befreiungen des Vaters oder der ehelichen Mutter ausgeschlossen, so daß der Elternteil dem bestellten und nicht befreiten Vormunde gleichsteht.

Bei der Vormundschaft über Minderjährige kennt das BGB. kraft Gesetzes eintretende Befreiungen nicht, weder hinsichtlich der gesetzlich berufenen Vormünder noch auch hinsichtlich der Eltern, wenn diese ausnahmsweise Vormund ihrer Kinder werden, was bezüglich der Eltern bei dem an Kindesstatt hingegebenen Kinde nach dem Tode der Annahmeeltern zutrifft. Dagegen können der Vater und die eheliche Mutter sowie der Vater des legitimierten Kindes und der oder die Annehmende sowie die Frau jenes im Falle des § 1757 Abs. 2 als Gewalthaber durch letztwillige Verfügung im Zusammenhange mit der letztwilligen Berufung eines Vormundes für ihr Kind die Bestellung eines Gegenvormundes ausschließen, was zur Folge hat, daß für den Vormund zugleich die Einräumung der gesetzlich zulässigen Befreiungen als angeordnet anzusehen ist; aber sie können auch unter Beibehaltung eines Gegenvormundes den von ihnen benannten Vormund von denjenigen gesetzlichen Beschränkungen befreien, deren Befreiung nach dem BGB. zulässig ist. Die Anordnung der Befreiung hat selbstverständlich nur Giltigkeit, wenn zur Zeit ihrer Anordnung die Eltern zur Benennung des Vormundes berechtigt waren. Die einzelnen Befreiungen sind für den Vormund eines Minderjährigen und für einen Elternteil als Vormund seines volljährigen Kindes gesetzlich gleich geordnet; für den ersteren können sie durch die Anordnung des Gewalthabers wohl eingeschränkt, aber nicht ausgedehnt werden. Im Einzelnen bewirkt die Befreiung die Ausschließung der Verpflichtung des Vormundes Geld bei einer Sparkasse, bei einer zugelassenen Bank oder einer Hinterlegungsstelle mit der Bestimmung anzulegen, daß zur Erhebung des Geldes die Genehmigung des Gegenvormundes oder des Vormundschaftsgerichts erforderlich ist; der Verpflichtung ferner Inhaber- und Orderpapiere zu hinterlegen, bei der nicht vorübergehenden Anlegung von Mündelgeld und bei der Verfügung über Forderungen, andere Rechte auf Leistungen und über Wertpapiere sowie bei der Eingehung der Verpflichtung zu einer solchen Verfügung die Genehmigung des Gegenvormundes oder des Vormundschaftsgerichts einzuholen; die Ausschließung der Verpflichtung endlich, in das Reichsschuldbuch oder in das Staatsschuldbuch den Vermerk eintragen zu lassen, daß der Vormund über die eingetragenen Forderungen nur mit Genehmigung des Vormundschaftsgerichts verfügen kann. Die Befreiungen treten für die Eltern kraft Gesetzes, für den Altersvormund kraft der letztwilligen Anordnung ein, so daß der Vormund einer durch das Vormundschaftsgericht zu erteilenden Ermächtigung nicht bedarf, weshalb sie auch ohne Aufnahme in die Bestallung wirksam sind. Doch wird sich empfehlen in der Bestallung zu bemerken, daß die Vormundschaft eine befreite oder die eines Elternteils ist (1852). Bei der Bevormundung durch einen Anstaltsvorstand stehen in Preußen dem Vorstande die angegebenen Befreiungen ohne weiteres zu.

Wenn die gesetzlichen Befreiungen des Vaters und der Mutter als Vormund oder die von dem Gewalthaber angeordneten Befreiungen des Vormundes nach der Ansicht des Vormundschaftsgerichts das Interesse des Mündels gefährden, so kann dieses die Befreiungen aufheben. Vor seiner Entscheidung soll jedoch das Vormundschaftsgericht auf den Antrag des Vormundes Verwandte oder Verschwägerte des Mündels hören, wenn es ohne erhebliche Verzögerung und ohne unverhältnismäßige Kosten geschehen kann. Der Hauptgrund für die Aufhebung der Befreiungen werden Bedenken gegen die Zuverlässigkeit des Vormundes sein, die noch nicht schwerwiegend genug sind, um dessen Entlassung zu verfügen. Gegen die Aufhebung der Befreiungen findet die Beschwerde statt. Ist die Aufhebung wirksam geworden, so ist bei der befreiten Vormundschaft über einen Minderjährigen ein Gegenvormund zu bestellen, nicht dagegen bei der Vormundschaft eines Elternteils über einen Volljährigen; hier ist die für die einzelnen Verwaltungshandlungen erforderte Genehmigung desselben von dem Vormundschaftsgerichte zu ersetzen. Ausnahmsweise ist jedoch der Mutter der Befreiungen ungeachtet ein Gegenvormund zu bestellen, wenn sie die Bestellung beantragt oder wenn das Vormundschaftsgericht aus besonderen Gründen, insbesondere wegen des Umfanges oder der Schwierigkeit der Vermögensverwaltung oder wegen der Gefährdung des Mündels unter den Voraussetzungen der §§ 1666, 1667 die Bestellung im Interesse des Mündels für nötig erachtet. Diese Bestellung eines Gegenvormundes bewirkt nur den Eintritt seiner gesetzlichen Genehmigungsrechte, während die von dieser Genehmigung unabhängigen gesetzlichen Befreiungen der Muttervormünderin aufrechterhalten bleiben. Durch diese Bestellung wird dessen Genehmigung zur dauernden Anlegung von Mündelgeld sowie zur Verfügung über Forderungen, Leistungsansprüche und Wertpapiere des Mündels und bei der Geldanlage in Sparkassen, Banken oder Hinterlegungsstellen der Vorbehalt der Rücknahmegenehmigung des Gegenvormundes oder des Vormundschaftsgerichts notwendig. Dagegen bleibt die Mutter von der Verpflichtung befreit, Inhaber- und Orderpapiere zu hinterlegen und in das Reichs- oder Staatsschuldbuch den Sperrvermerk eintragen zu lassen. Sollen ihr gegenüber auch diese Befreiungen außer Kraft gesetzt werden, so bedarf es einer dahingehenden besonderen Verfügung des Vormundschaftsgerichts.

Ist die uneheliche Mutter zum Vormund ihres Kindes bestellt worden, so stehen ihr keine Befreiungen zu. Das Gleiche gilt für die Mutter des Kindes aus einer nichtigen Ehe, wenn ihr die Nichtigkeit bei der Eheschließung bekannt war, sowie für die Großeltern und den Ehemann als Vormund seiner Frau.

Werden vor dem Vormundschaftsgerichte die Befreiungen außer Kraft gesetzt, so ist die Bestallung des Vormundes einzufordern und auf ihr die Bestellung des Gegenvormundes oder die Aufhebung der Befreiung zu vermerken. Für die Hinterlegung bei den preußischen Hinterlegungsstellen ermächtigt dann die Bestellung des Gegenvormundes die Eltern zur Hinterlegung von Inhaber- und Orderpapieren ohne Mitwirkung des Vormundschaftsgerichts mit einfacher Hinterlegungserklärung (HinterlegungsO. §§ 14, 40, 47a).

Einer Prüfung durch das Vormundschaftsgericht bedarf die elterliche Anordnung nicht; im Streitfall über ihre Wirksamkeit entscheidet das Prozeßgericht. Das Recht des Vormundschaftsgerichts zur Entlassung des Vormundes bleibt von der Anordnung unberührt.

Über den Umfang der gesetzlichen Beschränkungen hinaus kann die Vermögensverwaltung des Vormundes und Pflegers durch Anordnungen eingeschränkt werden, welche für Vermögen, das der Mündel von Todeswegen erwirbt, von dem Erblasser durch letztwillige Verfügung, für Vermögen, das dem Mündel unter Lebenden von einem

Dritten unentgeltlich zugewendet wird, von dem Dritten im Zusammenhange mit der Zuwendung getroffen worden sind. Dieselben können sich auf eine einzelne Maßregel der Verwaltung beschränken. Diese Anordnungen sind bei der Verwaltung zu beobachten und das Vormundschaftsgericht hat ihre Beachtung zu überwachen. Es hat ohne Gefährdung des Kindesvermögens die zur Durchführung der Anordnungen erforderlichen Maßregeln zu treffen und die Durchführung erforderlichenfalls durch Ordnungsstrafen zu erzwingen (1837). Die Anordnungen gelten zugleich für den Vermögenserwerb, den der Mündel auf Grund eines zu diesem Sondervermögen gehörenden Rechtes oder als Ersatz für die Zerstörung, Beschädigung oder Entziehung eines zu diesem Vermögen gehörenden Gegenstandes oder durch ein Rechtsgeschäft macht, das sich auf dieses Vermögen bezieht. Das Erfordernis der Genehmigung des Vormundschaftsgerichts zu einzelnen Rechtsgeschäften wird durch die Anordnungen nicht aufgehoben. Ebenso gelten für dieses Sondervermögen auch nicht die letztwillig vom Gewalthaber angeordneten Befreiungen des Vormundes sowie die gesetzlichen Befreiungen der Eltern als Vormünder über Volljährige. Mit Genehmigung des Vormundschaftsgerichts darf der Vormund von den Anordnungen abweichen, wenn ihre Befolgung das Interesse des Mündels gefährdet, wozu aber nicht schon das Entgehen von Gewinn zu rechnen ist. Bei einer Zuwendung unter Lebenden ist, wenn der zuwendende Dritte noch lebt, zu einer Abweichung von den Anordnungen, welche er bei seiner Zuwendung getroffen hat, regelmäßig seine Zustimmung erforderlich und genügend, so daß die Gefährdung der Mündelinteressen nicht zu prüfen ist. Die Zustimmung des Dritten kann ausnahmsweise durch das Vormundschaftsgericht ersetzt werden, wenn der Dritte zur Abgabe einer Erklärung dauernd außer Stande oder sein Aufenthalt dauernd unbekannt ist (1803). Vor der Genehmigung hat das Vormundschaftsgericht den Gegenvormund zu hören. Ungenehmigte Abweichungen von den Anordnungen machen den Vormund für den daraus entstehenden Schaden ersatzpflichtig, aber die der Anordnung entgegen vorgenommene Verwaltungshandlung ist nicht unwirksam.

Während der Dauer der Vormundschaft haben Vormund und Pfleger dem Vormundschaftsgerichte, nicht dem Mündel, über ihre Vermögensverwaltung Rechnung zu legen. Der Zeitabschnitt, über den sich die Rechnung erstrecken soll, das sog. Rechnungsjahr, wird von dem Vormundschaftsgerichte bestimmt, deckt sich also nicht mit dem Kalenderjahre. Von dem Rechnungsjahre verschieden ist der Termin, zu welchem die aufgestellte Rechnung dem Vormundschaftsgericht einzureichen ist. Auch dieser Zeitpunkt wird durch das Vormundschaftsgericht bestimmt. Zu ihm ist die Rechnung ohne besondere Aufforderung einzureichen. Die Versäumung des Termins macht für einen durch sie entstehenden Schaden ersatzpflichtig. Die erste Rechnung ist für die mit einer Vermögensverwaltung verbundene Vormundschaft nach dem Ablaufe des ersten Rechnungsjahrs zu legen. Hat jedoch der Gewalthaber den von ihm benannten Vormund oder Pfleger von der Verpflichtung entbunden, während der Dauer seines Amtes Rechnung zu legen, so fällt damit die Verpflichtung zur Rechnungslegung weg. In einem solchen Falle hat aber Vormund oder Pfleger nach dem Ablaufe von zwei Jahren eine Übersicht über den Bestand des seiner Verwaltung unterliegenden Vermögens dem Vormundschaftsgericht einzureichen.

Die Rechnungslegung soll das Vormundschaftsgericht in den Stand setzen, die gesetzliche Pflichtmäßigkeit und die wirtschaftliche Ordnungsmäßigkeit der Verwaltung des Mündelvermögens durch den Vormund oder Pfleger nachzuprüfen. Für diese Prüfung bildet das bei den Vormundschaftsakten befindliche Inventar die Grundlage, weshalb die Rechnung sich an dieses anzuschließen hat. Der Rechnungslegung muß demgemäß eine genaue Vergleichung der Vermögensbestände mit dem Vermögensverzeichnisse vorausgehen; auf Grund derselben hat die Rechnung in getrennten Abschnitten über den Ab- und Zugang des Vermögens Auskunft und eine geordnete Zusammenstellung der einzelnen Einnahmen und Ausgaben zu geben. Soweit über die Ausgaben Belege erteilt zu werden pflegen, sind dieselben der Rechnung beizufügen. Der Vormund hat sich daher wegen der Rechnungslegung über seine Ausgaben und Aufwendungen Quittungen erteilen zu lassen. Da der Vormund die Schuldurkunden dem Vormundschaftsgericht ohne dessen Anordnung nicht vorlegt, so muß die Rechnung das Vorhandensein der Schuldurkunde ergeben. Sind Vermögensgegenstände in Abgang gekommen, so ist ihr Erlös, der mit dem Erlös erworbene Ersatz und die Ausgabe für ihn sowie bei allen neuen Forderungen der Zinsfuß aufzuführen. Im übrigen kann auf das Vermögensverzeichnis Bezug genommen werden. Im Falle des Betriebs eines Erwerbsgeschäfts mit kaufmännischer Buchführung genügt als Rechnung über das Erwerbsgeschäft eine aus den Büchern gezogene Bilanz. Das Vormundschaftsgericht kann jedoch die Vorlegung der Bücher und sonstigen Belege wie auch eine selbstständige Rechnungslegung verlangen, wenn sich aus den Büchern eine Bilanz nicht ziehen läßt. Gehört zur Verwaltung die Bewirtschaftung größeren Grundbesitzes, so empfiehlt sich die Aufstellung einer besonderen Rechnung für diesen. Fehlt dem Vormunde die eigene Fähigkeit zur Aufstellung der Rechnung, so kann er zu derselben einen Sachverständigen zuziehen.

Ist ein Gegenvormund vorhanden oder ist die wegen Vermögensverwaltung erforderliche Bestellung eines Gegenvormundes nachgeholt, so hat der Vormund dem bestellten Gegenvormunde die Rechnung unter Nachweisung des Vermögensbestandes vorzulegen. Der Gegenvormund hat die Rechnung zu prüfen und mit den Bemerkungen zu versehen, zu denen die Prüfung ihm Anlaß giebt. Derselbe ist dem Mündel für die Prüfung der Rechnung und des Nachweises des Vermögensbestandes verantwortlich. Letzterer erfordert insbesondere, daß sich der Gegenvormund von dem Kapitalbestande durch Vorlegung der Wertpapiere und der Hinterlegungsscheine sowie des Kassenbestandes überzeugt. Die vorhandenen Rechnungsbelege sind dem Gegenvormunde mit der Rechnung vorzulegen.

Die von dem Gegenvormunde geprüfte Rechnung ist nach oder vor der Behebung der Bemerkungen dem Vormundschaftsgerichte zu überreichen. Sie ist von diesem rechnungsmäßig und sachlich zu prüfen. Die rechnungsmäßige Prüfung kann unter Zuziehung eines Rechnungsverständigen geschehen. Die sachliche Prüfung ist darauf zu richten, daß das Mündelvermögen vollständig vorhanden und den gesetzlichen Bestimmungen entsprechend verwaltet und angelegt ist. Zeigt sich die Rechnung als unrichtig oder unvollständig, so ist ihre Berichtigung und Ergänzung durch den Vormund im Aufsichtswege herbeizuführen. Giebt die Rechnung Anlaß dazu, so kann das Vormundschaftsgericht sich die Schuldurkunden und Wertpapiere vorlegen und sich den Nachweis der Sicherheit der Geldanlagen führen lassen. Erweist sich die Anlegung des Mündelgeldes als pflichtwidrig, so ist auf eine anderweite Anlegung hinzuwirken. Die Einnahmen und Ausgaben sind auf ihre Angemessenheit hin zu prüfen, was insbesondere auch von dem Aufwande für den Unterhalt und die Erziehung des Mündels gilt. Die Befolgung seiner gegen Pflichtwidrigkeiten getroffenen Anordnungen wie diejenigen bezüglich der Nichteinziehung fälliger Zinsen und der Geldanlage ohne Sperrvermerke kann das Vormundschaftsgericht mit Ordnungsstrafen erzwingen. Dagegen liegt die Erzwingung der Erfüllung der Ansprüche des Mündels, welche bei der Rechnungslegung sich ergeben oder welche zwischen dem Vormund und dem Mündel streitig bleiben, außerhalb des Machtbereichs des Vormundschaftsgerichts. Streitige Ansprüche zwischen beiden können nur im Rechtswege ausgetragen werden. Da ihre Geltendmachung schon vor der Beendigung des Vormundschaftsverhältnisses zulässig ist, so hat das Vormundschaftsgericht dem Mündel zu ihrer Verfolgung einen Pfleger zu bestellen. Nach der Prüfung der Rechnung wird dem Vormund unter Rückgabe der Belege von den Bemerkungen Mitteilung gemacht, zu denen die Prüfung Anlaß gegeben hat.

Die Rechnung ist jährlich zu legen. Nachdem aber die Rechnung für das erste Jahr gelegt worden ist, kann bei Vermögensverwaltungen von geringem Umfange das Vormundschaftsgericht anordnen, daß die Rechnung nur für längere, jedoch höchstens dreijährige Zeitabschnitte zu legen ist (1840 Abs. 3). Seiner Anordnung ungeachtet kann es im Aufsichtswege den Vormund, von der regelmäßigen Rechnungslegung abgesehen, zu ausnahmsweisen Rechnungslegungen anhalten, und zwar selbst dann, wenn der Vormund von der Rechnungslegung befreit ist.

An Stelle der Rechnungslegung ist von dem Vormund eines Minderjährigen nur eine Übersicht über den Bestand des Mündelvermögens einzureichen, wenn ihn der Vater oder die eheliche Mutter des Mündels oder die diesen gleichgestellten Personen als Gewalthaber durch letztwillige Anordnung von der Rechnungslegung befreit haben (1854). Im Unterschiede von der Rechnung hat die Übersicht nicht eine Auskunft über den Ab- und Zugang des Vermögens und eine Zusammenstellung der Einnahmen und Ausgaben, sondern nur eine geordnete Zusammenstellung des am Schlusse des Rechnungsjahres vorhandenen Bestandes des Mündelvermögens zu geben, soweit dieses der Verwaltung des Vormundes unterliegt. Diese Übersicht ist dem Vormundschaftsgerichte nach dem Ablaufe von je zwei Jahren einzureichen, der Zeitpunkt der Einreichung wird von dem Vormundschaftsgerichte bestimmt. Von diesem kann auch angeordnet werden, daß die Übersicht in längeren, höchstens fünfjährigen Zwischenräumen einzureichen ist. Diese Befreiung erstreckt sich dann auch auf das von dem

Gewalthaber dem Mündel zugewendete Vermögen. Ist ein Gegenvormund vorhanden, so hat der Vormund ihm die Übersicht unter Nachweisung des Vermögensbestandes vorzulegen. Von dem Gegenvormunde, welcher auch hier den Vormund zu überwachen hat, ist die Übersicht zu prüfen und mit den Bemerkungen zu versehen, zu denen die Prüfung ihm Anlaß giebt. Für die Prüfung ist er dem Mündel verantwortlich. Nach oder ohne Behebung der Bemerkungen ist die Übersicht dem Vormundschaftsgericht einzureichen, welches dieselbe sachlich zu prüfen hat. Die Befreiung von der Rechnungslegung kann von dem Vormundschaftsgericht außer Kraft gesetzt und es kann von ihm statt der Einreichung der Vermögensübersicht die Rechnungslegung angeordnet werden, wenn die Befreiung das Interesse des Mündels gefährden würde. Führen mehrere Vormünder die Vormundschaft gemeinschaftlich und ist nur einer von ihnen befreit, so ist die Rechnung von allen Mitvormündern zu legen. Wie bei der befreiten Vormundschaft des Minderjährigen der Vormund, so haben bei der Vormundschaft über einen Volljährigen der Vater oder die eheliche Mutter, wenn sie zum Vormund ihres Kindes bestellt sind, nur eine Vermögensübersicht einzureichen, vorausgesetzt daß nicht im Falle der Minderjährigkeit des Mündels ihre Berechtigung zur Vermögensverwaltung ausgeschlossen sein würde oder daß nicht der Vormundschaftsrichter diese gesetzliche Befreiung der Eltern wegen der Gefährdung der Interessen des Mündels außer Kraft gesetzt hat. In diesen beiden Fällen haben auch die Eltern Rechnung zu legen. Von der befreiten Vormundschaft über Minderjährige und der elterlichen Vormundschaft über Volljährige abgesehen, giebt es keinen Fall, in dem der Vormund berechtigt wäre, an Stelle der Rechnung nur eine Vermögensübersicht einzureichen. Auch eine nur unerhebliche Verwaltung gewährt keine Befreiung, sie kann aber ermöglichen, daß der Vormund die Rechnung zu Protokoll des Gerichtsschreibers oder des Richters legt, was namentlich dann sich empfiehlt, wenn kein Gegenvormund zu bestellen ist.

Wird die Vormundschaft über mehrere Mündel geführt, so kann der Pflicht zur Rechnungslegung und zur Einreichung der Vermögensübersicht durch eine einzige Rechnung oder Übersicht für alle Mündel genügt werden; sind aber die Vermögensmassen gesondert, so kann die Trennung der Rechnung oder der Übersicht nach den getrennten Mündelvermögen der Klarheit wegen Bedürfnis sein.

Dem vermögensrechtlichen Schutze des Mündels dienen die Strafbestimmungen gegen die Ausbeutung des Leichtsinns und der Unerfahrenheit Minderjähriger durch Ausstellung von Schuldscheinen, Wechseln, Empfangsbekenntnissen, Bürgschaftsinstrumenten oder einer anderen eine Verpflichtung enthaltenden Urkunde sowie durch mündliche Erteilung des Versprechens einer Geldzahlung oder der Erfüllung einer anderen auf Gewährung geldwerter Sachen gerichteten Verpflichtung aus einem Rechtsgeschäfte (StGB. 301, 302).

Die Sorge für das Vermögen endigt mit der Vormundschaft oder Pflegschaft und während der Dauer beider in der Person des mit ihr betrauten Vormundes oder Pflegers mit der Beendigung seines Amtes oder der Entziehung der Vermögensverwaltung.

§ 13.

Vertretung des Mündels.

Auf der vormundschaftlichen Gewalt beruht die Macht des Vormundes zur Vertretung des Mündels in den auf seine persönliche und Vermögensangelegenheiten bezüglichen Rechtsgeschäften. Diese Vertretungsmacht, die als gesetzliche bezeichnet wird, ist von dem vormundschaftlichen Amte so unbedingt abhängig, daß sie zugleich mit ihm entsteht, ohne es nicht besteht und mit ihm erlischt. Sie erstreckt sich nicht über rechtsgeschäftliche Handlungen hinaus, für diese ist aber ihr Umfang grundsätzlich unbeschränkt. Die Ausnahmen liegen auf dem Gebiete des Familien- und Erbrechtes und sind auf S. 228ff., 251f. mitgeteilt. Kraft der Vertretungsmacht ist der Vormund zur außergerichtlichen und gerichtlichen Abgabe und Entgegennahme rechtsgeschäftlicher Willenserklärungen für den Mündel berechtigt und wirken seine Erklärungen unmittelbar für und gegen den Mündel, nicht auch zwischen dem Dritten und dem Vormunde. Doch sind aus dessen Person und nicht aus der des Mündels das Rechtsgeschäft und seine Voraussetzungen wie die Geschäftsfähigkeit, die Erklärung des Willens, ihre Form und ihre rechtlichen Folgen, die Beeinflussung des Willens durch Willensmängel sowie durch die Kenntnis oder das Kennenmüssen bestimmter Umstände zu beurteilen (166). Eine Erklärung des Vormundes, im Namen des Mündels zu handeln, wird nicht vorausgesetzt; es genügt, daß die Umstände diesen Willen erkennen lassen. Deshalb kann sich der Dritte dem Mündel gegenüber auf den Mangel der Vertretungsabsicht nicht berufen. Auch wird die Wirksamkeit der vom Vormunde für den Mündel abgegebenen oder für ihn entgegengenommenen Willenserklärungen dadurch nicht beeinträchtigt, daß versehentlich eine in der Geschäftsfähigkeit beschränkte Person zum Vormunde bestellt worden ist. Der Geschäftsgegner kann von dem Vormunde, der in Vertretung des Mündels ein Geschäft vornimmt, die Vorlegung der Vormundsbestallung verlangen und bei empfangsbedürftigen einseitigen Geschäften die Entgegennahme zurückweisen, wenn diese unterbleibt. Erfolgt die Zurückweisung unverzüglich unter Angabe des Grundes, so ist das Geschäft, z. B. die Kündigung, nichtig. Dasselbe ist giltig, wenn die Vormundseigenschaft nicht beanstandet wird oder wenn der Erklärungsempfänger damit einverstanden ist, daß ohne Vertretungsmacht gehandelt werde. Die Verträge sind auch ohne die Vorlegung der Bestallung giltig, wenn nur die Vertretungsmacht besteht. Verträge des Vormundes, welche dessen Vertretungsmacht inhaltlich überschreiten, hängen, wenn sie einheitlich aufzufassen sind, in ihrem ganzen Umfange von der seitens des Vormundschaftsgerichts durch die Bestellung eines Pflegers herbeizuführenden Genehmigung ab.

Ein Verschulden des Vormundes hat der Mündel wie eigenes Verschulden nur zu vertreten, wenn es bei der Erfüllung seiner Verbindlichkeiten vorgekommen ist (278). Auch für den Vormund gilt das Verbot der Vornahme von Rechtsgeschäften mit sich selbst. Im Namen des Mündels kann er daher mit sich im eigenen Namen oder als Vertreter eines Dritten ein Rechtsgeschäft nicht abschließen, es sei denn daß das Rechtsgeschäft ausschließlich in der Erfüllung einer Verbindlichkeit besteht (185). Daher ist auch eine Vertretung mehrerer Mündel unter einem Vormund in ihren gegenseitigen Geschäften durch diesen ausgeschlossen, weshalb dem einen Mündel ein Pfleger zu bestellen ist, während der Vormund den anderen vertritt. Aus dem gleichen Grunde kann der Vormund mit seinem Mündel keine Ehe schließen, ohne daß die Einwilligung zu dieser von dem zum Zwecke ihrer Erteilung bestellten Pfleger erteilt oder er als Vormund entlassen ist. Das dem Verbote zuwider vorgenommene Rechtsgeschäft ist unwirksam. Zur Ergänzung und Erweiterung dieses Verbots ist, wenn auch nicht mit der Wirkung der

Unwirksamkeit der Zuwiderhandlung dem Vormunde die Vertretungsmacht entzogen für ein- oder zweiseitige Rechtsgeschäfte zwischen seinem gegenwärtigen Ehegatten oder einem seiner ehelichen Verwandten (nicht Verschwägerten) in gerader Linie einerseits und dem Mündel andererseits, sofern es sich nicht um ausschließliche Erfüllungsgeschäfte handelt; ferner für Rechtsgeschäfte, welche die Übertragung oder Belastung einer durch Pfandrecht, Hypothek (nicht Grundschuld) oder Bürgschaft gesicherten Forderung des Mündels gegen den Vormund oder die Aufhebung oder Minderung dieser Sicherheit zum Gegenstande haben oder die Verpflichtung des Mündels zu einer solchen Übertragung, Belastung, Aufhebung oder Minderung begründen, gleichgiltig wer der Pfandschuldner oder Eigentümer des belasteten Grundstücks ist; endlich für einen Rechtsstreit einschließlich der nach gesetzlicher Vorschrift seiner Erhebung vorhergehenden Handlungen über die vorbezeichneten Angelegenheiten sowie zwischen seinem Ehegatten oder seinen geradlinigen Verwandten und dem Mündel (1795). Außerdem kann das Vormundschaftsgericht durch eine für die Zukunft wirkende Anordnung dem Vormunde die Vertretung für einzelne persönliche oder vermögensrechtliche Angelegenheiten oder für einen bestimmten Kreis solcher Angelegenheiten entziehen. Doch soll die Entziehung nur erfolgen, wenn das Interesse des Mündels zu dem Interesse des Vormundes oder eines von diesem vertretenen Dritten oder seines Ehegatten oder eines seiner vorbezeichneten Verwandten in erheblichen Gegensatz tritt (1796). Ein solcher Gegensatz liegt z. B. vor, wenn der Vormund eine Hypothek an seinem Grundstücke für den Mündel oder eine einem Dritten gegen den Mündel zustehende Forderung für sich erwerben oder einen Teilungsvertrag abschließen will, an dem Mündel und Vormund beteiligt sind, oder wenn wegen einer Schuld des Vormundes das in seinem Besitze befindliche Mündelvermögen gepfändet und für den Mündel die Widerspruchsklage zu erheben ist, oder wenn ein Strafantrag gegen den Vormund gestellt werden soll. Dagegen besteht kein Interessengegensatz, wenn die Frau als Vormund ihres Mannes Rechtsgeschäfte in Bezug auf die Verwaltung und Nutznießung ihres eingebrachten Gutes abschließt. Die gegen den Willen des Vormundes angeordnete Entziehung der Vertretung wird mit ihrer Bekanntmachung an den Vormund wirksam, weshalb sie der Bestellung des Pflegers vorauszugehen hat (FG. 16 Abs. 1). Sie kann aber auch ohne Anordnung einer Pflegschaft erfolgen und betrifft immer nur die Vertretungsbefugnis des Vormundes, nicht auch dessen Sorge für die Person oder das Vermögen des Mündels. Ohne Anordnung einer Pflegschaft kann sie insbesondere erfolgen, um gewisse Rechtshandlungen für die Zukunft zu verhindern. Nimmt der Vormund des Ausschlusses seiner Vertretungsmacht ungeachtet mit einem Dritten ein Rechtsgeschäft für den Mündel vor, so hängt die Wirksamkeit des Geschäfts davon ab, ob dasselbe von dem für die Prüfung des Geschäfts zu bestellenden Pfleger genehmigt wird. Mithin kommen die auf S. 227 f. mitgeteilten Grundsätze mit der Maßgabe zur Anwendung, daß die Genehmigung statt durch den von ihr ausgeschlossenen Vormund durch den neu bestellten Pfleger erfolgen muß. Hat der von der Vertretung ausgeschlossene Vormund oder Pfleger zu einer von dem Mündel selbst abgegebenen oder entgegengenommenen Willenserklärung seine Zustimmung erteilt, so hängt die Wirksamkeit des Vertrags von der Genehmigung durch den neuen Pfleger ab, während das einseitige Rechtsgeschäft nichtig ist, weil im Falle des Ausschlusses jener von der Vertretung sie zur Erteilung oder Versagung der Zustimmung nicht berechtigt waren. Die Willenserklärung hat mithin die gleiche Wirkung wie eine von dem Mündel ohne die Einwilligung oder Genehmigung des Vormundes abgegebene Erklärung.

Ist neben der Vormundschaft eine Pflegschaft angeordnet, so handelt der Vormund bei der Vornahme von Handlungen, die in den Geschäftskreis des Pflegers fallen, ohne Vertretungsmacht, weshalb von der Bestellung des Pflegers an auf diese Handlungen die vorangegebenen Grundsätze anzuwenden sind.

Was die persönlichen Angelegenheiten des Mündels betrifft, so kann nur der Vormund für den wegen Geisteskrankheit Entmündigten die Ehe anfechten und den Rechtsstreit über die Anfechtung sowie über die Scheidung seiner Ehe oder die Aufhebung der Gemeinschaft führen (CPO. 612), auch die Ehelichkeit seines angeblichen Kindes anfechten (1595), für jeden geschäftsunfähigen Mündel die Einwilligung in seine Ehelichkeitserklärung erteilen (1728), für den nicht vierzehn Jahre alten Mündel den Vertrag über seine Annahme an Kindesstatt abschließen (1750), anfechten, bestätigen oder durch neuen Vertrag aufheben (1770). Diese Geschäfte kann der Vormund nur mit Genehmigung des Vormundschaftsgerichts vornehmen. Der Vormund kann ferner die von dem in der Geschäftsfähigkeit beschränkten Mündel ohne seine Einwilligung geschlossene oder nachträglich bestätigte Ehe bestätigen oder sie, falls nicht die verweigerte Bestätigung wegen des Interesses des Mündels an der Aufrechterhaltung der Ehe durch das Vormundschaftsgericht ersetzt worden ist (1337) oder seit der Kenntniserlangung von der Eheeingehung oder der durch den Mündel erfolgten Ehebestätigung sechs Monate abgelaufen sind, anfechten (1336—1339) und die Eheanfechtungsklage erheben. Der Antrag auf Entmündigung eines unverheirateten Mündels kann nur von dem Vormunde, der auf Entmündigung des verheirateten Mündels von dem Vormund oder der Frau gestellt werden. Für die Anfechtung der Entmündigung des Mündels, für die Wiederaufhebung der Entmündigung wegen Verschwendung und Trunksucht (CPO. 664, 685, 686), für die Todeserklärung eines verschollenen Mündels (CPO. 962) ist der Vormund antragsberechtigt; im letzten Falle nur mit Genehmigung des Vormundschaftsgerichts. Von ihm ist die Ausstellung des Arbeitsbuchs für den Mündel als gewerblichen oder als Bergarbeiter zu beantragen; seines Antrags bedarf es zur Naturalisirung eines ausländischen Mündels und zur Entlassung des Mündels aus dem Staatsverbande, zu dem die Genehmigung des Vormundschaftsgerichts erforderlich ist, die nur nach Anhörung des Gegenvormundes und der Angehörigen des Mündels sowie dieses selbst erfolgen soll, wenn er vierzehn Jahre alt ist. Der Vormund hat den Vertrag über die Beförderung des auswandernden Mündels abzuschließen. Er hat dafür zu sorgen, daß die Steuern für diesen bezahlt werden. Wird gegen den Mündel eine strafbare Handlung begangen, die nur auf Antrag verfolgbar ist, so kann der Vormund den Strafantrag stellen und seine Versäumung der Antragsfrist hat den Verlust des Antragsrechts zur Folge.

Sind Mitvormünder vorhanden, so sind bei gemeinsamer Verwaltung die Zustimmungen und Anträge gemeinsam, bei geteilter Verwaltung von demjenigen Mitvormunde zu erteilen oder zu stellen, in dessen Geschäftskreis die Angelegenheit fällt; der Strafantrag kann jedoch bei gemeinsamer Verwaltung von jedem gestellt werden.

Einen Wohnsitz kann der Mündel ohne den Willen seines Vormundes weder begründen noch aufheben; der Vormund ist daher allein in der Lage, den gesetzlichen Wohnsitz seines Mündels durch seinen Willensentschluß zu ändern.

Da die Pflegschaft über einen Volljährigen, der nicht entmündigt ist, dessen Geschäftsfähigkeit nicht beschränkt, so bedürfen seine Handlungen zu ihrer Wirksamkeit einer Zustimmung des Pflegers nicht.

In vermögensrechtlicher Beziehung sind die Handlungen, welche der Vormund in Vertretung des Mündes vornimmt, den gleichen Beschränkungen unterworfen, welchen sie unterliegen, wenn sie kraft seines Verwaltungsrechts vorgenommen worden sind. Infolge der Geschäftsfähigkeit des Pfleglinges und der teilweisen Geschäftsfähigkeit des Mündels kann es vorkommen, daß Handlungen des Vormundes oder Pflegers und solche des Mündels oder Pfleglinges in Bezug auf dieselbe Angelegenheit zusammentreffen, die sich widerstreiten. In diesem Falle ist die zuerst vorgenommene Handlung giltig, während nicht ein Rechtsgeschäft, sondern ein Schadensanspruch entsteht, wenn die widersprechenden Erklärungen gleichzeitig abgegeben worden sind. Konkurrierende Handlungen werden insbesondere bei der Gebrechlichkeits- und der Abwesenheitspflegschaft in Frage kommen, zumal da von dem Pflegling ein Bevollmächtigter bestellt sein kann, dessen Vollmacht im Zweifel nicht einmal durch den Eintritt seiner Geschäftsunfähigkeit erlischt. Der gleiche Widerstreit der Handlungen kann vorliegen, wenn ein Kind deshalb zwei gesetzliche Vertreter hat, weil es als uneheliches bevormundet wird, nachdem von seinem natürlichen Vater die Ehe mit seiner Mutter geschlossen worden ist. Was insbesondere die Vertretungsmacht des Abwesenheitspflegers betrifft, so erstreckt sich dieselbe nicht nur auf das von dem Abwesenden zurückgelassene, sondern auch auf das demselben zufallende Vermögen, so daß der Pfleger nicht bloß zur Verwaltung des Vermögens, sondern auch zum Erwerbe von Gegenständen, zur Annahme von Erbschaften und zur Führung von Rechtsstreitigkeiten über vermögensrechtliche Angelegenheiten in Vertretung des Abwesenden berufen ist. Seine Vertretungsmacht dauert auch fort, wenn der Abwesende verstorben ist; selbst dessen Tod vor der Anordnung der Pflegschaft beeinflußt die Verwaltungsmacht nicht. Der Pfleger kann die Eröffnung des Konkurses über das Vermögen des Abwesenden beantragen.

Der Pfleger für eine Leibesfrucht hat als deren Vertreter ihre künftigen Rechte wie die Unterhalts- oder Schadensersatzansprüche aus § 844 sowie die Fideikommißrechte zu wahren. Wird zum Schutze der künftigen Rechte von noch nicht empfangenen Fideikommiß- oder Lehensanwärtern oder von zur Zeit eines Erbanfalls noch nicht empfangenen oder der Persönlichkeit nach noch nicht bestimmten Vermächtnisnehmern oder einer juristischen Person, deren Bestehen noch nicht feststeht, oder von noch unbekannten Beteiligten an einem größeren Unglücksfall ein Pfleger bestellt, so handelt er als Vertreter der unbekannten oder ungewissen Beteiligten.

Durch die von einem Dritten über die Verwaltung des von ihm dem Mündel letztwillig oder unter Lebenden zugewendeten Vermögens getroffenen Anordnungen wird die Vertretungsmacht des Vormundes nicht berührt; sie wirkt nur im Verhältnisse zum Mündel.

Zur Prozeßführung ist der Vormund in dem gleichen Umfange wie zu Verwaltungshandlungen auf Grund seiner Bestellung berechtigt. Als Beklagter vertritt er den Mündel auch bei Rechtsgeschäften, die er außerhalb des Prozesses nur mit Genehmigung des Gegenvormundes oder des Vormundschaftsgerichts vornehmen kann. Daher ist aus rechtskräftigen Urteilen gegen den Mündel die Zwangsvollstreckung in Grundstücke desselben während der Vormundschaft und nach ihrer Beendigung zulässig. Ebenso können Urteile auf Abgabe einer Auflassungserklärung, auf Einwilligung zur Eintragung einer Hypothek oder Grundschuld und zur Bestellung einer Dienstbarkeit gegen ihn vollstreckt werden. Gegen Pflichtverletzungen des Vormundes im Prozeßverfahren schützt den Mündel die Ersatzpflicht des Vormundes und die Prüfung der Urteile durch das Vormundschaftsgericht, welches den Vormund zur Einlegung der Rechtsmittel anweisen kann. Die Frage, ob die Vormundschaft zu recht eingeleitet ist, untersteht nicht der Prüfung des Prozeßrichters. Auch im Konkursverfahren, im Privatklageverfahren und im Enteignungsverfahren wird der Mündel durch den Vormund oder Pfleger vertreten.

§ 14.

Beendigung des Amtes des Vormundes oder Pflegers.

Die Vormundschaft hört mit dem Bedürfnis auf, das sie hervorgerufen hat. Wann dies der Fall ist und wie sich die Aufhebung vollzieht, ist auf S. 154 ff. mitgeteilt. Das BGB. kennt aber außer den in der Person des Mündels gelegenen Beendigungsgründen der Vormundschaft als solcher eine Beendigung bloß des Amtes eines bestimmten Vormundes oder Pflegers, während das Bedürfnis der Vormundschaft fortdauert. Diese Beendigungsgründe haben, weil sie in der Person des Vormundes oder Pflegers beruhen, nur einen Wechsel in der Person zur Folge; sie sind für den Altersvormund, den Vormund des Volljährigen, den Gegenvormund und den Pfleger die gleichen.

Die Gründe der Beendigung des Amtes sind der Tod, die Todeserklärung, die Entmündigung des Vormundes und der Eintritt einer landesgesetzlichen Vormundschaft sowie als den wichtigsten Fall die Entlassung des Vormundes. Die letztere beruht auf der Anordnung des Vormundschaftsgerichts, während die vier anderen Gründe die vormundschaftliche Gewalt ohne vormundschaftsgerichtliches Eingreifen beendigen. Der Verlust der Staatsangehörigkeit seitens des Mündels führt nur im Falle der Abgabe der Vormundschaft an das Ausland zur Entlassung des Vormundes.

Stirbt ein Vormund, so hat dessen Erbe und der Gegenvormund die Pflicht, den Tod dem Vormundschaftsgericht unverzüglich anzuzeigen. Die Anzeige von dem Tode des Gegenvormundes oder eines Mitvormundes liegt dem Vormund ob.

Wird der Vormund oder Pfleger für tot erklärt, so endigt sein Amt mit der Erlassung des die Todeserklärung aussprechenden Urteils. Ist die Todeserklärung zu unrecht erfolgt und kehrt der für tot erklärte Vormund zurück, so bleibt er dennoch seines Amtes entsetzt. Die Verschollenheit des Vormundes beendigt sein Amt nicht, kann aber einen Grund zur Entlassung und zur Bestellung eines neuen Vormundes geben, dessen Entlassung für den Fall vorbehalten werden darf, daß der verschollene Vormund zurückkehrt.

Bei dem Tode oder der Todeserklärung eines Mitvormundes haben die überlebenden Mitvormünder ihr Amt weiterzuführen; dasselbe erstreckt sich alsdann bei nicht gemeinschaftlicher Führung der Vormundschaft auf den dem ausgeschiedenen Vormund überwiesenen Wirkungskreis, der bis zur Neubestellung eines Vormundes für diesen Wirkungskreis gemeinschaftlich zu verwalten ist.

Die Entmündigung des Vormundes bewirkt den Verlust des Amtes bei der Entmündigung wegen Geisteskrankheit mit der Bestellung eines Vormundes für den entmündigten Vormund und bei der Entmündigung wegen Geistesschwäche, Verschwendung oder Trunksucht mit der Zustellung des Entmündigungsbeschlusses an den Vormund. Das Vormundschaftsgericht hat daraufhin sofort einen neuen Vormund zu bestellen. Den Entmündigungsbeschluß hat deshalb das Amtsgericht dem Vormundschaftsgerichte von amtswegen mitzuteilen. Die Wiederaufhebung der Entmündigung hat eine Wiedereinsetzung des entmündigt gewesenen Vormundes in sein Amt nicht zur Folge. Hat aber der Vormund vor dem Entmündigungsbeschlusse seine volle Geschäftsfähigkeit wiedererlangt, so dauert sein Amt fort, wenn ihn nicht das Vormundschaftsgericht entlassen hatte. Geschäftsunfähigkeit oder die Beschränkung der Geschäftsfähigkeit endigen das Amt nicht, wenn sie ohne Entmündigung eintreten (1885).

Wird ein Minderjähriger in eine Erziehungs- oder Verpflegungsanstalt untergebracht, deren Vorstand nach Landesrecht für die Anstaltszöglinge die Rechte und Pflichten eines Vormundes hat, oder werden nach ortsstatutarischer Bestimmung einem Beamten der Gemeindearmenverwaltung diese Rechte und Pflichten übertragen, so endigt mit der Aufnahme des Mündels in die Anstalt oder mit der Übertragung der Rechte auf den Beamten das Amt des bisherigen Vormundes. Da neben dem Anstaltsvorstand und dem Gemeindevorstand ein Gegenvormund nicht zu bestellen ist, so hat das Vormundschaftsgericht den bestellten Gegenvormund zu entlassen; die Beendigung seines Amtes tritt also nicht schon mit der Aufnahme des Mündels in die Anstalt ein.

Die Entlassung erfolgt entweder auf den Antrag des Vormundes oder Pflegers oder ohne Antrag von amtswegen. Zu dem Antrag auf Entlassung ist der Vormund berechtigt, wenn ein wichtiger Grund dazu vorliegt. Wird der angegebene Grund von dem Vormundschaftsgerichte nach seinem pflichtgemäßen Ermessen als wichtig anerkannt, so muß die Entlassung von ihm angeordnet werden. Wichtige Gründe sind insbesondere, wenn nach der Übernahme der Vormundschaft der Vormund das sechzigste Lebensjahr vollendet, mehr als vier minderjährige eheliche, als ehelich legitimierte oder an Kindesstatt angenommene Kinder erhält, oder an einer Krankheit oder einem Gebrechen leidet, durch welche er verhindert wird, sein Amt ordnungsmäßig zu führen; oder wenn er seinen Wohnsitz oder das Vormundschaftsgericht seinen Amtssitz verlegt und infolgedessen wegen Entfernung des Wohnsitzes des Vormundes von dem Sitze des Vormundschaftsgerichts die Vormundschaft nicht ohne besondere Belästigung geführt werden kann, sowie wenn der Vormund zur Sicherheitsleistung angehalten oder ihm ein Mitvormund zur gemeinschaftlichen Führung der Vormundschaft bestellt wird (1889). Andere wichtige Gründe sind die beabsichtigte Eheschließung des Vormundes oder Pflegers mit seinem Mündel sowie die vom Vormund oder Pfleger beabsichtigte Annahme des Mündels an Kindesstatt. Die gleichen Gründe gelten für den Entlassungsantrag des Gegenvormundes, der jedoch, da eine Sicherheitsleistung von ihm nicht gefordert werden kann und da ihn die nachträgliche Bestellung von Mitvormündern nicht berührt, aus diesen beiden Gründen seine Entlassung nicht beantragen kann. Die Bestellung von Mitvormündern läßt auch den Pfleger unberührt. Die Übertragung einer zweiten Vormundschaft, Gegenvormundschaft oder Pflegschaft berechtigt an sich nicht zu dem Antrag auf Entlassung, da ihre Übernahme freiwillig geschieht, indem von dem eingeräumten Ablehnungsrecht kein Gebrauch gemacht ist. Gegen die Ablehnung des Entlassungsantrags steht dem Antragsteller die Beschwerde zu (FG. 20). Versäumung sofortiger Stellung seines Entlassungsantrags nach dem Eintritte der Entlassungsthatsache gilt als Verzicht.

Von amtswegen muß das Vormundschaftsgericht den Vormund, Gegenvormund oder Pfleger entlassen, wenn die Fortführung des Amtes, insbesondere wegen pflichtwidrigen Verhaltens des Vormundes oder Pflegers, das Interesse des Mündels gefährdet (1886). Ob das Verhalten pflichtwidrig ist, entscheidet auf Grund seiner Sachuntersuchung das Vormundschaftsgericht nach seinem pflichtmäßigen Ermessen. Die Pflichtwidrigkeit kann in einer Gefährdung sowohl der Person als des Vermögens des Mündels bestehen; deshalb kann ein unsittlicher Lebenswandel des Vormundes, seine mangelhafte Fühlung mit dem Mündel, die pflichtwidrige Anlage von Mündelgeld Entlassungsgrund sein. Doch soll zur Entlassung nur geschritten werden, wenn sich die Gefährdung der Mündelinteressen nicht durch geeignete Gebote oder Verbote abwenden läßt. Auch wird sich die Anhörung von Verwandten oder Verschwägerten des Mündels vor der Entlassung empfehlen. Eine bloße Kollision der Interessen zwischen Mündel und Vormund wird die Entlassung regelmäßig nicht rechtfertigen. Die Entlassung hat ferner zu erfolgen, wenn in der Person des Vormundes oder Pflegers ein Untauglichkeitsgrund vorliegt, wenn also ein Minderjähriger zum Vormund oder Pfleger bestellt oder der Vormund und Pfleger unter vorläufige Vormundschaft gestellt worden ist oder wenn er wegen körperlicher oder geistiger Gebrechen zur Besorgung seiner Vermögensangelegenheiten einen Pfleger erhalten hat oder wenn er in Konkurs geraten oder der bürgerlichen Ehrenrechte für verlustig erklärt worden ist. Der Vormund ist außerdem zu entlassen, wenn ein Berufener zu unrecht übergangen worden war und seine Bestellung zum Vormunde beantragt sowie wenn ein Berufener nur vorübergehend verhindert war und das Hindernis weggefallen ist oder wenn die Entlassung von dem Eintritt oder Nichteintritt eines bestimmten Ereignisses abhängig gemacht worden ist und das Vormundschaftsgericht das Ereignis als eingetreten oder ausgefallen annimmt.

Ist eine verheiratete Frau zum Vormunde bestellt, so muß sie entlassen werden, wenn der Mann, der nicht der Vater des Mündels ist, seine Zustimmung zu der Übernahme oder zur Fortführung der Vormundschaft versagt oder die erteilte Zustimmung zurücknimmt, was ihm jederzeit freisteht. Die Versagung der Zustimmung und den Widerruf hat der Mann der Frau gegenüber zu erklären, die dem Vormundschaftsgerichte davon Mitteilung zu machen hat. Ist der Mann der Vater des Mündels, so ist seine Versagung der Zustimmung oder sein Widerruf kein Entlassungsgrund. Das Vormundschaftsgericht kann von amtswegen eine Frau, die zum Vormunde bestellt ist, entlassen, wenn sie sich verheiratet, gleichgiltig ob ihr Mann der Mündelvater ist oder ob er der Fortführung der Vormundschaft zustimmt (1887).

Ist ein Beamter oder ein Religionsdiener zum Vormunde bestellt, so hat ihn das Vormundschaftsgericht zu entlassen, wenn die Erlaubnis, die nach den Landesgesetzen zur Übernahme der Vormundschaft oder zur Fortführung der vor dem Eintritt in das Amts- oder Dienstverhältnis übernommenen Vormundschaft erforderlich ist, versagt oder zurückgenommen wird oder wenn die nach den Landesgesetzen zulässige Untersagung der Fortführung der Vormundschaft erfolgt (1888). Dasselbe gilt von den Reichsbeamten, den Militärpersonen des Friedensstandes und den Civilbeamten der Militärverwaltung.

Ein besonderes Verfahren ist zur Herbeiführung der Entlassung nicht vorgeschrieben. Aber jeder gegen seinen Willen entlassene Vormund hat gegen die Entlassungsverfügung die sofortige Beschwerde (FG. 60 Ziff. 3). Doch tritt die Entlassung bereits mit der Bekanntmachung ein. Von derselben sind Gegen- oder Mitvormund und Gemeindewaisenrat zu verständigen.

Die Folge der Beendigung der Vormundschaft oder des vormundschaftlichen Amtes des Vormundes und Pflegers ist die Pflicht, dem Mündel das in ihrer Verwaltung stehende Vermögen herauszugeben und über die von ihnen geführte Verwaltung Rechenschaft abzulegen (1890). Rechenschafts- und Herausgabepflicht sind nicht dem Vormundschaftsgerichte, sondern dem Mündel gegenüber begründet; sie sind im Falle der Beendigung der Vormundschaft auch diesem oder seinem Erben gegenüber, im Falle der bloßen Beendigung des Amtes unter Fortdauer der Vormundschaft dem neubestellten Vormunde gegenüber zu erfüllen. Die Erfüllung kann nicht durch Anordnungen des Vormundschaftsgerichts erzwungen werden, diesem ist nur eine vermittelnde Thätigkeit eingeräumt, die sich bezüglich der Herausgabe des Vermögens auf die Aufforderung dazu an den Vormund oder Pfleger und auf die Gestattung der Verabfolgung des mit dem Sperrvermerke hinterlegten oder angelegten Vermögens und bezüglich der Rechenschaftsablage auf die Prüfung und Abnahme der Schlußrechnung beschränkt. Soweit der Vormund und Pfleger ihrer Pflicht nicht freiwillig genügen, ist deren Erfüllung von dem Mündel oder seinem Vertreter durch Klage auf Rechnungslegung und Vermögensherausgabe zu erzwingen. Eine Frist zur Erfüllung dieser Verpflichtungen ist nicht gewährt, weshalb sie sofort mit der Beendigung des Amtes fällig sind. Der Vormund hat sich daher bei der Beendigung der Vormundschaft durch Volljährigkeit des Mündels darauf einzurichten, daß er die Schlußrechnung unverzüglich legen kann. In den anderen Fällen der Beendigung des Amtes ist durch das Vormundschaftsgericht eine angemessene Frist zur Rechnungslegung zu gewähren.

Die Vermögensherausgabe an den bisherigen Mündel oder dessen Vertreter oder Erben und die Rechnungslegung an diese sind von dem Vormundschaftsgerichte dem Vormund oder Pfleger spätestens mit der Beendigung ihres Amtes aufzugeben. Die Legung der Schlußrechnung kann niemals erlassen werden, auch nicht durch eine letztwillige Anordnung des Gewalthabers oder des Zuwenders von Vermögen; nur der geschäftsfähige Mündel oder sein Erbe können auf die Rechnungslegung verzichten. Deshalb ist auch der befreite Vormund zur Rechenschaftsablage verpflichtet und zwar selbst dann, wenn die Offenlegung des Inventars untersagt worden ist. Die Rechenschaftsablage hat sich auf die gesamte vormundschaftliche Verwaltung zu erstrecken; ihre Grundlage bildet das Vermögensverzeichnis und die eine geordnete Zusammenstellung aller im Laufe der Vormundschaft gemachten Einnahmen und Ausgaben enthaltende Rechnung, der auch hier Belege beizufügen sind, soweit solche erteilt zu werden pflegen. Soweit bereits während der Vormundschaft dem Vormundschaftsgerichte Rechnung gelegt war, genügt die Bezugnahme auf diese Rechnung, so daß nur die seit der Legung der letzten Rechnung gemachten Einnahmen und Ausgaben in die Schlußrechnung aufzunehmen sind. Ist ein Gegenvormund vorhanden, so hat ihm der Vormund die Schlußrechnung zunächst vorzulegen. Der Gegenvormund hat die Rechnung mit den Bemerkungen zu versehen, zu welchen die Prüfung ihm Anlaß giebt. Ist ein Gegenvormund nicht vorhanden, so ist wegen der Rechnungslegung ein solcher nicht zu bestellen. Zur Nachweisung des Vermögensbestandes ist bei der Schlußrechnung der Vormund dem Gegenvormunde nicht verpflichtet. Die bei ihm eingereichte Rechnung hat das Vormundschaftsgericht von amtswegen rechnungsmäßig und sachlich zu prüfen. Die ihr beizufügenden Quittungen über die Ausgaben sind dem Vormunde zurückzugeben. Nach der Prüfung ist ein Termin zur Abnahme der Rechnung vor dem Vormundschaftsgericht oder dem ersuchten Richter anzuberaumen, zu dem mit dem verheirateten weiblichen Mündel auch der Mann vorzuladen ist und in dem das Gericht zwischen Vormund und Mündel oder dessen Erben unter Zuziehung des Gegenvormundes die Abnahme zu vermitteln hat. Rechnungsnehmer ist jetzt der Mündel, dem der Vormund sowohl über den Vermögensbestand wie über die Verwaltung des Vermögens Auskunft zu erteilen hat. Ihm ist auch von dem Gegenvormund über die Führung der Gegenvormundschaft und, soweit dieser dazu imstande ist, über das von dem Vormunde verwaltete Vermögen auf Verlangen Auskunft zu erteilen. Der Mündel kann jetzt noch selbst gegen die früheren Rechnungen Erinnerungen erheben. Soweit die Schlußrechnung als richtig anerkannt wird, hat das Vormundschaftsgericht das Anerkenntnis zu beurkunden (FG. 167 ff.). Erscheinen die Beteiligten nicht, so findet eine weitere Mitwirkung des Vormundschaftsgerichts bei der Rechnungslegung nicht statt; nur wenn die Rechnung einem neu bestellten Vormund oder Pfleger zu legen ist, erstreckt sich das Aufsichtsrecht über diese auch auf die Rechnungslegung, weshalb der neue Vormund gezwungen werden kann, auf dieselbe zu klagen. Besteht Grund zu der Annahme, daß die in der Rechnung enthaltenen Angaben über die Einnahmen nicht mit der erforderlichen Sorgfalt gemacht worden sind, so kann der Vormund im Prozeßwege gezwungen werden, den Offenbarungseid dahin zu leisten, daß er nach bestem Wissen die Einnahmen so vollständig angegeben habe, als er dazu imstande sei. Doch ist in Angelegenheiten von geringer Bedeutung der Eid nicht zu leisten (259, 261). Dabei ist für die Klagen aus der vormundschaftlichen Verwaltung nicht nur das Gericht des Wohnsitzes, sondern auch das Gericht des Ortes zuständig, wo die Verwaltung geführt ist (CPO. 31).

Die vorbehaltlose Anerkennung der Rechnung bewirkt die Entlastung des Vormundes und Gegenvormundes auch hinsichtlich derjenigen Verwaltungshandlungen, deren nachteilige Folgen erst später eintreten. Ihre Anfechtung ist dann nur unter den Voraussetzungen zulässig, unter welchen Willenserklärungen überhaupt, z. B. wegen Irrtums (119), angefochten werden können. Wird die Anerkennung verweigert oder werden wegen einzelner Rechnungsposten oder wegen des Vermögensverzeichnisses und der Vermögensherausgabe Vorbehalte gemacht, so kann der Vormund im Wege der Feststellungsklage eine gerichtliche Entscheidung über seine Pflichterfüllung herbeiführen. Bleiben Streitigkeiten bestehen, so ist über diese im Rechtswege zu entscheiden. Die Klage über sie kann wie die Klage auf Rechnungslegung oder auf Leistung des Offenbarungseids über die gelegte Rechnung mit der Klage auf Herausgabe des ganzen Vermögens oder einzelner Vermögensgegenstände verbunden werden, obgleich sie zu deren Vorbereitung dient (CPO. 254). Die bestimmte Angabe der von dem Vormunde herauszugebenden Gegenstände kann dann bis zur Rechnungsmitteilung vorbehalten werden, indem die Entscheidung zunächst nur über den Anspruch auf Rechnungslegung oder auf Leistung des Offenbarungseids durch Teilurteil ergeht und der Prozeß über die Herausgabepflicht erst nach dessen Erlaß unter nunmehr bestimmter Bezeichnung der geforderten Leistung fortgesetzt wird.

Wie gegen die früheren Rechnungen, so kann der Mündel auch gegen das Vermögensverzeichnis Erinnerungen erheben und es kann der Vormund oder Pfleger im Prozeßwege zur Leistung des Offenbarungseids gezwungen werden, wenn Grund zu der Annahme besteht, daß in Bezug auf Gegenstände von nicht geringer Bedeutung das Verzeichnis nicht mit der erforderlichen Sorgfalt aufgestellt worden war (260). Auch dieser Anspruch kann wie der Anspruch auf Rechnungslegung mit der Klage auf Herausgabe verbunden werden. Die

Herausgabe des Vermögens umfaßt die in die Verwaltung des Vormundes oder Pflegers gelangten Gegenstände und deren Nutzungen, soweit diese nicht für den Mündel oder in ordnungsmäßiger Wirtschaftsführung verbraucht worden sind. Sie hat in dem Zustande zu erfolgen, der sich bei einer bis zur Herausgabe fortgesetzten ordnungsmäßigen Verwaltung ergiebt. Der Mündel darf deshalb nachträglich jede einzelne Verwaltungshandlung, nicht nur das Gesamtergebnis der Verwaltung, auf ihre Ordnungsmäßigkeit prüfen und er kann von den vorgekommenen ungesetzlichen Handlungen die eine genehmigen, die andere verwerfen, ohne verpflichtet zu sein, den Gewinn aus der einen auf den Nachteil durch die andere sich anrechnen zu lassen. Sofern der Mündel nicht zur Empfangnahme der beweglichen Sachen erscheint, sind ihm diese auf seine Gefahr und Kosten zuzusenden. Sind Vermögensgegenstände untergegangen oder verschlechtert oder ist ihre Herausgabe aus anderen Gründen unmöglich, so hat der Vormund, wenn ihn ein Verschulden trifft, Ersatz zu leisten, auch wenn der Untergang oder die Verschlechterung auf Verfügungen beruhen, welche das Vormundschaftsgericht geduldet hat. Seine Herausgabeklage begründet der Mündel durch die Berufung auf das Vermögensverzeichnis und die Einnahmeangaben in den von dem Vormunde gelegten Rechnungen. Einnahmen, welche in den Rechnungen nicht aufgeführt sind, hat der Mündel nachzuweisen. Wird vom Mündel Ersatz gefordert, so ist von ihm zu beweisen, daß der Vormund den Gegenstand, der untergegangen oder verschlechtert oder dessen Herausgabe sonst unmöglich ist, überhaupt oder in einem bestimmten Zustand erhalten oder durch sein Verschulden nicht oder nicht in diesem Zustand erhalten hat. Von dem Vormund ist dann der Nachweis zu führen, daß er den Untergang oder die Verschlechterung nicht verschuldet oder daß die Veräußerung in ordnungsmäßiger Verwaltung erfolgte. Ebenso hat der Vormund darzuthun, weshalb er eine Einnahme nicht herauszugeben hat. Die gewöhnliche Abnutzung hat der Vormund nicht zu ersetzen. Stehen demselben vom Vormundschaftsgerichte nicht anerkannte oder vom Mündel bestrittene Ersatzansprüche zu, so sind sie von ihm einredeweise geltend zu machen, damit über sie mitentschieden wird. Die Ersatzansprüche berechtigen den Vormund nicht zur Zurückbehaltung des ganzen Vermögens, sondern nur eines Betrags desselben in der Höhe, der seinen Ansprüchen gegen den Mündel entspricht. Die schuldhafte Verzögerung der Herausgabe des diesen Betrag übersteigenden Vermögensbestandes macht den Vormund für den dem Mündel durch den Verzug entstehenden und für den Schaden verantwortlich, der dadurch entsteht, daß infolge des Verschuldens eine Sache des Mündels verschlechtert wird, untergeht oder aus einem anderen Grunde von ihm nicht herausgegeben werden kann. Auch kann sich der Vormund durch Verfügungen über das Vermögen des bisherigen Mündels noch jetzt der Untreue schuldig machen.

Bei der Herausgabe des Vermögens hat der Mündel oder sein neuer Vertreter oder sein Rechtsnachfolger dem Vormund auf sein Verlangen Quittung zu erteilen, sofern eine solche nicht in der Anerkennungsurkunde enthalten ist. Die durch die Herausgabe des Vermögens, durch die Rechnungslegung und durch die Quittung entstehenden Kosten fallen dem Mündelvermögen zur Last. Das Vormundschaftsgericht kann die von ihm getroffene Anordnung der Sicherheitsleistung nach der Beendigung der Vormundschaft nicht mehr aufheben, diese behält vielmehr auch nach der Quittungsleistung ihre Wirksamkeit. Die Rückgabe der geleisteten Sicherheit und die Löschung der im Grundbuch eingetragenen Sicherungshypothek kann deshalb nur mit Einwilligung des bisherigen Mündels oder seines Rechtsnachfolgers oder Vertreters erfolgen; auf die Einwilligung kann geklagt werden, die schuldhafte Verzögerung ihrer Erteilung begründet den Anspruch auf Schadensersatz.

Im Falle des Todes des Vormundes geht die Pflicht zur Ablegung der Rechenschaft sowie zur Herausgabe des Vermögens auf seine Erben über, welche als Rechtsnachfolger desselben auch für die Sicherstellung des Mündelvermögens bis zur Herausgabe Sorge zu tragen haben. Die gleichen Verpflichtungen liegen dem gesetzlichen Vertreter des Vormundes ob, wenn wegen dessen Geschäftsunfähigkeit oder Beschränkung in der Geschäftsfähigkeit sein vormundschaftliches Amt beendigt worden ist. Von dem Vormunde begonnene Geschäfte können sie fortsetzen, bis der Vormundschaftsrichter anderweite Fürsorge getroffen hat, wenn mit dem Aufschube der Geschäfte Gefahr für den Mündel verbunden ist.

Wird das Amt des Vormundes durch die Eröffnung des Konkurses über sein Vermögen beendet, so ist nicht der Konkursverwalter zur Rechenschaftsablage verpflichtet. Diese Pflicht verbleibt vielmehr dem Gemeinschuldner; auf Grund seiner Rechnungslegung hat dann der Mündel oder sein Rechtsnachfolger oder gesetzlicher Vertreter den

Herausgabeanspruch sowie die Schadensansprüche im Konkursverfahren geltend zu machen. Der Herausgabeanspruch geht auf die Aussonderung des Mündelvermögens aus der Masse; die Ansprüche aus dessen Verwaltung sind bevorrechtete Konkursforderungen (KO. 61, Z. 5).

Endigt die Vormundschaft über einen Mündel, dessen Aufenthalt unbekannt ist, so ist nach der Einreichung der Schlußrechnung ein Abwesenheitspfleger zu bestellen, dem das Vermögen herauszugeben und die Rechenschaft abzulegen ist. Auch kann der bisherige Vormund unter Rückgabe seiner Vormundsbestallung als Pfleger bestellt werden, nachdem von ihm dem für die Rechenschaftsabnahme bestellten Pfleger die Rechenschaft gelegt worden ist.

Die Beendigung der Vormundschaft oder des vormundschaftlichen Amtes beendigt nicht schon die Rechte und Pflichten des Vormundes oder Pflegers. Diese sind auch nach der Beendigung ihres Amtes zur Fortführung der mit der Sorge für die Person und das Vermögen des Kindes verbundenen Geschäfte berechtigt, bis sie von der Beendigung Kenntnis erlangen oder sie kennen müssen. Die Vormundschaft gilt bis dahin zu ihren Gunsten als fortbestehend. Die Fortdauer wirkt sowohl dem bisherigen Mündel wie Dritten gegenüber und zwar sowohl für die zwischenzeitig von dem Vormunde wie für die ihm gegenüber vorgenommenen Geschäfte. Doch kann sich ein Dritter auf diese Berechtigung nicht berufen, wenn er bei der Vornahme eines Rechtsgeschäfts die Beendigung des Amtes kannte oder kennen mußte. War bei dieser der Dritte gutgläubig, so müssen der bisherige Mündel und der Dritte sich die aus der Fortdauer der Berechtigung des Vormundes ergebenden Folgen gefallen lassen. Mit der Kenntniserlangung sind die mit einem Dritten eingeleiteten Vertragsverhandlungen von dem Vormunde dem bisherigen Mündel zur Weiterführung zu überlassen. Für den aus einer während der Fortdauer der Berechtigung vorgekommenen Pflichtverletzung entstandenen Schaden ist dem Mündel der Vormund verantwortlich, wenn ihn ein Verschulden trifft. Endigt die Vormundschaft durch den Tod oder die Todeserklärung des Mündels, so sind der Vormund und Gegenvormund sowie der Pfleger verpflichtet, diejenigen Geschäfte weiter zu besorgen, mit deren Aufschube Gefahr verbunden ist, bis der Erbe anderweit Fürsorge treffen kann. Werden dabei Geschäfte zur Abwendung einer dem Mündel oder seinem Erben drohenden dringenden Gefahr besorgt, so ist wie von dem Geschäftsführer ohne Auftrag nur Vorsatz oder grobe Fahrlässigkeit zu vertreten. Die Beweislast für die Kenntnis oder fahrlässige Unkenntnis des Vormundes oder des Dritten von der Beendigung der Vormundschaft oder des vormundschaftlichen Amtes trifft denjenigen, der sich auf sie beruft. Dem Vormund ist für die während der Fortdauer seiner Berechtigung gemachten Aufwendungen aus dem Mündelvermögen Ersatz zu gewähren. Auch hat er für die Dauer seiner Thätigkeit Anspruch auf die ihm zugebilligte Vergütung. Zur vorläufigen Fortführung der vormundschaftlichen Verwaltung seines Erblassers ist der Erbe nicht verpflichtet und auch für die Sicherstellung des in dem Nachlasse befindlichen Mündelvermögens ist der Erbe nur wie jeder verpflichtet, der Vermögensgegenstände herauszugeben hat.

Ihre Bestallung haben Vormund und Gegenvormund sowie der Pfleger nach der Beendigung ihres Amtes dem Vormundschaftsgerichte zurückzugeben; die Rückgabe kann durch Ordnungsstrafen erzwungen werden. Auch die Erben sind verpflichtet, die Bestallung zurückzugeben, doch besteht ihnen gegenüber kein Zwangs-, schlimmstenfalls nur ein vom Mündel auszuübendes Klagerecht. Wird die Vormundschaft über mehrere Mündel geführt, von welchen noch einer unter der Vormundschaft des Vormundes verbleibt, so ist diesem die Bestallung zu belassen (1893).

Zur Rechenschaftsablage und Vermögensherausgabe ist der Vormund vor der Beendigung der Vormundschaft und der Fortdauer seines vormundschaftlichen Amtes ungeachtet in dem Falle verpflichtet, wenn sein Mündel sich mit seiner Einwilligung verheiratet, weil dann nach dem gesetzlichen Güterrechte das Mündelvermögen durch die Eheschließung in die Verwaltung des Mannes übergeht (1363), soweit es nicht Vorbehaltsgut wird. Ist aber die bevormundete Frau ohne Einwilligung des Vormundes in die Ehe getreten, so tritt Gütertrennung ein, welche die Vermögensverwaltung dem Vormunde beläßt. Dieser hat die Eintragung der Gütertrennung in das Güterrechtsregister von den Ehegatten zu erfordern. Über das getrennte und das vorbehaltene Vermögen der Frau hat nach deren Volljährigkeit der Vormund ihr und ihrem Manne Rechenschaft abzulegen. Ebenso hat der Vormund Rechenschaft abzulegen, wenn ihm unter Aufrechterhaltung seiner Vormundschaft die Vermögensverwaltung entzogen und einem Pfleger übertragen wird. Diesem ist dann das Vermögen herauszugeben.

Hat ein Vormund mehrere Geschwister zu Mündeln, deren Vermögen gemeinsam verwaltet wird, so ist bei der Beendigung der Vormundschaft über einen Mündel die Rechenschafts- und Herausgabepflicht nur wegen des Vermögens dieses Mündels begründet; fragen wird sich allerdings, ob sich nicht nunmehr empfiehlt, das Vermögen aller Mündel zu teilen, so daß für jeden derselben sein bestimmter Anteil ausgeschieden wird.

Schließt sich an die Altersvormundschaft eine Pflegschaft oder eine Volljährigkeitsvormundschaft an und bleibt der bisherige Vormund Pfleger oder Vormund, so behält er das Vermögen und legt dem Vormundschaftsgerichte die Rechnung über seine bisherige Verwaltung. Der Bestellung eines Pflegers zur Rechnungslegung bedarf es nicht.

Führen mehrere Vormünder die Vormundschaft gemeinschaftlich, so ist die Rechnung von ihnen gemeinsam zu legen.

Für die Berechnung und Erhebung der Gerichtskosten und Stempel sind die Landesgesetze maßgebend. In Preußen sind die Urkunden über die Erteilung der Einwilligung oder Genehmigung stempelfrei.

Druck von Georg Reimer in Berlin.

FSC
www.fsc.org
MIX
Papier | Fördert
gute Waldnutzung
FSC® C083411

Kolibri 360 GmbH
Ferdinand-Jühlke-Straße 7
99095 Erfurt, Deutschland
produktsicherheit@kolibri360.de